江南版

蔣經國傳

當他是共產黨時，他有國民黨氣質；
當他是國民黨時，他有共產黨手段。
激動起來，涕淚滂沱；
冷酷之時，大動殺機。

這本書，引爆驚動台美的「江南案」，
讓蔣家斷送接班美夢，
終結蔣氏一門獨裁王朝。

江南·著
（劉宜良）

恩怨未盡論蔣經國

——江南遺著《蔣經國傳》讀後感

◉唐德剛

我們搞歷史的人，大致都不能否認歷史發展，尤其是分階段的發展，各階段是有其「必然」的軌跡可循的。當然我們更不能否認，當歷史在其必然的軌道上向前緩緩推進之時，也會被時常發生的「偶然」事件所遏阻、延緩或加速，而發生迂迴、停滯、逆轉或躍進等不同的現象。

就以中國近代史來說吧！筆者便在拙著中不斷解說，我國近代史是「西風壓倒東風」的泰山壓頂底不得已的情況之下，被迫形成的一部「中國近代轉型史」。但是「轉型」又「轉」了些什麼呢？最明顯的便是在政治制度上，從「君權」轉向「民權」。

筆者敢大膽的向賢明的讀者保證，「從君權轉入民權」便是中國近代史上一條「必然」發生的歷史軌道。任誰也改變不了它！這當然也是近代世界各民族發展史的共同軌道。祇是不同的民族史，各有其緩急之異罷了。

今後世界只有四個王

清楚的記得，在一九五二年，當那有六千年帝王專政史的古埃及的最後一個國王法魯克（Farouk），被他的叛將們以廿一發禮砲，恭請他出宮向巴黎亡命時，他在「揮淚對宮娥」，倉皇辭廟之時，曾自知其非的感慨地說：「今後地球上只會有五個王（King）了。一個在英國；其他四個在撲克牌上。」——法魯克這位有崇英癖的昏君大人，顯然還是過高地估計了「英王」了。他如活到今天，看看查理太子和戴妃那些連續不斷的花邊新聞，他可能就改口說，今後世界上只有撲克牌上的四個王了。

歷史的「必然」既可在其各「階段」中看的十分明顯，那什麼又是歷史的「偶然」呢？

從大的方面說，例如「西安事變」，便是個有世界性影響的大「偶然」。沒個西安事變，則我國抗戰的時間表，和日本軍閥南進北進的方向盤，乃至中共取得政權的或然率，都要大受影響。在中國近代史上，上述這「三大件」，如有一件改變了，朋友，你我今日所寄居的世界就不是這樣的了。不是筆者這個胡塗歷史家，過甚其辭吧。但是老天，那一年誰又想到我們的蔣委員長老人家要學關雲長跑到西安去搞個「單刀赴會」呢？這純粹是個偶然嘛！再說張少帥那小頑童，一時心血來潮，不顧一身剮，竟把皇帝拉下馬。這也是個絕對的偶然嘛！——東北小青年一時衝動，便不顧一切幹他一票；衝動之後，頭腦清醒了，又懊悔不迭。朋友之間，可以磕個頭陪個禮了事。你綁了委員長的票，那就是後果改變不了的滔天大禍了。

再看一些「偶然」的小例子。蔣經國在一九八四年當選第二任總統時，他底副總統候選人，原有謝東閔、邱創煥、林洋港、李登輝四位「台籍」政要。經國當年如看中前三人中的任何一人，今日的台灣政壇，乃至今日的「兩岸關係」便不是這樣的了。而經國捨三條衆望所歸的「白馬」不要，卻偏偏選中了李登輝博士這匹「黑馬」，這也是個純粹的「偶然」。可是這個「偶然」卻是今日兩岸關係決定性的因素，而今後兩岸關係的好壞，則是決定將來華語民族興衰的關鍵，影響自是不小。

張少帥與蔣小總統原是無獨有偶的兩個「小衙內」。他二人的老子也是兩位中華民國史上無獨有偶的兩位大元帥。且引一句張少帥評他二人的月旦名言：張大元帥是「有雄才無大略」，蔣老總統則是「有大略無雄才」，二人半斤八兩。

劉宜良的博士論文

至於這兩位衙內是否也有其半斤五兩之處呢？（今日大陸上的新制度量衡是一斤十兩）在下未敢妄比。我們只可說根據現代社會心理學的原理，有相同背景的人群，都具有共同底「次文化」。在優、良、中、可、劣的社會行爲層次上，傳統中國的「衙內」，和當代中國裏所謂「父是英雄兒好漢」的高幹子弟，也有其相通之處。可驚的是，社會科學家如把他們的「戴塔」（data)輸入電腦，加以分析，一定可以找出一條「規律」(law)來顯示他們在這條「轉型」的歷史三峽中所發生的集體作用(group function)，君不見今日兩岸政權中父子相承，「龍生龍，鳳生鳳，老鼠兒子會打洞」的現象之普遍，不只限於執政大黨呢。它在一些花瓶組織中(例如大陸上的政協和一些小黨派)也都普遍存在呢。這原是「歷史比小說更有趣」的衆多社會轉型模式中一個極重要的專題，值得衆多「博士生」選作博士論文，加以深入探討。但是研究集體模式，需從個體入手，這就使我想起劉宜良(江南)先生生前告訴我的一句話，說《蔣經國傳》原是他的「博士論文」；而這篇博士論文的學術價值，便是這一集體轉型模式中，極重要的一樁「個案研究」(Case Study)。

筆者濫竽學術界數十年。平生所最看中一部類書便是世界各名大學哲學博士的博士論文集(Ph. D. Dissertations)，例如台北中央圖書館所收藏的一套北美各大學有關漢學的博士論文集便是其中之一。

博士論文有啥玄妙呢？因爲它往往，甚或多半都是一些知名或不知名的學者一輩子所著最有功力的一部書。大儒像胡適的《先秦名學史》後改編成《中國哲學史大綱》，再改名爲《中國古代哲學史》；像周策縱的《五四運動史》，都是如此的。等而下之的二儒小儒就更不用說了。他們的博士論文或等類(Rquivalent)著作像蕭一山的《清代通史》等等，都是各人一生學術的起點；也往往是他學術的終點。蕭君以二十一歲的青年完成這部不朽名著(也算是博士論文的等類著作吧），但這也是他學術的終點。博士論文的作者大半皆然。於此亦可見博士論文之價值爲如何了——劉宜良的博士論文《蔣經國傳》正是這樣的。他嘔心瀝血寫了一部第一流的傳記；對近代中國政治社會轉型的特殊模式，做了個最徹底的「個案研究」。這是一位有高度天才和功力的職業史家學術的起點；誰知這也是他治學的終點，而這終點並非他自己不爲也或不能也，而是外界暴力所造成，使他賫志以歿，這就令人感嘆不盡了。

窮留學生的甘苦

江南的《蔣經國傳》，論功力似不在薛君度博士的《黃興傳》(哥大，一九五八年)或許芥昱博士的《聞一多傳》(史丹佛，一九五九年)之下，但是不幸江南卻未完成他的博士學位。所以然者，這就是資本主義市場經濟的缺點所在了。上述薛許諸君讀博士於五十年代美國漢學市場極盛之時，博士生求職容易。一旦口試及格，準博士便可一面教書，一面撰寫論文，教學相長，完成學位。而江南不幸則讀博士於漢學市場衰萎之時的七十年代。考試及格，在職業上卻無枝可棲。發了求職信數百封，仍一無所獲，那就只好棄學從商了。商場如戰場，哪有工夫和治學環境去完成論文呢？一拖再拖，就終於放棄學位了——此間甘苦，不在此行不知也。

余與江南因年齡懸殊，地區遠隔(我在東海岸，他在西海岸)，雖是同行，而交往無多。祗在一九八四年初我們在三藩市開學術會議時，江南特地尋訪於旋舍並約我單獨晚餐。我們暢談蔣經國、吳國楨和龍雲至深夜。江南斯時正擬著手寫《吳國楨傳》，而渠與吳氏僅有一訪之緣，而愚承吳公伉儷不棄，則久有通家之好，並掌握吳氏口述史料數百回之多，足令江南瞠目結舌。宜良與辭之時，我們並續作他約，我二人有說不盡的故事好談呢。孰知此別竟成永訣。數月之後，聽說他竟為撰寫吳國楨傳而橫屍血泊，我真欷歔不盡——我還有大量一手史料正預備寶劍贈英雄呢？如今懸劍空壠，能不愴懷？

在江南殉職前，我還沒見過他的夫人崔蓉芝女士。江南既逝，經國亦死，海倫（蓉芝的洋名字）送我一本李敖版的《蔣經國傳》，我們才逐漸熟絡起來。再加上我們還有鄉誼（崔家是我母省安徽貴池的望族），鄉黨還捐地安葬這位安徽女婿於風景幽美的太平湖畔、黃山之麓。此時我也抽暇細讀這李敖新版，而感慨多端。

犧牲後半生寫經國前半生

從我們治史者的觀點來看，我覺得可惜的是江南犧牲了他後半生的性命，所寫的只是蔣經國的前半生。不錯，江南被殺時，經國已是七四高齡，風燭殘年的老人，他的生命也只賸四年好活了。但是我們試想，經國如沒有他這最後四年，則蔣經國又是什麼樣的蔣經國呢？

且讓我們回頭再看看另一個張衙內。張學良將軍如不「偶然」的搞出個西安事變來，則張學良又是什麼個張學良呢？歷史家會說「少帥易幟」有功於中國的統一。其實當時把中國打得稀巴爛的蔣、馮、閻、李和割據自雄的龍雲、劉湘、盛世才乃至後來的八路軍，新四軍，哪一個掛的不是「青天白日旗」呢？「易幟」而不「歸政」，何有於「統一」呢？說到「九一八事變」丟掉整個東四省，國民黨內CC系領袖陳立夫等人便認爲全是張某的責任，因爲張學良對付那時在東北興風作浪的日本人沒個政策，只是一百二十個「不理」。這一來就變成「英法聯軍」時，葉名琛對付英國人的辦法了。當時人譏笑葉名琛失掉廣州是，「不戰不和不守，不死不降不走，相臣度量，疆臣抱負，古今所無，今之罕有！」少帥再加個揮金如土，吸毒好色的私生活，那他在歷史上的形象就很難描繪了。想不到晴空霹靂，忽然來了個西安事變。改寫了世界歷史如拙篇上節所述，張學良這個赤膽忠心的愛國將領，以五十年自由的代價變成了「西安事變先生」，在歷史上的形象就不一樣了——否則只是個狂嫖爛賭的小軍閥，向歷史如何交代？吾爲少帥捏把汗也。

蔣經國也正是如此。經國這個衙內，在十五歲時便成爲潮頭上的革命青年，去莫斯科做了個國際共產黨。十七歲時中國國共分裂，他便被斯大林留下作顆備用的政治棋子。經國雖年輕也頗能順應時勢，不時在公開場合痛罵自己反革命的老子。江南把這些罵老子的史料都找得很完整。經國那時罵父的傑作，一半是不得已出諸自保，一半也出諸眞心。這是當時革命風氣使然。那時的青年共產黨是烈士如雲的。多半都視死如歸，絕少叛黨。其實所有革命運動中的革命青年都是這樣的，不獨共產革命爲然也。汪精衛少年時便視死如歸，可是等到革命老了，老革命變成混蛋和漢奸，汪精衛也並不是個例外。共產黨內也多的是，周佛海、陳公博、李士群、丁默村當初都是共產黨。

所以少年經國是個視死如歸的革命青年，是值得我們相信的，但是他在革命鍛鍊中迅速老化，終至未老先衰——尤其是在當年俄國那個政治鎔爐中，最後被鑄造成一個陰狠毒辣的共產幹部，我們也大可不必懷疑。因爲在斯大林統治下，「蔣介石的兒子」這顆重要棋子是不可能有其自由意志的。一九三五年以後，國際共黨改採統戰政策，而經國適於此時跟美女芬娜(Faina)自由戀愛，墜入愛河，結爲情侶，共渡一千個春天。誠實的江南完全相信。我這個「胡適的學生」就有點懷疑。否則熟讀中俄黨人書，所爲何事？

長話短說，經國在蘇俄的十二年，所見所聞，所學習，所體驗，對他回國後的所作所爲，不論是成功或是失敗的影響都太大了。單就默察布黨和國際中的運作和鬥爭以及在最險惡環境之下，如何保護自己，便是個極大的政治訓練。這一訓練對他後來在大陸上在寶島上與CC，黃埔，吳國楨，陳誠鬥法奪權，甚至如何向美國還擊(像一九五七年利用「劉自然事件」而砸掉美國使領館的大膽作風)，都是無價之寶。

最可怕的是在五十年代之初，爲鞏固老蔣的統治，方便小蔣的接班，海峽兩岸曾作過一場殺人比賽。在這場比賽中最不可恕的卻是藉口殺戮異黨(台灣叫「匪諜」，大陸叫做「國特」)，而關門屠殺自己人和千萬無辜百姓。吾人今日細讀雷震、柏楊、李敖和無數「本省籍受害人，痛定思痛」的回憶錄而膽顫心驚，縱是貴爲副總統的李登輝博士在經國之前，也只敢坐半個屁股。心中雖無虧心事，夜半敲門也吃驚，所以後來連曾夫人也有「做台灣人的悲哀」之嘆，實在是不難理解的。

殊不知上述諸公都是頭面人物或已聞達於諸侯，或有「本省」群衆爲後盾，經國麾下的警憲，對他們多少有所顧慮，最慘的則是一些穿二尺五隨國軍來台，無名無位的青年小兵小官，偶有言談失慎，或乾脆無中生有，而被殘酷刑求致死或終身殘廢者正不知幾千百人。據台灣移民美國的前國軍戰士所組織的「老兵聯合會」的統計，當年無辜被殺而有名有姓的士兵和下級軍官蓋在四千人以上。——今日當選該會會長的張家林君，便是當年二十上下的無辜小兵之一，被刑求至殘廢（張君幾失全胃），並坐牢十六年而未死。另一吳義方君軍校二十二期畢業後在台灣任少尉排長，亦是無中生有被其上司羅友倫將軍刑求至死去活來，腸胃皆穿，終生殘廢。寃案平反後，仍不許故事外洩。洩則重行逮捕槍決。而君皆余晚輩鄉人好友，爲余言之彌詳而證據確鑿者。朋友，這是什麼個世界，但是這都是在經國治下出現的。——他們都沒有柏陽、李敖的生花妙筆。也沒有支持民進黨、建國黨的本省群衆代爲呼寃，立碑紀念，就認命了。

所以我們讀蔣經國傳，寫蔣經國傳，如只到此爲止，那就像讀張學良或寫張學良而不提西安事變，那這歷史形象就糟不可言了。當然公正的歷史家對經國主政下，在台灣所發生的

「經濟奇蹟」也應給以正面的肯定。——江南的不幸，就是他只寫了這一半就被打死了。他在九泉之下對蔣經國的「最後四年」一無所知，而把經國在歷史上的正負作用作三七開或二八開，則經國的負面就遠大於正面了。語云：「行百里者半九十」。劉宜良以他前半生的精力，和守正不阿的春秋之筆，不偏不倚的寫完「蔣經國全傳」的百分之九十，而這百分之九十，卻只含蓋了經國歷史功能的一半。經國的最後四年雖短，卻是他歷史功能可圈可點的另一半。眞是「若是當年身便死，此身眞僞有誰知？」以江南耿直的性格，他如再活四年，他對他「老師」全傳」的總評，應該還有很多好話可說的。不幸搞特務的頭頭都是不學無術而好殺成性的人，他們把江南一槍打死，從蔣家的觀點來看，也是件無可補償的損失。

偶然影響必然・人算不如天算

當然在這蔣氏政權至今仍是恩怨未斷之時，有的歷史家還是要說，經國生前之「解嚴」（一九八七年七月十五日零時）和「准許成立新政黨」，以及在一九八八年元旦起「解除報禁」，是一黨專政已至末路，經國爲時勢所迫，不得已而爲之。

另外根據大陸上最近的學術報導，經國此時雖還在口頭叫嚷什麼「堅決不和共匪接觸談判」，事實上他已暗中與前莫斯科中山大學老同學鄧小平秘密接觸，並作出兩岸統一的實際方案。果爾則經國之「解嚴」與開放「黨禁」「報禁」（亦如今日香港英國總督彭定康之所爲）是一種政治策略，造成多黨憲政體制的事實，以「將」老鄧之「軍(君)」。在兩岸統一談判中，增加政治籌碼。

事實上，上述兩點都有可能。拙篇開始不就說過，從君權轉民權是個歷史的「必然」。專制(不管是一人或一黨)的末路必然到來。經國居然看出這一末路從而順應之，也算是識時務的俊傑。若說搞開放、黨禁、報禁實行多黨制民主憲政，爲的是和中共一黨專政作競爭，豈非正是實行三民主義，理所當然?小蔣這一著比投靠美日，搞分裂運動，高明多矣。不幸經國短命而死。這也是歷史上「偶然」影響「必然」的眼前實例啊。人算不如天算，夫復何言!

在此江南遺著重版之時，我的「鄉妹」海倫堅決要我寫篇序文。寫序何敢?謹不揣淺薄，寫篇「讀後感」如上。乞賢達高明正之。

一九九六・十一・十五・於北美州

《蔣經國傳》14

江南不死(代序)

——兼論蔣經國爲什麼要殺江南

◉陸鏗

《蔣經國傳》的作者江南(劉宜良)，一九八四年十月十五日在美國舊金山地利市(DALY CITY)自宅車房被台灣政府派出的竹聯幫首領陳啓禮指揮兩名殺手吳敦、董桂森殺害，三槍斃命。引起了海內外極大的震動，並形成台灣政府走向民主的一個轉捩點，摧毀了蔣經國傳位給兒子蔣孝武的計劃，爲了平息內外輿情，蔣孝武外放至新加坡。蔣經國還不得不順應民主潮流，開放黨禁、報禁。

因此，可以說，江南是用他的血爲台灣民主大業作出了具有歷史意義的可歌可泣的貢獻。從歷史的角度看，江南不死。

※

江南一九四九年隨國府撤退到台灣，時年十八歲，曾就讀國防部政治幹部訓練班和政工幹校，兩度做蔣經國的學生，對蔣經國有了直接印象。繼後在正聲廣播電台和《台灣日報》任職，又聽到很多蔣經國的故事。

一九六七年江南以《台灣日報》特派員身分赴美工作，並在美攻讀碩士、博士學位。而他的博士論文就定爲《蔣經國傳》，且已收集了大量的有關資料研究。後雖爲生活所迫，改而從商，論文擱淺，但仍陸續撰寫蔣經國的故事，發表於港刊。蔣介石逝世後，《南北極》月刊社且結集《蔣經國傳》出版。一九八三年經江南本人增補，在美國加州《論壇報》正式刊出《蔣經國傳》。材料充實，叙述清晰，故事完整，評論客觀。在讀者面前呈現了一個有血、有肉、有愛、有恨的蔣經國。對蔣經國性格的描寫，更刻劃入微：

「激動起來，涕淚滂沱；冷酷之時，大動殺機。」

可以這樣說，世界上了解蔣經國的，除經國本人外，大概就要數江南了。

也許正因爲江南太瞭解蔣經國了，故經國必欲去之而甘心。此種情況，歷史上累見不鮮，曹操之殺楊修，即一例也。

※

江南被殺的第二天，消息傳出，全美華人爲之震動，《中國時報》美洲版採訪主任胡鴻仁找到當時正在紐約辦《新獨立評論》的我，請以老記者身分，對事件作一判斷。我未加思索地衝口而出說：「江南命案，不是仇殺，不是財殺，不是情殺，而是政治謀殺。」

翌日，《中國時報》美洲版在頭版以顯著標題刊出我和另一位接受訪問的阮大方的看法。大方就是代表《論壇報》與江南聯繫將《蔣經國傳》在該報刊出的經手人，國民黨當局爲了破壞此舉，甚至動員到大方的父親、前《中央日報》社長阮毅成先生以越洋電話勸促大方停刊蔣傳，大方覆以「這不是我一個人能夠作主的」。事實上，該報確是一批專業人士合組而成。基於這一勸阻事例，大方結合從白狼等處聽到的風聲，對江南被殺與蔣傳不無關聯的聯想，油然而生。因此，他的看法和我相同。

《中國時報》本來就因自由派作風，在國民黨內備受攻擊。尤其有曹聖芬其人者，在國民黨中常會上當著《中時》董事長余紀忠的面，直指《中時》「爲匪張目」。及至陸、阮兩人關於江南命案之談話刊出，從國民黨保守份子的觀點看，自是「大逆不道」。而台灣當局在江南案發之始，即強調與政治絕對無關。故爾點出此案政治要害，就成爲美洲《中國時報》被迫關門的原因之一。

附帶一提，我與崔蓉芝的結識，也就因她看到了我的有關談話，邀請我做爲紐約舉行的紀念江南遇害座談會的主要發言人之一，而開始建立了情誼。

※

我根據長期記者生涯對國民黨、特別對蔣氏父子的了解，以及對國民黨退到台灣後，政壇勾心鬥角、暗流湧動、白色恐怖事件層出不窮之關注與研究，認定江南被害，寫《蔣經國傳》是遠因，寫《吳國楨傳》則是近因。並判斷蔣經國之所以起意殺江南，除了對江南以他為研究對象早已不滿外，是他經不起吳國楨對他的揭露。

單拿江南一九八四年三月(死前半年)到美國喬治亞州薩瓦那訪吳國楨後寫的《吳國楨八十憶往》一文所揭露的政治內幕，就夠蔣經國招架的。

例如，吳因不滿蔣經國以特務手段干擾施政而請辭台灣省主席，蔣介石派黃伯度傳話，只要吳答應和經國合作，願當行政院長，可當行政院長；願當院長兼主席，亦可，悉由他挑。而吳一概謝絕。用其告江南之語，即本「疏不間親」之理及「急流勇退」之為德也。

後來，蔣介石當面問吳，吳直陳以對：「經國兄當然我是要幫忙的。總統叫他管特務，事情做得再好，天下人都是怨恨的。如果不做特務，做點社會服務方面的工作，我當盡心協助。」

蔣老先生的反應是面露不豫之色說：「我今天頭疼，改天再談。」

江南在其揚吳(國楨)抑蔣(經國)文中，還暴露了經國製造車禍、有意謀害吳氏夫婦經過，這也是犯大忌的。

《蔣經國傳》一波未平，《吳國楨傳》一波又起，引起經國震怒，可想而知。江南明明知道蔣在西伯利亞養成之冷酷心態，對消滅異己，絕不手軟，而他偏偏要觸逆鱗，實性格使然。

而經國已居總統之位，祇要當著部下特務頭子罵上兩句，自然有人會深體上意，消滅悖逆。這也就是爲什麼精明能幹的汪希苓中將終於因這一悲劇犧牲了錦繡前程，成了江南悲劇的可憐的配角。

※

但江南沒有白白犧牲，正如江南事件委員會主席王靈智教授在紀念江南遇害十週年會上說的：「江南事件對整個台灣的政治演變肯定有重要的影響。台灣黨外利用江南事件暴露了台灣政府的腐敗，利用江南事件爭取民主空間。今天台灣演變成一個民主社會，重要的原因就是十年前的江南事件。」

謝善元和林博文兩位學者分別在美西和美東不約而同地指出：一般人都有這樣的看法，蔣經國想要傳位給他兒子蔣孝武，但江南事件引起的震撼力太強，「國府情治系統竟然捲入殺害海外的異議份子，完全摧毀了蔣經國傳位給兒子的企圖。」國內國際的強大壓力，迫使他不得不公開宣稱，蔣家的人沒有接班的可能。台大名教授胡佛遠在十年前於紐約，即曾和筆者談到，江南案對台灣走向民主起了微妙的促進作用。

不可否認，江南事件對美台關係也發生重大影響。美國政府對台灣爲了維持政權，而使用的各種手段，如秘密購買包括導彈在內的美國武器，是支持的。但對台灣竟利用黑道到美國來暗殺一個美國公民，美國各界都感到非常憤怒。

一九九六年五月廿一日，建立在華盛頓的美國殉職新聞從業人員紀念碑，由美國第一夫人希拉蕊揭幕。紀念碑上鐫刻了包括江南劉宜良在內的從一八一二年到一九九五年，一百八十三年來殉職的新聞從業人員九百三十四位的名字。

江南是在這個碑上列名的唯一的華裔人士。

希拉蕊揭幕後獻詞說：「進入戰地的人，只有醫療人員和記者不帶武器。新聞從業人員甘冒生命危險，目的在尋求眞相。記者可能敵不過暴徒或子彈，但記者報導的新聞，卻有可能擊退一支大軍，改變很多人的生命，或維護民主。」

江南以他的血，澆灌了台灣民主之花。而今形骸雖已化滅，但他維護新聞自由、促進民主的功績，卻永垂不朽。

江南不死！

一九九六・九・一・記者節・於台北南港

《蔣經國傳》前衛版序言

◉崔蓉芝

江南著的《蔣經國傳》早在一九七五年即被「香港文藝書屋」未經作者授權出版（沿用他在香港《南北極》雜誌上連載時的筆名「丁依」）。一九八〇年又再版。同時日本方面亦注意到此書的重要性，一九八一年日本「批評社」出了日文版，書名改爲《蔣經國——中國革命的悲劇》，譯者爲鈴木博。

經過江南重新審閱，並添加新資料（包括他本人親赴大陸所得的實地調查資料），重寫的版本自一九八三年七月二十四日起在洛杉磯《論壇報》連載。爲此《論壇報》先發社論〈爲歷史留眞跡〉，並發表給蔣經國的一封公開信。申明如果認爲資料不翔實，歡迎指正批評。對於《蔣傳》在美國的連載，台灣當局相當震怒。《論壇報》首當其衝，遭遇到許多壓力。當時國民黨中央黨部秘書長蔣彥士曾親自把前《中央日報》社長阮毅成先生召到他的辦公室，令其當場給他的兒子打越洋電話（其子阮大方爲《論壇報》副社長），此僅其一。這本由作者授權，《美國論壇報》出版的版本，終於在一九八四年九月問世。香港三聯書店印行。

一九八四年九月二日，江南帶著幾本剛由香港航空寄到的新書飛北京、昆明，為正在寫作中的《龍雲傳》收集資料，也簽好了《蔣經國傳》在北京出版的合同。九月二十五日返美，十月十五日在家中遇害。書方出版月餘。

中國「友誼出版公司」也以前所未有的速度在十一月出版了此書，但僅限於內部發行。胡耀邦總書記看過之後，評價為一九八四最值得讀的書，特准予增加發行量。

《蔣經國傳》在台灣面世，則已是將近四年之後（一九八八年六月）。四年之間，歷史循著無可違逆的方向發展；這本書終於可以在台灣出版，這件事本身便是一個最好的說明。是由我授權，李敖序，「李敖出版社」出版。次年八月，川上奈穗女士以三年時間精心翻譯的日文版，也由日本同成社出版發行。

以上是此書各版本的一個簡短的紀錄，也是對讀者的一個交待。十二年了，這本書的重要性始終沒有降低，而且隨著歷史的發展，此書與圍繞著它所發生的事件，無論從何種角度衡量，都將會是彌足珍貴的史料。

感謝前衛出版社，在舊版本或失傳或停印之後，重新排印發行這部新版。也感謝歷史學家唐德剛教授和陸鏗先生，提如椽之筆，為新版撰寫序文。

江南曾在此書的「後記」最後，提到我為他「改正錯字，提供修改意見，扮演著一位最認眞的讀者」。而我確是親眼目睹他辛勤地、認眞地寫作。他有治學治史的訓練，因此下筆嚴謹，有時爲了一字之修改，一事之引證，會打長途電話，甚至親自登門查詢；文中事必有據，決非一般譁衆取寵、「相當然耳」炮製的「野史」可比。恐怕也正因如此，才伏下他日後「以身殉書」的悲劇。

時光飛逝，轉眼間江南遇害已近十二年矣。十二年來，物換星移，江南若能目睹置他於死地之政權的滄桑變幻，不知如何感慨呢？而這一切，正開始於他倒在血泊中的那一瞬間。猶記得事發後「此中有人，呼之欲出」之際，凶殺的主謀費盡心血遮掩否認之餘，還試圖抹黑他的形象，說他是「雙面情報員」，暗示如此便是死有餘辜——殺了人的身體，還要再謀殺一次被害者的人格與靈魂！

然而隨著眞象的一步步揭發，案情的逐漸明朗，水落石「露」；更由於作案人本身的心虛，一連串的補漏善後工作，打破了耳語謠言奇譚誣蔑，也打破了獨裁政權自身的神話。江南之死，直接、間接地促使了一個家族統治時代提前結束，一個解嚴的、民主的時代提前起步。許許多多有名無名的前行者的鮮血洒在這條漫長艱困的道路上，江南不幸殉身流血，卻也有幸爲民主的血路披荊斬棘了一段——他的血沒有白流。

今年五月，美國華府矗立起一座「殉難新聞從業人員紀念碑」，揭幕典禮由總統夫人主持。碑上九百三十四位殉職者名單，有一位華人——僅有的一位，他便是Henry Liu：《蔣經國傳》的作者劉宜良（江南），自由撰稿人，一九八四年在加州殉職。柯林頓夫人在揭幕後獻辭說：「（新聞從業人員）可能敵不過暴徒或子彈，但報導的新聞卻有可能擊退一支大軍，改變許多人的生命或維護民主。」誠哉斯言！

「十年生死兩茫茫」，十二年對我個人是一段漫長的歲月，對歷史卻只是短暫的一瞬——許多突變、轉折、激化，都可能在這一瞬間裡發生與完成；然而人們需要以耐心來一步一步等待和發掘歷史事件更深沉的眞相與長遠的影響。這本書不僅是一部豐富翔實的歷史紀錄，更是一項鮮明生動的歷史見證。對新版的面世，我懷著感慨與欣慰交織的心情；亦希望這一切足堪告慰江南的在天之靈。

一九九六・八・一・於美國舊金山

自序

(一)

一九四八年秋天，我和母親以及兩個弟弟，在縣城❶南門謝家橋賃屋棲居。那裏距鄉下的老家❷，不及十五公里，但是爲新四軍控制，稱「解放區」。國軍的範圍，則稱「國統區」。

那年，我甫初中畢業，夠直升高中的資格。因爲太窮，窮到三餐難繼，靠美援麵粉過日子，和一些親友的接濟。

八月十九日，南京宣佈幣制改革。上海市執行最徹底，由蔣總統的公子經國先生奉命主

❶ 老家江蘇靖江，在江陰北面，八圩渡江到黃田港，僅十分鐘的輪渡。

❷ 老家長安市，和如皋、泰興交界，不足一公里，一九四一年起，新四軍即出沒於此區域。

其事，政局在一連串的挫敗聲中，似乎帶來新的希望。

一般人民，知識很有限，就算能讀《申報》《新聞報》《大公報》的菁英份子（當時的標準），也不過跟著「報喜不報憂」的輿論，盲目樂觀，自我陶醉而已。

經濟管制，由限價到有行無市。連我住的小地方，距上海有好幾百里之遙，也受到了波動，縣城的米行，缺貨歇業。

面對無米之炊的痛苦，母親只有下鄉覓米一途。在城北五里處的孤山鎮，邂逅我們村上一位突然發達起來的鄰居。他說：「幹嗎你還不回老家去！」當然，他說的就是命令。

就這樣，我和母親永別。她不幸淪爲經管的池魚。

(二)

一九四九年五月廿五日清晨，我在上海吳淞，正掙扎於絕望的邊緣，無奈地看著東海的汪洋而浩嘆。如果不幸被「解放」，還鄉的後果，用不著麻煩算命先生，已有答案。否則，只有把黃浦當成陸秀夫的崖山。

後來跳上「國良號」，一艘只有十幾噸的小船。在東海中飄蕩了五天，抵達定海。週後乘輪赴台。所以，讀經國先生一九四九所寫的日記，他那種失敗離亂的心緒，我大致能深切體會。我感到，我至少是這一段歷史的部份見證人。

一九五〇年年末，加入國防部政治幹部訓練班。班址先設新竹近郊的山崎，後遷北投競馬場，班主任正是蔣經國。見面勝似聞名。聽他幾次「精神訓話」，往往熱血沸騰，信心百倍，認為我們賴以生存的最後島嶼，總不會再沉下去了。

到空軍❸去做了兩年政工官，再入幹校，還是北投老地方，只是換了新地名——復興崗。在這裏，需要做一聲明，當時，我做此抉擇，並沒有藉以從龍的意思，很多人的確有那個動機。雖然，滿口革命，或眞或假地持著宗教徒的狂熱。

那時候，我已聽厭「一年準備，兩年反攻，三年掃蕩，五年成功」的口號。研判事理的工夫，是不很高，但是，常識告訴我，「反攻」是無望的，可能長期偏安。我自己是個自由主義很強烈傾向的人，加上天不怕地不怕的個性，留在軍中，絕無前途。本來，我希望被分發到「康總」或「中製」等國防部直屬單位，那末，勉強留幾年，再俟機脫掉二尺半。

畢業前三個星期，答案揭曉，我的新工作單位是駐防高雄的第八〇軍，軍長唐守治。夢幻破滅，只有鋌而走險一途。技術細節，求教入伍時的訓導員宋運蘭，宋做過軍法官，待人忠厚誠懇，很得學生的信任。還有幹事傅中梅，即後來因雷震案遭當局感化的《自由中國》編輯傅正先生。他們很同情我，也很了解我，從技術觀點考慮，建議我別等畢業先走。

❸ 先後任職台北四〇六通訊大隊，和新竹工兵總隊。

躊躇至再，一九五四年一月六日上午八時，當同學們列隊去中正堂舉行畢業典禮之際，鼓起餘勇，和帶隊的分隊長，當場衝突。下一步是，我主動到禁閉室報到。當天下午，隊長張善鑑前來勸我，要我寫一張悔過書，即可安然無事。「隊長，一切都是我自己的選擇，並無可悔之過。」我率直地回答。他感到很可惜，非常失望。

於是，校長王永樹下令「開除」。從前華盛頓大使館文參處的一位毛君，就拿著這件事作爲我的污點，到處渲染，他恨不得要寫本書，向全世界舉證，「劉××品行不端，當年就是被幹校開除的。」

其實，幹校沒有開除我，我開除了幹校。《國際日報》在〈蔣經國傳風波〉文中，存心踩我一腳，說得煞有介事。我借這個機會，順便予以交代。

(三)

寫《蔣傳》的計劃，開始於六十年代。這時候，我就讀美利堅大學國際關係研究院（School of International Relations, The American University, Wash. D. C.）碩士班。好幾個作業（Term Paper）選定經國在贛南當專員、在上海打「老虎」的事蹟作爲題材，跑圖書館獲得的資料愈多，愈對這位傳奇人物興趣倍增。

我從一九四九年到台灣，一九六七年來美爲止，共十七寒暑。雖然，兩度做過他的學生，藉職業之便，更聽過無數關於他的故事。處台灣當時的環境，所見所聞，無非霧裏看花，我們並不許從事眞正獨立的學術研究。

取得學位，繼續唸博士，我決定以早期經國的家庭背景、學校生活、思想型模、哲學基礎、政治理想，作爲畢業論文。一方面繼續進圖書館，搜集各種有關他的資料，查證考核，縱深研究；一方面將觸角伸及港台各地，尋找與經國有過朋友關係的活人，馳函探討。

最早和我通信的是曹聚仁先生，他寫的《蔣經國論》（香港創墾出版社），爲初期藍本。執教陸軍大學的王覺源先生，誠懇賜教，獲益匪淺。其餘如張其昀先生、蔣緯國將軍、王昇、楚崧秋等，多避重就輕，搪塞了事。

可見，這個主題的敏感性。太子的事，朝野人士，都不想沾邊。甚至此地的基金會，亦退避三舍。

一九七二年，修完應讀的課程，下一階段，考資格試，撰寫論文。我寫了一個詳細計劃送進新澤西的「中國國際基金會」(China International Foundation)，申請補助。找到這個基金會的原因，我和它們過去有過淵源，一九六九年去印尼，即由該會支援。業師林邁可爵士(Lord Michael Lindsay)熱心推薦，周書楷大使從旁贊助。基金會董事長菲立普博士(約翰霍布金斯大學醫學院長)，亦表同情，但董事會集會討論時，被其中的中國籍董事所否決了，理由非常可笑，不願開罪台灣當局。

基金會的經濟來源落空，安心寫論文的計劃爲事實所不許，加上找一份育人子弟的工作，鏡花水月；我改業從商，學位一事，轉瞬間，變得毫無意義，連帶論文也擱淺了。

四

不寫論文，朋友勸我，何如寫傳？斷斷續續，完成四章，透過朋友介紹，交香港《南北極》月刊連載。

文章一上場，弄得欲罷不能。只能邊寫邊刊，邊到圖書館補充資料。嚴格說，這是港、台很多作家，寫小說的辦法，有率爾操觚之嫌。

先後刊了兩年。讀者反應，據說「不錯」。我自己則很不滿意，有些地方資料不夠充實，有些章節貧弱之感，有些當時認爲對的觀點，事後感到不夠成熟，還有時地的錯誤，留待修正。《南北極》編者答應，出單行本時，再予糾正。

一九七五年四月五日，蔣先生在台去世。《南北極》抓緊時機立即將該書推出，書已上市，我這位作者，居然一無所知。去函抗議，覆函僅說，「時間來不及」，又說「即使我不印，人家也會盜印」。

其後，盜印的不是別人，正是這位「盜印專家」。完全失去控制的我，究竟出了幾版？賣了多少本？完全一無所知。

現距該書初次問世，時隔八載。經國先生，由台後走到台前，繼承大統，亦已六載。儘管台灣還是從前的台灣，國民黨也是既往的國民黨，毋容置疑，被稱爲「蔣經國時代」的台灣，這些年來，除了經濟起飛，民生樂利，國府步向民主法治方面的努力，和它所表現的理性與寬容，腳步固然慢一點，但是，它在前進，則是衆所公認的事實。

承阮大方兄邀約，拙作在《論壇報》連載，我自樂意遵命，並同時予以增補改寫，讀者如和舊作對照，當發現，新著所注下的心血，當非泛泛。

家世這章，因得到許多新的資料，我自已也於八〇年十一月，到奉化蔣里從事實地調查，若干遺珠得到再事充實。

賈亦斌嘉興起義那一段，當初孤陋寡聞，乃告漏失，這次予以補敘原委。

可惜，一九二五—一九三七年，經國在蘇聯這段，尙無新的資料陳現讀者。

「丁依」筆名，正式訂正，改爲「江南」。

最後，讀者諸君中，如對本書各章資料的謬誤，有所教正，歡迎隨時來函賜教。

家母已於一九五七年在貧病交迫中仙逝，十年後我才輾轉聞訊，特以此書，作爲紀念。

一九八三年六月十三日初稿・一九八四年元月二十日重寫

《蔣經國傳》目錄

第一章　溪口童年

「武嶺突起於剡溪九曲之上，獨立於四明群峰之表，作中流之砥柱，為萬山所景仰……嶺之上，古木參天，危崖矗立。其下有溪，流水縈洄，游魚可數……隔溪之綠竹與嶺上之蒼松，倒影水心，澄澈皎潔，無異寫真……」

這篇〈武嶺樂亭記〉，不知是誰的手筆，被選爲中學國文教材。它的地位，不下於〈桃花源記〉或〈蘭亭集序〉，文字好壞其次，編輯人有個很積極的用心，灌輸下一代，那是龍的故鄉。

人傑地靈，即使是劉邦的故鄉蘇北沛縣、朱元璋的祖籍安徽鳳陽、毛澤東的出生地湖南湘潭，經過文仕們的彩筆，都可塗繪成此景只應天上有的人間勝境。配合風水先生陰陽八卦之說，英豪降世非此莫屬。

「中國古代賢哲每認爲人類領袖常生於崇山與清泉之間；而就吾人所知者，蔣總統實生於如是之環境中，此殆因生於地勢高峻之人常是強毅的性型，較生於低地者更適於領袖的地位。」❶

寫官書《蔣總統傳》的董顯光先生，就這麼牽強附會地，大倡其領袖與環境的高論。其實，這種邏輯推演，科學的成份少，玄學的成份多，和許多編造的領袖軼事，不值智者一笑。

溪口誠然山環水抱，景色秀麗，但在一九二七年前，無籍籍名，就是徐霞客先生再世，他的遊踪，也到不了這四明餘脈的奉化。

傳說那個會書法的王羲之，曾隱居剡溪，婉辭晉帝的徵召，吳越王錢鏐在此駐蹕，那也僅止於「傳說」。

然而，溪口與蔣氏王朝或國民黨的興亡，息息相關，卻是不爭的事實。前後三次下野，蔣先生總喜歡到奉化躲起來，裝扮陶淵明式的隱士，再盤算著東山再起。

寫經國傳，只能隨俗，需先從時、地、人尋根開始。

---

❶ 董顯光著《蔣總統傳》，初版於一九三六年，一九五二年增訂再版，張其昀編入《中華大辭典》，一九六七年台北版。

溪口清末隸屬禽孝鄉，一九二八年，蔣任北伐軍總司令時期，改溪口鄉。隔了七年（一九三五），改稱溪口鎮。

蔣姓爲溪口大族，全鎮九百餘戶，蔣姓佔了五百，可見族衆之一般。

蔣家源從奉化三嶺遷修峰嶺，再遷至溪口落戶。蔣經國的祖父蔣明火，又名肇聰，字肅庵，即我們熟悉的肅庵公，在溪口鎮上經營玉泰鹽舖，賣些糧食、煙酒、食鹽、雜貨等。鹽舖前創於蔣斯千❷，又稱玉表公。洪楊之亂後，奉化遇難，蔣家家產，毀於一旦，蔣老先生生財有道，和官府掛鈎，經營鹽業買賣（清朝，鹽是專賣商品），家庭經濟，日漸富裕起來。一八九四，老人去世，肇聰繼承衣缽。

肅庵公秉性剛直，處事公正，更好排解鄉里紛爭，熱心公益事業，但人生苦短，只活了五十四歲，而婚娶頻繁，先後結了三次婚。原配徐氏，生一子一女，子名周康，號介卿，女名瑞春。徐氏病故，續娶孫氏爲繼室，不久亦病故，乃娶王采玉女士爲塡房。

說到王太夫人，頗有段來歷。

唐瑞福、汪日章合寫的〈蔣介石的故鄉〉，交代的淸淸楚楚，抄錄如次：

---

❷〈蔣氏家系表〉，見本書十四頁。

「玉泰鹽舖有個老伙計王賢東，是奉化葛竹村人，在玉泰鹽舖廿多年，頗得蔣明火的信任。王賢東有個堂妹王采玉，年輕守寡，在葛竹庵帶髮修行，精於女紅，並粗通文字，能誦『楞嚴經』、『金剛經』等經卷，經王賢東說娶撮合，還俗再嫁蔣明火為繼室，她就是蔣介石的生身母親。」❸

原來王采玉女士，做過寡婦，做過尼姑❹，卻和唐人所繪影繪聲的「河南鄭三發子」，搭不上半點關係。沈醉所著《戴笠其人其事》那一段，更是事出有因，查無實證。❺

梅開二度的王采玉，共生二子一女，大兒子周泰❻，乳名瑞元，又名介石，後改中正，小兒瑞青，六歲夭折，女兒瑞蓮，嫁玉泰鹽舖學徒竺芝珊爲妻（竺於一九七一年八月廿日死在台灣交通銀行董事長任內）。

肇聰先生病故，蔣介石時年九歲，「一門孤寡，無可依靠」，〈報國與思親〉文中說：「當

❸ 唐福瑞、汪日章合寫〈蔣介石的故鄉〉，刊於一九八三年香港《大公報》，可能轉載自浙江文史稿所出《蔣介石：一八八七～一九二七》，爲研究蔣家世淵源的珍貴史料。

❹ 王采玉的身世，官方文件中，一向是隱瞞著的，唐、汪的文章，是初次揭露。

❺ 該書由沈醉、文強合著，香港《新晚報》曾連載。

❻ 蔣介石的名字，在台灣或大陸時期，官方文件，概用中正，洋人稱他爲介石。蔣瑞元是祖父玉表公命名。周泰是童年原名，和其他兄弟周字排名，學名志清，在日本留學時，即爲「清人蔣志清」。

時清廷政治腐敗，胥吏豪紳依附權勢作惡，我家人丁單薄，遂成爲凌虐脅迫對象，沒有一日安寧，曾經爲田賦徵收，被強迫攤派役使。」❼〈哭母文〉說：「地方上沒有仗義執言的人，族人和親戚們也多袖手旁觀，我家母子含憤忍痛，悲苦情況，無法比喻。」❽

蔣介石同父異母的長兄錫侯❾，趁父親去世，趕快另立門戶，王太夫人煢孑無依，撫孤攜幼的處境，可想而知。受此刺激，是促成蔣爾後向外發展，東渡日本的重要因素。

王太夫人忍氣吞聲，一面誦經唸佛，求取心靈的安寧，一面望子成龍，嚴加督促蔣介石的學業。一九〇二年，蔣十五歲。「以門祚式微」的原故，「早爲完娶」。新娘毛福梅，是岩頭村毛鼎和的女兒，家裏開祥豐雜貨店，家道小康，毛這年十九歲(生於光緒九年十一月二日)，比蔣大四歲。女大於男，蔣成了一個不折不扣的小丈夫。可是在當時的風俗，稀鬆平常。迷信習俗上認爲「四年合局，大吉大利」❿。

蔣毛婚姻，是當時時代的產物，等時移勢易，不免淪爲時代的犧牲者，終毛福梅的一生，喜劇開始，悲劇終場。

---

❼ 蔣中正《報國與思親》，發表於一九三六年十月，陳布雷捉刀。
❽ 蔣中正〈哭母文〉，一九二一年六月，收入毛思誠《民國十五年前的蔣介石先生》。
❾ 蔣錫侯官至台州地方法院推事，「西安事變」時，積憂成疾去世。
❿ 同❸。

時，蔣毛結婚，鳳凰于飛的時間，少之又少，只蔣在寧波從師顧清廉（講學於群城箭金學堂）讀書時，福梅伴隨半年多，以後蔣進保定，出東洋，奔走國內外，回溪口的日子，屈指可數。

但毛的出身，來自封建門第。在傳統中國的禮教束縛之下，講究三從四德，對丈夫除了百依百順，就是孝敬婆婆。大概受王太夫人的感染，虔誠信佛，吃日夜齋，豐鎬房樓上經堂內供奉觀音大士像。農曆初一、月半均為齋期，附近江口白雀寺的當家靜悟、雪竇寺方丈太勝、靜培，都成了豐鎬房齋期的常客。

蔣介石呢？婚後第四年（一九〇五）聽從顧清廉的話，「青年欲大成求新，當出洋留學異邦。」⓫東渡日本，擬進陸軍學校未果，因為需要保送，折返華北，入全國陸軍速成學堂（保定軍校前身）。翌年冬，考取留日試，再去扶桑，先入振武學校，一九〇九，升入岡外史為師團長的野砲第十九聯隊為士官候補生。⓬

回到中國的政治大環境，可以「山雨欲來風滿樓」來形容。慈禧和光緒，相繼歸天，而且

⓫ 毛思誠著《民國十五年前的蔣介石先生》，一九三六年十月初版，台灣禁止公開出售。

⓬ 「蔣總統秘錄」：「蔣總統從留學的振武學校畢業，以『士官候補生』身分，分發到駐屯高田的日本陸軍第十三師團野砲兵第十九聯隊入伍，十二月五日報到。」高田即日本新潟縣高田町，位北海道。第二冊，頁二一〇～二一二。台北中央日報譯本。日文原名是「蔣介石秘史」，中文版刪改之處甚多，已失本來面目。

一前一後，傳說那個老女人下的毒手。愛新覺羅的後裔，奄奄一息，以紫禁城爲代表的帝王權力發號中心，僅剩下那面褪了色的龍旗。新登基的溥儀皇帝，這年才五歲，少不更事，離不開攝政代勞，於是垂簾的垂簾，聽政的聽政，可把隆裕太后和親王載灃忙成一團。

革命黨人的行動，愈來愈烈，雖然歷年舉事，均遭受無情的打擊，慘痛的失敗，以孫中山爲首的革命黨人，卻屢仆屢起，非「驅逐韃虜，復興中華」不可。就在這一年，廣州的新軍，尚舉了事。

帝國主義的侵略，隨著滿清內外交逼的形勢，變本加厲，日本把朝鮮佔爲己有，設置總督。

不管時代多麼震盪，對奉化溪口鎮上的小民，卻絲毫沒有什麼衝擊。中國農民，世代耕種，但求溫飽，對政治的變遷，國族的興亡，一向非常冷淡。倒是鎮上毛氏媳婦添丁的事，泛起微微的漣漪。

正確的出生日期，是一九一〇年的三月十八日⓭，山區桃李爭艷的初春時際。那年頭，沒有婦產科醫院，只有接生婆，接生婆移樽就教，所以，經國的出生地，即溪口素居（即豐鎬房）。

⓭ 三月十八日，乃中國舊曆，慣例由王昇、楚崧秋、潘振球等爲蔣設宴祝壽。

迎接麟兒，祖母王太夫人最興奮，這些年，海天遙隔，不太看得見兒子，能早點抱孫子，心理上是一大慰藉。從此有人承繼煙火，該是觀音菩薩的恩賜，是虔誠祈禱的結果。

和婆婆分享這個快樂的是毛福梅女士，自奉父母之命，媒妁之言，九年前，于歸到溪口蔣家，她的唯一任務，好像是爲侍候婆婆和頑童丈夫而來，等丈夫稍微成熟，他又負笈遠遊，天各一方，飽嘗分離的苦楚。孩子降世的意義，特別是個男孩，不僅精神上有個寄託，且多一層保障，免得丈夫將來變心，藉口「無後」，搞納妾再娶等把戲。

孩子乳名建豐，號經國。望文生義，長大了，希望將來成經國濟世之才。在當時，不過一種即興的靈感，自沒有人料到，六十五年後，成爲台灣的一號強人。

因蔣先生滯留東瀛，關於經國的血緣關係，乃有種種無稽的傳說。甚至說是伯父蔣錫侯的兒子，過繼至蔣介石名下。一項最有力的佐證是，經國的舉止儀容，極少酷似乃父，身材短小，眉宇間，更缺乏父親的英俊瀟灑。

這些，都是無稽的里弄傳言，任何爭辯，不過浪費筆墨而已。

蔣雖留日入伍，卻幾度返里，如蔣瑞蓮出嫁竺芝珊，即「應召歸襄辦嫁事」。官印的〈六十六年來蔣總統與中國大事年表〉，記有蔣廿一歲入東京振武學堂，廿五歲自日返滬，這四年，列入留日期間，是抓大事編年的辦法，因而有人大做文章，可說犯了未小心求證、假設大膽的毛病。

經國出世的喜訊，不知是用書信，還是電報，傳到日本新瀉，作爲聯隊二等兵的蔣志清，聞訊一定雀躍不已，因毛思誠沒有記，董顯光略而未提，無從稽考。本諸常情，他的歡欣鼓舞，不下於結識陳其美，會晤孫中山。不再爲「吾家之必當有後」，而耿耿於懷了。

這種怕絕子嗣的孝道思想，根深蒂固，那怕是提倡女權的現在，沒有女兒不要緊，沒有兒子，茲事體大。蔣先生從傳統倫理的思想中培養出來，他不可能超越他生存的時代，因此，初做爸爸的蔣介石，他的心理狀態，和所有的父親一樣，認爲是他人生歷程上的大事。不過，父親和孩子初次見面的機會，延到第二年的夏天，和同伴張群「托故假歸」，才看到取名建豐的嬰兒。

父親忙得很，軍務倥傯，在陳其美手下，東奔西走，一會兒浙江，一會兒江陰，忙裏偷閒，新結識一粉紅知己，且正式金屋藏嬌。那就是後來成爲蔣緯國養母的姚冶誠女士。一九二七年十月十八日的天津《益世報》，對姚的身世，勾描如次：

「女士出身寒微。當南北和議告成時，蔣氏隨陳其美居滬，陳每過北里，蔣亦與偕往，怡琴(花名)在法租界某妓處作房侍，在筵席同見蔣氏，怡琴刻意奉迎蔣氏，終至以身相托，被蔣納為側室。」[14]

---

[14] 《現代支那文錄》，華盛頓國會圖書館收藏。

毛思誠的《民國十五年前的蔣介石先生》並不諱言「納妾姚氏」這一史實。一九一二年冬天，蔣且攜姚回奉化鄉居。

官書上，蔣斥責「置妾為人生最不道德之事」⓯，那是得道以後裝正人君子的後話了。毛福梅明媒正配，當然不喜歡上海來的新客，也許有些怏怏不快，可是，丈夫納妾，在實行多妻制的舊中國，比比皆是。何況丈夫再非溪上活躍的頑童，喝了洋墨水，一身畢挺的軍服，當過滬軍團長，同盟會會員，早沸騰鄉梓，簡直比前清帶著紅翎子榮歸故里，還要轟動。這樣有頭有臉的丈夫，配個美眷，包括毛氏夫人自己，都覺得平添了不少光彩。

董著說「新婚的毛夫人具有許多美德，尤富雅量」，說得語焉不詳，吞吞吐吐，其實，就指的這些事，礙於微妙處境，不便明說而已。

王太夫人，樂得豐鎬堂新增如花似玉的兒媳，果能和睦相處，即「阿彌陀佛」，萬事大吉。

革命的火燄，於一九一一年的十月，雖閃爍一下，小皇帝溥儀宣告退位，孫中山在南京接大總統的職位。可惜，瞬即黯淡無光，革命的果實，來得快，去得也快，孫大總統取得頭

⓯ 同⓫。

銜，但沒有取得政權。因缺少槍桿子的保護，被出賣光緒的袁世凱，拱手而得。落寞之餘，只好去做鐵路督辦。

北方的局勢，一團渾水，先是各黨各派爭權，國民黨、共和黨、民主黨……互不相讓，最後，乾脆開殺戒，陳其美、宋教仁全成了袁世凱的冤魂。革命黨人始恍然覺悟：「革命尚未成功，同志仍須努力。」

一九一五年，袁世凱經過一番勸進，登基爲洪憲皇帝，跟著蔡鍔到雲南與唐繼堯等發起護國之役，袁世凱一命嗚呼。

張勳的辮子兵，演出荒唐的復辟把戲。

軍閥割據，四分五裂。

連綿不斷的烽烟，遭劫永遠是老百姓。然而，形勢再壞，壞不到這偏僻的武嶺。嶺上依舊風光明媚，如畫如詩，桃李芬芳。秋天，露白霜飛，入冬，山枕寒流。

蔣家的聲勢，經過一段中落，漸漸恢復舊觀。昔年遭鄰里欺凌的往事，早已物換星移。蔣先生，一九一四年，奉命主持滬寧討袁軍事，兼第一路司令，計劃進攻寶山、海門，不幸爲鄭汝成偵悉，險受緝拿。

毛著「時公甚失意，鬱鬱不得志」，倒是眞話。六月又去日本，返滬後，和虞洽卿、張靜江、陳果夫等開股票行，搞金融投機，加入青幫，拜黃金榮爲師，就是外間所指，蔣在上海做股票經紀人那一段。

獨生子有祖母、母親的雙重照顧，樂也融融，彷彿天之驕子。父親的仕途，不很得意，經濟上，卻揮金如土，無困乏之虞。常自上海，托人帶回一些洋玩意，逗得孩子直樂。

王太夫人唸經無懈，不是在素居廳堂，就是到附近摩訶祖師殿，閒暇弄孫含飴，享盡天倫之樂。

毛福梅性有潔癖，除了疼孩子，就是指揮侍婢蔣聰玲，打掃揩抹，忙個不停，務使豐鎬房內外，窗明几淨，一塵不染。

遇到正月十五日、六月初六等大節日，返鄉的善男信女，扶老攜幼，忙著趕廟會，迎神拜佛。老祖母少不了帶孫兒去向菩薩報到，順便讓孩子看看熱鬧。

很多人會奇怪，蔣經國從小在這樣濃厚的佛教氣氛中成長，何以後來未成居士，而追隨乃父，恭讀《荒漠甘泉》，變成滿口「神救世人」的基督徒？合理的解釋，天下沒有不變的信仰，政治信仰如此，宗教信仰，何嘗不是如此。我們很多人來自佛教家庭，未必全信佛教。其次，後期的蔣家，再非奉化時期那麼單純。蔣先生、宋美齡，既皈依基督，經國要扮演一個孝子的腳色，也不得不假戲眞做，在耶穌面前，向乃父認同。

經國受到的疼愛，殆無疑義。不過，孩子畢竟是孩子，孩子需要同年的伴侶，在這方面，他寂莫得很。毛氏夫人繼經國之後，就此打住。

到經國五歲這年，蔣家才再度添丁，孩子取名緯國，生辰是十月六日。這個孩子的來歷，似乎誰都知道，又誰都說不清楚。一個比較可信的說法，他的母親是位穿和服的東洋女子，是蔣先生和戴季陶先生共同在日本留下的中日愛情結晶，自日攜回，交姚夫人領養⑯。

一九一六年，經國幼小的心靈，當然不懂得這新來小弟弟的離奇身世，豐鎬房多個白白胖胖的娃娃，總是熱鬧些，他的確高興了好一陣子。

後來，蔣緯國去了德國學軍事，曾在台灣歷任裝甲司令、三軍大學校長、現任陸軍上將聯勤總司令。他愛逗笑「過去我是總統的兒子，現在升爲總統的弟弟」，成爲很多人熟知的幽默笑談。

---

⑯ 丁依〈蔣介石婚姻生活考〉，原載香港《南北極》月刊。

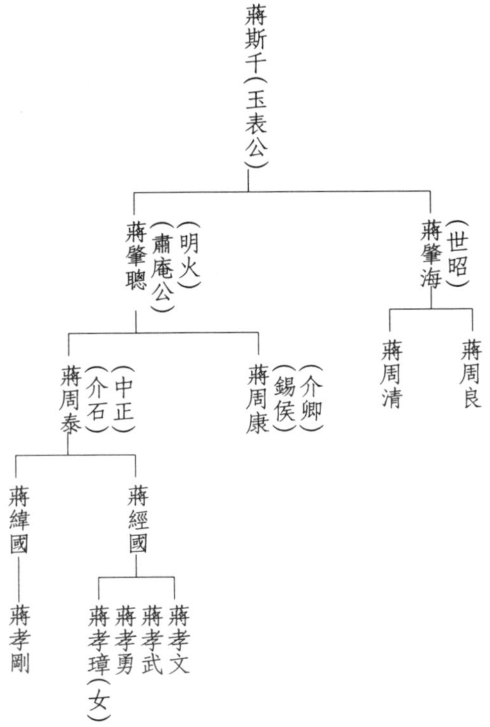
蔣斯千（玉表公）
蔣肇聰（明火）（肅庵公）
蔣肇海（世昭）
蔣周泰（中正）（介石）
蔣周康（介卿）（錫侯）
蔣周清
蔣周良
蔣緯國
蔣經國
蔣孝剛
蔣孝文
蔣孝武
蔣孝勇
蔣孝璋（女）

（見本章註❷）

第二章

上海・北京・廣州

一九一六年，經國五歲，在家鄉啓蒙，緯國比他幸運，後來進的是縣城培本幼稚園。

民國初年，中國的教育制度，正處在一新舊交替、從舊式塾館過渡到新式學堂的蛻變階段。但這就和把小腳放大那麼困難，工作進展，非常緩慢；一方面死硬的保守派，永遠抱殘守缺，一方面經濟的因素，師資、設備，都非一蹴可成。所以除了通都大邑，受西洋文化的衝激，開始創設了新式學堂，育人子弟的事，不論在形式上、內容上，和千百年前，一脈相承，操縱在腐酸的職業教書匠手裏。具備教師資格的身分很嚴，必須是得到功名的秀才，會做做八股，寫寫行楷，吟吟詩賦，百無一是的書生。

這年三月，經國遵節隨俗，穿一身棉布褂兒向孔子和祖宗牌位，規規矩矩地，行過三跪九叩禮，正式拜當地的周老夫子爲師，開始他人生最重要的歷程之一。典禮很隆重，讀的課本更是深奧，先是「天地玄黃，宇宙洪荒」，再「子曰：學而時習之」，就這麼糊裏糊塗，不知所以，雙腳蹣跚，踩到一個光怪陸離的知識領域。

地點就是本鎮的武山學校，業師周東，可卻不是「蔣總統經國先生大事年表」中所說的「奉化名賢」❶，唸唸天地玄黃，需要聖賢，未免要求過高。

第二年十月，改業顧清廉，顧老夫子，一生靠硯耕爲業，過去教過蔣先生，現在又教經國，所以毛思誠特爲記上一筆，譽爲「二世治教」。經國對他的幾位塾師，包括顧以後的王歐聲，從來閉口不提，倒是父親的家教，讚揚備至。猜想，這些舊式塾師，對他不會有什麼重大啓發，以他自己的年齡，對經、史、子、集那套大道理，也不可能有所領悟。

我們姑且不談蔣先生本人的行爲德性，和他一身功過。他對兒子的教養，是下過很大工夫的，經國自己常說：「父親對我們兄弟的教育，是非常嚴格和認眞的；不管在家、在外，都是經常來信指示我們寫字、讀書和做事、做人的道理。」蔣先生對兒子的期望，固然隨環境的變遷，作適時的修正，但基本的方針和目標是不變的，那就是悉心培養，照他規劃好的型模鑄造。

蔣先生的理想，受他自己生長時代的侷限，是個典型的國粹主義者。認爲半部《論語》可

---

❶《蔣總統經國先生言論著述彙編》，台北，黎明文化事業公司出版。這本書共十二大冊，經過纂改等手腳，很多重要的文獻，均未收入。

以治天下，認爲故紙堆裏，有爲人治事的南針。經國僅十歲，硬要他讀《說文解字》，寄給他一部段玉裁注解的《說文》，並且指示說：「此書每日認得十字，則三年內必可讀完，一生受用不盡矣。」❷到了第二年，又去信叮囑他讀《詩經》《爾雅》。

蔣先生的兩隻腳，一腳雖踩在革命的大道上，但對革命的認識，卻是模糊不清的。「革命」就是狹義的打天下做皇帝的新名詞。另一腳停在封建、殘餘的陋巷裏，認爲孔孟思想，將永遠是中國文化思想的主流。儘管他自己到過日本，喝了東洋墨水，卻並沒有眞正呼吸到新時代的新氣息，追求過軍事常識以外的新知。因此，他還止步在明淸儒學和舊禮教的境界裏。衝不出去，甚至從未嘗試。

這是一個甚麼樣的境界呢？在〈我所受的庭訓〉一文中，經國有很詳盡的描述：「父親指示我讀書，最主要的是「四書」，尤其是「孟子」，對於曾文正公家書，也甚爲重視。」這難怪，蔣先生童年，就是這樣造就出來的。他進一步解釋讀古書的作用時說：「你於中文，如能懂一部《四書》的意義，又能熟讀一冊左孟莊騷菁華，則以後作文就能自在了。」❸

他要經國「不愧爲蔣氏之子」，認爲治國，始於齊家。齊家的標準，「汝在家，對親需要

---

❷ 蔣經國《風雨中的寧靜》，台北黎明公司出版。
❸ 同❷。

孝順」，而以曾文正公對於子弟的訓誡，作爲模範。甚至在政治上，也要師法曾國藩，作爲「中國的政治家」。

祇有和經國有過相同遭遇的讀書人，才能體會到，這種了無生氣、晦澀刻板的舊式教育，對一個年僅十幾歲的孩子，是何等不合理，對孩子正常心智的健康發展，是怎樣的摧殘！

保守的舊傳統，在衛道者的眼裏，是中國文化的偉大遺產，從某些角度看，它的永久價值，是毋庸置疑的，但相對的，這個思想的根源，是封建的、是落伍的，甚至是反動的，和我們的時代是脫節的。所以，進步的知識份子，在一九一九年，爆發了以科學民主爲先鋒的新文化運動——即人們熟知的「五四運動」。蔣先生中了舊思想的毒，一生迷信四維八德的大道理是改造中國的萬靈符。甚至被趕出了大陸，在台灣偏安，還在大喊文化復興，強迫高中學生讀論語孟子，還規定每年要祭孔。孔子的後代，可以坐在家裏打著麻將領高俸；孔孟學會的招牌，也掛出來了。爲曾國藩塗脂抹粉，裝扮成偉大的聖賢豪傑。這種扒死人灰的意識形態，強加諸於他的兒子身上，進而加諸受他統治的子民身上，眞做到了公私一體，貫徹始終。

所以，我們加以總結，在蔣先生的陰影下，經國早年的教育，除了在四書五經堆裏打滾外，並沒有接受到當時歐風西漸的現代教育的陶冶；塾館生活，其實是些不堪回首的殘夢。

一九二一年，溪口的蔣家發生了兩件大事。

前一年的一月廿七日，王太夫人扶病蒞滬，和兒子聚到三月返鄉，第二年六月，老太太沉疴不起，溘然長逝，這年僅五十八歲，蔣聞訊自廣州趕回，已氣息奄奄。❹

母子情深，蔣先生的悲痛和孝思，悉在意料之中。由蔣自撰的輓聯「禍及賢慈，當日梗頑悔已晚，愧爲逆子，終身沉痛恨靡涯」，眞情及乎詞，一幅生動的寫照。

經國頓失這位慈愛的祖母，而且來得這麼突然，他的感受，缺文字記載，無從考據。曾爲他幼小心靈，留下傷痕和挫失，殆無疑義。

蔣先生和毛福梅的感情，一直不好，做孩子的，當能體會得到。感情再壞，王太夫人在世一天，基於老太太的威嚴，怕傷老人家的心，表面上，至少要維持一個夫妻的形式。

驟然間，這樣一位中流砥柱的老太太去世了，結構上立即發生變化。

「余葬母既畢，為人子者一生大事已盡，此後乃可一心致力革命，更無其它之掛繫，余今與爾等生母之離異，余以後之成敗生命，家庭自不致因我再有波累。余十八歲立志革命以來，本已早置生命榮辱於度外，惟念老母在堂，總不便以余不肖之罪戾，牽

❹ 汪日章、唐瑞福著《蔣介石的故鄉》，一九八三年香港大公報。

連家中之老少。故每於臨難決死之前，必托友好代致留母遺稟，以冀余死後，聊解親心於萬一。今後可無此念，而望爾兄弟二人，親親和愛，承志繼先，以報爾母，在生撫育之深恩，亦即望以代余慰慈親在天之靈也。余此去何日與爾等重叙天倫實不可知，余所望於子女者，如此而已。特此條示，經緯兩兒，謹誌毋忘，並留為永久紀念，父泐。」

這個訓詞的眞實性頗成問題，恐係出諸蔣的授意，由毛思誠事後補進去的，好掩飾以後他和宋美齡結合的合法性。某種程度上，反映著蔣的心態。現在又堂堂正正，假「革命」的大帽子，遺棄髮妻毛福梅和如夫人姚冶誠。

果然，第二年，和陳潔如在上海結秦晉之好❺，他再去和汪兆銘、胡漢民，爲自己「人人言弟爲好色」去辯護，即無人置信了。

經國年紀輕，先有失去祖母的創痛，次有家庭破碎的震驚，那原是十分沉重的感受。可是在父親面前，他能反抗嗎？反抗又於事何補？

經國和母親的情感，至深且厚，在他歷年發表的文字中，雖少提到生母，怕刺激蔣夫

❺ 參閱丁依〈蔣介石的婚姻生活〉，香港《南北極》月刊；和陳忠人〈紀念外婆——陳潔如〉，香港《百姓》第四十九期。

人，傷到父親的心，僅在江西時代出版的《我在蘇聯的生活》的自序中，吐露了他的心聲：「回憶三十年來，始而寄跡海上，繼而留學國外，長離膝下，十有餘年。」他寫著：「且因郵電不通，音訊久疏，母不知兒生死，因抑鬱以成疾；兒亦未能親侍湯藥，以娛慈母之心。」毛夫人是一九三九年冬，爲日機炸死，爲了思念無已，出了這本書，「用以紀念吾母，並誌無涯之哀悼」。留蘇期間，發表公開信，清算他父親那一幕，用字遣詞，比蔣的任何一位政敵罵得還要無情和潑辣，但對母親，始終親情似海，未有半句不敬的話，與其說是至孝，毋寧說是出乎內心的同情和憐憫，是一種條件下的反射。

毛福梅算不上紅顏，祗能說是薄命。她是時代的犧牲者，典型的舊式女子，沒有受過甚麼良好教育，和大多數她同一時代的女人一樣，出生在閉塞的中國農村，假使和其他的女人一樣，遵從父母的意旨，嫁個門當戶對的莊稼漢，生兒育女，做個「三從四德」的好妻子，就能太太平平地過一生。不過，命運往往捉弄人，她的少女的幻夢，經不起時代的呼嘯，給衝破了。前人的經驗，「悔教夫婿覓封侯」，現在竟變成她自己的遭遇。夫婿非但郎心似鐵，個性更粗魯，動輒拳打腳踢，曾經有一次，從二樓把她摔到樓下，對太太好比對士兵的辦法。這些慘痛的往事，在猶是孩子的經國心裏，他會做什麼想法呢？

一九二二年的三月，經國第一次離開家鄉出遠門，經過寧波到上海。他的心情很複雜，和母親暫時告別，不免有些酸楚，武嶺的一草一木，都是熟悉的，但是，上海的誘惑力很大，從父親嘴裏，不時聽到關於上海的一切，那個和奉化截然不同的新世界，父親的事業，雖然由上海移到了廣州，上海依舊是政治中心。這幾年在鄉下讀書，讀來讀去離不了塾館那一套，實在厭倦了，聽那些伯伯叔叔說，上海有新式的學堂，能換個環境，總是件好事。

三月的第三天，他考取了萬竹小學的四年級。他過去唸書的紀錄，顧清廉的評語：「天資雖不甚高，然頗好誦讀。」蔣先生自己的觀察：「經兒可教、緯兒可愛。」那都是可信的信史。

經國到上海不久，蔣先生在虞洽卿的資助下，去了廣州，且攜美眷同行，即經國稱呼她「上海姆媽」❻的陳氏夫人。負責監護經國的責任，落到塾師王歐聲和姑丈竺芝珊身上，缺錢則向舜耕（陳舜耕曾任台灣鐵路局長）及果夫哥哥取」❼。所以，和父親還是分隔著的。

在上海唸小學，精神、境界都爲之豁然開朗，這年的下學期，初次嘗試到外國語文，自然科學有數學、生理衛生，人文科學有歷史地理，相形之下，和那「關關睢鳩，在河之洲」的《詩經》《大雅》，豈可以道里計。包括他父親，在讀書的觀念上，也向前猛跨了一大步，在家信中叮嚀他：

---

❻ 蔣經國著《我在蘇聯的生活》，密西根大學圖書館藏有此書。

❼ 同❺，陳忠人。

「你校下學期既有英文課，你須用心學習；現在時世，不懂英文，正如瞎子一樣，將來什麼地方都走不通，什麼事業都趕不上。你星期日有工夫時候，可到商務印書館去買些英文小說雜誌看看……」

在這封信後的第二個月，他又叮嚀：

「餘如英文最為重要，必須將每日教過的生字，在自習時，默得爛熟，一星期之後，再將上星期所學的生字熟記一遍，總要使其一字不忘為止。算學亦要留心……。」❽

蔣先生自己唸過德文，也唸過俄文，結果都半途而廢，他這人的語言天才，從他迄今鄉音不改這點上，差不多已知過半矣。希望兒子學學英文，至少會有補自己之短的意思，那份愛子心切的情意，任何人都能體會的。

如果說，經國到了上海，就眞的擺脫了古文的糾纏，那又是奢想了。前面已經分析過，蔣先生是舊時代教育出來的新人物，他沒有勇氣，甚至他拒絕重建新的精神生活，連在北方

❽　同❷。

鬧得轟轟烈烈的「五四運動」，對他竟無動於衷，好像未曾發生過。他滿足他已經僵化了的思維領域，儘管，他主張經國要學些英文，怕他「將來什麼地方都走不通」，不過，他的出發點是屬於功利主義的，而不是要他的兒子去吸收西方新的文化知識。

他耿耿於懷的，還是「必須熟讀《孟子》」，「看『曾公家訓』」，且延聘王、竺二位，「寓舍教國文」。然而，經國已經不是武嶺時代的經國，他不能對周遭的事物，無動於衷。隨著年齡的增長，視野的擴大，和求知慾的昇華，縱不敢明目張膽地違背父親的意旨，對父親的要求，卻愈來愈冷淡，有時候會自問：「經書有它的現實意義嗎？」「爲甚麼在新文化如此蓬勃的今天，還要開倒車呢？」

或許，有人懷疑，經國當時會不會這麼深入呢？不錯，他才十三、四歲，年紀很輕，新文化的怒潮，如此奔騰，他不可能在情緒上不受到激動而萌生出感情的嫩芽。

描述這個時期的社會政治動態，已故曹聚仁教授以過來人的經驗，這麼說：

「我們在三十年後，回看這一段歷程，有著思想革命的痕跡，有著文學革命的痕跡，也有著社會革命的痕跡，也有著政治革命的痕跡；彼此之間，相互影響，而薈集在政治社會革命這一重要浪潮上。」

套用今天時髦的術語，廿年代正出現了「一片革命的大好形勢」。一九一九年的「五四運動」，重心雖然放在文學革命上，提倡「文學的革命，革命的文學」，由「五四」引發的社會革命和政治革命，其光芒卻更勝於文學運動。陳獨秀領導的馬克思主義小組，先在上海出現；一九二七年的七月，中國共產黨在上海誕生，並召開第一次全國代表大會，第二年便積極從事政治活動，策動香港海員大罷工，策動京漢鐵路罷工——亦即慣稱的「二・七」慘案，以提高工人待遇和民族主義作號召，掀起工人運動。同時，「中國社會主義青年團」也在積極擴充中，團員人數膨脹到四千人以上。

歷遭挫折的國民黨，逼於孤立無援的形勢，兼受蘇聯十月革命的誘惑，透過陳獨秀的介紹，自一九二〇年，蘇聯代表沃亭斯基到上海，和孫中山會晤，雙方搭上線後，從此，一拍即合，不絕如縷。一九二二年，越飛答應以協助國民黨建軍爲餌，共同攜手，奠定了以孫越聯合宣言爲背景的國共合作的基礎。

宣言發表不久，中國革命進入了新的紀元，共產黨員以個人資格加入國民黨，第一次全國代表大會中，當選爲中委和候補的共產黨員佔了總名額的三分之一（有譚平山、張國燾、林祖涵、李大釗、瞿秋白、毛澤東、于方舟、韓麟符、于樹德），而最重要的組織部（部長譚平山）及農民部（部長林伯渠），卻都在共產黨員的掌握中。

蘇聯的軍事顧問鮑羅廷、加侖將軍等人，浩浩蕩蕩地來到了中國，革命大本營的廣州，實際上是一切以鮑顧問馬首是瞻的蘇聯勢力範圍。

廣州和上海，雖在不同的地理位置上，交通也沒有現在這麼方便，兩者卻都是行動的中心；甚至，上海的思想戰線上的巨大功能，藉租界勢力的庇蔭，遠超過發號施令的軍政重心——廣州；作爲東西文化匯集的重鎮，頗陳百花齊放的景象。

宣傳共產主義的有《嚮導》、《新青年》，鼓吹新文學的有《小說月報》、《文學旬刊》。《民國日報》爲國民黨發言，《時事新報》反映研究系（爲當時一派系，以梁啓超爲首）的心聲。作家馬彬在其《轉形期的知識份子》一書中，作了如下的陳述：

「……西洋學說，於此時介紹到中國來為最多，『無政府主義』也於此時出現，共產主義自然成了最熱門的東西，社會主義的經濟理論，文學理論，先後輸入中國，以上海為中心的知識青年，讀者的興趣被啟發了！學習界空前地呈現輝煌，……」[9]

接著，他提到當時的上海：

[9] 馬彬《轉形期的知識份子》，香港亞洲出版社出版；馬彬另一筆名南宮博，專寫歷史小說著名，他的論著，其實勝過他的小說。

「總之，在北伐前的上海，頗有戰國百家雜陳的局面，在政治上各樣的理論都公開地推陳出來，在文學上，也五花八門，這是激烈進步的現象。」

這四年的時間，經國躬逢其盛地，正生活在這激烈進步的上海，除非他是政治冷血動物，隨著那誘人的環境，往昔「書中自有黃金屋」的舊境界，還能滿足他嗎？假使我們無法推翻社會學家「人是環境的產物」的理論，面對這樣波瀾壯闊的時代，國內外發生的大事，毫無疑義的，會在他潔白的心靈上起著強烈的感染作用。自然，這些變化，是負責監護的王、竺兩位所無法理解的。

足資查考的紀錄，經國在上海求學的過程中，一九二二年「仍在萬竹學校」，這年且在學校運動會裏得了亞軍，第二年進入浦東中學，二五年，「赴黃埔省親」。

事實上值得一書的兩件大事，相反地，受到了掩蓋。從歷史的角度看，這是他思想行動起了重大變化的證明，更是他人生旅途的轉捩點。

依據馬彬的分類，那時期的知識份子的思想，除掉保守派外，大致可以歸入漸進與急進兩種；經國是後者，這從他勇敢的投到「五卅」愛國運動的行列裏，可以得到結論。

一九二五年五月，上海爆發了驚天動地的反英、反日大罷工。起因是這月的十五日，上海日本紗廠槍殺了一位工人顧正紅，於是五月卅日，上海工人和學生聯合在上海租界舉行盛大的示威遊行。遊行時，部分工人、學生因遭到英租界巡捕的殺害，愛國志士的血觸發起全國人民的憤怒，上海的工人舉行了總罷工，學生舉行了總罷課，商人舉行了總罷市，釀成歷史上的「五卅」慘案。經國和其他很多愛國青年一樣，堅決地站在反帝國主義這一邊，是遊行示威的成員之一。

經國的行爲，固得到同學師長的讚許，但卻支付了很大的代價。學校當局的保守派，片面地、武斷地認爲，這個年輕人有造反的趨向，給予他一項意想不到的懲處——開除。罪名：「該生行爲不軌」。在當時「開除」是件很不名譽的事，帶著滿腔憤怒不平，大概在這年的六、七月，告別了上海，去了北平，進了吳稚暉的外語學系。這多半是他父親的意思，希望吳敬恆好好管教一下，免得再鬧出上海那樣的笑話來。不過，經國已非池中之物，「吳妖怪」也沒有辦法約束這位世侄，政治覺悟越高，對革命的膽識越大，不久即加入當地學生發動的反政府示威遊行，代表學校當局的吳伯伯，自然不會給他開除的懲罰，軍閥當局卻冷峻地執法如山，把他判處了兩個星期的監禁。

恢復自由後的經國，徬徨苦悶，最後選擇了，還是去廣州吧！是北方的初秋，他跳上從天津開往南方的一艘輪船，結束短暫的故都之旅。

第三章　孫逸仙大學

中國一向以「中華文化，源遠流長」而傲視環宇，因而產生出天朝文化中心論的驕傲和優越感。最明顯的一個事實，我們祖先把國名訂爲中國，自許爲宇宙的中心，它的周圍則是蠻夷之邦，化外之民，即使到今天，稱洋人仍是洋鬼子，而非平等待之。

不錯，遍數中國幾千年的歷史，它有過輝煌期，也有過衰落期。唐代萬邦來朝，我們東鄰日本，甚至派遣大量留學生，乘風破浪，到長安拜師入學。絲綢之路，首啓外貿之端。

歷史是一面鏡子，同樣是一個沉重的包袱，自視甚高的結果，適應性就比較差，對任何外來文化，悉採鄙夷峻拒的態度。

鴉片戰爭以後，帝國的假面具拆穿了。後代子孫，爲祖先們的驕傲和偏見，付出巨大的代價。繼外侮日甚，有識之士覺醒到，非堅甲利兵，不足以保中華於不墜。接著倡「自強運動」，以張之洞爲首的士大夫喊出「中學爲體，西學爲用」的口號。且在這個指導原則下，派青年士子，出洋留學，大搞洋務運動。

留學的目的地，始則歐美。受甲午戰敗的刺激，咸認日本的「明治維新」，值得我們效法，改去東洋。一時留日的風氣，取代留英、留美的熱潮。蔣介石、閻錫山、張群等選擇日本，正說明當時的風尚。

蘇聯十月革命成功，馬克思主義如洪水般傾瀉，開青年人嚮往蘇聯的濫觴。最初祇有瞿秋白等俄文專修館的學生，首途赤都。稍後，劉少奇、李立三、秦邦憲等革命青年，個別或集體的，奔向紅朝。待蘇聯在華的勢力，扶搖直上，留學蘇聯的吸引和號召，頓成時尚。

解釋留俄何以狂熱一時的背景，我們勢必對當時的政治情勢，略作回顧。

從民族感情上，對於這個北方近鄰，從無好感。北極熊的侵略性，比起大英帝國，不過五十步與百步之差。由依凡到尼古拉斯，中國所喪失的土地面積，超過歐洲許多小國的總和。其次，俄羅斯民族的科技文化，無法和英美放在相同的天平上，鮮少值得效法的地方。

形勢的發展，往往出人意料之外。就歷史的意義，二十年代，中國歷史的發展，出現了一個不尋常的逆轉。

孫中山領導的國民革命，淵源於美國的民主政治，期以取代千年的封建統治。他的三民主義宏偉主張，雖抄自林肯的「民有、民治、民享」的政治理想，追溯更遠一點，原是位瑞士醫生的創見。其思想立場、哲學基礎，和那位長一臉大鬍子的德國猶太馬克思的學說，南轅北轍，背道而馳。

不幸的，孫先生奔走呼號的革命運動，沒有喬治華盛頓那麼順利，更不如列寧那麼走運，他給中國開的藥，中國病人吞服不下。

國民黨從來沒有建立起自己的武裝力量。沒有槍桿子的政黨，單靠向軍閥依附，註定大業難成。特別是一九二二年，廣東的軍頭陳炯明公開叛變，孫受此沉重打擊，離穗赴滬，開始國民黨的重組與改造。痛定思痛，大澈大悟，始認定用西方式似有似無、組織鬆散的政黨組織，不適宜中國的國情。那就是黨要類似黑社會的緊密結構，黨員要納入組織系統，絕對地服從紀律，接受菁英領導。精神方法上，修正爲獨裁的組織領導，一黨專政。可是把觀念付諸行動，孫中山和他的同志們，缺少此項經驗和技術，於是賦予蘇聯插手中國革命的機會。

孫中山和列寧搭線，始於一九一八年，由上海發給列寧的電報裏說：「中蘇人民有共同目標」，預言「兩國的革命運動將聯合解放世界上被壓迫的人民」。❶

這年八月，齊雪林(G. V. Chicherin)外長熱情地回覆孫的電報，大灌羅宋湯，稱孫爲「可敬

❶ Yueh Sheng, Sun Yat－Sen University in Moscow and the Chinese Revolution, A Personal Account, Center For East Asian Studies, The University of Kansas. p.9. 盛岳，留蘇六年，爲廿八個布爾希維克的成員之一。在國府駐烏拉圭大使任後退休，現居伯拉奧托市。

的導師」，打開布爾希維克運動進入中國的通道。

翌年七月廿五日，加拉罕(Leo Karakhan)❷宣言發表，聲明蘇聯政府願放棄以前帝俄和滿清所締結的一切不平等條約，並特別提示一項蘇維埃運動——協助被壓迫的東方民族，尤其是協助中國人民，擺脫帝國主義列強的軍事和經濟侵略的解放運動。

這樣一個冠冕堂皇、擲地有聲的宣言，儘管蘇聯政府從來沒有履行諾言，當時，在中國人民所產生的震撼，尤其是歷經挫折的孫中山和國民黨人，卻非同小可。之後，一九二三年一月，孫中山和越飛(Adolf A. Joffe)發表聯合宣言，芝加哥教師出身的鮑羅廷(Michael Borodin)❸接踵來華。

南方的廣州政府，處在饑不擇食的情況下，「聯俄」、「容共」、「扶助工農」乃變成不得不爾的行動方向。

孫中山於一九二五年三月十二日逝世於北京，但無礙蘇聯與廣州的蜜月關係，七月一日，成立軍政府，十月七日國民黨中央執行委員會第六次會議中❹，鮑羅廷宣佈，莫斯科成

---

❷ 加拉罕時代理人民外交委員長，後任駐中國大使(北洋政府)。

❸ 中國國民黨黨章，鮑根據蘇聯共產黨黨章譯成英文，廖仲愷改譯爲中文，延用迄今。

❹ 同盛岳❶。

立孫逸仙大學，並建議選送學生，前往蘇聯。以汪精衛、胡漢民、譚延闓三人為成員的選拔委員會，同時成立。

蘇聯決定此舉的原因，一石二鳥。正面的意義，表示對孫中山的崇敬，特設一個大學來紀念他。側面的目的，進一步在中國投資，為無產階級革命施肥播種。

「孫大」招生的消息一經公佈，各地嚮往的青年，紛紛報名投考，廣東一地，即達千名以上。分析青年們的心理動機，曾是過來人的王覺源提供他自己的經驗如下：

「當著神秘性的俄國革命真相，還在巧飾宣傳，沒有揭穿的階段，世界的政治學家、社會學家、經濟學家和一般社會主義者，都有一種大體相同的想法：我們並非生性懷疑別人是否具有真理和已夠幸福；但對俄國的現狀，我們被迫如果不在思想上有所決斷，就應該在行動上有所決斷，現在既然在大部份思想和行動上表現了出來，我們的決斷和他們有所不同，我們就應該知道這不同在那裏？如果我們與共產黨人是在同一世界內致力於相反的目的，那就該看我們與他們的目的在那裏與怎樣相反？當兩種目的相遇與衝突時，我們必須注意究竟是我們的還是他們的目的被粉碎。不管是我們的，還是他們的，首先必須有一種直接的觀察和了解！由是一九一七年以後，『到俄國去看看！』在西方學者和政治家中，便形成一種普通的願望。正在內憂外患痛苦呻吟中的中國青年，在這一新的誘惑與好奇心理下，自然，也有著美麗的憧憬！適逢其會，中國國父孫中山先生重建革命基地開府廣州。一方面由於蘇俄革命領袖列寧之奉獻殷懃；另一方面由於蘇俄革命成功的經驗，或有可供我們觀摩之處；在這種情感與理智激盪下，於是有大批的中國留學生，從廣州、上海、北京、天津等地，湧上西伯利亞的征途，『到俄國去看看！』」❺

實際獲得錄取的幸運者，僅三四〇名❻，其中卅名，由鮑羅廷推薦，他們則是國民黨要員的子弟，包括本書的主角蔣經國在內。

經國和他的同學王覺源一樣，固有好奇的成份，更大的理由，更數他當時狂熱的革命意志。

兩項證據足資支持此說。這年六月，在上海浦東中學就讀期間，因參加上海「反抗五卅慘案」的大遊行，遭保守的學校當局開除學籍❼。

❺ 王覺源《留俄回憶錄》，一九六九年九月，台北三民書局出版。

❻ 王覺源和經國等廿二人，第一批留俄學生，前往蘇聯。曾任國防大學教授，現已退休。

同❶，盛岳和王覺源的數字，相差廿名。

❼ 哥倫比亞大學《民國人名大辭典》。

滿懷憤怒，去了北平，入吳稚暉辦的子弟學校——北平外語補習學校❽短暫停留，曾因參加反對北洋軍閥的學生運動，下獄兩週❾。

這時候，經國不過是高中一年級的學生，放下書包，走到街頭，走向群衆，去參與反帝、反軍閥的示威遊行，一反普通中學生讀死書、死讀書和對國事的冷漠，沒有點勇氣，沒有點激情，那是絕無可能的。套用江青「文革」時的術語，經國不愧爲「革命闖將」。

環境方面，他父親被稱爲「紅色將軍」，「中國的托洛斯基」❿，高喊著「我們黨的前途端賴尊俄爲師」。耳濡目染，焉能無動於衷。

處此情況，爲了追尋理想，堅持信仰，獻身中國波瀾壯闊的革命大業，去莫斯科孫逸仙大學，就再自然不過了。

蔣先生的意見，處於兩可之間。經國既無心唸書，且到處鬧事，一時並想不出很好的安排。客觀形勢，既有孫逸仙大學的創設，鮑羅廷的引荐，順著兒子的意思，讓他到俄羅斯去鍛鍊鍛鍊，未嘗不是件好事。

---

❽《蔣經國先生言論著述彙編》，一九八三年，台北黎明公司出版。

❾同❼。

❿馬彬《轉型期的中國知識份子》，香港亞洲出版社出版。

新出現的資料，否決前述推斷，陳潔如的外孫陳忠人，獨持異議：

「留學，是蔣經國從上海到廣州後不久，就多次向蔣介石提出的要求。蔣介石起初並不贊成，因為他不怎麼喜歡蘇聯，這不僅在蔣介石從蘇聯寫信給外婆的大量家信中，已有十分明白的表達，而且在蔣經國留蘇問題上同外婆商量時，他也重複表示過。」

「蔣介石後來所以勉強贊同，僅僅因為我外婆的一再勸說，支持蔣經國的留學大志。經國去蘇後，經濟上很少得到蔣介石的接濟，因此蔣經國在蘇聯的生活是相當窘迫的。還是外婆知情後，將全部私蓄二千元托陳果夫轉匯經國，才解決了他的困難。」⓫

要找出蔣先生不喜歡蘇聯的證據，千千萬萬；問題在，是那個時期的蔣介石。一九二五，蔣介石、鮑羅廷正打得火熱，沒有蘇聯的盧布槍枝，當年黃埔軍校都無法成立，不喜歡蘇聯，他絕不會叫出「以蘇俄爲師」的口號來。

一九二五年，蔣陳結婚才三年不到，枕邊細語，陳對蔣有相當份量的影響力，人人可以置信。經國留學這件事，蔣會固執到非要「一再勸說」、才「勉強贊同」，恐怕與蔣的爲人個性

⓫ 陳忠人〈紀念外婆——陳潔如〉，香港《百姓》49期，一九八三年六月一日。

不合，有保留存疑之處。

蔣介石是道地的機會主義者，又是玩弄權術的斲輪老手，送經國去莫斯科，這個注他不下嗎？後來緯國去柏林，不正是南京向希特勒認同之際嗎？至於一九二七以後的戲劇性發展，使得蔣先生噬臍莫及，那是神仙都料不到的。

一九二五年十月十九日，和第一批廿二位同學⓬搭上一艘俄輪，經過三晝夜的航行，從廣州抵達上海；藉候船之便，和毛福梅作短暫團聚。

經國的鴻鵠之志，則是毛夫人所無法了解的，「革命」等新鮮詞兒，幾乎聽厭了，革命使她丟了丈夫，現在恐怕又有失去獨生子的危險。怎麼解釋，毛夫人也不懂，革命何以非到那個遠在天邊的地方。毛福梅流了無限眼淚，經國除了安慰，一樣涕淚縱橫。但是，改變是不可能的了。

去蘇聯的行程，共有三條路線。一、從哈爾濱，轉中東鐵路，但滿洲爲張作霖控制，安全有顧慮。二、轉道歐洲去莫斯科，路太遠，旅費太貴。三、從上海搭蘇聯貨輪，到海參威，改走陸路。

海參威，歷史上曾是大清帝國的疆土，咸豐手裏，割給帝俄，改名爲烏拉齊瓦斯托克，

⓬ 同❺。

是蘇聯東方重要的海軍軍港，西伯利亞鐵道終點於此，故貿易頗盛。

中國色彩，仍很濃厚，華人約佔全部人口的三分之一，近乎半華半俄，華人經營的餐館、茶室、賭館、戲院、煙館，應有盡有。第三國際負責接待的，是位德國猶太人韋登麥⓭，除了朔風凜冽，萬里冰封，冷得不太習慣以外，並無異鄉異樣的感覺。

四天半後，登上去莫斯科的火車，這是一段枯寂漫長的行程，每人分配到自己的床位，可惜，是雙層硬席，車外漫天飛雪，人人凍得抖擻不已，車內竟無取暖設備。因缺原煤，車頭引擎的動力，依靠木材，行駛緩慢，更逢站必停；車上沒有餐車，沒有飲水，悉賴停站供應。這就和我們在「齊瓦哥醫生」影片中所看到的場面那麼寒愴了。

海參威距莫斯科，七千四百公里，經國的一位旅途同伴，把此行見聞，描敘得很細緻生動，茲摘要爰引：

「火車自海參威出發，因為路線彎曲，地勢高低不平，以故車行甚緩，第三天才到赤塔。這是西伯利亞的東部重鎮，為原日遠東政府首府。縱貫東三省的中東鐵路，即在此接軌。這彷彿一把利劍，當胸插入我國東北的心臟，而刀柄就在這赤塔！我們正在赤

⓭ 同王覺源❺。

塔站上欣賞風光，忽然一個武裝兵，緊追著一位湖南籍同學，直迫車廂。其勢洶洶，彷佛是抓強盜似的。我們查問情由，纔知道這位同學曾以自備照相機在車站攝取風景。這是他們的法律所不容許的。經過再三解釋，卒將膠卷沒收了事。但這位同學卻已嚇得面無人色了。赤塔西行第三天的早上，遠遠望見貝加爾湖。綠波蕩漾，水天一色。晌午始近湖濱，接連穿過幾十個山洞，山洞都是在湖濱岩石之下開鑿而成的。隧道雖大，但都很短，車行其中，一如遊龍穿洞，蜿蜒曲折，景緻絕佳。吾人身在車中，乍明乍暗，亦生情趣。湖的南端，火車靠站，大家一擁而下，爭相欣賞這世界第一深水的內陸大湖。一片汪洋，如臨大海，唯一可資憑弔的，就是兀立湖濱的一座小神龕，用火磚砌成，不過數尺見方，龕內空無一物。據說這就是當年蘇武牧羊北海時棲身的所在。除此可供留戀之外，其他實無可觀。」

「伊爾庫次克以西，東方色彩，亦逐漸淡薄而趨於消失。這城是西伯利亞的首府，為既往總督駐節地。其規模之大，工業之盛，在當時的西伯利亞區，實首屈一指。這從車站建築之宏偉及工廠烟囪之林立情況下，亦可窺知一二。但時勢推移，不久之後，這種優勢，又為其他新興城市所取代了。俄境內有幾座大橋，其中以伏爾加(舊稱窩瓦河)大橋為最長。橋的兩端及中間橋墩上，都站有士兵，五步一崗，十步一哨，戒備甚為嚴密。火車過橋，必將窗門關閉，不准窺視。僅可從時間上推知其長度而已。漫長的旅程，終於在一天的下午，到達終點——莫斯科。若自廣州出發之日算起，沿途連行帶住，大約是一個月光景。」⑭

孫逸仙大學，位莫斯科阿羅罕街，坐東朝西，是一座平庸的方形建築物。正面有個花園，當中是甬道，兩旁栽了些花木。隔著馬路，坐落著一所大教堂，建築甚別緻，中間突出一大圓頂；四面環繞著四個圓頂，成蓮花形，據稱規模僅次於羅馬大教堂，居世界寺院第二位。教堂四週的廣場，即是「孫大」學生早操、散步、溜冰運動的場所。

蘇聯平民，差不多沒有人知道這個學校的存在⑮，保密反正是共產黨人的習慣。學校的建築規模，比想像中差得多，它的外表像個黨政機關，而不像個生動活潑的大學。經國對這些都不介意，到革命的搖籃裏，讀書求知，並不是他萬里迢迢的目的。

當他跨進「孫大」的大門，等迎著的是一群自平、津先期到達的同學，問長問短，親切熱情；事務長博古列也夫早做好充分的準備，從飯票、理髮票、電車票、寢具，到日用品如梳子、鞋油等，井井有條，一應俱全。經國感到特別有興趣的是，學校方面爲每一個人準備好奇怪的俄羅斯名字。尼古拉同志，從此長期替代建豐和經國。聽起來怪彆扭，感覺卻很新

⑭ 同王覺源❺。
⑮ 同盛岳。

鮮。

學校採小班上課，經國和其它廿一位同學，「恰好編作一個教授班」，教室寬大，每人大桌子一張，上課、自修、開會、休息都在此。

課程計有⑴俄文，⑵歷史——中國革命史、社會史、東方革命運動史、西方革命運動史，⑶哲學——唯物論、辯證法，⑷政治經濟——資本論，⑸經濟地理，⑹列寧主義，⑺軍事科學。

一天八小時課程，「其餘一半時間」，毛以亨說：「學生都在開會，討論問題做結論。」⑯王覺源也說，「孫大」是以學術做幌子，沒有唸書求知這回事，它的口號是：「開會第一，上課第二；行動第一，理論第二」，在規定的作息時間內有會，清早有會，午夜有會，會不完，不准去上課，上課的是「學院派」、「個人主義」；會不停，不許吃飯。吃飯的，就是「小資產階級」和「自私主義」。

這種訓練，極其機械刻板，他們爲它定了名字——「行動學習」，包括下列四種：一、自我批評：各人要從家世、出身、經歷、志願，徹底的予以坦白交待，自我檢討，自我批評。二、連環監視：參加組織的細胞，思想行動，隨時隨地都有人秘密監視，而且連環式的互不

---

⑯ 毛以亨《俄蒙回憶錄》，香港亞洲出版社。

脫節，脫節就要受到嚴厲的批評和處罰。三、限交日記：日常生活、思想、行動、要逐一詳細記載，上級隨時予以檢查。四、參加工作：要寫講義，負責油印校對，出壁報，編新聞等等。

不幸，這樣的訓練方式，後來經國把它移植到中國，台灣北投的復興崗就是成功的「孫大」翻版。校長王昇沒有去過蘇聯，卻學會拉狄克・米夫的本事，且弄得維妙維肖。

名義上，「孫大」爲紀念孫逸仙而設，目的爲中國革命培養幹部。全部課程中，沒有半個鐘點涉獵到三民主義。造就的幹部，亦以訓練共產黨人爲標的。

後來，成爲著名的共產黨領袖的，計有鄧小平、廖承志、林祖涵、烏蘭夫等。烏蘭夫和蔣經國且是坐同一張櫈子的「孫大」同學⓱。

早期中國留學生，上課靠翻譯做橋樑，日本如此，蘇聯亦不例外。但經國苦學俄語，他的俄文，即此時奠下的基礎。一九四五年，「中蘇友好條約」的談判和簽訂時，他是成員之一；以後擔任外交部東北外交特派員，協助熊式輝和俄人辦交涉，也都借重他的俄文和旅俄經驗。馬林諾夫偏說他講的俄語聽不懂，則是故意奚落的成份居多了。

⓱ 蔣經國自己承認，和烏蘭夫同坐一張櫈子。

開學之後的第三個星期，始舉行開學典禮，那天，「紅軍之父」托洛斯基親臨主持⑱，地點假工會的大廈舉行，禮堂正中，孫中山、列寧的畫像並列。托洛斯基能言善道，手舞足蹈，他那富煽動性的言辭，打動台下無數聽衆。經國的感覺，與衆不同。蔣先生一九二三年訪蘇，遇到的正是這位軍事天才，他對托的衷心折服，和他日後變成托洛斯基的追隨者，可能由此開其端。

革命後的蘇聯，物質生活非常艱難，對中國的留學生，則出奇的慷慨。剛開始，一日五餐，後改三餐，麵包黑白兼備，取之不盡。牛奶肉類，綽有餘裕。生活津貼，每月二十盧布，一般多花在烟、酒和「中國飯」上。

男女關係，本著「性解放」的風氣，十分隨便，交往對象，先是自己人，再向外發展，「向俄國女孩進攻」。精力正旺的經國，「不彈此調，有空看書，悉心鑽研馬克思理論。」⑲

反映經國當時對赤都的印象，可借助部份他寫的日記。

「『這就是我的早飯』，我看了非常自愧。我是外國人，不花一個錢，在他們國內吃

---

⑱ 同盛岳❶。
⑲ 同盛岳❶。

得這樣好，而他們自己的大學生，卻這樣吃苦，他又說：『你們是中國的革命青年，我們對你們唯一的希望，是能夠很快的把中國民族解放。』」

「從前能夠讀書的，祇是富家子孫，現在每個勞動者，都有讀書的機會。當然的，現在我們的國家還很窮，所以，我們還很苦。但是人人都知道我們國家有光明的前途，亦都是非常樂觀。現在我們莫斯科大學中的學生百分之八十九是工人，這都是將來為人民創造幸福的人們，我今天雖然很苦，但將來是幸福的。……」

「有位鐵匠出身的國家商店店員，因為算錯了帳，受到譏諷，但卻表示他的信心說：『我是一個鐵匠，從來沒有做過生意，我們工廠的黨部就派我來此學習，祇要能吃苦，有恆心，今天算得雖慢，明天就會快起來的；今天國家雖弱，明天就會強起來的。最要緊的，是不要把國家的總算盤算錯了。』」

「革命以前這都是莫斯科資本家大商人的避暑處。現在都歸國有，給勞動者享福！這是我們俄國革命者流血的結果。從前在這許多房屋中，這樣好的風景區內，祇有三四十個有錢的剝削者，可以過快樂的生活，現在所內有八百個工人休養。」[20]

字裏行間，尼古拉同志對他未來的「祖國」從心底裏讚美、欽佩，以致毫無保留地認同。

---

⑳ 蔣經國著《我在蘇聯的生活》，一九四八年，上海前鋒出版社出版。

中國的希望，進而人類的希望，全靠蘇聯做救星。共產主義、列寧、托洛斯基，將爲黑暗的世界帶來希望的光芒。

革命後的新生產物，很多都是眞實的，布爾喬維亞們朝氣蓬勃，的確胸懷大志，以解救人類爲己任，配合巧妙的宣傳，偉大的空話，在世界各地的青年心目中震盪，包括約翰里特㉑，那位美國作家在內。

不幸地，很多虛假的東西，烏托邦式的理想，經國缺少透視的能力。一方面，他知識有限，思想眞空，一方面，他對主義信仰的狂熱，把理智泯滅了，這是青年人的通病，非獨經國爲然。

正因爲信仰堅定，「孫大」黨組織於一九二五年十二月，他抵達赤都的第八個星期，以火箭速度，批准他加入共產主義青年團的要求㉒。

很多老資格的中共黨員，到了莫斯科後，降爲後補，經國輕易地納入組織，第三國際東方部的特殊青睞，拆開來看，別有用心。

辦「孫大」，在國民黨身上下注，蘇聯當局既非辦慈善事業，它的目的明顯不過：經濟投

㉑ 約翰里特(JOhn Reed)寫《震撼的世界十日》，拍攝電影，一九八二年得紀錄獎。

㉒ 同❼。

資，為政治服務。把國民黨人改變為共產黨員。經國是國民黨要員的子弟，他能走在群眾前面，對「中國國民黨旅莫左派」的游離派，其誘導和示範作用，會有非凡的功效。

由共青團，後來升為預備黨員，等於開過戒的出家人，很多同學為之欽羨不已。但是，到他回國前夕，蘇聯當局實際上已停止他的黨權，卸下袈裟，毅然還俗，一九七〇年，「台獨」公開指責他未脫離黨（共產）籍，其實是不明眞相，或借題發揮。

第四章　尼古拉同志

國共合作，本來就是一對臨時湊合的野鴛鴦（Marriage of convenience）。國民黨人藉聯俄以內抗軍閥，外禦帝國主義。蘇聯鑒於歐洲的共產運動已趨式微，爲了避免孤立，急於在東方尋找出路，那是列寧在世的時候就訂下的長期策略。

戰術上，認定列強對中國資源和市場的霸佔掠奪，祇有在唯一的條件下方能如願以償，即永遠保持一個衰弱和分裂的中國，因應之道，是將中國革命陣線和世界上的無產階級聯合起來，建立牢固的大聯盟。中國人口多，且都是世代耕種的農民，組織起來，成爲一支史無前例的龐大「農民隊伍」。

共產黨的力量，當時還不夠壯大，尙在襁褓時期，陳獨秀等這批骨幹，一時畢竟成不了大器。將就形勢，必須先在國民黨頭上投資，把共產黨人巧妙地寄生到國民黨的組織裏，等待時機，再決戰攤牌。

這種純以利害結合的「合作」，隨時會因利害的違背而分裂，關鍵在乎形勢和條件。「中山艦事件」後，蔣介石已有警惕，國共間的衝突鬥爭，愈來愈表面化。然而，絕裾割席的形勢，尚不具備。

北伐軍的進展，出乎意料之外的迅速。一九二六年十月，革命軍已席捲兩湖和贛閩。就在這個時候，南方政府北移的結果，權力中心分化，南昌的總司令部和武漢的國民政府，互唱對台。

寧漢分裂的癥結在奪權，國民黨內的左翼提出「反對軍事獨裁」、「黨權高於一切」的口號，對象是蔣介石、張靜江。蔣介石握有槍桿子，兼有國民黨內的右翼集團做後盾，豈是這麼輕易就範的，加上上海財團的大量經濟援助，於是全力反擊，一九二七年四月十二日，乘中共方面絲毫無備之際，使出殺手鐧，把上海的「工人糾察隊」，和中共的黨員幹部，用機槍大刀殺得血流成渠。國民黨稱此為「清黨」。中共稱為「四一二反革命事件」，或「四一二大屠殺」。

第三國際原寄厚望於唐生智、馮玉祥和蔣介石較量一下，詎料這最後的希望亦告落空，武漢政府解體，莫斯科的欽差大臣鮑羅廷等，弄得一臉晦氣，列為「不受歡迎的人物」，七月黯然歸國。

中國國內形勢的遽變，雖有其必然性，托洛斯基、史達林等卻從沒有料到會這麼快；蔣介石翻起臉來，如此六親不認。

三月底，上海工人群眾起義，支援革命軍爭奪上海的軍事行動，廿一日，白寶生的部隊全面潰敗，國民軍勝利佔領。

消息傳到莫斯科，「孫大」學生的狂喜，如晴天霹靂，有的彼此擁抱，相互握手，有的涕淚交流，難抑喜悅情緒❶。

「國際新聞通訊」記下當時蘇聯的反應、「孫大」學生的迴響：

「上海收復的消息，今晨在莫斯科傳開，首都人民一致歡欣鼓舞。

工廠下班後，各地紛紛集會，聽取革命軍大捷的意義。

下午四點，第三國際廣場前，逾千群眾集會。孫逸仙大學的學生，結隊遊街時，擔任前導。墨茲同志、卡洛羅夫同志以及中共代表，在群眾大會上講了話。集會至黃昏始散……。」❷

---

❶ Yueh Sheng, Sun Yat－Sen University in Moscowand the Chinese Revolution, A Personal Account, Kansas, The University of Kansas, 1971, P.119.

❷ 同❶，頁一一九。

《眞理報》社論以「上海勝利的世界歷史性意義」爲題，大膽預言：「光復上海，是使中國向左轉的推動因素，增強了中國無產階級所扮演的角色，和獲得中國無產階級執政的希望。」

俄羅斯少女圍著中國留學生，廣送秋波，認爲這批人是未來中國的領袖群。比較大膽的，甚至主動獻身，要求被帶回中國。

四月五日，老謀深算的史達林尚堅持沒有驅逐國民黨右派的必要，蔣介石是遵守紀律的。

「孫大」籌備隆重慶祝「五一」，一幅巨大的蔣介石油畫肖像正趕工繪製中，準備紅場遊行時，和馬、恩、列等同時亮相，表示對蔣的尊崇❸。

詎料，壞消息緊隨著好消息而來。過早的樂觀，證明有欠成熟，蔣介石心頭一狠，槍頭轉向，以往意氣奮發的工人糾察隊、地下黨，轉眼間，失踪、屠殺，全成了國軍刀下冤魂。

這一幕人間慘狀，那部描寫智利政變的影片「失踪」裏，能幫助我們窺其大概。

「孫大」群情譁然，透過群衆集會，批評聲討，一致通過致武漢政府的電文，要求嚴懲「革命的叛徒，帝國主義的幫兇」蔣介石。

其中聲討最激烈、言詞最動人的，首推蔣經國。據一個目擊者說：「獲得全體學生的反

❸ 同❶，頁一二三。

應，如雷般的掌聲。」數天後，發表聲明一紙，公開譴責，塔斯社予以傳達世界各地，譯文如次：

「蔣介石的背叛，並非意外，當他口頭頌揚著革命的時候，已漸漸地開始出賣革命，一心想和張作霖、孫傳芳共流合污。他的革命事業，已經結束了。就革命而言，定了死刑。」

「背叛了革命，從此他是中國工人階級的敵人。過去他是我的父親革命好朋友，去了敵人的陣營，現在他是我的敵人。」❹

經國此舉，和中國數千年的文化傳統、倫理觀念，大相逕庭，衛道之士嘖有煩言，可是，我們別忘了，他的處境，和他當時是共青團員這個事實，中共革命期間，包括「建國」後的「土改」、「肅反」，不也是要求黨員劃清界限，站穩階級立場嗎？我們又何能偏責作爲賢者的經國！

中國上空的風雷，雖給旅俄的「孫大」學生帶來尷尬處境，蘇聯人改以鄙視的眼光對待中

---

❹ 同❶，頁一一二。

國人。只經國的聲譽，與日俱增。

盛岳說：

「聲明(反蔣)公佈後，我們不論去那裏，人見人問：『蔣介石的兒子在那兒？』一夜間，他成了知名人物。可是，對我們這一群沒有著名父親的人，價值直線下降。」❺

夏天，第三國際東方部看大勢已去，決定遣返國民黨籍的學生歸國，谷正綱等人乃於此時歸返。

武漢政府舉行清黨後，蘇聯當局惱羞成怒，採報復政策，一面解散「國民黨旅莫支部」，一面國共不分，大量驅逐中國學生離境。

假設照這方案執行，經國後期的十年蘇聯生活即可避免了。其奈，蘇聯方面接受鮑羅廷的建議，改變上項決定。鮑羅廷的意見是：「此時遣送中國學生回國，等於幫助國民黨執行其清黨工作；如係共產份子，等於送他們上刀俎，不如及時控制及軟禁這批青年。如其不願，等待相當時日後，再行遣送，亦不致誤事。到那時候，中國的革命情勢，或能好轉。縱

❺ 同❶，頁一二二。

或不能，國民黨中央，對於由俄回國的學生，即令不加殺害，也會不敢去信任。」❻

第三國際，非僅沒有因父親的事遷怒兒子，且在蘇聯政府的安排下，選送到列寧格勒，進入紅軍軍政學校(Central Tolmatcher Military & Political Institute)深造。

史達林的眼光畢竟高瞻遠矚。內爭，托洛斯基不是他的對手；外鬥，羅斯福亦差之遠甚❼，就史達林言，經國是一顆棋子，掌握這顆棋子，將來時機來臨，和蔣介石重打交道，即能待價而沽。

托瑪可軍政學校位於列寧格勒的尼羅河畔，對面矗立彼得科佛城堡，左面是共和大橋，右面是彼得半島。蘇聯城市中，僅列寧格勒最富歐洲建築色彩，有些古色古香的味道。經國對這故都印象深刻，所以他說：「列寧城中的風景有特別的風味。」

這裏，是正規的軍事學府，組成份子和「孫大」大異其趣。上課不用翻譯，課程偏用軍事技術，是爲紅軍訓練軍事指揮官的所在。

經國一生沒有帶過兵打過仗，擁有二級上將軍階，引起不少非議。可是布里茲涅夫生前不也是升爲蘇聯陸軍元帥嗎？戰場經驗固一無所有，卻是正宗軍校出身，後來被史達林整肅

---

❻ 王覺源著《留俄回憶錄》，台北三民書局。

❼ 史達林以對日參戰爲餌，要挾羅斯福簽「雅爾達協約」，犧牲中國東北的權益。

的脫卡曉夫斯基元帥（Marshal Tukashevsky）,就是他的戰術教官。

托瑪可學校除了教軍事，同時教政治。紅軍以政治爲靈魂，且區分黨的工作與軍事政治工作兩種。經國在日記中寫下他自己的心得：

「黨的工作對象是黨員群衆，軍事政治工作對象為非黨員群衆，黨對二機關的政治工作，必須互相發生關係，所執行的政治路線是相同的。

我們共產黨在軍隊中就是唯一的領導者。在每軍、師、旅、團中皆有共產黨代表，他的權力與軍官相同。軍部命令如不經黨代表簽名不能有效，連部中有政治指導員制度，他的任務完全與黨代表相同。在國內戰爭時期中，黨代表除作宣傳訓練工作外，尚有檢查及監視軍官命令正確與否的責任。」❽

紅軍的理論體系和實踐方法，解放軍依樣畫葫蘆，把美式裝備的國軍，三年內，摧枯拉朽，打得一敗塗地，擔任國軍政工局長的「孫大」學生鄧文儀，束手無策。一九五〇年，由經國接手，改爲國防部總政治部，企圖讓他從廿二年前的舊筆記裏，找到重整國

❽ 蔣經國著《我在蘇聯的生活》，一九四八年，上海前鋒出版社。

軍和鞏固台灣基地的答案。於是海峽兩岸，標榜的主義迴異，控制軍隊的方法雷同。

經國在這裏停留的時間不久，但成績斐然。其研究重點，爲游擊戰術，且寫成出色的研究報告，因而受到蘇聯黨政機構的重視，吸收他爲預備黨員，留校擔任翻譯。

據「哥大」《民國人名大辭典》的記載，他已經有倦鳥知返的情緒，希望蘇聯當局允許他回國。第三國際拒其所請，他再度要求分發到紅軍工作，這個請求也落了空。有關他歸國的去處，辭典沒有作進一步說明，究竟是回到「叛徒」父親的身邊，放棄無產階級的革命理想呢？還是繼續革命的壯志，前往白區上海，堅持和國民黨的流血鬥爭呢？

另一個使經國想歸國的理由，是他和托洛斯基聯成一體的意識形態，他是公開同情托洛斯基的托派，捲入到蘇聯內部黨爭的漩渦裏❾，「孫大」校長狄拉那遭到整肅，近百個中國學生進集中營監禁勞改，包括充配到西伯利亞充淘金工人。

經國沾了是蔣介石兒子的光，沒有遭殃。權力鬥爭中，史達林取得勝利，大勢已定，亦莫可奈何。假使，內心裏他仍堅持托洛斯基式的信念，留下去，而接受史達林的領導，就寧願歸國。

中國的革命形勢空前困難。有抱負的同志還是要回到自己的國土上，前往第一線，

---

❾ 同❶。

才非空談革命。

經國自己怎麼想，沒有得到可靠的信史之前，將永遠是個謎。任何猜測，都是枉然。史達林下著妙棋，不讓他回國，可也不讓他參加紅軍的行列。某種意義上，經國變成史達林的人質，史達林心裏想：「你就慢慢兒等著吧！」

一九二八年六月，經國奉命擔任列寧大學中國學生的助理指導，這個任務，輕鬆愉快。俄文俄語，已有相當基礎，又是蘇聯的識途老馬。

他最愉快的使命，是率領「列大」的中國學生在蘇聯境內參觀旅行。過去，他被率領，現在他率領別人，行程遠及外高加索和烏克蘭，到達蘇聯的心臟地帶。

蘇聯的目的，不外乎向中國學生炫耀一下「社會主義建設的偉大成就」、「集體化的光榮成果」，所以，參觀團看了不少新工廠、新農場和新電站，經國此行，留下許多極深刻的印象。

在頓河旁洛斯脫夫城的附近，他看見了歐洲最大的國家農場，面積一千二百畝，機器操作，農場用飛機送信發報。使他為之驚訝的，「工人所住的，都是小洋房，每晨去上工，都是用汽車接送。農場中有俱樂部、電影場、醫院、學校、公園種種設備。」❿

---

❿ 同❽。

在洛斯脫夫城，經國參觀了一個農業機器製造廠，但機器都是德國造的。四十年前的蘇聯，和今天許多開發中的國家相仿，落後貧窮。共產主義再優越，還是造不出機器來，非靠從資本主義國家輸入不可。可惜，經國的世界觀狹窄得很，他的心智被蘇聯的宣傳所矇蔽了。他看到的，只是一個經過挑選的樣板。史達林主義差點毀了蘇聯的農業生產，即使到今天，蘇聯產的小麥還是餵不飽「幸福」的蘇聯平民呢！

此行，看到史達林母親，和她「說了幾句話」，看到「偉大領袖」的母親，不能不說是三生有幸。

可是，返回首都的第一天，他得了一場重病，不久住進莫斯科醫院。據醫生說，進醫院的頭三天，根本不省人事，溫度常在卅八度與卅九度之間。

病很快痊癒復原。所獲得的人生啓示，十分深遠。

「在病中覺得格外憂悶，我進醫院之後，祗有三個俄國朋友常來看我，可是沒有一個中國朋友來看過我，心中覺得很不愉快。」

沒有中國朋友照顧他，使他很感喟，「有好幾個中國人，口頭上說得和我非常親熱，而今日病重如此，沒有一個來看我。大概他們以爲我一定要死了。唉！倘使我死在

這裏，不知道有沒有人來送我出葬？」⓫

可見，所謂「同志間至高無上的革命情操」，「心攜心、手攜手」的階級感情，都是虛僞的教條口號，尼古拉同志生病，他們跑得遠遠的，口頭上，卻「非常親熱」。

紐約世家，當過副總統的洛克菲勒⓬,生前沒有朋友，他怕人家打他錢的主意。回國的經國，春風得意，他和納爾遜一樣，孤獨得很，懷疑別人想利用他的權勢，作爲升官發財的階梯；早年的環境，現實的教訓，應當是這個心理形成的主要因素。莫斯科病中的感觸，等於在他心底烙下一道創痕，這個創痕，隨著時間慢慢擴大，到了後期，他連半個朋友都沒有了。官越做越大，朋友越來越少，成爲他性格上最大的弱點。身體一復原，十月間，蘇聯當局分配他到狄拿馬電氣廠當學徒，開始眞正體驗蘇聯的勞工生活。

工廠設在莫斯科城外，宿舍卻在莫斯科市中心。上工擠電車，好容易擠上去，在車中擠得動都不能動。清晨憑票領麵包，有時候缺貨領不到，就得餓肚子。上工要在社會主義的競賽空氣下參加生產競賽。吃完午飯，要參加工人俱樂部的政治談話，晚上要到

⓫ 同❽。

⓬ 洛克菲勒全名NELSON ROCKFELLER。

工程夜校去上課，到家已是十二點，麵包店關門，又要準備餓肚子。

這樣刻板的作息表，清晰地勾劃出他在狄拿馬做工人期間的生活輪廓。經過如是惡劣環境下的勞動體驗，蘇聯共產黨的美麗理想，和他生活面接觸到的醜惡現實，難免不在他的思想領域裏發生尖銳的衝突，誠如毛以亨所說的，他畢竟是個「有國民黨本質的共產主義者」。

可憐這樣的日子，他即使想戀棧，也不可能。根據「哥大」《民國人名大辭典》的說法，經國在一次會議中，因對陳紹禹的攻擊，陳予以報復，第三國際認爲蔣犯了錯誤，需要接受黨的改造教育，「改造」也者，懲處的代名詞。

經國犯了什麼錯誤呢？得罪了王明(陳紹禹)。王有權勢，是中共駐莫斯科的代表，一言九鼎，挾洋自重。他建議把經國送到西伯利亞的阿爾泰金礦。經國不服，向蘇聯黨政機關申訴，名義上，念他身體太壞，骨子裏，史達林怕輕易失掉這顆棋子，改派到莫斯科附近一個農莊，插隊做農民去了。

第五章

主席•技師•廠長

一九三一年，蘇聯發生大饑荒，產生饑荒的原因，主要是人謀不臧，是史達林加速集體化，「在農村中開闢廣闊社會主義建設的大道」的結果。農民農奴化，抵制反抗的情緒於焉滋長，舉國饑荒，慘到人食人的境地❶。

消費品、食用品，如魚肉、糖、肥皂、牙粉、鞋、襪等，無論城市農村，一概奇缺；即使有再多的盧布，亦徒勞無功。

是否因爲經濟的條件，還是王明的打擊報復，非送經國到農村去體驗集體化的「偉大社會主義建設」，除了「哥大」人名大辭典的一家之言，沒有別的有力資料足以反證。

無論如何，把無產階級革命理想化、羅曼蒂克化的經國，再沒有比這考驗更具挑戰

❶ 鄭學稼著《史達林眞傳》，一九五四年四月，香港亞洲出版社。

性了。

大政治環境、反托鬥爭、全面清黨，正進行的如火如荼。托洛斯基被開除黨籍，送去阿米拉圖(Alma Ata)充軍；季諾維也夫、拉狄克(前「孫大」校長)等黨政要人，受到整肅；到過中國的越飛自殺。

經國能免於托派的株連，已屬萬幸。新的政治風暴終於來臨，比起那些喧赫一時的大人物，他又算什麼呢？在黨裏，個人生命屬於組織，服從組織，是黨員的天職。想到這一層，他又很坦然，主要是他沒有選擇自己命運的餘地。帶著簡單的行李，向農村報到去了。

石可夫在莫斯科區內，離市中心並不遠，但它是農村，且是「最落後的一個農村」。和他過去歷次參觀過的集體農莊，有機械操作、農民住洋房的「樣板」，簡直像從天堂跌到地獄那般差異。

蘇聯人的排外情緒，並未因「全世界無產階級聯合起來」的口號有所改變。這個事實，托洛斯基都承認過❷。莫斯科的平民如此，毫無知識的農民亦復如此。經國說他們不講道理：「我初到的時候，因為我是外國人，沒有一家肯借床鋪給我睡。第一夜我就

---

❷ 盛岳著《孫逸仙大學與中國革命》，堪薩斯大學出版，無中譯本，英文原名參閱第四章註❶。

睡在一個教堂的車房裏。」❸

不講道理的原因，是這些人的優越感，潛意識的種族歧視。他們奇怪，怎麼會來個插隊的矮小中國人？至於爲什麼？尼古拉同志甚麼出身來歷？沒有人有興趣，經國不會去說它，說了也白費氣力。

忍耐恐怕是經國唯一的武器，迫不得已，把自己小資產階級意識的情緒、驕傲，隱藏起來，用行動表現做農民的朋友。其忍辱負重的過程，有他自己的日記足資徵引：

「第二天，一早就到農場去，農民講許多話來譏笑我。可是，我很客氣的對他們說：『早安！』後來有一個老農民對我說：『你應該與我們共同耕田！』我說：『好！』他們就給了我一隻馬，及其它的農具，開始我以為耕田是一件很困難的事，可是後來感覺到並不十分困難，惟須多用體力罷了！

「耕田耕到晚上，身體已很疲倦。回到教堂的車房中，渾身疼痛，倒頭就睡。睡到半夜，一個六十八歲的老婦人，起了些同情心，把我叫醒：『朋友！這不是睡覺的地方，到我的草屋裏去睡吧！』

---

❸ 參閱第四章註❽。

『十分感謝，我慈愛的老朋友！不過我今天很疲倦了，明天我來！』

「『你用不著怕我，在這兒睡覺是會生病的！我住的雖是茅屋，可是要比這裏好得多，一同去罷！』」❹

沒有住處，睡到「教堂車房裏」的經國，是他獻身蘇維埃祖國的第一課。「勞其筋骨」，史達林好像頗懂中國孟軻的大道理。

沙弗亞老農婦的慈愛，和蘇聯布爾希維克的殘暴，形成強烈的對比。相信，這是經國第一次感到人性光輝的溫暖時刻。沙弗亞終於成了他的好朋友，那草屋成爲他唯一的歸宿。

衝破環境的哲學，是抓上層階級，向村中頑固派的領袖進行宣傳和說服工作。他的結論：「要有群衆的信仰，必須先和他們的領袖接近，要在群衆中發生影響，必須先影響他們的領袖。」

得到領袖信任後，再推動組織，爭取群衆信任。果然，經國的處境大變，他的領袖氣質使他免於勞力之苦，放棄耕種，專職爲農民接洽土地貸款，購置農具等任務，且當選了農村蘇維埃的主席。

---

❹ 同❸。

蘇維埃農民，本質上，和中國農民、世界每一個角落的農民，純樸忠厚的性格，有其共同之處。唱高調、喊主義，沒有用的。只有行動實踐，才能贏取信任。

眞實體驗中，經國學到群衆運動的眞諦。勞改期滿，當他離開石可夫時，當地農民流露出的眞摯情感和離別場面，生動感人，更富戲劇性。他寫著：

「草屋門外面的人，漸漸的多起來了。當我吃早飯的時候，斯客洛平走進來對我說：『全村農民都來歡送你了！我們要開一個露天歡送大會。』我就走出門外，看他們手中有的拿著蘋果，有的拿著雞鴨，斯客洛平宣佈開會並致歡送詞。」❺

當時他的行李祇有一隻破小箱，箱子裏裝著兩身襯衣褲和一雙已經補了十多次的破襪子，三、四個月沒有用過一次肥皂，比起他同村的農友來，他才眞算徹頭徹尾的無產階級典型。

離開石可夫村，使他感到悵惘，尤其是告別沙弗亞老農婦；要不是她，當時就沒有人收容一個睡在車房裏的孤客，那他將要和莫斯科的嚴寒進行生死存亡的掙扎，離開此地，還有

❺ 同❸。

沒有這樣的人間溫暖呢？

第二年夏天，經國曾重回到村莊來探望這位老婦人。可是，她已在兩個月前孤苦地去世。經國特地買了一束花，到墳前憑弔，且大哭一場，充分流露著非布爾希維克的一面。

從工廠去農村，由農村重回工廠，一度在一個小火車站擔任搬運工人。一九三三年的春天，「爲了追求眞理，爲了爭氣做人，不得不離開這四位好友，到別的地方去工作。」去阿爾泰金礦。

臨去前夕，患恙不起，他自己說：「……病得快要死，睡在一個小火車站的燒水房裏面；有四個青年的伙伴圍著我，兩個摸著我的手，一個摸著我的頭，另外一個動也不動地站在我身邊，他們都知道我的病是非常危險的，大家都想救我幫助我！但是誰也沒有辦法，因爲我們五個人都是靠氣力生活的，而這幾天天氣特別冷，火車站上的貨物不能搬運，所以一個錢都賺不到，他們在這個無可奈何的時候，祇好同聲唱我所喜歡的歌給我聽：

我死了，我死了！
總會有一個人把我埋葬起來，
可是誰也不會曉得我的墳墓在那裏，
到了明年春天，

祇有黃鶯會飛到我的墳上來，
唱美麗的歌給我聽，
但是唱完了，牠又要飛走的……

這首歌，是蘇聯一支老民謠，歌詞雋永❻，調子悽惋，觸景生情，使他想起命運，想起生死的問題。病癒和同伴們告別，偷偷留下一張字條：「山和山是永遠遇不到的，人同人總是有遇到的機會的，祝兄弟們健康。」壓在一塊黑麵包的下面，背著包袱，離開車站，越過高山，走過六十公里長的大森林，踏著潔白的冰雪，到了礦場，淘金挑柴，又開始勞動生活。

幸而在金礦停留的時間很短，只有半年，又重回原來的小火車站，在車站附近的烏拉重機械廠(Ural Heavey Machinery Plant)，背鐵條、修馬路，抬機器，廠址在斯伐拉斯(Sverdlousk)。後來由技工升技師。王昇著的《我所知道蔣總統經國先生的人格風範》，吹噓經國爲蘇聯設計坦克，從莫斯科步行到西伯利亞等，不僅吹牛吹過了頭，更證明王知識的貧乏，自己造自己的笑

❻ 蔣經國著〈永遠不要掛起白旗來〉，收入曹聚仁《蔣經國論》，一九七一年，香港《聯合畫報》，頁八二～八三。

話。經國自己說的，不過是「越過了高山，走完了六十公里的大森林」。用想像去寫歷史，太可笑了。

在工廠裏，重逢小彼得，就是「四個朋友中間的一個」，分外親熱。其它三個，一個故世，兩個到南方煤油礦去做工。

和小彼得的感情，患難之交，超過手足；可惜，火災遇難，他買了棺材，把他埋葬在松林裏，爲他做了墳。

他自己節節高升，代表管理當局參加了廠內工資衝突委員會的工作，和工人職工會代表一起解決工資問題，被任命爲工人航空學校招生委員會的主席，爲工廠寫「改良工廠生產組織建議書」，在黨內參加支部書記工作，爲五年經濟計劃的推動，鼓足幹勁，力爭上游。

翌年，晉升爲副廠長，兼工廠報紙(Heavy Industry Daily)的主編。

事業得意，帶來了愛情，在他管理下的一位女士，芳名芬娜小姐(Faina)，慧眼獨鍾，雙方瞬即墜入愛河。

芬娜出身孤兒，金髮藍眼，有一股俄羅斯少女特有的魅力。不久前剛從工人技術學校畢業，處處受到尼古拉副廠長的悉心照顧，內心感激不已。她的回報，經國臥病，竭力奉侍湯藥，情意綿綿。

芬娜且是共青團員，和經國同屬組織裏的成員，於是一經申請，蘇聯黨政機構欣然同意，有情人終成眷屬。

一九三五年三月，在悠揚的「國際歌」聲中，一對異國情侶結下白首之盟。據說證婚人是現在台灣擔任立委的王新衡❼。

芬娜女士到中國後，改名蔣方良，就是我們大家熟悉的中華民國第一夫人。同年十二月，生下長子愛倫，中文名字蔣孝文。次年，再生一位女孩子，小名愛理，學名孝璋，後來做了俞大維的媳婦，在美國奧克蘭定居。

事業家庭，樣樣得意，工廠裏，居領導階層，月薪七百盧布❽，往事漸漸褪色，那嚼著冷凍黑麵包的日子，那火車站旁裏著毛毯的寒夜，那個使人憂傷的沙弗亞老婦人的面龐……

這年除夕，心情特別開朗，約了朋友，聚餐過年，認真慶祝。

「今天工廠管理處請客，到會的共有一千餘人，會場中佈置得非常華麗。桌上豐裕的酒席，使人回想到三、四年前饑餓的狀況，所以今天特別高興。

十二點半我就離開宴會回家，因為今夜我在家中亦約了八位朋友聚餐過年。同時二

❼ 據王新衡告訴朋友。

❽ 蔣經國〈給母親的信〉。Harold Denny, Son Repudiate Chiang Kaished, The New York Times, Feb. 12,1936.

星期前生了一個兒子，因為工作忙，所以還沒有請過客，（所以）決定於今天舉行一個小宴會。這八位是我工廠中最要好的朋友，和他們一直談到四點鐘。客人走了之後，我久不能入睡。……」❾

經國自己承認，他對政治活動的興趣，此時甚索然，但是他是「中共的工具，又受到蘇共嚴密的控制」。

國家安全部（Nkud）的秘密警察不停地監視他。陳紹禹更從不忘記他們間的私怨，不時召回莫斯科，回答那些查無實據的指控——反對蘇維埃的言論活動。一九三五年，經國再度應召，陳告訴他：「中國方面，謠言四佈，說你已被捕，你應該寫封信給你母親，說你在工作，完全自由。」

在陳的壓力下，經過四天的反覆爭論，經國終於同意此一要求，幻想著也許會同意他回國作為交換條件。

信發表於列寧格勒《眞理報》的日期是一九三六年一月，內容摘要如下：

1. 向蔣介石先生作了全面的檢查，再予以嚴厲地批判：「我對他非但毫無敬愛之意，反

---

❾ 同❸。

的仇敵。」

而認爲應予殺戮。」因爲「前後三次叛變，一次又一次出賣了中國人民的利益，他是中國人民的仇敵。」

2.撕開蔣先生提倡孝悌忠信的假面具，憤怒地提醒毛福梅女士：「母親！您記得否？誰打了您，誰抓了您的頭髮，把您從樓上拖到樓下？那不就是蔣介石嗎？您向誰跪下，哀求讓您留在家裏，那不就是蔣介石嗎？誰打了祖母，以至於叫祖母死了的？那不就是蔣介石嗎？這就是他的眞面目，是他對待親上的孝悌與禮義。」

3.重申他對共產主義的信念：「昨天的我，是一個軍閥的兒子，今天的我是一個共產黨員，覺得奇怪嗎？我對共產主義的信念，絲毫沒有動搖過，對革命理論的研究，愈來愈有認識。你和世界上大多數的人，不懂得政治，不知道各種線索和統治階級的聯繫關係，所以不容易瞭解世界上各種事件的眞相。」

4.誇張宣傳社會主義建設的優越性，爲蘇聯吹噓：「在這十年內，蘇聯這個國家已大大地改變，成了富強的社會主義工業國。工人和集體農場人員的生活已經改善了幾十倍，在他們的面前，有一條廣闊而富裕生活的道路。」以他自己做例子，他說：「一九三〇年以前，我在各種學校唸書，從一九三〇年起，我就在廠裏工作，做了工人，做了技師，現在則擔任廠長（實則副廠長）。這個分工廠現在有四千工人，我有我自己的住宅，每個月領七百盧布的薪水……。」

5. 預言：「蔣介石勢必重蹈過去俄羅斯反革命將軍柯爾甲克、德基寧烏蘭格的覆轍。」他說：「運動的規律和鬥爭的理論，說明統治階級之必亡與被壓迫者的必勝。」聲討蔣先生匱剿蘇維埃政府的滔天罪行。

6. 願意和他的母親在「最近的將來」在任何第三國見面。

這封信透過新聞界的廣為傳播，的確轟動一時，最感到難堪的，自然是蔣先生。三十年代中期，蔣委員長的聲望在國人心目中達到頂峰。江西戡亂，功成名就，經濟建設，穩步前進。諸事如意中，兒子弄出這麼一封丟人現眼的信，且中外喧騰，領袖的尊嚴，置於何處？這些年來，經國的音訊杳然。公私查詢，均無下落，唯一的安慰，兒子還健在，這樣至少向毛福梅有個交待，免得老和他糾纏。

兒子眞的變成共產黨了嗎？蔣先生有點不敢置信。年輕人容易中毒，徐恩曾的「中統」和戴笠的「軍統」，簡直抓不勝抓，誰能保證經國不和廖仲愷的兒子廖承志一樣，受到邪說的蠱惑？

朝好的方面想，是史達林的惡作劇，存心給他下不了台，無論如何，要等將來見到經國才能弄個一淸二楚。

在蘇聯的經國，有出乎意料之外的變化。一九三六年九月，他的副廠長職務給解除了。候補黨員也被取消了。

失掉副廠長的職務，並不嚴重，只是每月少拿七百盧布，對家庭生計有嚴重影響，但蘇聯也不會讓他餓死。

停掉黨權，那就非同小可，與蘇聯的大審判有關嗎？否則一定犯了錯誤，那是甚麼錯誤呢？

塞翁失馬，壞事變好事的法則，經國也懂一些，只是他不敢這樣想。在蘇聯十二年，外間的事，知道太少，非常閉塞，《消息報》、《眞理報》以及一大堆的蘇聯出版物，甚至，他自己編過報，可是「《消息報》上無消息，《眞理報》上無眞理」，說的都是事實。

聽說發生了「西安事變」，「塔斯社」的報導說是日本的陰謀，蔣先生的安危和莫斯科的國際統一戰線，究竟有什麼關係？是否會聯繫到他個人的去向，他無法判斷，也無從判斷。

十二年前的革命狂熱，經不起歲月的浸蝕，早已冷卻，喜歡回顧反省，作透視分析，尋找答案。

史達林早已掌牢政權，但大整肅大屠殺的事仍在進行，蘇聯的鐮刀斧頭，幾乎是鮮血凝成的；而同志的血，更多於敵人的血。無產階級專政的結果，難道就是無休止的清算鬥爭嗎？集體化、官僚化、階級化，難道就是蘇聯人民追求的幸福天堂？一切國營、一切控制，蘇維埃社會了無生氣，很多老一輩人甚至懷念沙皇時代的好日子。

無事一身輕，在思考中尋回失去的自己。開始想家，想吃奉化的水蜜桃，想到依閭望兒歸的母親。甚麼「工人無祖國」，完全是蘇聯共產黨的鬼話，過去，他曾經信以爲眞，不免覺得好笑。

「還是回去吧！」中國多壞，到底是自己的國家。他已打定主意。但是史達林這個陰謀家，他會准嗎？過去，他也申請過，曾遭到嚴詞拒絕，加上王明的作梗，希望很渺茫。

躊躇再三，把心一橫，用他洗鍊的俄文給史達林寫一封情詞懇切的信，列舉他必須回去的理由。

信到不到得了史達林的手裏？後果如何？他不敢想，嘗試一下再說吧！

第六章

再見，莫斯科

大英帝國辦外交的座右銘，比起動輒講道義的中國達官，就高明現實多了。

「沒有永久的敵人，沒有永久的朋友」，道盡辦國交的不變原則。說甚麼「中×友誼，萬古常青」，不過是自欺和欺人之談。

中蘇關係，即循著以上的軌跡在發展著的。鮑羅廷歸國前，廣州的革命政府大半靠蘇聯的盧布、槍枝❶、顧問在支撐著的，後來反目成仇，持續多年，不相往還。

經國是夾縫人物，陰錯陽差，偏偏碰上那樣的不幸，只好用宿命論去解釋了——生不逢時。

史達林始終難忘蔣介石那一箭之仇，但史是個現實主義者，國家利益必須放置個人恩怨

---

❶ 羅勃C.諾斯著《莫斯科與中共》，一九五六年，香港亞洲出版社。

之上。合縱連橫，本來就是形勢所決定的。

遠在一九三五年八月，第三國際七次大會中，決定了今後的方向——「組織全球統一戰線」。大會宣言指出：「我們贊同我們在中國勇敢的兄弟黨發起一項最廣泛的抗日統一戰線，聯合中國全境內既存的、且準備參加救國救民實際戰鬥的所有組織力量，從事反抗日本帝國主義和它的代理人。」

史達林好像忽視國民政府在江西瑞金發生了甚麼事。兩害之間取其輕，日本軍國主義的擴張政策，已嚴重的危害到蘇聯的國家利益。「蔣介石雖是一個可憎的敵人，但他是中國唯一有希望的抗日領袖，在抗日中也許可成爲我們的合作者。」

中國共產黨和他的軍隊，正面臨生死存亡的掙扎(長征途中)。唯蔣介石的聲望和力量可以產生對抗日本的槓桿作用。

「西安事變」適逢其時，成了中國近代歷史的樞紐。

一九三六年十二月十二日，少帥張學良和西北軍統帥楊虎城聯合發生兵變，在陝西臨潼❷，將蔣先生和他的隨員劫持。

照毛澤東的意思，復仇的時候到了，非把蔣趁機剷除不可，西安街頭「公審蔣介石」的

---

❷ 距西安三十公里，蔣夜宿驪山，在此被補。

標語隨處可見。據張國燾說，朱德聽到這個消息後，高興得很，主張「先將那些傢伙殺了再說」❸。

史達林的想法恰恰相反，先去蔣先生，中國一團亂局，日本得利。所以，毛空歡喜一場，奉史達林之命❹，派周恩來、秦博古以和事佬的身分，由保安去西安從事調停。三國時代「義釋華容道的故事」因而重演。

茲爰引張氏有關經國部份的回憶，供讀者參閱：

「周恩來在報告中說，他的陳詞曾使蔣氏的心情平靜，似也相信周的真誠。周恩來

---

❸ 張國燾著《我的回憶》第三冊，香港明報月刊出版，頁一二三七。
「這個突如其來的電報，使我們都大爲激動。有的人說：『蔣介石也有今天！』有的人說：『張學良確實幹得不錯！』平素持論溫和又不多發議論的朱德搶先表示：『現在還有什麼別的話好說，先將那些傢伙殺了再說。』這時回到保安幾天的周恩來較爲冷靜，他表示：『這件事不能完全由我們作主，主要是看張學良和楊虎城的態度。』一直在那裏狂笑的毛澤東也接著表示：『這件事我們應該站在後面，讓張楊去打頭陣。……』」

❹ 莫斯科回電指示：「中共應爭取和平解決西安事變，利用這一時機與蔣先生作友善的商談，促使其贊成抗日；並在有利的和平解決的基礎上，自動將蔣釋放。」同❸，頁一二二四。杜桐蓀〈誰教史達林說話的〉，《論壇報》七十六期。杜說陳立夫曾通過第三國際代表潘漢年致電史達林，杜肯定史主張放蔣，是陳立夫的「一句話」，乃過份高估陳的影響力了。

根本沒有說要蔣氏在八項主張上簽字的話。只在氣氛輕鬆的時候，請求蔣氏有所指示，並與蔣氏略敘家常，說到其子蔣經國在蘇聯頗受優待，蔣氏微露思子之意，周即滿口答應助他父子團聚。」

蔣先生念子心切，一直努力查詢經國的下落。周恩來的機警急智，難怪白修德(Ted White)佩服得五體投地。提到經國，蔣先生才把「板起」的面孔收著，留心靜聽，繼而微露思子之意❺。

周恩來能夠「滿口答應」幫助經國返鄉，弦外之音，經國在蘇聯的情況，透過陳紹禹的聯繫，延安方面是了然的；只是擔任駐蘇大使的蔣廷黻，不得要領而已。

國共合作的氣氛，由「西安事變」作契機，頓時熱絡起來。一九三七年二月，周恩來、潘漢年，相偕赴南京，合作乃成具體事實。

就是這樣戲劇性的事件，爲經國個人的歷史帶來戲劇性的發展。

史達林壞人做好事，雙手將經國送回蔣先生，作爲中蘇進一步合作的獻禮。

莫斯科、西安、南京三地的微妙關係，經國一無所知。忽然間接到通知，他可以自由地

---

❺ 同❸，頁一二四五。

回去了，那份驚喜，只有漢朝的蘇武有此體驗。

經國正式離開莫斯科是三七年的三月，廿七歲生日的前幾天，蔣廷黻特地舉行了歡送宴會，時任使館祕書的李能梗記下全部過程：

「七時半，大家都衣冠整齊的趕到大使官邸，看見蔣大使滿面笑容上前迎接我們，大家既經坐定後，他仍未把晚宴的理由宣告，我們也只好忍耐一些時，靜候聽取他要我們趕來聚餐的目的。正當我們談得興高采烈的時候，忽然間聽到汽車聲，大家對於開到的汽車聲倒處之泰然，可是蔣大使顯出格外衝動的神態，立刻站起來，邀同他的夫人跑出大門，迎接這輛汽車帶來的客人。」❻

客人就是經國，作者的印象，這位中國青年「身體不甚健壯」，蔣方良是位「服裝很樸素的俄國少婦」。

蔣廷黻自己的回憶：

---

❻ 蔣廷黻〈出使莫斯科〉，台北《傳記文學》第卅卷第六期，一九七八年六月，頁九八。「我和蘇俄外交部次長史脫尼可夫初期會晤中，有次我提到蔣委員長的長公子，並表示：極願知其下落，如能代爲查詢，感激之至。他認爲很困難，不過他答應試一試。」

「一九三七年某夜，當我和部屬們閒談時，有人報告我說有客來訪，但於未見我本人前，不願透露姓名。當我接見他時，他立即告訴我他是蔣經國，我很高興。在我還未來得及問他計劃和意圖前，他說：『你認為我父親希望我回國嗎？』我告訴他，委員長渴望他能回國。他說他沒有護照、沒有錢。我請他不必擔心，我會為他安排一切。接著他又說：他已與一位俄國小姐結婚，而且已經有了一個孩子。我肯定告訴他，委員長不會介意此事。接著他又問是否應該給委員長及夫人帶一些禮物。最後，我幫他選了一套烏拉爾黑色大理石製的桌上小裝飾品送給委員長，一件波斯羊皮外套送給夫人。」

這晚，蔣大使還特別準備了麻雀、橋牌、舞會，用典型資本主義頹廢派的玩意，迎接經國回到他曾咀咒過的官僚社會去。自然，以此爲分水嶺，昔時無產階級革命的理想，從此被一腳踢到九霄雲外去了。

李能梗形容，夫婦兩人當晚有「說不盡的快樂」。快樂的是，終於看見自己人，看見沒有雲霧的太陽了。

離開住了十二年半的莫斯科，心情複雜矛盾，往事歷歷，像一幅眼淚滲著歡笑的圖畫，蘊藏著的全是人世間的無數滄桑。

假使，他模仿瞿秋白寫下他自己的「赤都心影」，比秋白的故事動人多了，拍成電影，憑其曲折離奇的情節，賺人眼淚之外，醒世的意義更大。可惜，缺少西哈努克親王❼那樣的浪漫氣質，基於敏感的政治理由，蘇聯這一段，成了禁臠，連提都提不得呢！

總結經國對蘇聯的印象，愛恨交錯，劃不出一條明顯的界線來。他是眞正深入基層，和蘇聯人打成一片的，種過田、做過工，交過小彼得、沙弗亞那樣的朋友，體會到蘇聯的平民還是樸素的、眞摯的、善良的。

初期的布爾希維克，和他自己一樣，有理想、有抱負，心靈純潔，狂熱獻身；廿年代蘇聯社會朝氣蓬勃，和沙皇執政時期的貪污腐化，形成強烈的對比。社會主義制度，的確有許多可圈可點之處。但是，史達林一連串的整肅鬥爭，連革命功臣、優秀同志，都以莫須有的罪名，充配、殺頭、進集中營，他開始打起問號，革命的本質，究竟是什麼？

在蘇聯的時間停留愈久，愈懷念故國的山川人物，中國的現狀，究竟是怎麼樣了，政治的？經濟的？文化的？現在，他感到他是眞正的民族主義者，蘇聯不是他的「祖國」，「工人無祖國」，原是國際共產主義者的美麗謊言。

和父親睽違已十二載，臨別前，父親曾有不少叮嚀，想到一九二七年四月爲了「四一二事件」，對父親的公開批評指責，倍感不安，將來一旦見面，如何向他解釋？去年的聲明，

❼李能梗〈外交生涯回憶〉，香港《新聞天地》週刊，一九六五年二月十三～二〇日。

會使他老人家更光火，所以，他問蔣大使：「你認為我父親希望我回國嗎？」

和蔣方良的婚姻❽，係由環境所使然，父親對這位洋媳婦會怎樣想呢？母親更保守，她看得慣這位藍眼睛高鼻子的洋鬼子嗎？

一九三七年，中日戰火迫在眉捷，繼何梅協定後，華北的晉冀察綏靖委員會，表面上由宋哲元控制，日本的統治陰影，已四處瀰漫。經國帶著妻兒，於三月廿五日踏上征途，出發當天的日記，這樣寫著：

「今天我要離開莫斯科了，早晨五時就起床，從我的房間望出去，可以看得見克洛母城堡，同我在十二年以前所看見的克洛母，差不多完全一樣，不過幾個教堂頂上的雙頭鷹，已經看不見了，現在所能看見的，是由寶石製成的五角星。克洛母是蘇聯的政治中心，我曾經到過四次：一次是去參觀（一九二五年），一次是參加共產國際會議（旁聽，一九二六年），一次是參加軍事高級學校畢業典禮（一九三〇年），一次是參加蘇維埃大會。「孫逸仙大學前面的大禮堂，在三年之前已被拆毀，現在在那裏正在開始建築偉大

❽ 據前中央社東京分社主任李嘉告訴作者：經國和方良的婚姻，並不和諧，夫妻勃谿，蔣方良即欲帶著孩子回蘇聯，經國一怒，把桌子都揭了。當然，這是早年的事，後來蔣方良愛上方城之戰，她的大部份時間，消耗在牌桌上了。一九五〇～一九六〇年間，牌搭子悉由當時任「台製」廠長的龍芳安排。

的勞動營。國家大戲院前面的小屋及小花園，已經完全毀滅，現在成了一個極大的停車場，大戲院要比從前威嚴得多了。國家大戲院右邊的低屋及小菜場亦早已拆毀，現在這一區成了莫斯科中心，在這條街上都是高樓大廈——人民總委員會辦公處，莫斯科大旅館，外國人旅行招待所等。莫斯科的地下鐵道已經通行，車站裝潢的美麗，實在可與皇宮相比。車輛非常舒服。街上的汽車要比十年前增加二十倍。除公共汽車、電車外，還有無軌電車。

「紅場邊的合作社，現在改造為列寧博物館，範圍非常宏大。

「莫斯科的商業非常興旺，新的大商店很多，但是無論什麼時候，商店中的人都非常擁擠。今日領護照、買車票，一直忙到開車，下午二點鐘，在北火車站搭第二號西伯利亞快車離開莫斯科。——蘇聯！再會！」⑨

中蘇交通，還是十二年前的老路線，經陸路橫穿西伯利亞，到海參威改乘郵輪去上海。火車過了伊爾庫次克，東方色彩，愈來愈濃。貝加爾湖旁紀念蘇武的神龕，憑弔低迴，思念故國之情，油然而生。遠眺湖景，綠波蕩漾，水天一色。車廂穿越湖濱岩石下的山洞，蜿蜒曲折，明暗交替，倍增情趣。

⑨ 蔣經國著《我在蘇聯的生活》。

赤塔到海參威，須繞道阿爾穆省，道經海蘭泡，山路崎嶇，車輛使勁地爬，穿插在濃霧晨曦間，頗有雲山縹渺的意境。

海參威，市面已較當年繁榮，這是蘇聯遠東的門戶。

中國官員的阿諛諂媚，早已是中國傳統文化的一部份。駐外使領豈敢怠慢這位榮歸的蔣委員長的公子。權世恩總領事奉到蔣大使的飛電，非但親迎，且花了兩萬盧布的鉅款，隆重接待。

這一路風光，工人出身的蔣方良，過去耳聞，目見是首次。經國自己，舊地重返，感受不同，快樂的心境則一。

方良初次離國，新奇刺激，對她生於斯長於斯的蘇聯，並無依戀，她憧憬的是一個新天地。

輪船先靠香港，蔣緯國奉命專程南下迎接❿，一九二五年，在廣州分手，他才九歲，現

❿ 緯國到香港接船，是他自己告訴台灣駐美記者的，在座的有《中國時報》華府特派員傅建中，《聯合報》的施克敏和丁中江。據緯國將軍一九七〇年九月七日給本書作者來信：「家兄十六歲離國赴俄求學時，我僅十歲，及家兄返國已是抗戰之時，我在前一年出國……」查核資料，蔣緯國去德是一九三七年九月，和他來信日期矛盾，故持前說。一九九六年新版校閱者按，緯國迎經國自俄返，乃記憶之誤，實爲經國迎緯國自德返。

已是廿一歲的小伙子，經國比他大六歲，這年廿七歲，嫂嫂俄國人，大家語言不通，但姪兒姪女，好漂亮的中俄混血兒。

弟兄倆久別重逢，有說不完的家常。從緯國嘴裏才知道，蔣先生於一九二七年的十二月，和宋美齡結了婚，阿姆陳潔如，被安排送到美國，停留五年，重返上海。毛夫人、姚夫人仍居奉化鄉間。

四月中旬，一行抵達上海，這裏有他的舊居，以及一些美麗童年的痕跡。

上海並沒有什麼顯著的改變，黃埔江混濁的江水，依舊悠悠地流著，江海關樓頂的巨鐘，照常鐘聲悠揚。各國租界林立，帝國主義的勢力有增無已。

滬上稍停，即去南京⓫，拜見父親和美齡女士。傳說，蔣先生等了兩個星期，才傳諭會晤，原因是，對他在《眞理報》發表的公開信頗難鑒諒。後來，還是陳布雷進言緩頰，始予寬恕。

問到兒子的打算，經國表示，願在政治、工業間，任擇其一。

經國提到工業，可以產生兩個解釋：他曾經是衆所周知的共產黨，不願意爲了自己的出處，使得蔣先生過份爲難，此其一。憑他在蘇聯工廠的實地經驗，眞心誠意地爲祖國的工業

⓫ 文章日期已不詳，刊於一九八二年《大公報》「人物誌」欄。

建設，盡其棉薄。此其二。

人與人間的關係，環境是最大的主宰。即是親如父子，也不例外，父王和太子間，一牽涉到權力政治，就好像隔著一層城牆似地，大家都會言不由衷，說話要帶過門，互留餘地。經國很技巧地提出他未來的出路，蔣先生工於權術，自然不會不心神領會。父子這場心戰，留下伏筆，但沒有結論，蔣先生吩咐，先去奉化，看看阿娘，休息休息再說，來日方長。

經國夫婦從南京去杭州，特由軍委會機要室主任毛慶祥中將陪同，下榻西子湖邊的澄廬，挑他生日那天，返鄉與毛夫人團聚。

夏明曦刊在香港《大公報》的一篇文章，記載生動細緻，值得抄錄：

「在溪口，這一天，豐鎬房裏匯集了衆親百眷，熙熙攘攘，熱鬧盈門。賬房裏的電話鈴聲，從早到晚，響個不絕，是杭州來的專線報告。溪口街上，更是人來人往，熱鬧異常。標語橫額，張貼滿街；工商界的人做好紅條紙旗，置辦鞭炮，準備迎接蔣公子還鄉。

「電話一個接一個，報告說，汽車從杭州出發了，沿著奉新公路駛來。陪同來的是溪口人毛慶祥。

「下午二時，人們在『上山』洋橋那邊列隊迎候，一輛漂亮的雪佛蘭小汽車遠遠地從西駛來，由遠而近，車上坐著蔣經國、方良、愛倫、和毛慶祥四人（連孝璋在內，應爲五人）。車近洋橋，便緩緩而駛，人群一擁而上，口號與鞭炮齊鳴，直鬧得震天價響。「汽車駛到豐鎬房大門口停下，這裏，舅父毛懋卿和姑丈宋周運、竺芝珊等人率領一批長輩在門外等候。相見之下，悲喜交集，連忙擁著外甥、外甥媳婦進入大門，直往內走，毛慶祥本來就是溪口毛家人，駕輕就熟，也陪著小主人循著月洞門逕自走進去。這豐鎬房本是蔣經國的出生之地，幼時奶娘嬉戲均於此，自然是熟悉的，但現在反主為客，任人安排，一切都感陌生了。原來當他離家時，老家只幾間古舊的木結構樓屋，如今經過一翻修繕、擴建，粉壁畫柱，面貌大變。這一切，怎麼不使這位離家日久的小主人與『華堂春暖福無邊』之感呢？」⑫

安排和毛福梅母子見面的那一場，很有點古代章回小說家的筆法，夏明曦說：

「她們沒有讓母子相會的地點在吃飯的客廳，為了試試兒子的眼力，她們坐著十來個人，讓經國自己來認親娘。

⑫ 同⑪。

「在客廳裏，現在坐著的是十來個壯年和老年女人，這就是：毛氏自己、姚氏治誠、大姑蔣瑞春、小姑蔣瑞蓮、姨媽毛意鳳、大舅母毛懋卿夫人、小舅母張定根、嫂子孫維梅以及毛氏的結拜姊妹張月娥、陳志堅、任富娥等。大家熱情洋溢、興高采烈，等待經國來認娘。

「人們簇擁著蔣經國、方良和愛倫，走向客堂間來，內外擠滿了人，當經國等人一入門內，空氣頓時緊張起來。

「這時的蔣經國，一步緊似一步，一眼望見親娘坐於正中，便急步踏上，抱膝跪下，放聲大哭！方良和愛倫也上前跪哭！毛氏早已心酸，禁不住兒子的哭，也抱頭痛哭！一時哭聲震盪室內，好不悽楚！經衆人相勸，才止哭歡笑。毛氏對大家說：『今天我們母子相會，本是喜事，不應該哭，但這是喜哭。』

「第三天，豐鎬房裏掛燈結彩，賓客盈門，喜上加喜。原來蔣經國孝母情重，為討娘歡喜，遵循溪口鄉俗，補辦婚儀。

「禮堂就是他家的『報本堂』。他們的婚儀，完全老式：新郎蔣經國，身穿長袍黑馬褂，頭戴呢帽：新娘方良鳳冠彩裙，一如戲台上的誥命夫人。『報本堂』裏燈燭輝煌，伏豬伏羊，絲竹大鳴。行禮如儀，一拜天地；二祭祖宗；三拜父母。禮畢，鞭炮齊放，鑼鼓喧天，送入洞房。

「溪口風俗，凡是在外完婚之人，回到家裏均要『料理禮水』，即置辦酒席請同族吃酒。蔣宅不能免俗。這一席喜酒，足足辦了四、五十桌。毛氏囑咐總管宋漲松（表侄）說：『凡親朋眾友所送禮儀，一律不收，長輩茶儀受之。』

「豐鎬房一連熱鬧了五、六天，待眾親百眷散去，這才靜下來，進入正常的生活程序。」13

溪口的母子會，那份天倫之樂，曹聚仁論說更活潑傳神：

「他的歸來，對於毛太夫人是極大安慰，她撈到了一顆水底的月亮，在她失去了天邊的太陽之後。這位老太太曾經為了她的丈夫在西安遭遇的大不幸，焚香祈禱上蒼，願以身代。她相信這點虔誠的心願，上天賜還了她的兒子；她一直茹素唸佛，在那老廟裏虔修勝業。她對著這位紅眉毛、綠眼睛、高鼻樑的媳婦發怔。可是，那個活潑又有趣的孫女，卻使她愛不忍釋。這位洋媳婦就穿起了旗袍，學著用筷子，慢慢說著寧波話來了。那個夏天，他們這一小圈子，就在炮火連天的大局而中，過著樂陶陶的天倫生活。」14

13 同11。
14 曹聚仁著《蔣經國論》，香港創墾出版社，一九五〇年。

蔣先生讓經國回到溪口，有著很多層的作用。溪口非常安靜，慢慢地經國可以從容不迫地修心養性，慢慢熟悉周圍的環境，由調整而調應。若放在南京，他自己日理萬機，焦頭爛額，沒有時間去照顧兒子，又怕和後母宋美齡合不來，引起誤會和不安。而和毛夫人一起居住，可以使經國盡點孝，讓她冷寂的心靈，因而有失夫得子的慰藉。

蔣先生心目中的兒子，在蘇聯期間已中毒甚深，他自己奉曾國藩爲稀世聖賢，恨不得經國也父規子隨。經國回憶著：

「我回國以後，父親要我讀『曾文正公家書』和『王陽明全集』，尤其對於前者，特別注重。父親認為曾文正公對於子弟的訓誡，可作模範，要我們體會，並且依照家訓去實行，平常我寫信去請安，父親因為事忙，有時來不及詳細答覆，就指定『曾文正公家訓』的第幾篇代替回信，要我細細去閱讀。」⑮

經國經過馬克思主義、列寧主義長時間的陶冶，口頭上怎麼保證，蔣先生還是不會怎麼太放心的。國民黨的字典裏，雖然找不出「思想改造」這個名詞，卻並非說國民黨人壓根沒有

⑮ 蔣經國著〈一位平凡的偉人〉，收入《風雨中的寧靜》，頁八三。

使用過。經國沒有進湯山中央訓練團，但是這個吃力的任務，卻是在蔣先生的遙控下進行的。

經國說：「父親因爲我童年就已出國，而在國外時間又太久，怕我對中國固有的道德哲學與建國精神，沒有深切的了解，所以，又特別指示我研讀《國父遺教》。」⑯蔣先生的意思：「《孫文學說》一書，實爲中國哲學的基礎，而《三民主義》則爲中國哲學的具體表現。」說穿了，蔣先生要洗經國的腦，要把馬列主義的意識形態，淸除一乾二淨。

那份「旅俄報告」，用共產黨的術語來說，就是經國的思想總檢查，祇是程度有差別，能滿足一下蔣先生的歇斯底里，也就可以順利過關了。

幫助經國讀書的，擔子落到徐道鄰身上，徐擔任過江蘇省民政廳長，奉到蔣先生電召，榮拜「太師」。

蔣方良中文一竅不通，總不是辦法，需從頭學起，請位慈谿籍的女老師，教她學中國語文。

爲了討媳婦的歡心，在剡溪之邊，文昌閣之下，特建洋房一幢⑰，供小倆口居住。

---

⑯同⑮。

⑰同⑪。

另一個陪伴太子讀書的，是經國莫斯科的同窗好友高理文。曹聚仁說：

「他姓高，個子很矮，湖北人，說話很尖很急。」從莫斯科回國以後，「跟陳銘樞一伙人(十九路軍)交誼很深，福建人民政府的要角。」後來，在贛南時期和上海打虎時期，高是經國的得力助手，可是，「古來侍君如侍虎。到了台灣，就被永遠藏到中信局的冰凍櫃裏了。」⓲

奉化舒適安詳的生活，持續經年，中日戰爭雖於次年七月在河北的盧溝橋點燃，中國被迫進入全面抗戰，從事保衛國土的聖戰。華東地區尚能苟安一時，直到第二年，去江西贛州，他的隱士生活始告結束。

⓲ 同⓮。

第七章　蔣青天

溪口的風光，母子團聚的溫馨，那份寧靜淡泊的鄉居生活，和過去十二年的風風雨雨，顛沛流離的日子，判若天壤。不過，這裏的一切，對歸隱林泉、不問政事的老年人較具吸引力。經國正居壯年，國家民族復臨生死存亡的戰鬥，保衛國土、消滅日寇的怒吼，震撼著每一個角落，中原板蕩，志士歸心。

杭州灣北岸的京滬三角洲，已鐵騎四佈，錢塘江南岸的淪陷，只是時間問題。經國的求知慾再強，他怎麼能置身事外，專心讀書呢？

父親為國事廢寢忘食，可忘不了安排兒子的出處。按道理，這顆棋子應為李、白集團的黃紹竑所順手撿去(黃時任浙省主席)，誠如曹聚仁所說：「有政治頭腦，但缺少政治敏感」，現成的政治資本，順水的人情，就被眼明手快的政學系捷足先登了。

這時候江西的封疆大吏是熊式輝，在蔣先生面前甚得厚寵。他是很了解蔣先生心思的，提議經國到江西去，那眞是太合孤意沒有了，何況蔣一向份外重視江西，和中共五年的廝殺在江西，新生活運動肇始於南昌，廬山訓練團在江西，經國自己，雄心勃勃，也表示喜歡到最艱難的地方去❶，亮亮他學回的一套蘇聯本事。

初試鋒芒的第一個職務，是保安處少將副處長(處長廖仕翹)，他在列寧格勒的確學過軍事，不能說是門外漢。然而，從少尉跨到少將，步子大得離奇。尤其，他在中國軍隊裏沒有半點經驗。中國官場的不上軌道，和制度的浮濫，的確是十分可笑的。

經國到江西的時間，是一九三八年的春天❷，國民政府撤到武漢，濟南、太原相繼失陷。但李宗仁指揮的台兒莊戰役，獲得大捷。副處長是個空頭，實權且握在熊斌(熊式輝的侄兒)手裏，熊怕公子閒散，一度派蔣兼任「江西省政治講習學院」總隊長，可是又防範他「抓行政幹部，侵蝕政學系的基礎」，因人設事，乃在江西臨川設「新兵督練處」，直屬江西保安司令部，任務：輪流調訓該省保安團隊。

經國的處長職位在位極短，且兼任過江西傷兵管理處長，卻留下令人刮目相看的名聲

---

❶ 曹聚仁著《蔣經國論》，上海版，一九七一年九月香港翻印。原文：「我有很前進的思想，需要有機會去求證，而且我希望在最壞的條件下去試試。」

❷ 曹雲霞、蔡省三《蔣經國系史話》的日期，是一九三七年的春天，核對《蔣總統經國先生言論著述彙編》，正確時間是一九三八。

——沒有架子，平易近人，和士兵們生活在一起，同住宿、同起床，共同吃大鍋飯，官兵一體，親如家人。

翌年三月十八日（南昌於一月陷敵），經國卅歲生辰那天，熊式輝改派他為江西第四區行政專員，選定這個好日子為太子加官晉級，政學系的高度政治藝術的確非同等閒。六月，兼任贛州縣長❸。

據曹雲賓《贛南憶舊錄》的記載，熊調蔣去當專員的內情，是怕蔣「和楊遇春一起率領保安團上廬山打游擊」。

專員這個位子，從權力的意義出發，位高權不大，對所屬縣長，能督察不能指揮，在省與縣間，擔任的是承上啓下的機構，相當於明清的兵備處。

贛南當時的情況，泰和❹的政令往往鞭長莫及，是江西的化外之區。熊式輝的妙著，假使經國都對付不了，就莫怪熊某無德無能；經國有辦法對付，熊也沾光。

專區轄贛縣、南康、信豐等十一縣❺，面積二萬三千平方公里，相當於美國新英格蘭麻

❸ 參閱《贛縣年鑑》。
❹ 江西省政府原在南昌，日軍陷南昌，遷泰和。
❺ 專區轄贛縣、大庾、南康、信豐、贛南、定南、虔南、上猶、崇義、安遠、尋鄔。

薩諸塞州的大小。略遜台灣，僅及台灣的三分之二，但台灣的人口，超過贛南十倍。位置在江西省的南部，境內多山，和湖南、福建交界地區是一片連綿不斷的山脈，天然條件成爲理想中的游擊根據地。一九二七年，毛澤東在「平江起義」失敗後，即選定湘、贛毗鄰的井崗山作爲根據地。一九三一年「中國蘇維埃」成立，中共中央的首腦中心即設在距贛州不遠的瑞金。贛南的大部份地區，直到一九三五年，均爲紅軍所控制。

先天條件下，土地貧瘠，經濟落後。加上四年的國共對峙，「圍剿」衝殺，悲慘情況，全國之冠。

地主們受到中共敗退的鼓勵，重新回到家鄉，掌握農村封建的舊勢力；官僚軍人勾結，以搜括爲本位，形成新的殘民政治基礎。

如果簡單地勾畫，贛南的醜惡圖畫大概是這樣的：官員們貪污腐化，非但不是社會秩序的建立者，而是破壞的先鋒；捐稅任意征收；兵役成爲公開買賣的行爲，烟館和賭館在官吏們的掩護下開設，械鬥可以公開進行。人民中的大多數是文盲，對於政治的認識，依舊停留在紳權和神權的階段。

地方豪紳的囂張，可以經國的前任劉已達做例子：「曾被地方土霸綁架」。土皇帝劉甲第，妻室上街，後面跟著馬弁保鑣。新官上任，要是他不肯點個頭，專署衙內的太師椅就別想坐牢。

仔細分析，中國的地方政治本來就是官紳合治的局面。紳權伸張，正反映著治權的削弱。各地方的劉甲第，不知凡幾，有兩位縣長，因爲和鄉紳作惡，曾被綁架，受到戴著高帽子遊街的侮辱。人民痛恨官吏，把官員綑著毆打是常事，有位保長，因執行征兵公務，曾遭到身首兩處的報復。

產生上列現象的原因，罄竹難書。治權未獲有效恢復，封建餘毒盤根錯節，法律不健全，人權受殘踏等，應是主要癥結。

以蘇聯做樣板，贛南暗無天日的程度，還會比沙皇尼古拉斯時代更黑暗嗎？經國既受過社會主義的洗禮，抱著天下爲己任的胸懷，一股戰天鬥地的幹勁，簡直就是不怕老虎的初生之犢。那句「建設贛南即建設江西乃至建設新中國偉業之一部門」的口號，何等氣慨！

經國上任的專署，僅有一所破房子（專員公署設贛州城西西津路米汁巷口），連一枝筆都沒有。大概被他的前任搬空了。好在中國的事，有個印信，有些槍桿兒，那就象徵著權力之所在。

政治的藝術，就在乎懂得如何運用權力。權力用得恰當，沒有不肯和官府合作的人民。經國比他父親高明之處，從蘇聯，他學到了群衆運動的妙處，也學到了辯證法，活學活用，搬到中國，人民的觀感煥然爲之一新。

下令禁賭、禁煙、禁娼，而且令出必行，禁得十分徹底。贛南的一位鹽務處長的太太，偏不信邪，結果被判在贛縣中正公園的陣亡將士前罰跪三天，兼做苦工六個月。另有一位大山頭——國家銀行的主管內室打牌，以武裝守衛，被專員抓到了，守衛的士兵一概槍決。某富戶的獨生子因煙毒違禁，判處了死刑。

他喊出很多動人的口號：「我們對贛南的濃厚封建力量，毫不留情持極嚴格的手段，用堅決的革命手段去打擊他們。」所謂「封建力量」包括流氓、地痞、土豪、劣紳。經國認爲，他們是「建設新贛南的敵人」，非打得落花流水、體面掃地不可。

曹聚仁的評語：「許多頑強的惡勢力，到了他的面前，竟乃冰山立消，說來近乎奇蹟。」其實，說奇不奇，中共取得政權後，用相同的方法，連上海那樣複雜的環境，僅幾個回合，黃金榮那樣的牛鬼蛇神，就恭順地大現原形，像喝了雄黃的白蛇娘娘。

經國的聲名上竄得很快。尤其在純樸的農民心目裏，他變成了現代「施公」、「包龍圖」、「蔣青天」，有關他的軼事傳聞，經過穿鑿附會，好比是活神仙。

他提出的革命理論：「革命的成敗，絕對不是決定於演說或議論，而是取決於兩個對立力量的生死鬥爭。」用詞腔調，類似毛澤東「革命不是請客吃飯」的說法。但是，贛南的反動勢力並沒有像經國說的那麼嚴重，在鬥爭形勢上，不成對比的，他的前一句話倒說對了，說中了國民黨政權的通病——「祇說不練」。

經國的作風，國民黨人看起來很不習慣，認爲師承共產黨，譬如，上任以後，以身作則，不准乘坐公家僱用的三輪車。看不慣舊官僚養尊處優的習慣，短裝草履，在黑巷、在農村巡行。遇到民衆，那怕在農田裏、商店內，話匣子打開，天南地北，任意交談，目的在了解人民的困難，和解決他們的困難。以一九三九—四〇的年度爲例，一年跑了九百哩，繞贛南三次，順口說得出專區有多少橋樑和水利工程。最難得的，他一直保持這個傳統，甚至到相隔四十年，在台灣就任行政院長、總統之後。

鼓動風潮、製造輿論的重要性，國民黨人似懂非懂，經國師承列寧、史達林，對掌握宣傳工具這方面，想到做到，毫不含糊。

他的老部下蔡省三夫婦說：

「贛州當時是內地的小城市，人口不到十萬。蔣專員到任時，已經有兩份地方報紙。一份《贛南民國日報》，是江西省黨部在贛南地區的機關報，另一份商辦的《三民日報》，它們有各自的背景，要這種報紙替蔣專員隨心所欲的宣傳，當然是不可能的。於是蔣經國立即創辦自己的機關報，名為《新贛南報》。這一來，就把蔣專員『建設新贛南』的口號傳播開了。」❻

❻ 同❷。

除了報紙，尚有通訊社——「抗建通訊社」、「新贛南出版社」、「新贛南書店」、「江西青年月刊」等一系列文化事業，儼然重慶國民黨中央的規模。

上台的第二年，正式頒佈「新贛南三年建設計劃」，提出「五有」❼的宏遠理想。誓言要「在極短的時間完成大量的工作」，「用很少人來發動幾十幾百甚於幾萬幾百萬人來工作。」

在經國所爲的「良心政治」下，贛南的變革，有目共睹：

1.教育建設。出現中華新村，從托兒所、幼稚園、小學，到正氣中學，一系列的教育設施，先後面世。著眼於智力開發，人力投資。

2.社會革新。公佈集團結婚辦法，破除鄉民鋪張浪費的習俗。設貧民食堂，收留流浪無依的兒童。辦新人學校，幫助犯人增進就業技能。

3.經濟政策。經國採取的是統制式的經濟。戰時紙幣貶值，通貨膨脹，人民遭殃，政府束手。專署成立了新贛南合作社和交易公店。把各種日用品如油、鹽、米等統制起來，定量出售，一則打擊謀暴利的商人，一則使贛南人民免受通貨飛漲的生活威脅。

4.幹部訓練。史達林「幹部決定一切」的方針，經國牢牢記住。他自己認爲：「幹部應當是黑暗中的明燈，狂流中的砥柱，負有轉變社會風氣的責任。」於是，贛南的「黃埔」、「抗

❼ 五有：人人有衣穿、人人有飯吃、人人有屋住、人人有工做、和人人有書讀。

大」在虎崗開辦。他全神貫注，兢兢業業，和青年們冒朝霧、踏晨曦，一齊升旗，一道赤膊跑步。大門口的木牌寫著：「做官的莫進來，發財的請出去！」

單憑這張成績單，已夠中外矚目了。《大公報》的一篇報導，客觀公正，最能反映贛南的情況：

「新贛南的除舊佈新工作，是到處可以看出來的。在四華山，從前有十八個班子的妓女，大煙和賭博，吸盡了礦工們的血汗，時疫病苗摧殘了礦工們的生命，新贛南礦工福利委員會是針對著這些事實而設立的。……高利貸制度，已給合理的貸款制度打倒了。俱樂部、圖書館，成為礦工們工餘的樂園。以前專醫花柳病的醫院，現已成相當規模的診所。這些成績，當然還要感謝當局的努力。四華山的變，不過是新贛南的一小片段而已。」❽

外國報紙對國民黨政權觀感的好壞，人盡皆知，這是董顯光主持的國際宣傳處都一籌莫展的。但是，說公道，他們眞公道的很，贛南的一切，馬上引起洋人的注意。

---

❽ 徐盈〈贛南行腳〉，重慶《大公報》，一九四三年九月十二日。

《科立爾》(Collier's)雜誌帶頭，一九四三年七月刊出文章，題爲「小蔣建立型模，作爲新中國未來的範例」(Gissimo is Building A Model State As An Example for New China)。

《紐約時報》記者阿德金森(劇評家)專程去贛南實地採訪，同年十一月五日刊出「贛南建立民治的目標」❾的特寫。文章說：「中國方面的有識之士，都一廂情願地高談中國的現代化，卻祇有贛南在眞正的推行。」

經國的聲望火箭似地直上雲霄，國民黨內部最敏感，一種強烈的酸性反應馬上變成氣體，瀰漫到重慶的蔣先生那兒，指責專區的舉措是蘇聯社會主義的中國版。更露骨的說法：「蔣經國是道地共產黨，贛南快被赤化了。」

延安的中共領導階層，一樣聚精會神地盯著贛南的動態，密切注視，假使經國的成就推及中原，「無產階級革命」的吸引，即無市場買主了。

然而，經國再努力，並跳不出國民黨的大圈圈。在蘇聯時，人家說他「帶國民黨本質的共產黨」，回到國內，他成爲有共產黨氣質的國民黨；他好像甚麼都不是，他的衝力，只能到某一限度，就停擺了。

經國的如意算盤，以贛南爲起點，江西有成績，再推展全國。事實證明，他了解蘇

---

❾ Brooks Atkingson, "Kanhsien Sets Aim For People's Rule" The New York Times, Nov. 5, 1945, P.10, Col.6.

聯，並不了解中國。國民黨的爛攤子，比他想像的要難弄多了。

從這個角度分析他的新政，熱鬧有餘，成事不足，禁禁煙賭，抓抓土匪強盜，儘可放手大幹，且容易看得見成績。一旦動搖到國民黨的根本，注定非敗陣不可。以他公佈的「新贛南土地政策」爲例，規定土地分配依人口而決定，超額由中國農民銀行照價收買，再轉貸佃農，地價由人民開會來決定，分五年還清⑩，是一種溫和的土地政策。聽起來，好像很動人。後來，陳誠在台灣實施，就非常成功。

但是，當時的社會環境經濟條件，他辦得到嗎？壟斷土地的土豪劣紳，封建保守，要改革，只有史達林的辦法才能徹底施行。使大地主破產，國民黨的根基，即會動搖，而由「銀行照價收買」，銀行固沒有這樣大的財力，地主怎肯把土地換銀錢，少了可作威作福的屏障。

緊跟著那個三年計劃之後，一九四三年底，馬上宣佈了新的「五年計劃」，菜單開得的確很豐富。其建設綱領第九條，說是：將各縣城改建爲現代標準城市，並將各縣二十八個市鎮改建爲現代化的市鎮，贛城人口擴充至五十萬人。在各項工作表中，把煉鋼、煉鐵列爲優先。

---

⑩ 蔣經國《新事業》，江西中華正氣出版社，一九四三年六月。

《東南日報》一篇批評，評得極爲合理：

「以蔣君五年計劃完成的希望，民間享受，可以超過蘇聯，甚至步趨美國，以贛南一隅之地，縱使盡到最大的努力，恐亦難以如願，尤其是煉鋼、煉銅，及製造機器，都屬於重工業範圍，毫無基礎，談何容易，試問我國現在有幾個煉鋼廠機器製造，乃欲以贛南十一縣之力，從事於此。而且一個不足，竟想設三四個之多。五年期間，又極短促，以此列入計劃，我真驚嘆他們的膽量。」⑪

經國很多想法上的大躍進，和毛澤東一九五八年的三面紅旗，不謀而合，四二年七月四日，他在專區縣長會議上，說了一個新中國的夢：

「那時的贛州，一路所望到的都是花園樹木，而且警察也沒有了，路上都是機器來指揮交通。自衛隊也沒有了，因為大家都能安居樂業，沒有土匪強盜，所以用不到自衛隊了（全境只有穿白色制服的政治指導員）。贛南的大禮堂，也移到南康去了，一路看去，看到了幾處煉鋼廠和飛機製造廠，那個很小的沙石埠，也造成一座漂亮的電車站，那個大禮

---

⑪ 周維新〈評新贛南政治〉，收入曹聚仁《蔣經國論》，頁四十～四九。

堂，堂皇美麗，可以容納二萬人。大禮堂之正中在轉映紐約的電影和維也納的音樂•，幾處電視的幕上，正在映出倫敦的足球賽。那時候，已成為電氣化的世界。」⓬

反映經國不務實、喜歡說大話的毛病，支票滿天飛，兌不了現，就有損到自己的聲望信譽。他自己也承認，很多事情「缺少詳細計劃」。

內部的壓力迫使蔣先生在讒言的圍攻下，一方面默許經國的做法，一方面也不免感到經國的鋒芒太露，留下了經國離開贛南的伏筆。

一九四三年，經國在贛南的工作終於告一段落。那是蔣先生的意旨，覺得經國留在農村的時間太久了，先交卸了贛縣縣長。十二月發表新命，升任江西省府委員。四四年的元月，遠走重慶，出任三民主義青年團中央幹部學校教育長，進入中央級工作。專員職務雖在四五年移交，其實，他早已和贛南分割了。一切改革計劃，和他的去向一樣，付之東流。

但是，他已經成功地建立起政治階梯，他的名字成爲青年偶像，極目前瞻，一條闊廣的大道正在等著他，他意識著一個嶄新的「新時代來到了」⓭。

⓬ 同⓾。

⓭ 參閱虎崗歌詞：「太陽出來照虎崗／崗上青人臉發光／齊聲作長嘯／好像老虎叫／一嘯再嘯／魔鬼影全消／新的時代來到了。」

《蔣經國傳》106

第八章

偉大的西北

贛南的事業，一帆風順。但家庭方面，卻遭到突如其來的變故，生母毛福梅在溪口蒙難。發生的時間：一九三九年十一月二日。❶

毛太夫人生前，經國屢次要接母親前往贛南而不果，其經過見曹雲霞女士的回憶：

「太夫人平日關心鄉人疾苦，深得鄉人愛護，他多次要接太夫人來贛南，太夫人都

❶ 曹雲霞說，毛夫人遇難是一九三九年。唐瑞福說是一九三八年農曆十一月初二，年代不確。曹鍾麟曾任奉化縣長，〈奉化墓待祭掃〉一文，肯定是一九三九年。蔣自著〈五百零四小時〉（明報月刊第一一三期，一九四五年十一月二日），「近日心中有二事，始終不能忘者：一爲先母罹難，此爲余一生最痛心之事，且六年以來，迄未安葬；爲人子者既不能爲先母立德業，又不能早日辦妥安葬大事，其何以慰先母之心於九泉之下也。深夜自省，飲淚自痛。」證明唐「農曆」之不確。

因捨不得家鄉人，而不忍離家。最後一次，蔣氏和夫人偕同孫兒女一起跪在毛太夫人膝前，央求一同來贛，並稱：太夫人如不答應，即長跪不起。這樣太夫人只得允許來贛，正收拾行裝，定期起程。消息傳出去了，近親和鄉人紛紛來到蔣府，聚集成群，又跪在蔣府內外，懇求太夫人不要離鄉。太夫人感於鄉人的深情，終於決定，『再不離鄉』，最後打消了來贛的念頭。」❷

這樣一位善良、且是虔誠佛教徒的老太太，等了十二年，剛和兒子媳婦團聚一載，日機肆暴，奪去生命。

做過奉化縣長的曹鍾麟先生(現天津市政協委員)，追記如斯：

「一九三九年我在浙江省政府任秘書，有一天秘書長李立民突然慌慌張張地來找我，說是奉化縣溪口鎮被日本飛機轟炸，經國生母毛夫人在炸後失踪，命我代表浙江省政府主席黃紹竑，晝夜兼程趕赴出事地點，尋找毛夫人蹤跡。我奉命後即搭省府大轎車開往溪口，下車後，即偕民伕在豐鎬房附近的斷垣殘壁中進行挖掘，當夜幕降臨，終於發現了毛夫人的遺體。最初發現的是一隻胳膊，胳膊上戴有金手鐲。有人認出了胳膊上

❷ 曹雲霞《贛南憶舊錄》，香港《七十年代》出版社，頁六〇。

戴著手鐲的就是毛夫人。果然不久就挖出了毛夫人的遺體。我站在遺體前默哀致敬。當時，經國先生任江西省贛州專員，聞訊後搭黑色小轎車星夜兼程趕到溪口，一進門就抱起屍體，號啕大哭，旁觀親友也失聲痛哭起來，我亦難抑悲憤，連連落淚。」❸

一時找不到墳地，暫葬老太太生前唸經的地方——摩訶殿北隅，豎墓碑一座❹。遇難處，蔣親筆「以血洗血」，刻石留念（作者一九八〇年訪問溪口，目擊石碑仍在）。

經國曾經寫過一本書，題名《鮮紅的血》，〈哭王繼春——悼周崇文（幹事）〉和〈永遠不要掛起白旗來〉，篇篇有血有淚，肺腑哀號，嘶聲啜泣。曹聚仁說他「是一個非常熱情的人」，凡是認識他的人，一致同意。

喪母之痛，倫理關係，更勝「同志之愛」、「手足之愛」，其奈，處他的情況，顧到繼母宋美齡的顏面，無法學雷震寫一篇〈我的母親〉❺，因此，對母親的事，只是在日記裏私下提

---

❸ 曹鍾麟〈奉化墓待祭掃〉，香港《大公報》，一九八一年。

❹ 墓碑「顯妣毛太君之墓」，爲吳稚暉所題。安葬時俞飛鵬點主，石料由施季言（武嶺校務主任）負責採自上花山。

❺ 雷著〈我的母親〉，被台灣當局沒收，雷抗議：「經國可寫他的父親，我不能寫『我的母親』，寧非天下怪事！」

提。

當了專員後的第二年（一九四一），蔣先生打過主意，派他去新疆❻接替盛世才。夏天，奉命隨政治部長張治中（西北宣慰團）越秦嶺，經河西走廊，出嘉峪關，跨青海，跑遍西北國防前哨。

蔣的考慮，其來有自，我們且先回到全局，作一鳥瞰。

一九四一年，抗戰進入中期。日軍佔領武漢後，氣焰更盛；以武漢爲軍略據點，積極作點面的伸張，長沙二次會戰，如箭在弦。

中原戰局，固乏善可陳，環顧國際形勢，益形黯淡。自前一年冬天，日軍的勢力南進後，法國少爺兵當然不是日軍的對手，越南失陷，從華北到華南的海岸封鎖線，因而爲敵人所嚴密控制。暹羅灣可能是代替東京灣的缺口，不幸見風轉舵的泰國執政當局，卻甘願爲東京的走卒，藉投降以自保。剩下唯一的希望是緬甸。倫敦基於現實利益的考慮，竟在日本的要求下，落井下石，把中國唯一的國際通路——滇緬公路，予以切斷。同時那位愛抽雪茄的老狐狸邱吉爾，下令停止對中國政府作財政上的援助。

在這樣悲觀灰暗的氣氛中，就重慶的領袖而言，唯一足以自慰的，是來自新疆的喜訊。

❻ 參閱一九四一年六月《東南日報》。

土皇帝盛世才終於爲中央所制服，結束他在西北七年稱孤道寡的割據統治。

盛世才，東北遼寧人，少年在上海中國公學讀過書，留日返國，曾參加韶關講武堂受訓，畢業後加入張學良的東北軍，在郭松齡麾下充任下級軍官；一九二七年，自日本歸國，爲蔣羅致，擔任國民革命軍總司令部參謀，由於偶然的機會，邂逅了魯效祖（新疆統治者金樹仁手下的祕書長），以軍事長才的資格，應聘前往西北。

引進這樣一位野心勃勃的年輕上校，對新疆的當權派無疑的是犯了極嚴重的錯誤。正如中國人慣用的比喻說——「引狼入室」或者「開門揖盜」。

果然，盛掌握了此一難得的良機，利用滲透拉攏等手段，合縱連橫，運籌帷幄。幾年間，趕走金樹仁，擠垮馬仲英，取彼自代，馳騁天山南北，大有毛澤東〈沁園春〉那句「數風流人物，還看今朝」的氣慨。

盛世才統治新疆的作爲，不僅視南京的中央政府爲無物，高舉六星紅旗，仿效蘇聯格伯烏，成立「六星社」，且公開倒向「蘇聯」。信仰共產主義，標榜親蘇政策「不僅是建設新疆的最光明的燈塔，不只是解放中國的最明亮的燈塔，而且是殖民地半殖民地的被壓迫民族爭取自由平等和解放的最明亮的燈塔」。進一步利用中蘇間的矛盾，割據稱雄。一則唱新疆爲中國的領土，一則親蘇以抗中央。

令得南京當局感到最不安的，是新疆早晚將爲蘇聯所併吞，劃入紅色帝國的版圖，這是遠慮。盛於一九三八年朝蘇歸來，親蘇同時親共，延安和迪化的關係，將日益接近，形成近憂。

盛世才翻雲覆雨，毋論莫斯科、重慶、延安方面，都感到他是隻燙手的番薯，他的轉變之快，較之倒戈將軍馮玉祥，還勝一籌。

德蘇戰爭的爆發，國際形勢瞬即轉變，新疆王的統治夢跟著起了新的變化。當史達林忙著應付德軍的閃電攻勢時，蔣介石置於河西走廊的重兵，亦將伺機向盛下手，盛在朱紹良的威脅利誘下，乃搖身一變，由新疆狄托轉為反蘇倒共的民族英雄。

盛蘇交惡，西北大局由危而安，青天白日旗取代了六星旗，抗戰的低氣壓下，出現這麼個喜訊，重慶當局的躊躇滿志，可想而知。

蔣先生考慮派經國去挑大樑，是因為經國懂俄文，了解蘇聯，由他去，比較放心。可把盛的根，從新疆的沙土裏徹底的拔掉。而經國自己，受到贛南治績的鼓舞，也頗自信，認為收拾新疆這副殘局，非他莫屬。

據曹聚仁說：經國的確是得到中樞的示意的，他就曾向曹聚仁邀約，請這位復旦大學的教授到迪化去辦一份像樣的報紙。假使沒有以後的突變因素，也許就能成為事實。

曹聚仁說：「他從西北回到重慶，中樞就決定讓他擔任新疆主席的職位；在當時，他實在是最適當的人選，不過，由於老頭子左右的阻梗，一夜之中，又變了計劃。」[7]

蔣先生做事，一向一石數鳥，經國的西北之旅，我們從局外推敲，至少可看出如下的層次來。

盛世才既從史達林的懷抱裏轉變過來，中央的政策，不外乎先聯合，再鬥爭。經國雖是贛南的地方官，但他是元首的兒子，他到西北，是以蔣特使的身分，給叛將以安撫，給盛吃顆鎮靜劑。

其次，蔣借著這個機會，以安撫爲名，查訪爲實，從經國那裏，可以得到第一手的資料，洞悉新疆的虛實，作爲未來對付盛的一著預佈的妙棋。

老頭子從來沒有忘情西北，延安是他的心腹之患，抗戰那樣艱巨，胡宗南的一支重兵卻總是打著拱衛西北的幌子，監視著延安的軍事動態。派經國去經營新疆，正如曹聚仁所說：「他實在是最適當的人選。」新疆居地理要衝，內戰烽火一燃，蘇聯給予延安的援助即無假道可能，任何愛將近臣，總沒有自己的兒子更足信賴吧！

經國從前沒有到過西北，他的活動半徑，一直侷限於東南和西南，北疆之旅，他對中國地理的認識，更深一層，讀他所著《偉大的西北》，彷彿我們聽到民族的聲音，和時代的呼

---

[7] 曹聚仁《蔣經國論》，香港創墾出版社，一九五〇年。

喚：

「洛陽是河南的最前線。在這裏，我們可以很容易的看到戰爭的景象，在這裏，我們可以看到最偉大的國防工程；這是動員了十萬人建築成功的。洛陽的城很小，工事都在城外，早晨天都還沒有亮的時候，就聽到做國防工事的幾萬個工人，開始工作的聲音，同時又聽到火車站上搬運軍火工人的呼喊，這許多勞動者的聲音滙合起來，變成了一支偉大的勞動進行曲。」❽

這裏是他路過潼關時的惆悵：

「到了××時候，天快傍晚了，太陽斜掛在西邊的天上像塗滿了血一樣地發紅，剛被炸毀的鐵橋的殘缺的影子，無力的，斜躺在路上，四週寂靜得聽不到甚麼聲音，那時的情景，激動一個旅人的心，是悲哀，還是壯烈？是惆悵，還是依戀？已經是辨不出他的滋味來了。」❾

❽ 蔣經國著《偉大的西北》。
❾ 同❽。

從重慶到西北，綿延數千里，其間多的是山川河嶽，名都勝蹟，無不代表中華文化的源遠流長。登秦嶺、俯仰中原，看蒼茫大地，不知道我們這位預備繼大業的太子，有無「誰主浮沈」的雄心壯志？

不過，有一點我們可以肯定的，這時候的經國，尚未經過權力的腐蝕，他熱愛祖國，熱愛民族，雖然在莫斯科也唱過國際歌，踏著史達林的音樂節拍，發出為蘇聯祖國效勞的誓言。

他的民族觀，在下列一段文字裏，躍然紙上。

「出張掖向西過臨澤、亭台，就到肅州，肅州就是酒泉。這裏是關內第一個縣，是各民族雜居的地方，所以各種民族都有，有一種叫哈薩克的民族，他們有一種叫英雄帽，戴這帽的人，凡是殺一個人，就在帽上插一根雞毛，殺人愈多，雞毛插得愈多，就表示他是英雄。這些人，腳很短，所以他們總是騎馬的時候多，騎在馬上，上山下山過河都可以，但是下了馬，他們就沒有辦法。

「在肅州，我們請了一次客：一共到了十一位客人：一、納蒙克；二、他木龍(蒙)；三、馬彥壽；四、馬志強(回)；五、雷廷齡；六、安維崚(藏)；七、馬通；八、哈一；九、阿無阿林(哈薩克)；十、李志正；十一、趙天夫(漢)。

「我認為這一次的請客，是最有意義的。我這一次請客，是請了各種民族，每個民族派代表兩個。所以，在席上有漢人、有回民、有蒙古人、有哈薩克人……。那一天，正好有月亮，看著那塞上的月亮，心裏有無限的感觸。我們這許多民族代表，大家都坐在月亮底下，毫無拘束地，毫無隔閡地暢談，大家都很誠懇、坦白，我心裏感到非常快樂，同時我更想到過去我們認為西北複雜的民族問題，是容易得到解決的。平心說一句話，在邊疆最壞的還是做生意的漢人。我可以舉個例來講，有一次我看到一個蒙古人在店舖內買東西，一樣東西是一元二角，蒙古人因為知識程度低，算了半天，不能結出個總數來，那家店舖內的人就說：『算了！你放下五塊錢走好了！』那個蒙古人沒有辦法，祇好給了五塊錢才走。好像我們買黑羔皮袍，在肅州一帶向蒙古人買，每件只要二百多塊錢，但是商人把它運到蘭州就要賣三千塊錢。這些事實，就是我們看了，也會氣憤的；所以，我相信邊疆的少數民族，還是真誠、坦白、單純的，將來我們要建設西北，只要我們能夠實現總理的民族政策，各民族一定會親密的團結起來的。過去回漢之間，曾經發生過好幾次很大的衝突，但是差不多都是為了很小的事情，聽說有一次是為了回教人演戲，漢人的小孩子來看戲而鬧起來；有一次為了漢人在回教人家裏殺一隻雞而沒有把毛先拔掉而鬧起來，我們相信這些情形不應該有的，將來也一定不會再發生的。

「那一天晚上，我們大家談得很高興，什麼民族問題都討論而得到了解決，後來，還舉行了遊藝，蒙古人出來打了拳，藏民演了一個打小孩子不去看羊的戲劇，回民真奇怪，他們唱了一個滿江紅的歌，哈薩克跳了一個打老虎舞，直鬧到天亮，實在太有意思了！」⑩

西北歸來，經國總結此行的感想有三：

一、確認西北地理的優越性，「地大物博，有無窮盡的寶藏。」「過去，我們認爲安西是我們的西北了，但是安西還僅是我們西北的心臟。」他說：「從安西到蘇聯的邊境，坐汽車還要走六、七天，這樣廣大的土地，是我們祖宗留下來給我們的，我們一定要用無限的熱烈，無限的忠誠，無限堅強的力量來愛護它、來保存它、來發揚它，我們要堅持西北的進步，西北的進步，就是中國的進步，沒有新的西北，就不能完成新中國的建設。

二、強調西北是軍事力量的重心，那裏有新的中國空軍，新的機械化部隊，西北是將來反攻力量的中心。

三、西北是經濟文化交通的中心，是建設新中國的原動力。

就國防的觀點出發，西北是中原的屏障，幾千年來的外侮，也都是肇始於此一河西地

---

⑩ 同❽。

帶，岳武穆那股「踏破賀蘭山缺」的壯志豪情，是感情上的願望，同是意志的語言。

經國從西北回到重慶，彷彿發現了新大陸，認識到「那裏豐腴的物產，堅強淳樸的人民，燦爛的文化，都是抗戰建國唯一的力量」。因此提倡建設新的西北，要為西北的同胞謀幸福的生活。舊調重彈，把他父親在《中國之命運》裏的老套搬出來，重呼「有志青年，應當回到我們這古老的故鄉去，有志的青年應當到西北去」。

這一期間，經國的西北熱的確在他個人的水銀柱上升漲得很高，他覺得東南已有成，不妨去西北。殖邊墾牧，為人所不為，做出點驚天動地的事業來。然而，父子之間的思想差距好像總無法靠得攏似的，蔣先生依舊沉溺在他的統馭公式裏，以妥協代替果敢。經國的主席夢沒有圓成，盛世才的官銜，卻愈加愈多。

第九章

教育長、主任

假使我們說，蔣先生早就有意把棒子交給他的兒子，那實在是一種過份大膽的假設。但是，說他老人家從四十年代開始已蓄意培植經國，就比較接近事實了。

一九三九年，甫行就職專員，經國接「委座」指示，「克日登程赴渝」❶，入重慶中央訓練團黨政班第三期受訓。在國民黨的官場裏，通常被認爲這是一個鍍金的機會，由廬山軍官訓練團到台北的革命實踐研究院，無數的院校團班，訓練過千萬的黨政幹部。獲得遴選，象徵著明日的希望，從關係學的層面看，更意義非凡。

蔣先生認爲，多經過一次薰陶，幹部們的思想意識，以及對領袖的向心力，會益形加強。當然，這並不意味著同樣適應經國的情況。經國是個特殊的例子，他只是要經國和別人

❶ 蔡省三、曹雲霞合著《蔣經國系史話》，香港《七十年代》，一九七九年八月。

一樣，按部就班地，在國民黨的體制內茁壯成長。

蔣先生一方面讓經國接受國民黨中央的正規訓練，爲兒子未來獲膺新命鋪路，一方面巧妙地解決原來是共產黨的國民黨黨籍問題。

由重慶回到江西，任命發表，派經國爲三青團江西支團臨時幹事會幹事兼籌備主任。幾乎是火箭的速度。

三民主義青年團(簡稱三青團)，一九三八年七月九日成立於武昌❷，集復興社CC系組織的大成。黨內有黨，派外有派，對國民黨內部的團結，有百害而無一利。但是，蔣先生偏偏有他獨到的奧秘。

經國的政府官職以江西起步，抓黨組團，同是發韌於江西。經國自蘇聯歸來，深切體會，沒有組織做後盾的行政官，比沙灘上的大廈還要脆弱。

做行政專員，他有舊官僚、土豪劣紳等敵人；領導江西的三青團，和他作對的對手，對付起來，也不太容易呢！

名義上，蔣先生任團長，康澤組織處長，涉及權力，即使是團長的兒子，亦寸步不讓。

經國一躍爲團中央的高層領導人之一，江西支團籌備主任，實質上是江西團的首腦，

---

❷ 國民黨六屆四中全會(一九四七年九月十二日)通過「統一黨團組織案」，三青團撤消。

「第一把手」，康澤怕這位太子將來搶了他的地位，先使個殺手鐧，在江西支團的幹部安排上大動手腳。

康澤安置不少「復興社」的親信，目的架空經國。書記彭朝鈺以下，清一色的康派。而彭「每天跑專員公署，表面上尊重蔣主任，實際是玩弄手段，不讓蔣主任親自來支團部辦公，蔣主任那張辦公桌形同虛設。青年招待所保送學生受訓或就業，彭朝鈺都一個個召見談話，彭朝鈺親口告訴青年招待所學生說，蔣主任是兼職，忙不過來，他是中央派來的，一切由他負責❸」。

經國到贛南的第一場遭遇戰，就遇到自稱「中央派」的康澤系，幾番較量，這批人有眼不識泰山，才知道經國在莫斯科頂禮膜拜來的鬥爭經驗，關老爺面前的大刀是舞不得的。

太子的策略，表面按兵不動，卻積極培訓幹部，鞏固陣地。

設赤硃嶺的「三青團江西支團部幹部訓練班」，每期招收一二〇人，經國從制訂計劃，到招生訓練，概一手包辦。自任「精神講話」課程，標榜「三青團不是少爺小姐俱樂部，不是官僚政客捧角場」，倡「赤硃嶺精神」。

成立「江西青幹班畢業學生通訊處」，加強組織聯繫。

---

❸　同❶。

時機成熟，經國反攻，一九四一年四月，舉行支團第三次會議，康系人馬棄甲曳兵，全被排除。「青幹班」的基礎，不斷擴大，經國且辦了江西青年夏令營和虎崗青年夏令營，更多青年子弟受其羅致。

一九四三年，江西支團召開第一次全省代表大會，代表已全是「青幹班」爲核心的太子嫡系。其中一些幹部如胡軌、詹純鑑、王昇、許素玉❹等，始終追隨經國，由江西而台灣。

只四年工夫，經國在江西黨政方面的成就，連主席熊式輝的光輝都相形失色。十二月，太子辭贛縣縣長，授任江西省府委員，雖無實權，卻有更上層樓的意義。

信仰共產黨的時候，他是無神論者，爲了迎合蔣先生和宋美齡的心意，接受洗禮，成爲美以美教會的基督徒。教徒這個事實，外間知道的人寥寥無幾。他不僅很少參加禮拜活動，甚至任總政治部主任期間，禁止國軍官兵信教❺，其虔誠可知。

四四年元月，蔣先生改派愛子出掌三民主義青年團中央幹部學校教育長，前往重慶。贛南時代因而結束。自然，他熱心推行的「新贛南建設計劃」亦人去政息。辛苦造就的忠貞幹

---

❹ 胡軌到台灣後，曾任中國青年反共救國團主任，正中書局董事長任後退休。詹純鑑任台灣省黨部書記長，王昇任總政治部主任，許素玉任台北市黨部主委。

❺ 五〇年代，總政治部下令，嚴禁官兵信教。基督教不主張崇拜偶像，這和「效忠領袖」的宣傳，發生衝突。

部，跟著去了重慶的新天地，另樹旗幟。

「中央幹校」的籌備工作，由李惟果主持。原兼任「中央青幹班」主任的康澤，雄心勃勃，改班爲校，自兼教育長一職，理所當然。但李看透蔣先生的心思，提議經國擔任，「照准」的批示馬上發下。

蔣先生的構想，經國到贛南，終究是個過場。調回中央，從訓練幹部著手，等於做生意積累資金。他個人的崛起，不就是黃埔打下的基礎嗎？

客觀地說，經國具備的條件，毋論組織技巧、訓練方法、刻苦精神，黃埔學生難忘其項背。

國民黨的表現，對年輕一代的吸引力早趨式微，蔣先生和他的高級幕僚們已有覺察，三青團的成立，即含有補救的意思，經國這時候才三十三歲，年齡、形象、聲譽，都是擔任教育長的適當人選。

一九四四年五月，幹校開學，但只有研究部❻，經國的意思，先培訓「幹部的幹部」，第二期培養專業人才，設地方自治科、師範科、管理科、生產管理科，後來場面開始擴大，增

---

❻ 中央幹校，「三青團中央幹事會」管轄，不向教育部登記立案，與教育部無關。第一期招生，報名三百，錄取二六〇人。報名資格，限大學畢業或同等學歷，年齡在卅歲以下者。

辦「東北青年訓練班」、「青年政工人員訓練班」。

幹校的性質，類似蘇聯的「孫大」，不能用一般高等院校的標準去衡量，誠如曾任該校區團部書記的蔡希曾(省三)所說：「蔣經國所考慮的迫切課題，是藉著主辦『中央幹校』的大好機會，如何用最短的時間，採取有效的措施，培訓一批高層的『嫡系的嫡系』。」

兼校長蔣先生說的更明白，「幹校是革命的學校」、「幹校應該實施革命的教育，培養革命的幹部。」

「革命」一詞，在中國官員嘴裏，從來缺乏嚴謹的定義，幾乎任何事都可套上一頂革命的桂冠。加以演繹，革命即是追隨領袖的同義字。

經國根據父親的訓示，提出下列口號——

「中央幹校是革命的學校，培養革命的幹部」

「中央幹校的學生，必須以校長的意志為意志，以校長的行動為行動」

「中央幹校的學生，必須以團作家，以校作家」

總而言之，經國的任務是培養一批新的門徒。當時抗戰接近尾聲，戰爭的目的是保家衛國，反對日本侵略，和革命發生什麼關係呢？

爲了把學校辦好，自招生、入學、新生訓練、生活管理、政治組訓、課程等等，他無不躬親參與，別出心裁。規定的教學重點，計有：

㈠高深的政治素養。
㈡高層的領導才能——要識大局、擔大任、辦大事。
㈢訓練三能——即「能文」、「能武」、「能開汽車」。

簡稱爲「兩高三能三大」。構想很好，其奈客觀條件不具備，也做不到。平白給人一個印象，他喜歡說空話。然而我們也不能抹殺，他辦教育的一些靈活的做法，和許多獨特的設計。最具民主色彩的活動，首推「全校師生大會」，主張「師生團結，共商教學大計」，比美國大學的「學生政府」(Student Government)還要前進。但是，所辦的大聚餐、大聯歡、訪問貧苦人民、勞動競賽、實驗治校等❼，可是典型的蘇聯式群衆運動。

如果經國能心無旁騖地把中央幹校的事業堅持下去，「廿年的遠景規劃」，不能算是空中

❼實驗治校。師生大會閉幕前，自教育長起到各部職員，包括傳達、伙伕，全部休假由學生接管一天。

閣樓，他的成就，將非常可觀。環境卻強迫他，不停地改變計劃。主要，戰時的中國，情勢瞬息萬變，任何長遠的規劃，隨時可化為泡影。

一九四四年六月，長沙淪陷，八月衡陽失守，日軍的秋季攻勢銳不可當，獨山失守，直趨貴陽，陪都重慶，面臨威脅。政府打算必要時，遷都西康。九月，經國奉命，曾至西康部署。十月，「一寸山河一寸血，十萬青年十萬軍」的號召，由蔣委員長親自提出。

配合這個史無前例的青年從軍運動，蔣先生重想到他的兒子，下令成立「青年軍政工人員訓練班」，委派經國為該班中將主任。

過去，經國的經歷集中於黨政方面，現在開始嘗試跨到軍中，用毛澤東的話說，是「抓槍桿子」。

政工班第一期學生甫畢業，中央宣佈，成立「青年軍總政治部」，經國是主任，總部且設在中央幹校內。

軍政部依國軍序列，編為八個師❽，各師設政治部，政治部第一科（管組織、訓練）科長和

---

❽ 二〇一師：師長戴之奇，駐壁山（戴後調九十九師，戰死蘇北）。二〇二師：師長羅澤闓，駐綦江。二〇三師：師長鍾彬，駐瀘州。二〇四師：師長覃異之，駐萬縣。二〇五師：師長劉樹勛，繼任劉安琪，駐貴陽。二〇六師：師長蕭勁，繼任方先覺，駐漢中。二〇七師：師長方先覺，繼任羅友倫，駐昆明。二〇八師：師長黃珍吾，繼任吳嘯亞，駐黎川。二〇九師：師長溫鳴劍。

團教導員悉由幹校研究部第一期學生擔任，師政治部主任，不用說，是經國遴選、上級任命的自己人，包括現在台灣的報業鉅子余紀忠(二〇三師)，司法部次長范魁書(二〇八師)在內。

蘇聯的黨代表制度，北伐時期一度在國軍中移植。一九二七年，國共分裂後，名存實亡。相隔十五年，經國把它重建起來，一則，他駕輕就熟，一則，他對這個制度的功能深信不疑。推行開來，黨指揮槍，那末，就是他自己的武裝力量。所以，認真地實施政治訓練，規定上政治課二—四小時，各師聘專任政治教官，強化思想訓練。

公開的口號，如：

「青年軍是青年的革命武裝學校！」

「青年軍是國民革命的生力軍！」

「青年軍是實現三民主義的先鋒隊！」

「青年的胸膛就是祖國的國防！」

秘密地，通令政工人員，向全軍上下「灌輸中心思想」，「必須絕對效忠最高領袖蔣委員長」。

政工既是首腦，經國等於掌握了全軍靈魂。加上青年軍沒有實際的統帥，各師師長樂於臣服，他已是實際上的統帥。

照青年軍成立的原意，入伍三個月，訓練結束，隨即進入實戰訓練，進入第二線，準備隨時增援第一線。經國介入，性質變了，作用也變了。

本來命名「青年遠征軍」，那是要歸陳誠、羅卓英指揮監督，經國把它自立門戶，於是「遠征」兩個字悄然失踪。

訓練期滿，延長訓練，蔣先生有私心，經國的嫡系部隊「不到犧牲關頭，絕不輕言犧牲」，直到日本投降，這八師部隊仍駐原地，沒有「遠征」過，更沒有向日軍放過一槍。

抗戰勝利前夕，國府受美國的壓力，談判簽訂「中蘇友好條約」，經國受命，擔任宋子文的隨員，後調外交部東北特派員，辦理對蘇外交(下章將予詳述)。此處續談青年軍復員各節。

一九四六年年初，蔣先生下令成立「青年軍復員委員會」，陳誠任主委，蔣經國任副手，研究擬訂復員辦法。

復員當然非復員不可，蔣先生另有想法。他指示：「青年軍復員，不是青年軍的結束，而是青年軍新發展的開端，今後要制定一套辦法，使青年軍成爲國軍後備兵員的菁英，同時要加強復員青年軍的政治組訓工作，使他們在社會上成爲一股新興的『革命力量』。」❾

❾ 同❶。

何謂「革命力量」?說得更清楚一點，就是「效忠領袖」的力量。四月，「青年軍復員管理處」成立，陳誠處長，蔣經國和彭位仁副之❿。

復員青年受到升學和就業的優待，有的進大學，有的進先修班，程度不夠唸大學的，進青年中學⓫，就業的、原來在機關任職的，回原單位，又升級又加薪，原來沒有職務的，介紹職業。

復員工作，經國的確賣過無數力氣。但是，「青年從」、「國大代」、「軍官總」等，仍被社會公衆列爲五害之一⓬。

復員後的組織，經國仍不放鬆，約有下列數項：

1.成立「復員青年軍聯誼會」，中央設總會，領導機構是幹事會，經國自兼總幹事。聯誼會設南京中央路德潤廬中央幹校校友會內，成爲太子的衛星組織。省市設分會，機關學校設通訊組，層層組織，縱橫聯繫。

2.青年軍八師的建制保持原狀。師設「軍士教導營」，讓志願留營的，接受訓練後，升爲

❿ 彭位仁初到台灣，曾任劍潭情報訓練班副主任。

⓫ 計有杭州青中(潘振球校長)、杭州青職、嘉興青中(王昇校長)、嘉興青職、重慶青中　、漢中青中。

⓬ 五害：「立監委」、「國大代」、「軍官總」、「青年從」、「新聞記」。

次期青年軍的班長。

3.復員管理處改爲常設機構。

四月卅日，國府還都，五月五日，中央各機關在南京恢復辦公。經國班底的有形力量，僅剩下「中央幹部學校」最後的堡壘。CC系建議，中央幹校和中央政校合併，設立「國立政治大學」。

「政大」預定蔣公自兼校長，經國教育長，嚴格地說，蔣的學歷，不符合大學法校長的資格，他在日本只從振武學堂拿到一張文憑，做個小學校長都非常勉強。但中國的情況特殊，蔣曾兼任所有軍事學校的掛名校長。

CC的如意算盤，吃掉幹校。而經國暗中的計劃，呑沒政校。

政校的前身「中央黨校」，在南京紅紙廊，戰前即有校舍，國府接收的同時即修葺校舍，師生陸續回京復員，四六年秋季始業，正式招生，合教職員、師生有一千多人。

幹校創校伊始，在南京沒有片瓦，到一九四六年夏，專修部第一期剛畢業分發，研究部第二期草草結束。大學部這年未招生，相形之下，和政校不成比例。於是合併也者，成了「政校呑併了幹校」，談判代表游鋸說：對方「人多勢衆」。

補救辦法，幹校爭得一席訓導長，侍從室傳達，蔣公要教育部簽呈舉荐蔣經國爲政大教育長。

命令發佈後，經國一身三職，除「政大」外，尚兼三青團中央團部第二處(組訓)處長，和國防部「預備幹部管訓處」處長(後改「國防部預備幹部局」局長)。不僅他個人志躊意滿，認爲雖有東北之失，仍有可爲。他的親信幹部們更意氣奮發，準備到「政大」大施拳腳一番。

天下的事就這麼難說，煮熟的鴨子，長著翅膀衝天而去。蔡省三先生的記載，茲原文引錄：

「豈料事出意外，國立政大的公告欄貼出了『校長蔣中正』的皇皇告示：『奉教育部××號令，國民政府主席任命蔣經國為國立政治大學教育長。特此遵照公告，仰全校師生一體知照。』聚集在公告欄前的學生，議論紛紛，七嘴八舌，聲音越來越嘈雜，流露出一片反感，忽然有人高喊：『同學們，請看老子任命兒子，要拿我們當孫子呀！』

『我們不當孫子！』學生中爆發出怒吼，接著人聲鼎沸，連珠砲發出震耳的口號！

『反對兒子教育長！』

『反對父子家校！』

『蔣經國滾開吧！』」⓭

⓭ 同❶。

當晚「全校學生大會」通過三項緊急決議：一、派代表向教育部請願，請收回成命，撤銷蔣經國教育長的任命，另派賢能之士。二、全校實行罷課抗議，不達目的，決不復課。三、在校外展開抗議運動。

反對蔣經國，等於間接地反對蔣先生。據到現場觀察過的蔡省三、倪志操（中央團部第五處調查組長）的結論：「那種強烈的反蔣氣氛，使人明顯地看出，決不是某些學生的一時衝動。」敢「向蔣氏父子開火，顯然有人在幕後支撐」⓮。

蔣先生勃然大怒，電召陳立夫，予以嚴詞訓斥，並令陳立即告誡學生，克日復課，遵從命令。

經過陳立夫的佈置，「歡迎蔣經國教育長蒞任視事」的巨幅橫布標語在「政校」禮堂前張掛校園內一切反蔣標語全部清除。

陳立夫向蔣先生覆命，報告調查所得，反蔣風潮的幕後是「青年軍」復員學生帶頭鼓動，並非CC從中搗蛋。

經國的反應，又氣又怒。有幾天閉門拒客，隨後在他私人的辦公處——南京勵志社，召集中央幹校校友會核心份子，舉行會議，大發一頓牢騷外，鄭重宣佈，他已經向教育部送出

⓮ 同❶。

辭呈，決心不幹那個教育長了。最後帶著訓勉的語氣，要求校友會人員，注重加強幹校校友的聯繫和團結，作爲事件收場的尾聲。

受到如此沉重的打擊，經國心情之頹喪可以想像。現在，他才眞正體會到，事業成敗「絕對不是決定於演說或議論，而是取決於兩個對立力量的生死鬥爭，誰有力量，誰就成功」⑮。

和CC的對抗，敗在沒有力量。如果說東北使命的失敗，敗於外交，究非不戰之罪，「政校」之挫，罪在戰而無功。

講到利害衝突，連他父親的心腹，都可能搖身一變成爲冷酷的敵人。政治的無情，多麼可怕！

經國懂得忍耐，不露聲色，這就是他懂得辯證法的好處。「騎驢看唱本，走著瞧吧！」

⑮ 蔣經國著〈悼溫世勛〉，收入《新事業》書內，江西贛南正氣出版社。

第十章

外交特派員

長夜漫漫的抗戰，中國人民疲憊不堪，祈禱勝利早日來臨。

「珍珠港事變」像個奇蹟般，爲抗戰軍民帶來黑暗中的曙光。中國再非孤立無援，憑血肉之軀對付東鄰強敵的飛機大炮。

太平洋彼岸的山姆大叔被日本的一記猛鞭，清醒過來，日本過去敢於和蘇聯爲敵，同樣敢向美國挑戰。

蔣先生日夜盼望的中美同盟，悠然而至。物質、武器、人員，越過駝峰，源源到來。和史迪威的一些不愉快，蔣先生是勝利者，羅斯福看著他是遠東區總司令的份上，撤換史迪威，派遣魏德邁，中美關係，情意殷濃、

重慶和華府間的軍事計劃，預備由東南沿海登陸，消滅日軍，麥克阿瑟的藍圖，先用躍島戰術，砍臂削足，再登陸本島，使東條就範。

羅斯福總統一副婦人心腸，聽取喬治馬歇爾和參謀本部的意見❶，耽心麥帥的計劃，美軍所支付的人命代價過份巨大，不惜求助於盟友史達林。

史達林縱橫捭闔，一代梟雄，他比坐在輪椅上的弗蘭克林不知險惡多少倍。看準羅斯福的心思，代價是日本在東北的權益，和不凍港旅順大連的控制使用❷。

羅斯福覺得，東北是中國的東北，慷一點他人的慨，換取史達林對日宣戰的承諾，何樂而不爲，那個出賣盟國利益的雅爾達協定，就在這黑海邊上的避暑勝地，談笑間訂下乾坤❸。

可憐的蔣委員長，沒有半點情報。被稱爲神出鬼沒的戴雨農將軍，原來在國際間諜戰方面一籌莫展。

密約等到四個月零四天後❹才通知重慶，蔣主席感到很憤怒，可是對他的尷尬處境，卻絲毫無能爲力。

---

❶ The Joint Chiefs of staff (G. C. Marshall) to the President, Memorandom for the President, Jan. 23, 1945.

❷ 一九四四年十二月十四日，史達林把參戰的政治代價向哈里曼提出。一九四五年二月十一日文件簽字，即「蘇俄參加對日作戰協議書」，史稱「雅爾達密約」。

❸ 由羅斯福負責取得中國同意，至於何時通知蔣委員長，「依史達林元帥之意見行事」。

❹ 一九四五年六月十五日，由赫爾利大使轉告蔣委員長。

主要是史達林空洞的保證，把霍普金斯和哈里曼弄糊塗了。史提出兩點：

㈠蘇俄對日的軍事行動，是以中國同意接受雅爾達密約為先決條件。宋子文於七月一日以前，須到莫斯科。

㈡願意在蔣委員長的領導下，達成統一中國。

史達林處處勒索，一方面挾美國自重，壓迫重慶就範，一方面威脅宋子文說：「中國政府最好趕快達成協議，要不然，共軍會進入東北。」❺

中國進退失據，和事後充滿阿Q式的自慰，卜道明〈中蘇條約〉一文表達得淋漓盡致：「蘇聯即於八月八日對日宣戰，第二天，蘇軍數十萬即全線攻入東北。八月十四日日本宣佈無條件投降，蘇軍乘勢迅即佔領整個東北。在此情形下，蘇俄當可憑藉武力實現其全部願望。那時中蘇間將發生種種權益和領土的糾紛，不難想像。我若提出交涉，美國將因我拒絕了雅爾達協定，未與蘇俄成立條約，對我不予援助；而對蘇俄，則因雅爾達協定的存在，反而有支持蘇俄實現其全部要求的義務。我國在國際上的孤立，將預定我之交涉失敗。不僅如

❺郭榮趙著《美國雅爾達密約與中國》，台北水牛出版社。

此，蘇俄勢必利用我之孤立狀態，根據雅爾達協定籠統的規定，乘勢更進一步的分裂中國領土，在東北、內蒙、華北及新疆等地建立其傀儡政權，因此而造成更混亂的局勢，那時中國要驅逐蘇軍出境，收拾混亂局勢，除使用自己武力外，別無其他有效途徑。而我在東北當時既無一兵一卒，抗戰八年後的中國，亦無力對蘇作戰，也是明顯的事實。反之，我國若與蘇俄預先簽訂一項條約，用條約來限制雅爾達協定的流弊，約束蘇俄的侵略行動，並對日後蘇俄可能違約的行動預先把握一種提出交涉的政治立場，那時我們不僅進退有所依據，而且美國對中蘇間可能發生的糾紛亦不能坐視無睹，而應根據道義與公理的立場予我以聲援。」❻

談判分兩期進行，第一期是一九四五年六月三十日開始，七月十三日結束；第二期從同年八月七日開始，到八月十四日為止。

宋子文(行政院長兼外長)任首席代表，經國和他的一位同學卜道明(外交部亞洲司長)擔任隨員。

蔣委員長打出經國這張牌的原因：派自己的兒子，對史達林是一種親善的姿態；其次，經國通俄文，曾長住俄國，比較了解蘇聯人的想法和意圖，從旁觀察分析，補團長宋子文的不足。

---

❻ 卜道明《我們的敵國》，台北中央日報社出版。

經國所負的使命，可以忍辱負重四個字作總結。

史達林仗著有羅斯福的簽字，看準重慶的處境，中國的談判地位，居於弱勢。宋子文和他的前輩李鴻章扮演的角色，並無差異。

史達林盛氣凌人，「拿一張紙向宋院長面前一擲」，「你看過這東西沒有?」史達林說：「你談問題是可以的，但只能拿這個東西做根據。」❼

往返折衝，不過發揮談判的藝術而已，並無討價還價的餘地。

外蒙問題，經國奉命以個人資格去見史達林，他說：

「你應當諒解，我們中國七年抗戰，就是為了把失土收回來，今天日本還沒有趕走，東北台灣還沒有收回，一切土地都在敵人手中，反而把這樣大的一塊土地割讓出去，豈不失卻了抗戰的本意?我們的國民一定不會原諒我們，會說我們『出賣了國土』；在這樣情形下，國民一定會起來反對政府，那我們就無法支持抗戰，所以我們不同意外蒙古歸併給俄國。」❽

❼　蔣經國著〈一位平凡的偉人〉，後收入《風雨中的寧靜》，台北黎明文化公司出版。

❽　同❼，頁六六。

經國這段話，講的是實情，可惜，弄錯對象。史達林只認識力量，他的字典上，沒有「同情」兩個字，所以他說：「你沒有這個力量，還要講這些話，就等於廢話。」

和史達林談判的經過，經國後來在〈一位平凡的偉人〉文中有詳細描述。實質上的東西，殊少透露，無非要讀者相信，史達林是個可怕的敵人。

假如沒有「雅爾達密約」，美國一樣可以強迫國府簽訂「中蘇友好條約」蘇聯同樣可以拿取這些領土和權益。後者是前者的副產品，但是，蘇聯那樣做，得不到美國的承諾，將失去合法的掩護。

蔣先生如果拒絕和美國合作，他可能激怒杜魯門總統和失去美國的外交支持、軍經援助，然而，他卻會更獲得中國人民的信賴和支持。

蘇聯於八月八日對日宣戰，十四日日本宣佈投降，關東軍未發一彈，即爲蘇軍制服。「中蘇友好同盟條約」適在中國人民狂歡熱呼勝利來臨之際，白字變成黑字。❾

宋子文珍惜令譽，辭去外交部長，簽字的任務，改由王世杰完成❿，後來王受人指責爲賣國行爲，持平而論，王是工具(Instrument)，非條約簽訂的決策人(Decision maker)，和經國一樣，

❾ 簽訂日期，一說是十四日，一說是十五日，何以日期相差一天，費解。

❿ 宋子文辭外交部長，王世杰繼任。

毋須背歷史的黑鍋。

莫斯科舊地重遊，時距一九三七年束裝歸國，八載有餘。蘇聯歷經希特勒的蹂躪，浴血奮戰，慘痛不下於中國，但是，愈戰愈強，歐洲的勢力範圍，超越英法，和美國平分秋色。十四年前（一九三一）⓫，經國會晤過史達林，還是克里姆林宮那個老辦公室。一切如舊，略呈異樣，「從前史達林的書桌背後，是掛一張列寧站在坦克車上面，號召人民暴動的油畫」，換上彼得大帝的畫像。開始，他感到不解，經史的祕書點醒，才恍然大悟，原來，「此一時，彼一時」，時代變了。

不是嗎，當年經國是尼古拉同志，現在，他是陸軍中將青年軍政治部主任，是蔣主席的私人代表。當年，史達林送他去農村、去礦場、去工廠，受盡折磨。十四年後，平起平坐，唇槍舌劍。「江山代有才人出」，時代的巨浪，本來就是無休止地起落著的。

這次來莫斯科，擔任外交使命，是一種新的嘗試。中美關係早已是宋美齡的禁臠；日本關係，一向由張群獨攬；和史達林的交道，則非他莫屬。想到這裏，感到很自慰，當年的辛苦，並非絲毫沒有代價。

回到重慶，舉國歡騰的歷史場面業已錯過。復員還鄉的勝利空氣，瀰漫了整個山城。軍

⓫ 同❼。

政官員人人摩拳擦掌，忙於接收，搶地盤，爲自己的前程勾劃出光耀奪目的遠景。

經國並不例外，過去贛南的局面太小，戰時首都的空間畢竟有限，他已經頭上頂著兩頂帽子，一邊是青年軍的政治部主任，人馬八、九萬，一邊是中央幹部學校的教育長，學生逾千。掌軍掌團，集組織和幹部系統於一身。這樣的力量，進可無往不利，退可穩坐釣魚台。

經國自認，他了解史達林，相信史的承諾。史說：

> 蘇俄政府同意予中國以道義上與軍需品及其他物質的援助，此項援助，當完全供給中央政府即國民政府。
>
> 蘇俄政府以東三省為中國之一部份，對中國在東三省之充分主權，重申尊重，並對其領土與行政之完整，重申承認。

他的視野，突然伸展到白山黑水的關係，他的幹部們，更信心百倍，鼓勵他到北域植基拓疆。

如果純照中蘇三十年友好條約的精神看，史達林著眼的，無非是旅順、大連和一條中東鐵路；對延安的支持，蘇聯的態度是否定的。一代梟雄——史達林的話能信嗎？看透史氏心機的，不止是那個多嘴的湖北參政員胡秋原，經國左右的智囊，同樣向太子陳述過其利弊，認爲關外的白山黑水，史達林不會輕易放手的，勸他不必以自己的前途作賭注。

這位朋友的進言，計有三策，上焉者去日本就任中國駐日軍事代表團長，也就是後來朱世明啇震的位置；重建中日新邦交，進而成立中日英三角同盟，橫斷太平洋，形成美蘇內的第三勢力。中焉者到台灣去，繼承日本的衣鉢，搞經濟建設，走劉銘傳的路子。下焉者遠征西南，掌握川蜀的地理經濟條件，開發西南大後方，步諸葛孔明的後塵。「到東北去是死路」，就是這位朋友的結論⓬。

當時的經國，一腦子的關外錦繡大地，自然這位朋友的衷言難免聽起來有幾分逆耳。他就不相信，蘇聯的承諾一錢不值。到〈蘇俄在中國〉、〈我們的敵國〉等反蘇文章問世，把史達林說成混世魔王，已是時隔多年的馬後炮了。

一九四五年十月十二日，暫時丟下「青年軍」和「中央幹校」，經國和東北行轅主任熊式輝、行政院經濟委員會主任委員張嘉璈等，浩浩蕩蕩，直奔長春，新職是東北外交特派員公署的負責人。

新時代，「新事業」，勝利的花朵，含苞待放，一片芳香。

然而，事實證明，他那位朋友的見解的確比他看得深遠。史達林從黑海和羅斯福晤面時

⓬ 曹聚仁著《蔣經國論》，香港創墾出版社，一九五〇年。

起，即包藏禍心。

從史氏的觀點出發，日俄戰爭留下的仇恨，蘇聯有機會能不報嗎？拿點鐵路、搶走工業設備事小，甚至派軍佔領日本，叫它永遠翻不起身。

蔣介石甘願做美國的馬前卒，中美攜手，威脅到蘇聯亞洲的安全。一個中立的國民黨政權既然是奢想，不如趁機培植延安的勢力。消極地，削弱蔣介石的統治基礎，積極地，建立中蘇間的緩衝區。二十年代功虧一簣的事業，現在去完成。

是年十二月廿五日，史達林邀請經國訪蘇，言詞間，把蘇聯的意向說得再清楚也沒有⓭。

「你們中國人要明白——美國人想要利用中國作為滿足他的利益工具，他必要的時候，會犧牲你們的！蘇聯願意把本國的生產機器、汽車，以及中國所沒有的東西供給中國，同時也希望中國能把自己生產的礦物、農產品供給蘇聯；蘇聯又可以幫助中國在東北建立重工業，並發展新疆的經濟。但是，我再三聲明，也是我最大的一個要求：你們決不能讓美國有一個兵到中國來；只要美國有一個兵到中國來，東北問題就很難解決

⓭「蔣總統秘錄」全譯本，第十四冊，日本產經新聞出版，中央日報譯印，頁四四。

了。」⓮

美蘇爭霸，殃及無辜。蔣主席的處境，除非有超人的睿智，應付殊爲不易。我們自無法以五十年代尼赫魯的外交策略，畫一根平行線，將印度、中國等同。

蔣主席的困難：

㈠蘇聯的歷史紀錄，記憶猶新。

㈡共產黨的勢力，構成嚴重威脅。

㈢採取中立政策，可能未蒙其利，先受其害。

㈣迫切需要美國的軍經援助。

史達林胸有成竹，外交上，蔣主席親美，則全力扶植延安的毛澤東，等到共軍的羽毛豐滿，蘇軍再從容撤退。

幾乎可以說，經國的使命沒有半點成功的希望。一開頭遇到的問題就十分棘手，爲了國

⓮同⓭。

軍登陸，費盡了唇舌。想在大連登陸，蘇方反對的理由：大連是商港，如允許軍隊登陸，就是違反了中蘇友好同盟條約。後來，國軍被誘到安東登陸，負責運送的是美國海軍巴貝中將，登陸地點：營口，可是，數千的不明部隊已捷足先登，佔領該市；企圖在葫蘆島登陸的國軍，同樣受阻，陸路進軍，復遭到襲擊。

經過多方的阻撓，國軍一直到第二年的春天始進駐了東北，防守著瀋陽、長春、吉林等幾個主要的點線。可是，蘇軍已和林彪的「民主聯軍」⑮合作，佈置好一個「請君入甕」的陷阱。

根據條約，「在日本投降以後，蘇聯軍隊在三個月內撤完；最多三個月足爲完成撤退之期」。十二月三日，應爲蘇軍完成撤退之期。中國軍隊預定由十月下旬開始在大連、營口、葫蘆島等港口登陸，另由山海關陸路進軍，但蘇方提議，改遲爲第二年二月一日。

限期已屆，馬林諾夫斯基提出要挾謂，「經濟合作方案未獲協議前，不能預料俄軍撤退之確實日期。」⑯

⑮ 中共當時不便打出八路軍的招牌，用「民主聯軍」的名義，混淆視聽，中共中央政治局派高崗、彭眞、羅榮桓等潛入東北，發展實力。

⑯ 董彥平著《蘇俄據東北》，台北反攻出版社，一九六五年十月。

蘇軍拒撤，事態明顯，且以治安暴亂作騷擾，迫東北行營自長春往山海關撤退。留下軍事代表團和外交特派公署，繼續交涉。

談判重心，一度移到重慶，十二月初，在長春恢復。蘇方提出「中蘇共營東北工礦一五四個單位之要求，並聲明東北之工礦設備均應視爲蘇軍對日作戰之戰利品」[17]。中國的解釋：「動產可爲戰利品，不動產不能爲戰利品，戰利品之名詞僅適用於敵人之作戰武器及軍事直接有關之供應品。」

和蘇聯方面說理，當然無用。據美國國務院的調查，「估計在蘇軍佔領期間，東北工業蒙受損失約達廿億美元。」[18]

蔣先生的數字，尤其具體，他說：

「在電力工業方面，相當於東北總發電量百分之六十五的電力供應設備被蘇聯拆運而去；此外，鞍山、官原、本溪等鋼鐵工廠設備的百分之八十被搬走；撫順、本溪、阜新、北票等處煤礦都被劫掠而受害甚大。」[19]

---

[17] 同[16]。
[18] 同[13]。
[19] 同[13]。

軍調部成立，停戰令下，蘇方態度變本加厲，一九四六年一月十日以後，挑釁事件接二連三。計有十三日，共軍萬名侵入鞍山，停止錦州以西的供電。十四日，共軍襲擊營口，攻佔盤山。軍調處飛機一架被扣，十五日，國軍運兵車受蘇軍射擊，十六日保安隊被繳械，張莘夫慘死。

中國方面所受到的委屈、調侃、奚落，難以勝言。重慶所反應的節制、冷靜，令人稱道。一月廿二日，仍派宋美齡偕周至柔、董顯光飛往長春，向蘇軍表示慰問。蘇方儀隊軍樂，很熱鬧一番，但北極熊的既定方針，永遠不變。

接收受阻，救濟物資如醫藥衛生設備等，亦為蘇方所不許。無故凌辱的事更有多起：如行營賴秉拓少將的座車持有卡爾洛夫少將的通行證，竟遭蘇軍搶奪他去。

萬不得已，蘇軍撤退，卻和共軍的進攻密切配合。一九四六年三月十三日，蘇軍自四平詭密撤出，當晚林彪的東北聯軍即取包圍態勢。撤離瀋陽，瀋陽外圍的鐵路橋樑，悉被破壞。

國軍接收長春，蘇軍以鼠疫為藉口。蘇軍撤離，又和共軍串通，泡製四平的把戲。即使溥儀引渡那件小事，亦橫生枝節。

蘇軍終於五月廿三日撤出國境。國軍一度攻勢凌厲，十九日收復四平，廿一日收復公主嶺，廿三日拂曉收復長春，國軍將領樂觀估計，哈爾濱旦夕可下。

九個月內，中蘇雙方共舉行二十二次會談[20]。大部份均由經國和董彥平中將分別參加。蘇聯一拖再拖的目的，說穿了是在執行史達林掠奪和扶植中共的圖謀，等一切就緒，拖著蹣跚的步伐，帶著英雄式的微笑，回到蘇維埃自己的國土去。

在東北的辛酸史，經國曾以日記形式，於一九五四年以〈五百零四小時〉命名出版[21]。對整個交涉的經緯，裨益不多，他的心態，刻劃頗深。

東北的任務完成，他跟著卸任，回到南京，東北的局勢，敗象畢露。他的打擊，自然不輕。出關前，那份美妙的藍圖被撕得粉碎。東北不是他的贛南，原來是個多刺的玫瑰。那批準備跟他一塊兒去闖天下的贛南舊班底，最早計劃分三批北行，由於主帥後撤，祇好相顧失色，留在中原，徐謀他舉了。

美國軍事專家魏德邁將軍的評言[22]，東北是守不住的。關外幅員那麼大，把國軍精銳送到敵人的虎口，物資的消耗，兵力的分散，和戰線拉得那麼長，都犯著兵家的大忌。但是，蔣先生卻一口堅持著東北不保、華北垂危的唇齒軍事觀，結果，一副血本，三兩年間，被林

---

[20] 同[13]。

[21] 蔣經國著〈五百零四小時〉，一九五四年六月出版，香港明報月刊，一九七五年五月一一三期轉載。

[22] United States Relations with China, U. S. Department of State 1949(即白皮書)。

彪的七次攻勢輸得精光。

軍事以外的因素，更不計其數，刊在《觀察週刊》的一篇文章，可以在此作爲注腳：

「勝利之初，東北有五十萬久經組訓的青年軍，還有許多萬義勇軍，滿盼著勝利來臨，山河重見。中央恐怕他們奴化太深，投鼠忌器，所收容者不及十分之一二，結果都擠到共產軍裏去，現成的飯，叫人家吃了。……

「東北有久孚威望的軍事將領，東北有久孚仰望的政治領袖；滿盼著勝利後可以在地方效力，駕輕就熟，衆意所歸。中央偏不用他，或僅給予有名無實的頭銜，或叫他們的公子哥兒，當當省委，作為應酬他們的工具，叫他們有力無處用，若熊式輝、若關麟徵、若杜聿明、若陳誠、若衛立煌，那一個與東北天時地利人和上有過關係。近來報載又有起用抗戰敗將湯恩伯總綰東北軍符之說，始終將東北這塊肥肉當作私產，不敢用旁系人來扛肩。南轅北轍，放著那就地熟悉軍情、地情、人情，有組織、有武裝的現成人不用，而叫穿草鞋未見過冰的人來作冰雪戰，所為何來？

「可是自己的人又太給自己洩氣了，多是為淘金而來，看著東北又『噱頭』、『接收』、『劫收』、『搜劫』。瀋陽市有三多：『軍人結婚的多，軍人跨窑斯的多，軍人跳舞的多』。這種英雄與美人，真是與「不怕死」三個字，距離太遠。本地人那能不眼紅，豈不

是把人心失掉得連影子也沒有了。」㉓

作者在文中透露了許多笑話，譬如第五次攻勢緊了，高級軍政人員及眷屬紛紛逃跑，關金黃金一起入關；各級軍官太太退到瀋陽，拉夫、佔民房、佔機關，綱紀全無；接收人員終日爭權奪利，分贓走私，貪污案重重，令人啼笑皆非。

這樣的局面，焉有不潰敗之理，從一九四七年五月，到一九四八年三月的遼瀋戰役結束爲止，美式裝備的精兵，犧牲了川萬，鄭洞國、廖耀湘、范漢傑等抗戰後期的名將，個個變成了解放軍的階下囚。東北一失，林彪大軍進關，於是，華北成爲覆巢之卵。

東北的挫敗，內因外因，不是三言兩語所能概括的，認眞討論，亦非本書的主題所在。

回到南京，經國失魂落魄，頹喪不已。就他的政治前途，他面臨兩項抉擇：㈠另闢天地：他身邊的智囊舊調重彈，向他獻計，到成都平原去，開拓川蜀。㈡留在京畿：守在父親身邊，躬親左右，再俟機而動㉔。

㉓〈東北嚴重怎樣促成的〉，《觀察》，四卷五期，上海。
㉔同⑫。

蔣先生卻別有打算，預備把他的政治黃埔——中央政治學校交給他，發表他爲國立政治大學教育長，讓他將來爲自己紮點根，同時把陳氏勢力藉機壓一壓。詎料，屋漏偏逢連夜雨，「政大」發生驅蔣風潮，經國摔跤，只剩下一個青年軍復員處和中央幹校校友會的空架子，算是太子的勢力範圍。

爲了消除心中積鬱，一度和伏特加、漂亮的女人分不開，正是在石頭城伏櫪的陰霾歲月裏㉕。

㉕ 據當時任亞洲司副司長盛岳說：經國某次到外交部找卜道明和他，要到夫子廟去找一個最拆爛污的女人。

第十一章

戡建大隊

我們先將一九四六年到一九四七年的一些重要鏡頭，剪接起來。

一月十日，國共雙方在和事佬馬歇爾的調停下，簽訂了停戰協定。

其實，除非是白痴，才相信重慶和延安間能藉談判而化干戈為玉帛。

毛（澤東）說：「一系列因素，包括國際局勢在內，對重新發動內戰不利。」❶要通過談判，使共黨取得法律地位，向世界表明，要打內戰的是國民黨而非共產黨。

蔣先生明白，沒有美國大量的軍經援助，內戰打不贏。抗戰勝利來的太快，國軍的兵力，集中在川滇邊陲地區，時間上來不及運往華中、東南、華北、東北等地區，填補日軍留

❶ 吳嘉靜〈第二次世界大戰後的國共談判與馬歇爾使華〉，香港《中報》月刊第四一期，一九八三年六月，頁九八。

下的眞空，談判可以時間爭取空間。

政治協商會議，煞有介事地，通過各項議案，準備為未來的聯合政府催生，國共雙方是主角，「民盟」以及一些無黨派人士擔任龍套。

裁軍協議，講價還價，好像雙方從此立地成佛，「還軍於國」。

以巴大維為首的美國軍事援華顧問團成立，「軍事援華法案」經美國國會通過。

國軍五十四萬，在美國海空軍的協助下，接收日軍的防地。

到這年的六月為止，國軍尚佔優勢；盱衡全局，基本上是樂觀的。但是，爾後的日子，就很黯淡了。

杜魯門禁運的命令於七月頒佈，且持續八個月之久，因此，國軍的優勢大為削弱。

次年一月，馬歇爾鎩羽而歸，旋即接任國務卿，南京和華府間的關係江河日下。

經國在東北打不出局面，幹部南移，連他搬到長春的《正氣日報》❷都跟著遷到上海，想在那裏建立起宣傳的據點。

一時沒有新的開展，本建軍先建校的原則，重操舊業。

一九四六年夏，三青團舉辦青年夏令營，人數近千，就是他回到中原後的傑作。九月一

---

❷ 曹聚仁著《採訪二記》，香港創墾出版社。

日到十日，第二次全國代表大會假廬山大禮堂舉行，他的幹部們醞釀著獨樹一幟的意願。

經國自己也很有興趣，主要，他不甘CC派的壓制和打擊。那本「我們對團的建議」的小冊子，企圖擺脫黨的牽制，呼之欲出。但是，一身兼總裁、團長兩職的蔣先生不點頭，辦得到嗎？

蔣先生對愛子的想法，頻頻心動，用紅筆御批後，囑經國研究具體辦法。太子廬山河西路的別墅頓時群賢畢集，包括蔡省三、陳元、王昇、賴鍾聲等，開會集議，分工起草組織綱領，忙得一天星斗。

三青團組黨的消息傳到南京，陳立夫兼程上山，直言諍諫，同時拉出戴季陶❸分頭夾擊，蔣先生於是改變了主意，組黨一說，付之東流。

蔣先生礙難採納，並非沒有理由。他自己是國民黨的總裁，且「自余束髮以來，無日不以耶穌基督和總理信徒自居」，何能允許青天白日的旗幟以外，再飄出別的甚麼旗來，讓左手和右手相互對立。

設立青年團的原意已經變質，失掉原來團結號召的初衷。由團改黨，擴大派系分裂，將置黨魁於何地!?

❸　蔡省三、曹雲霞著《蔣經國系史話》，香港七十年代月刊，一九七九年八月出版，頁一七八。

事後檢討，經國也覺得很孟浪，他的幹部們，有政治狂熱，缺少政治經驗；注重集團利益，忽視整體利益；傾向於用主觀信念的力量去和客觀的事實相抗爭。

緊接夏令營的舉辦，選舉第二屆中央幹事和中央監察等高階層人事，由廬山而南京，轟轟烈烈，好戲連台。太子系的人馬，許素玉、劉安琪、和覃異之當選幹事，羅澤愷、羅友倫、胡素當選監察，中央團部改組，陳誠蟬連書記長，袁守謙、鄭彥棻副書記長，經國當選爲常務幹事兼第二處處長(原秘書處改第一處，宣傳處改第三處，服務處和工作管理處改第四處，視導、調查、研究爲第五處)，主管組織訓練。陳、袁掛名，實權全在太子手裏。

掌握到青年團的神經中樞，盡可運籌帷幄，決勝千里；但是國民黨的事，永遠和我們的想像背逆。省市支團仍由康澤系的人馬控制。於是，命令的貫徹上七折八扣，有時候，甚至地方和中央互唱對台。

一九四七年的國民大會代表選舉和四八年的副總統選舉，即是測驗三青團功能的溫度器。

蔣介石的原意，副總統一職，內定孫科，他對桂系的實力，始終存著戒心；但當時擔任北平行轅主任的李德隣(宗仁)，並不怎麼唯命是聽，一場攻堅戰，在首都展開。

三青團名義上併入國民黨，各縣市黨部的主委，CC擔任；副主委則由三青團份子出馬。CC和三青團，勢不兩立，而三青團內部，尙有復興社、太子系的激烈對抗。大部份國大代表出身各地三青團，黨中央下令支持孫科，孫科應穩操勝券，輕易擊敗對手李宗仁。結果，李宗仁得一四三八票，孫科僅一二九五票❹，李勝孫負。三青團的骨幹份子，如白瑜❺、周天賢、劉先雲、許伯超等，寧置賀衷寒、袁守謙的勸阻於不顧，也要支持李德鄰順利當選。

李、孫一役，經國歉疚，蔣先生傷心，國民黨的腐朽，差不多已無藥可救。

青年團於一九四七年九月壽終正寢，取而代之的是國民黨中央青年部，經國轉爲黨的中央委員❻兼中央幹部訓練委員會的副主任委員，主任委員爲張厲生。官銜又長又大，職權無足輕重，經國對這張冷板凳，當時就興趣索然。

好在，黨的職務並不重要，他尚擔任預幹局的中將局長，爲國防部的一級單位。

預幹局的全名爲「國防部預備幹部局」，和它平行的是「國防部監察局」，局長彭位仁，經國推荐。彭投桃報李，用的全是太子嫡系，所以「外界把監察局視爲預幹局的盤支」❼。

抗戰末期，號召知識青年從軍，大前提抗戰建國，還我河山，所以一呼百應，志士來

---

❹程思遠著《李宗仁先生晚年》，北京文史資料社出版，一九八〇年十二月，頁九。
❺白瑜，廣西籍立法委員。
❻第一次當選國民黨中央委員。
❼同❸。

歸。「剿匪」是內戰，性質、內容、時機和抗日戰爭，好比地球、月亮的距離。也許內戰方殷，蔣公出乎情勢需要，顧不了那麼多，舊夢重溫，炒第一次青年從軍運動的冷飯。

預幹局成立的首件大事，召集青年軍幹部會議，黃維❽、劉安琪、鍾彬、覃異之等將領紛紛赴會。會議通過徵集第二批青年從軍，報請國防部批准。

蔡省三先生偏偏另持異議，他說：

「問題是抗戰剛剛結束，國軍正在裁減整編，第一期青年軍的復員安置，尚未竣事，許多地方都被『青年從』擾攘不寧。現在忽然又來搞個『青年從軍運動』，實在是『師出無名』，不切時宜。要像第一期那樣，拼湊一個『徵集委員會』，勢必不可能。『運動』眼看是搞不起來，於是只得作為國防部改制後的一項措施，通過行政命令來辦理。由預幹局會同兵役局，在全國各地『招兵』，名義仍然叫『徵集知識青年從軍』，並公開宣告，入伍後係接受『軍士』的預備幹部訓練，成績優異者，可保送升學『軍官學校』，或直接晉升軍士，將來可按役齡再晉級軍官。這就是以『升官』為誘餌。儘管如此，但是知識青年應徵者仍舊為數寥寥，隨後是來者不拒，文盲也收，流氓地痞，一併收羅。勉強湊數，雖然兵不足額，仍然恢復了二〇一師到二〇八師的八個師的建制。好歹總算讓這支嫡系

---

❽ 黃維，前國軍十二兵團司令，徐蚌會戰被俘，一九七五年中共釋俘時，恢復自由。

武裝延續了下來。」❾

第二期的青年軍沒有第一期幸運，戰局吃緊，先後被調到前線參戰。結局，或殲或俘，到上海失陷為止，兵員建制，蕩然無存。

馬歇爾使命(Marshall Mission)宣告中止，國共雙方再沒有藉和談假惺惺作態的必要。誠如陳立夫所說：「國民黨的天下是打得來的，談是談不去的。」國府委員會於一九四七年七月十八日下總動員令，中共的八路軍、新四軍，則發動夏季攻勢為回應，東北、熱河、冀東各個戰場，展開戰略性反攻。

實質上，談談打打，戰火燎原，從日本投降那天起，任何一方都沒有住過手。初期國軍以兵力武器的優勢，略佔上風。幾經交手，所謂「美式裝備」的國軍精銳，不過是銀樣鑞鎗頭。

試看毛澤東下列舉證。他說：

「第一年作戰（去年七月至今年六月）殲滅敵正規軍九十七個半旅，七十八萬人，偽軍、

---

❾ 同❸，頁一八五。

保安隊等雜部三十四萬人，共計一百二十萬人，這是一個偉大的勝利。這一勝利，給予敵人以嚴重打擊，在整個敵人營壘中引起了極端深刻的失敗情緒，興奮了全國人民，奠定了我軍殲滅全部敵軍，爭取最後勝利的基礎。」⑩

毛澤東承認，共方付出三十餘萬人傷亡的代價，和大批被敵佔領的土地，但是，共方立於主動。

孟良崮⑪，國軍張靈甫殉難，萊蕪戰役，李仙洲被俘，兩役約十萬人被殲。

魯西南戰役，國軍四師九旅之衆，遭到殲滅。

國軍大書特書的一場勝仗，是胡宗南的部隊攻入延安⑫。但是換取到的，不過一場空歡喜；津浦線短暫通車，隴海西段又被劉、鄧大軍所切斷。

戰場上國軍頻頻失利，共軍的新戰略，執行「外線作戰」。以鄉村包圍城市，由游擊戰擴

---

⑩ 毛澤東著〈解放戰爭第二年的戰略方針〉，一九四七年九月一日收入「毛澤東選集」第四卷，頁一二二九，毛澤東這一統計數字不一定正確，但國軍損耗巨大是事實。董顯光謂「到了民國三十六年終，中國政府日益增加的危險已呈更劇烈的現象」，《蔣總統傳》，頁四八八。

⑪ 電影「南征北伐」由《紅日》改編，即描寫此役經過，戰爭發生於山東沂蒙山區。

⑫ 參閱「中共中央關幹暫時放棄延安和保衛陝甘寧邊區的兩個文件」，一九四六年十一月，一九四七年四月，共軍主動放棄延安，國軍得一空城，不久，胡部全殲。

大爲陣地戰，「先打分散孤立之敵，後打集中強大之敵」。國軍變強爲弱，變攻爲守，雙方形勢消長，急轉直下，連西方軍事家都爲之不解。

其它層面，如政治、經濟、精神、心理⑬，和軍事一樣地令人沮喪。

導源於「沈崇事件」而爆發的反美學潮，迅速蔓延全國，學生罷課、遊行、示威，了無寧日。他們提出的口號「反飢餓、反內戰、反迫害」，無不矛頭對準南京政府，旨在癱瘓國民黨的後方，打擊民心士氣，毛澤東稱此爲「第二條戰線」。

國民黨當局自然很清楚，這是敵人的惡作劇，是中共地下黨幕後的策動。經國負責的三青團組織部門，的確絞過腦汁，派菁英份子滲透到各學校，從事各種防範措施；或壁壘分明地相互對抗，可惜成效極其有限。國民黨人即使在後方，也不是中共的對手。

經濟方面，通貨膨脹，生產萎縮，加上龐大的軍費開支，公教人員生活日益惡化。政府財源枯竭，唯一的希望，等待美援，美援不來，只好濫發鈔票，藉資挹注。

失業、飢餓、蕭條，每一項因素分別困擾著國民黨政府，加上中共巧妙的宣傳，輕易地轉嫁到另一方去。認爲蔣介石集團獨裁賣國，貪污腐化，反正一無是處。

---

⑬ Russell Randall 准將，認爲戰爭有五個層面——戰場上、財務上、政治上、精神上和心理上，見《中國時報》金山版，一九八三年七月廿九日第二版。

國民黨若干短視暴虐的舉措⓮，無形中亦醜化了自己，幫助了敵人，加速崩潰的步伐。

經國當時在南京的地位相當微妙。一隻腳在黨裏，一隻腳在軍裏，可都算不上高層決策人物。特務組織，「軍統」和「中統」，沒有他的份，各軍種各兵團，直屬參謀本部，鮮有輪到他插足的餘地。

大局如斯，經國對一切情況看得比他父親還要清楚，原因，蔣先生高高在上，很少有兼聽的機會。

經國因而憂鬱徬徨，口頭上、行動上，他要扮演成樂觀堅強的鬥士，強調「天下沒有不能克服的困難」，心靈深處，陰暗深沈，看不見地道那一頭有任何光芒。

扶撐危局的辦法，集南京所有的諸葛亮也提不出甚麼錦囊妙計。即使有，蔣先生那樣的性格，聽不進去的。聽進去的，辦不辦得通，尤其成問題。

避免坐以待斃，一九四七年的秋天，經國召集親信反覆研究，且得到蔣先生的首肯，終於提出一個對付中共的新方案——建立「實驗綏靖區」。⓯

紙上談兵，計劃是不錯的。

⓮ 暗殺聞一多、李公樸，其餘如特務恐怖、抓人、判刑、坐牢等，眞正的共黨份子，極少抓到。

⓯ 同❸。

綏靖區實現全民武裝，把及齡壯丁全編成「戡亂建國義勇隊」，荷槍實彈，保家保鄉，鞏固收復區，根絕共軍兵員糧食供應。

預算在江蘇、安徽、河北、河南、湖北、山東六省，各劃專區試點。

「中央訓練團」特別開辦「實驗綏靖區幹部訓練班」，訓練區長、縣長等幹部，配合施行。

認眞實施，也就和美國在越南辦的戰略村類似，是以組織對組織的一種手段。

越南這一妙招，沒有成功，關鍵繫於：

一、屬於政府方面的幹部趕不上越共方面幹部對主義信仰的宗教狂熱。

二、政府軍沒有力量保護村民的安全，經不起越共的報復打擊。

中國的情況較越南更特殊。地主和農民的利益，彼此矛盾，絕大多數農民相信，跟著共產黨走，將結束貧困，獲得翻身。

憑這付印象，已命定失敗，勞民傷財，空忙一陣。

經國有甚麼選擇呢？明知不可爲，亦只有臨危受命，鞠躬盡瘁。

計劃沒有出門，困難來了。行政院重劃行政區是第一關，中訓團另編預算、訂編制、備營房是第二關。

行政院的官僚們對國事的輕重緩急，漠不關心。僅知道照章辦事，奉公守法。一記太極拳打過來，經國已手足失措。他們說：「設立實驗區，事關改變現時行政區，行政院政務委員無權定奪。須將原案諮請立法院審議通過。」耗時曠日不說，能否順利通過，還是未定之天。

最後，還是蔣先生想到的變通辦法，根據「戡亂總動員令」，交國防部出面辦理。但「實驗綏靖區」的原定計劃早已走樣。

國民黨的事如是拖泥帶水，甭說對敵鬥爭之不易，對付自己的官僚階層就夠辛苦了。「戡建班」第一期畢業的學生約一千二百餘人，編爲六個大隊，每人發美式手槍一枝、子彈兩百發，官階准尉、上尉不等，頗有點御林軍的威嚴。

一九四八年一月，國防部戡建總隊⑯成立。總隊長胡軌，下轄六個中隊，分駐蘇北、皖北、豫南、鄂北、魯南、冀東各地。但都受經國直接主持的「戡建中心小組」指揮。隊員或個別、或小組，參與地方施政、組訓民衆等工作。有時用他們的尙方寶劍進行搜查、逮捕活動。以戡亂建國的「先鋒隊」、「政治兵」自居，難免輕視地方幹部的尊嚴，發生越權攬權等情。因而，戡建的功能未見發揮，內部傾軋的現象，不一而足。

戡建總隊之外，尙設戡建小組，負責情報活動，爲經國經營情報組織的濫觴。

---

⑯ 國防部系統的特種工作隊，尚有「人民服務總隊」屬鄧文儀的國防部新聞局，「綏靖總隊」屬國防部第二廳。

其奈，俱往矣，隨著抗爭的覆滅，他這支新兵，被俘、被殲的，佔十之八九。他們是：

兗州第五大隊，於許世友佔領濟南後，自大隊長談明義以下，無一倖免。少將督導游鯤（曾任蔣主任祕書）同時成擒。

襄陽第四大隊全隊殲，包括大隊長劉復州在內。

潢州第三大隊，因豫南戰局吃緊，各奔東西而自行解體。

淮陰第一大隊，未遑開展工作，即和南京的聯繫切斷，後陸續逃回上海。

合肥的第二大隊和唐山的第六大隊，四八年七月調到上海。

武漢「戡建小組」的組長宋特立，攜祕密檔案投共。

贛南時期，經國曾說過：「年輕人的日子是不夜的，可是年輕人的黃昏來得太早了。」現在，竟成了他自己的讖語，命運就這麼捉弄著他。

第十二章

八一九防線

毛澤東搞經濟是外行，但搞鬥爭是專家。蔣介石相信軍事萬能，其餘都不重要。戰爭進入第二年（和談破裂），共軍反守爲攻，國軍精銳，像見到太陽的堅冰，快速融化。毛澤東「宜將勝勇追窮寇」❶的戰略，就是看準蔣的弱點，不讓南京有喘氣的機會，由內線進攻，加速蔣氏王朝的崩解。

等到後來，蔣看到事態之嚴重，承認經濟戰場上也遭受挫折，已生命垂危，再無法挽救了。

據董顯光說：一九四八年夏間，印刷紙幣的費用已經趕不上貨幣的兌換價值❷。從社會

❶ 見毛澤東，中國人民解放軍渡江詩作。
❷ 董顯光著《蔣總統傳》，第三十三章「東北與華北的崩潰」。

經濟的實情去了解，假定，以國立大學的教授收入作例：「勝利初期的教授收入，約等於戰前的十分之一；如以銀圓來計算，約等於十五圓上下，到了發行金圓券的前夕，我們的收入，祇等於銀圓五、六圓左右了。這份薪給，比之戰前女工，還差了一半。」❸這是一位教授的自述。再從當時流行的鈔票面額來看，一九四八年的七月十九日，二十五萬元的關金大鈔開始問世了，法幣的發行量已是戰前的廿萬倍，物價的漲度為戰前的三百九十萬倍，物價上漲的幅度如此巨大，可眞是「法幣的末日」了。

造成這樣嚴重情勢的因素，「冰凍三尺，非一日之寒」，有內在的，也有外在的。外在的壓力，是中共的控制地區日益擴大，到這年的六月卅日為止，解放軍已經控制了二百卅五萬平方公里的土地，佔全國總面積的四分之一，人口超過一億六千八百萬。國庫收入(田賦)銳減，但軍費相反地直線上升，赤字成為天文數字。

國府更大的困擾，每失一地，即產生成千成萬的難民❹，這些人內心裏擁護國民黨，恐懼中共的「解放」、「翻身」。據一九四七年十二月的統計，此項無家可歸的難民人數共達兩千萬之巨。政府無法坐視，需予人道救濟，因而益增財政上的沉重負荷。

❸ 曹聚仁著《採訪二記》，香港創墾出版社。
❹ 同❷。

「無糧不聚兵」，早是支援戰爭的先決條件。但是，中國在戰爭中已長期失去生息喘氣的機會，一九三二—一九三五，從事剿共戰爭，一九三七—一九四五，對日抗戰。國共內戰，又持續數載，民窮財盡，筋疲力竭。

美援帶來當時南京政府的唯一希望，而美援卻不是那麼說來即來。華盛頓夾帶著附帶條件，那就是：國民黨先要自助，著手政治革新，推行民主運動，才肯慷慨解囊。

華盛頓的觀點並不全錯，但也不全對，它不能用施捨的態度無條件地送錢送槍送砲，希望每一分錢花下去，有一分錢的功效。然而，客觀事實是，國民黨已經病入膏肓，再猛的藥物針劑，短期間亦無法使他恢復健康，進而生機勃勃。

至於陳伯達所寫的「四大家族」等等，和眞實情況，並不全部符合。

誰當財政部長，誰也沒有辦法，唯有「憑了印刷機，把法幣像洪水似的天天泛濫出來」應付急需，其後果是：「一方面沖淡了人民原有幣值的購買力，一方面更以最強大的購買者資格，把都市的與農村的物資囊括而去，生活物價飛漲，幣值日降。」❺

漸漸地，靈符失靈，「舉國已成港幣世界，都市大宗買賣早用黃金美鈔計算，農村社會普遍以糧食作價格標準，偏僻地區又已恢復銀圓往來，物物交換風行各處。」法幣在人民心

---

❺ 笪稱今〈從金圓券看經濟趨勢〉，《中國建設》第七卷第十三期。

目中，「失去價值尺度的機能，失去流通手段的機能，失去支付手段的機能，失去貯藏手段的機能」❻，換句話說，國府的財政經濟，和軍事一樣面臨崩潰的邊緣。

法幣既陷在解體的過程中，改革乃變爲官民上下一致的呼聲，甚至「改得好，當然要改，改不好也要改。一次改不好，可以再改，多少讓人民能夠喘一口氣來」❼。

改革早在醞釀，下決心見諸行動，卻等到一九四八年的八月。

七月下旬，蔣在莫干山召集他的高級經濟幕僚，頻頻舉行會議，京滬報紙盛傳，幣改如箭在弦。七月的最後一天，蔣突飛上海，在滬舉行會議。八月十三日，美國駐華大使司徒雷登離京前往牯嶺，晤蔣會談，於是訂名爲經濟緊急處分方案的新政策始拍板定案。

八月十八日，蔣下山返京。第二天，明令公佈幣改內容；第三天，蔣、翁（文灝）聯合招待民意代表及京滬銀、錢業，同日宣佈政院下設經濟管制委員會。廿一日，發表俞鴻鈞和蔣經國的新任命。行動迅速和敏捷，顯示政府的決心，非打贏這一仗不可❽。

方案的條文甚多，歸納起來不外下列四大項目：㈠自八月十九日起，以金圓爲本位幣，

❻ 夏炎德著〈幣制改革有辦法嗎？〉，上海《觀察週刊》第四卷第十九期。
❼ 笪稱今〈箭在弦上的幣制改革〉，上海《觀察週刊》第四卷第十八期。
❽ 《中央日報》六月八日的社論：「茲爲挽救當前社會經濟及政治軍事等重大危機，實應立謀幣制改革，不可藉準備未完，條件不足，或時機尚未成熟等理由，再事拖延。……」

十足準備發行金圓券，限期(十月廿日前)收兌已發行的法幣及東北流通券。㈡限期收兌人民持有的黃金白銀銀幣與外匯，於九月卅日前，兌換金圓券(其後又將限期延至十月卅一日)，逾期任何人不得持有，持有者嚴辦。㈢限期登記管理本國人民存放外國的外匯資產，違者制裁。㈣整理財政並加強管制經濟，以穩定物價，平衡國家總預算及國際開支。

緊急處分令係總統根據憲法臨時條款所授的權限，即西方所謂的Mandate，無需經過立法院的立法程序，和美國參議院在東京灣事件後通過的越戰授權相同。

南京不惜孤注一擲的決心，從八月廿日中央日報的一篇社論可以看出來。文章說：

「社會改革，就是為了多數人的利益，而抑制少數人的特權。我們切盼政府以堅毅的努力，制止少數人以過去藉國庫券以為囤積來博取暴利的手段，向金圓券頭上打算，要知道改革幣制譬如割去發炎的盲腸，割得好則身體從此康強，割得不好，則同歸於盡。」

把這個割盲腸的重任交給經國，任上海經濟督導員。蔣先生實在沒有別的王牌可打，只有太子於滿朝文武中，赤膽忠心。而經國自己也頗具自信，咸認「認眞實行」，即能「撲滅奸商污吏，肅清腐惡勢力，貫徹新經濟政策」❾。

經國的信心來自他的潛意識，列寧十月革命以後的困難，不就被布爾希維克的同志們消滅了嗎？他很自負地說：「假使將這個政策看做是一種社會革命運動的話，同時又用革命的手段來貫徹這一政策的話，那麼，這一政策，我相信一定能達到成功。」❿

然而，民間輿論卻向他大潑冷水。

上海出版的《經濟週報》帶著嚴重的失望，在社論中寫著：「不知是故意還是無知，政府的經濟措施，卻始終認爲：無中可以生有，對人民始終沒有放棄玩弄那一套無中生有的把戲。」⓫

香港出版的《遠東經濟評論》斷言：「這是臨時的鎮靜劑，可以緩和經濟的貧血症，卻不會有長久的功效。」接著說：「中國的一般情勢是絕望的，蔣和翁的申明，已不再隱匿其嚴重

❾ 蔣經國九月十二日對「青年軍聯誼會」的講詞，收入《一片忠心》，台北，大上海青年服務總隊成立廿週年紀念籌備會編印。
❿ 同❾。
⓫ 程準〈幣制改革縱橫談〉，上海《經濟周報》，一九四八年。

性。」⑫

美國華盛頓出版的《華盛頓郵報》更有直率的評論：

「由於內戰關係，軍隊的人數日增，任何方式的幣制改革，在此時提出，都將注定失敗的命運。而且，除了內戰以外，其它足以使這個改革能成功的條件，亦不具備。這些條件是：強有力的政府，有平衡的預算，健全的賦稅制度，現在我們所能寄於希望的，莫過於此新出的金圓券，勉可通行一時。」

負責擬訂這個改革方案的，是發明四角號碼的王雲五財長。據王樂觀估計，幣改後，政府的總支出約爲三十六億金圓，稅收在按戰前標準調整以後，可得廿五億，赤字僅及十億。彌補的辦法，可以靠出售國營事業（棉紡廠公債）、美援物資，以及增加僑匯。⑬

經濟學家則大不以爲然：「稅率按戰前標準調整後，是需要一個相當長的時間，才能眞正徵得到手的（兩個月是一個很樂觀的估計）；但支出卻不能等待，假使在調整稅收所需期間，物

⑫ E. Kann：The Chinese Currency Situation, Far Eastern Economic Review, Hong Kong, Nov. 3, 1948, No. 18.

⑬ 劉大中〈改革幣制已居成敗關頭〉，上海《觀察》五卷四期，一九四八年九月十八日。

價繼續增加，開支的數目也必與物價等比增加，一切豈不都成泡影？」⓮

國營事業經過官營的結果，早是燙手的番薯，民間收買的興趣微乎又微。而出賣公債的可能性更小，升斗小民，公教人員，有心無力，大商賈對飄搖毋定的局勢缺乏信心，有力無心。

僑匯的增加有其一定的幅度，無外力可使；而且，統計數字顯示的結果：一九四八年較一九四七年更爲減少。

基於平衡的理想，政府希望今後在節流開源方面著手，具體的措施是增加出口，減少浪費，撙節外匯。這個說法，其實是信口開河。戰爭一天不停，戰爭的機器就無法停止，這些燃料滋補從那裏來，當然，要靠外匯，而撙節又從何說起？

王雲五最大的如意算盤，希望美國拿出五億美元作後援。王特別專程赴華府，但是杜魯門政府給他吃了閉門羹。

經國帶著他「新贛南政治」的資本，調來了「戡建大隊」，向漁管處借調一部份舊幹部，在上海中央銀行內設置辦公室，就殺氣騰騰地打起老虎來了。

照政府公佈的物價制定辦法，規定所有貨品必需停留在八月十九日的市價上，即官方稱

⓮ 同⓭。

謂「八一九防線」。管制的目的，打擊投機市場，「革上海人的命」。

在經國的統一指揮下，廿三、廿七兩天，上海市六個軍警單位（金管局、警局、警備部稽查處、憲兵、江灣以及兩路（京滬、滬杭）警察局）全部出動到全市市場、庫房、水陸空交通場所，進行搜查，命令：「凡違背法令及觸犯財經緊急措施條文者，商店吊銷執照，負責人送刑庭法辦，貨物沒收。」

七十天的經管，可以劃分爲兩個階段：從八一九到十月二日，是第一階段。十月三日搶購開始，到該月卅一日，行政院通過議案，放棄限價，是第二階段。

最不願意和太子合作的，當然是上海的財閥和「教父」，要是他成功了，他們的利益就會受到侵害；其次是國民黨內部的官僚集團。

經國上任不到三個禮拜，派系鬥爭的裂痕已由裏層而表面。南京消息，宣鐵吾將調衢州綏靖副主任，遺缺由經國繼任，宣表示：「今後經國兼任司令，經管工作當能愈和各方面配合，加強管制力量。」就是一付酸溜溜的口氣。

跟著吳國楨市長也跟到南京，向蔣遞辭呈；社會局長吳開先公開和太子冷戰，上海的官僚勢力組成聯合陣線，和蔣對抗；內爭一升級，外侮自然會加劇。⓯

⓯ 九月四日吳國楨去南京。

第一個向經濟緊急處分命令挑戰的，是轟動一時的陶啓明案。陶任職財政部祕書，利用職權，洩漏機密，串通商人抛售永紗股票投機，結果案破服刑。這是對經國辦事決心的初次考驗。殺雞儆猴，爲中國自李斯以來，嚴刑峻法，藉以懾服人心的原始法則。

隨後送命的有上海警備部科長張亞尼、官員戚再玉（警備部第六稽查大隊長，勒索罪被殺），因囤積而處死的有王春哲，入獄的包括巨商大戶共達六十四名。這在上海那個「有錢有理——有金條有道理」的世界，幾乎是無法想像的。經國要建立法律權威，要剷除惡勢力，的確很給望治心切的上海人民不同凡響的觀感。外國記者把他形容爲「中國的經濟沙皇」，中國人稱爲「雍正皇帝」。

有些手段連經國自己都認爲「多少是不近人情的」，最典型的例子是一家鞋帽公司，因標價超過了「八一九」，被罰一千元，老板託人說項，蔣的答覆：「好好！看你的面子，加罰兩千元！」令出法隨，鐵面無私固是好事，從純法治的觀點看，未免有些近乎即興主義。

但經國是下定決心和上海的財富集團拚個你死我活的。在那篇〈上海何處去？〉的演講詞裏，他向上海的商人下達了「哀的美敦書」，他說：

「在工作的推進中，有不少的敵人在那裏恐嚇我們，放言繼續檢查倉庫辦奸商，將會造成有市無貨，工廠停工的現象。不錯，假使站在保持表面繁榮的立場來看，那是將會使人民失望的。但是，如果站在革命的立場來看，這並不足為懼，沒有香煙、絨線、毛衣、綢緞，甚至豬肉，是沒有什麼可怕的。……我們相信，為了要壓倒奸商的力量，為了要安定全市人民的生活，上海的市面，是絕不畏缺華麗衣著，而致放棄了打擊奸商的勇氣，投機家不打倒，冒險家不趕走，暴發戶不消滅，上海人民是永遠不能安定的。」⑯

接著他疾言厲色的警告他的敵人說：

「上海許多商人，其所以發財的道理，是由於他們擁有本店製造的兩個武器：一是造謠欺騙，一是勾結貪官污吏；做官的人如與商人勾結，政府將要加倍的懲辦，戚再玉已經槍斃了，聽說不久的將來，還有類似的人，也要得到同樣的命運。這就是對於身為官吏的人的警告。……共匪和奸商是革命的兩大敵人，我們對於這兩個敵人，決不能放鬆一個，要同樣的打，一起的打。」⑰

⑯同❾，《一片忠心》。
⑰同⑯。

由戡建隊喊出來的最響亮口號，是「祇打老虎，不拍蒼蠅」。大上海青年服務總隊所揭示的四大工作目標，也提出「打禍國的敗類」、「救最苦的同胞」⑱。對於群衆心理的掌握，經國眞不愧是蘇聯培養出來的宣傳家。他的「一路哭不如一家哭」，曾成爲傳誦一時的政治格言。

上海人民感到最吸引的，莫過於他的人民哲學，「天下再沒有力量比人民的力量更大，再沒有話比人民的話更正確。人民的事情，只有用人民自己的手可以解決，靠人家是靠不住的，要想將社會翻過身來，非用最大的代價不能成功。」⑲這套口號，當時在蘇北、華中、魯南……「各解放區」，早已是中共動員民衆的口頭禪，好在經國不怕戴紅帽子，前進的青年，苦悶的民衆，對經國的印象可就與其他的官員迥然相異。

當群衆的情緒被鼓動和商人們對立的時候，商人就會被孤立起來，有利經管工作的開展。所以，假使戡建大隊是他的骨幹，人民服務站和大上海青年服務隊，則是力道無邊的兩條竹節金鞭。

經管命令下達的第十天，上海成立了十一個人民服務站，它的任務主要是接受告密。九

---

⑱「大上海青年服務總隊」成立典禮於一九四八年九月廿五日在上海復興公園舉行。隊員一萬兩千人。成立宗旨：「一、打禍國的敗類，二、救最苦的同胞，三、做艱巨的工作，四、盡最大的義務。」主要是協助戡建大隊，執行「經改」工作。

⑲同⑯。

月十日，王昇發表「告上海青年書」，選拔了一萬二千三百三十九人，分組爲二十個大隊，有組織地擴展群衆運動的基礎，青年們的反應，其熱烈的程度「如怒潮排壑似的投身到服務總隊的旗下來」。不過，等「青服隊」受訓完畢，經檢的好景已過，瞬將成爲不治之症。

至於智囊人物、貼身幹部，經國和國民黨的一些官僚根本格格不入，他祇相信他的留俄同學，和新贛南的舊幹部，這批人的確出了大力氣，是推動經檢的主力，初期的表現，眞有些氣象萬千。

經國的地位隨著經檢暫時性的成功，在上海成了一位婦孺皆知的傳奇人物。以收兌黃金爲例，一個月中，上海中央銀行收兌黃金、白銀、外幣，共值美元三億七千三百萬，其中包括黃金一二五六五二兩，美鈔三二八〇三八九四元。中國的農村和小城市居民是把黃金視同生命的，沒有土地的農民，把黃金看作土地。

這些黃金美鈔全是上海升斗小民的，他們願意和政府合作，說明經國的聲譽已在他們心目中生根。

王雲五沉不住氣，馬上沾沾自喜，他對立法院說：「……本人不僅應以口頭及在短期內以書面分別答覆，並決以事實答覆（鼓掌）……今後幣制穩定，通貨流通速度減低，物價自可穩定，預算即可平衡。」

頭腦冷靜的專家看問題就透徹得多了。他們把政府凍結物價的措施，比喻爲用「立正」、

「稍息」的軍事口令來建築「經濟上的馬奇諾防線」[20]。也有人指責，是「漠視工業再生產的可能性和商業商品流通的必需條件。結果限制不敷成本，工商業必然引起緊縮，再生產和再循環，生產衰落了，流通呆滯了，而在政府強力壓制下，工商業者祇能忍痛地把現存無法匿藏的商品，虧本出售」[21]。它的後果是使大多數善良的工商經營者以及民族企業遭殃。

在執行上，取締囤積居奇、禁止奢侈品進口與販賣、停止證券市場的交易、禁止外資的外運、捕捉黃牛黨的活動……都是消極的行動，要執行得有效，須依賴積極的行動，譬如游資的疏導、生產的鼓勵、物價的調整、出口貿易的促進，尤爲穩定經濟的根本問題。但是任何足以穩定通貨的辦法，無法立竿見影。沒有安定的人心，和前方來的勝利消息，都只能治標於一時，解決不了根本。

不錯，上海一地的管制，在軍警的壓力下，形勢暫時穩定了，搞囤積的大戶、玩套匯的老千，摔跤的摔跤，坐牢的坐牢，市面物資供應受嚴厲檢查登記、沒收的打擊，已收釜底抽薪之效。在經濟原則上，單上海一地守住「八一九」陣腳，這些現象對全局並不有利，也不合理。商品社會，物質總往價高處流，現在上海物價相對低平，則一切流入上海的物資勢將瞻

---

[20] 同[11]。
[21] 同[6]。

顧不前，結果，造成全國壓迫上海的形勢，上海一孤立，目前的畸形穩定早晚會決堤。

支持國民政府的台柱是江浙財團。這支地方勢力既能載舟亦能覆舟，連他父親都曉得其中的利害，再怎樣，也得罪不起的。經國初到上海，雖然，「爺爺叔叔」在國際飯店和他們禮貌了一下，可是眞要用打擊贛南紳士的手法，蠻幹硬幹一通，經國的道行比起這群千年老道來，就不是對手。像杜月笙的兒子杜維屏之被捕，對人心的刺激誠然有功效，打擊圈過份擴大的後果，一旦讓他們集合起來反撲，茲事體大了。

「共產黨爲了政治鬥爭的利益，當然，也不會放過經國的；中共的策略，一則扣緊瓶頸，不准『解放區』的糧食及工業原料，流入都市消費中心，使生產和消費脫節；一則以高價收買金鈔及民生必需品，造成糧荒，增加上海市民的恐怖心理。」㉒

回到市場上的實際情況，幣制改革，生產萎縮了。

私有財產社會是爲追逐利潤而生產的，生產無利可圖而要賠累，必然不能維持生產。幣改前物價劇動，生產成本無法計算，生產過程較長的事業都不能安穩生產；物價突然停擺，尤其在一個偶然的、高低不一的地方歇下腳來，對生產更其不利。最成問題的，是原料仰賴外地的生產事業，購買外匯突然增加百分之五十，捐稅加重，運費加昂，成本漲，售價不

㉒ 曹聚仁著《蔣經國論》，香港創墾出版社，一九五三年十一月，頁七六～七七。

漲，當然難以爲繼，關門大吉。

即使國內就地取材的工業原料，情形亦大同小異，內地農民受夠通貨膨脹的敎訓，「重物輕幣」心理根深蒂固，對於金圓券和限價沒有信心。要買原料，必須物物交換，或以銀幣支付，原料要以高於限價的價錢買進，多生產多損失，於是剩下減產的一條道路。

其次，游資壓迫物價，金圓券出籠日有增加。此項資金，原先本質上是貯藏的財富，現則變成金圓券衝到流通中來。原有法幣轉換金元不變，財政支出不變，金元券的動脈進出收回並不調勻，膨脹現象仍存在，因此游資在高漲，在尋求出路。先從囤積之路，被檢查所堵，只得遠走高飛，往管制鬆的地方逃。逃亡雖也被攔阻，但鑽隙竄空，防範不易。《大公報》在九月廿四日的一篇社論中警告說：「湧湧游資，不能導進正當的生產事業，有朝一日，必將衝毀管制的藩籬。」

商人的自衛戰術，先是消極抵抗，把上海七百萬市民的生活必需品藏起來，物價雖穩定，有市無貨。上海的西餐菜因買不到雞肉菜類，將西餐取消，改賣麵包炒飯。經管會手足失措之餘，宣佈限期登記存貨，九月三十日那天，曾動員五千六百人，組成一六二八個小組，由市警局俞叔平局長擔任總指揮，實施物資總檢查，規定「如發現有隱匿未登記者，一律查封，若登記數量不符，或自行移動者，報督導處核辦」。執行當局的用意，是希望徹底掌握物資，防止奸商興風作浪，兼可根據物資情況，調節供應，收一石二鳥之功。

但是，「道高一尺，魔高一丈」。商人的反擊策略不是那樣容易馴服的，囤積技巧層出不窮，有些商人利用火車來囤積，多付運費，讓貨物留在車內，今日漫遊無錫，明天開到鎮江，活像一所活動倉庫，俾矇過檢查人員的耳目。

起初，商人以原料缺乏爲理由，要求停工，進而改變戰術，據官方的記載，他們「唆使收買一些流氓和無業遊民，在市面上分頭搶購日用必需品，以期造成心理上的恐慌，迫使政府放棄限價政策，這就是十月四日市場波動的緣由」。上海的流氓勢力，的確很大，假使當局眞有足夠貯藏的物資，商人的計策也並不如想像中那麼容易擊破的。這個解釋，似乎有存疑的餘地。

搶購擺長龍的現象，開始於十月四日，南京當局卻自一日起，加強管制擴大區域，經國的權限已不止上海了，《生活雜誌》說：「相當於一個法國的面積。」

反映當時情況的經國日記，最具參考價值。

十月三日

……十時，主持檢查委員會例會，討論實施總檢查的辦法，大家的氣已不如以往的旺盛，這是和今天的困難環境互相發生關係的現象。

十月四日

自星期六開始，市場已起波動，搶購之風益盛。一方面因為烟酒漲價，同時亦因通貨數量之增多，所以造成了今日之現象。目前搶購之對象，為紗布呢絨等物，恐怕將來要以米為對象了，這是非常嚴重的現象，所以一夜未安睡，且內心非常不安，因責任所在而不敢忘也。

十月五日

人心動搖，搶購之風仍舊繼續發展，這是非常值得憂慮的。今天決定加緊取締美鈔和黃金的黑市交易。

十月六日

搶購之風，雖然比較好轉，但是問題的嚴重性，並沒有解除。米的來源空前來得少，而市民向米店買米量則較往日增加一倍，這是個嚴重的問題，真是日夜所不能安心者。……㉓

經國所說的「困難環境」，指的是濟南失守，他在十月的「反省錄」裏，曾坦承是「軍事以及政治方面的重大事件，因此造成了嚴重的局勢」。經國強調過政治的因素和經濟

㉓ 蔣經國〈滬濱日記〉，收入《一片忠心》，同❾。

的因素是不可分的，現在濟南失利，人心動搖，應變措施當然會把金圓券拉下馬來。

最矛盾的是，政府一面嚴格限價，一面領頭加稅，十月初，宣佈「捲菸、薰烟草、錫箔、洋啤酒、國產酒類，菸絲、菸葉七種稅額，增加七十一倍」。煙酒燃起了星星之火，再加上燎原的油棉，搶購潮乃變成萬馬奔騰的洪流，迅成澤國。這等於中央主管單位先給經國砍斷一條腿。

上級扯經國的腿，地方幹部也要捋他的虎鬚，有個現成的例子，市政府社會局長吳開先未得蔣氏同意，批准絨線廠盤上漲五成，並發表談話，列舉數字，說明批准漲價的苦衷，被經國所否決。

「揚子案」是這個階段最大的打擊因素之一，經國過去一個多月來的聲威從此全部輸光，上海居民把他的政治口號改成了「只拍蒼蠅，不打老虎」。「揚子案」衆說紛紜，眞相如何，到今天還是個謎，據經國自己的說法，是外面擴大其事。「在法律上講，揚子公司是站得住的。倘使此案發現在宣佈物資登記以前，那我一定要將其移送特種刑庭。」可是，另據印度駐華大使潘迪華（K. M. Panikkar）在其旅華回憶〈In Two chinas, Memoir of a Diplomat〉所記，當揚子公司被查封的當晚，南京官邸正在宴客，杯盤交錯之際，上海突來一緊急電話，蔣夫人接完電話之後，神色至爲不安，乃先行離席。翌晨（十月一日）飛滬，經過宋美齡從中干預，此一醜聞，喧囂中外，不日，孔令侃飛美。

另據曹聚仁的記載：「當宋美齡帶著大公子（孔令侃）去看蔣先生的時候，經國已經束手無策了。」退職記者在《哀江南》書裏提到，孔令侃看姨父的時間是十月九日的上午，在經國「拜見父親，報告上海情況」之後。參考各種可得的史料相互印證，「第一夫人」插手「揚子案」，使經國受挫，已成不爭的事實。

家族干政，豪門當道，群情嘩然的後果，接著就是「市民人山人海，搶購物資忙」，總崩潰前夕的這一幕，乃在觀衆的惋惜聲中黑燈暗場。

了解十月三日以後的情況，我們不妨把這以後《大公報》的新聞摘要檢查一下：

十月三日　無錫杭州有搶購現象，食米限購五斗，鮮魚雞蛋絕跡。黃牛、單幫大活躍，有組織的搶購物資外運。

十月八日　兩監委到滬調查揚子囤積案。

十月十六日　造紙業建議銷毀法幣作原料，可維持六個月之用。經管處召開緊急會議，決定使用全力撲滅黑市行動。

十月廿一日　金鈔黑市已發現，換發身分證，準備全面配售日用品。工業界在無辦法中掙扎，實物交換盛行。

十月廿二日　翁文灝邀蔣經國商談安定經濟新辦法。

十月廿三日　排隊買麵包。

十月廿四日　北平教授(毛子水、朱光潛等)為民請命。

十月廿九日　蔣經國赴京前，告重要幹部，堅決反對開放限價。

食米藏入棺材，床下抄出火腿。

從上列新聞中所勾出的一幅圖畫，可用四個字來說明，危哉殆矣。經國自己的描寫：「本星期(十月三日—九日)的工作環境，是工作以來最困難的一段。」在這以後的日子裏，更是不斷的告急警報，十月十四日，「上海整個的空氣是在惡轉中」；十月十六日，「今天報紙上發表了關於撲滅黑市的嚴厲辦法，但是並沒有見效」；十月十八日，「……許許多多問題，不但無法解決，而且一天天嚴重。」搶購到了排山倒海的地步，捉拿、槍殺……這些手段，也就到了黔驢技窮的階段。經管會鬥法的對象，非僅是「奸商」、「流氓」，還加上警察和七百萬人民。面對如許龐大的勢力，即使是「戡建隊」、「青服隊」一百倍的力量，也難照顧周到。

經管會的最後一著棋，是在市區的一個小菜場上，每天派出服務小組，配合轄區警察執行檢查監督。別看市場雖小，「小菜場是大上海社會的縮影」，服務工作最容易發生困擾的，也在小菜場，流氓持暴凌弱，到處造成群衆騷動，需要派武裝人員持槍實彈前往鎮壓。「警察和商人勾結，設法幫商人疏通，包庇商人爲非作歹。」管制人員在場內管制，買賣雙方則在場外交易。所以經國看到這個莫可奈何的現象，才寫下「今天最要緊的是沉得住氣，有若干幹部，心理已經開始動搖，這是如何可慮」。

幹部動搖，首腦部門何嘗不動搖。高階層立場的動搖，十月中旬即開始，二十日翁文灝召集經管要員開會，「無具體結果」，但次日經國訪翁談話的結論：「財政部沒有一定的辦法和主張，頗有動搖不定的狀態。」二十七日的會議，經管的喪鐘終於響起了。

會議開了三天，「鴿」、「鷹」兩派曾有激烈的爭辯，主題在「議價」、「限價」之爭。主張議價的，實際上是投降派，認爲限價既未能阻止物價上漲，反而形成搶購物資的現象和黑市猖獗的結果，事實上倒加速了物價的上漲，加重了人民的負擔，故不如乾脆議價爲宜。主張限價的是「改組派」，也就是所謂的「死硬派」，「力爭限價的取消，就等於宣告經管工作的失敗，等於宣告金圓券的崩潰，結果徒使物價——甫經就範的野馬（事實並未就範），又脫去韁繩去任性奔馳，民命國脈，將不知伊於胡底。」改組派還認爲，只要政府能掌握物資，就可隨時動用，可以用區域間以貨易貨的辦法，換取必須的食糧和農業品，其次配合精確的配給制度，使這些物資合宜的分配到市民手裏，避免商人的中間剝削，免掉黃牛黨的套匯囤積。

經國的立場，自然是站在「死硬派」這一邊的，他的日記裏有很淸晰的交待：「十月份的最後一星期，恐怕亦將成爲限價政策實施的最末一週。問題不是在於限價不限價，而表示政府無能，怕困難和沒有決心，處在政府放棄限價政策的時候。」最後他說：「我的主張既與此相違背，則本應辭職……」這段記載，正印證了那時京滬報紙「經國堅決反對開放議價」的報導。

行政院的經改訃聞到十一月一日正式公佈，但公佈前夕，尚有兩處起程砲。

代表「民意」的立監兩院在十月廿九日那天，立院十五次院會開會討論經濟危機，「主張立即取消限價，維持市面，不要祇顧面子，不肯承認失敗」；監院提出糾正，結論：「未能鎮之於初，復未補救於後，造成生產減縮、黑市猖獗現象。」這表示，負監督政府的民意「代表」們對政府已不止是怨，而是恨怒交織。

眞正反映知識份子的失望和悲觀情緒的，是來自北方的「停教宣言」，北大教授周作人等八二人，在他們共同簽署的聲明中說：「……政府對我們的生活如此忽視，我們不能不決定自即日(十月廿五日)起忍痛停教三天，進行借貸來維持家人目前的生活。」教授要停課借貸，該是多麼諷刺的寫照。這代表著他們對國民政府的絕望和悲呼，哀莫大於心死，由小市民到知識份子，至此，一心一意地等待毛澤東那個紅太陽的來臨了。

經改失敗，翁內閣倒台，起草人王雲五退位讓賢，經國這場全本武戲只好落幕告終；發表「告上海市民書」表示一番歉意，說了些沉痛的話，於十一月六日悄然離滬，回杭州蔣寓，和蔣方良團聚去了。

金圓劵曇花一現，等於把國民政府的外衣剝光，這以後，四野揮師入關，中原震盪，軍事上出現雪崩的局面已毫不足異。而對經國的教訓，不僅是「讀了一部經濟學」，更讀到了政治經濟學，懂得經濟規律硬用政治手段去對付，必敗無疑。

曹聚仁寫道：「經國放下經濟特派員職位的前一星期，幾乎天天喝酒，喝得大醉，以致於狂哭狂笑。」

接著曹說：「這顯然是一場騙局，他曾經呼籲老百姓和他合作，老百姓已經遠遠離開他了，新贛南所造成的政治聲譽，這一下完全輸光了，有的人，提起了經國就說他是政治騙子；有人原諒他，說這都是楊貴妃不好，害了他，蔣先生的政治生命，也就日薄西山了。」㉔

楊貴妃係指著宋美齡。爲了「揚子案」，經國的愛將賈亦斌曾和他拍過桌子㉕，不過話說回來，沒有宋美齡的破壞，經改也不會成功。

《大公報》刊有「打虎讚」㉖，既諷刺也寫實，堪爲本章結尾的插曲：

萬目睽睽看打虎，狼奔豕突沸黃埔。
米紗煙紙實倉庫，一夕被抄淚似雨！
惋惜市場變幻多，任從此輩作風波，

㉔ 同㉒。
㉕ 據徐思賢將軍面述。
㉖ 白憂天〈打虎讚〉，上海《大公報》，一九四八年九月廿五日「大公園」，頁八。

笙歌華屋優游甚，那問貧民喚奈何？
更把黃金通顯貴，達官交往恣狐媚，
官商一氣共沆瀣，渾水撈魚力不廢，
君記否？去歲金湖經調圍，未呼捉虎
事週旋，雷聲過後無大雨，商場虎勢
尚依然。而今經濟革與後，限價依從
新來打虎顯威風，聲譽紛紜騰衆口，
或為老虎暗耽心，或為辛勞憂使君。
世間到處狼與虎，孤掌難鳴力豈禁？

第十三章

南京‧溪口‧上海

毛澤東樂觀的估計，五年左右（一九四六年七月算起），可能「根本上打倒國民黨」❶，史達林不信❷，毛認為「可能」，只是審慎的樂觀。

但一切的發展，比毛的初步想像還要快。

遼瀋戰役於一九四八年十一月二日結束，廖耀湘、范漢傑、鄭洞國的部隊先後瓦解，國軍精銳喪失了四十七萬兵馬。東北失陷，林彪的四野雄師（十二個縱隊，十六個獨立師，一個砲兵縱隊，一個鐵道兵縱隊，共七十萬人）❸沿著多爾袞的老路分東、中、西三路，以迅雷不及掩耳之勢，

---

❶毛澤東「關於遼瀋戰役的作戰方針」，「毛澤東選集」第四卷，頁三三七。

❷史達林於一九四八年會見南斯拉夫代表團。他說：「原來中國同志們是對的，蘇俄是錯了。」參閱KLAUS MEHNERTY, "PEKING AND MOSCOW" p.269。

❸陳少校《關內遼東一局棋》，香港致誠出版社，頁二二八。

乘勝入關，直迫平津。

中原戰場，九月下旬，濟南失陷，王耀武被俘，共軍即將長驅直入。下一步，將危及京畿的安全。十月廿九日，國防部長何應欽召開軍事會議，提出江淮必守的主張，放棄隴海線上的城市，集中兵力於徐州、蚌埠之間的鐵路兩側，作攻勢防禦。蔣先生原屬意白崇禧擔任總指揮。白先同意，後又變卦。改派宋希濂，蔣不放心，乃落到杜聿明頭上，劉峙掛名。

這就是國共雙方打的最大的一次戰役，史稱「徐蚌會戰」，或「淮海會戰」(中共)。

國軍出動的兵力約八十萬人，計有邱淸泉的第二兵團、黃伯韜的第七兵團、李彌的十三兵團、孫元良的十六兵團、黃維的十二兵團。另有交警總隊、砲兵、工兵、戰車等單位。

共軍參加的兵力爲六十萬人，包括「三野」所屬的十六個縱隊，二野的七個縱隊和華東、中原、冀魯豫三個軍區的地方武裝。

論兵力、裝備——特別是重武器，國軍無不佔盡優勢，但共軍機動靈活，將士用命，戰鬥意志旺盛。

蔣先生希望利用這個難得的機會，聚敵痛殲，挽救危局。不幸，這個希望也落了空；沒有等大兵團展佈開兵力，已爲敵人各個擊破。

前線失利，後方動盪。翁文灝內閣下台，行政院長一職，乏人問津，歷胡適、張群，最後由「阿斗」孫科出來送葬。

蔣先生的最後一張王牌，是請求華府急救。「蔣總統認爲須有一種心理上的特殊變動，始足以加強抵抗共匪的意志」，董顯光的《蔣傳》進一步指出：「此種心理上的刺激，莫如有一支持中國政府的宣言來自美國。」蔣先生深信「此一宣言縱未能立即補充物資上的援助，已足挽回動搖的心理，而制止日益增加的失敗主義者。它可作爲對共匪的一種警告，使此時尚留在長江以北的共匪，暫止於華北的收穫，以免冒對美衝突的危險。」❹

杜魯門的覆信說了些漠不相關的話，表示一下同情，予以婉拒。十六天後，蔣夫人親自出馬，白宮晤杜，舊事重提，要求華府派將領前往中國，及十億美元的軍經援助計劃，得到的答覆：「除非美國派軍參加，任何大量軍事援助，均將於事無補。」

杜蔣私下已有嫌隙，種因於蔣支持共和黨杜威的競選，杜魯門說過：「我恨不得把這些傢伙關在監獄裏。」❺外加國務卿馬歇爾對南京政府的偏見，國務院中國科的專家們，一致認爲國民黨已無藥可救。任何尋求美國援助的努力，均將落空。經國形容此一時期：「山雨欲來風滿樓」、「中華民族的危急存亡之秋」。

---

❹ 董顯光著《蔣總統傳》，頁五〇五。

❺ Merle Miller, Plain Speaking, An Oral Biocraphy of Harry S. Truman Berkley Publishing Corporation, N. Y., 1974. 杜魯門說：「……But I never gave in on that ,and I never changed my mind about Chiang and his gang. Every damn one of them ought to be in jail, and I'd like to see the day they are」p.304.

「共匪除軍事威脅外，更擴大其心戰與統戰的攻勢。一般喪失鬥志的將領及寡廉鮮恥的官僚政客，或準備逃亡避禍，或準備靠攏投降，或傳播共匪『和談』煙幕。一般善良同胞，亦誤於共匪的欺騙宣傳，希望停戰言和，休養生息。『不憤不啓，不悱不發』，一般人精神已趨於崩潰。父親乃有引退圖新，重定革命基礎之考慮。」❻

逼蔣「引退」的動力，來自擔任華中剿匪總司令的白崇禧，白抗命增援徐州的事，蔣白關係已臨破裂邊緣❼。十二月廿四日，白自漢口發出的「亥敬」電，咄咄逼人，驅蔣的態勢，呼之欲出。跟著長沙綏靖主任程潛、河南省主席張軫，直率提出，要求「總統毅然下野」。中層幹部甚至「激起了一股『興師勤王』的念頭」，「團結在蔣公的周圍，穩定那種局勢」❽，可見危殆之嚴重。

一月十四日，毛澤東的八項和平條件等於對南京發出哀的美敦書，內外交攻，蔣即使想戀棧，亦時不我與，剩下退路一條——下野。

蔣遲遲未見行動的內因：不甘桂系逼宮，出乎義憤是其一；需要時間從事必要的部署是

---

❻ 蔣經國《風雨中的寧靜》。

❼ 據宋希濂將軍面告：白曾下令扣留運兵輪船，和蔣在電話中爭吵半小時，蔣氣得把電話都摔了，宋時任華中剿總副長官。

❽ 徐復觀〈垃圾籍外〉，香港《新聞天地》，一九七六年一月，頁十一～十九。

其二。至於經國所說：「父親對於杜(聿明)部待援，已盡最大心力，自信問心無愧，認為此時『引退』可無遺憾，於是下最後之決心。」❾其可信的程度那就太低了。

首先，重新部署人事，擴大京滬警備部為京滬杭總司令，任命湯恩伯為總司令，全盤掌握蘇、杭、皖三省以及贛南地區的軍事指揮權；派朱紹良去福州，張群駐重慶，余漢謀掌廣州，離京飛杭那天，公佈陳誠為台灣省主席，蔣經國為省黨部主委。

派經國率總統府第三局局長俞濟時、警衛組主任石祖德等秘密到溪口，佈置警衛通訊網，為蔣退居幕後預作部署。

一月十日，派經國去上海，命令俞鴻鈞將中央銀行現金移存台灣，以策安全。

同月十六日，召見俞鴻鈞、席德懋下令中央、中國兩銀行，將外匯化整為零，存入私人戶頭，以免將來遭到接收。

二十一日，正午約宴五院院長，下午二時，在黃埔路官邸約國民黨中央常委敘談，出示和李宗仁的聯名宣言，略謂：

「戰事仍然未止，和平之目的不能達到。決定身先『引退』，以冀彌戰消兵，解人

❾ 同❻。

民倒懸於萬一。」

當時的場面，至爲悽惋，經國回憶：

「時在座同志莫不感情激動，甚至有聲淚俱下者。其中堅貞同志，對『引退』事力持異議，終為父親婉言勸止。最後，對宣言略加修正，即宣告散會。亦有不少高級軍事幹部，聞訊痛哭失聲。父親個人的進退出處，光明磊落，其感人之深有如此者。」❿

我們看過尼克森下台前的哭哭啼啼，雷根失掉總統提名時的難堪臉色，蔣先生英雄氣短，自屬常情。

文告最後一段，勗勉「全體軍民暨各級政府共矢精誠，同心一德，翊贊李副總統一致協力，促成永久和平」，話說得堂堂正正，風度翩翩，其實，全是做戲，他一邊辭掉總統，一邊又掛出總裁的招牌。

依照國民黨的慣例，政府的一切政策措施都需中央常委會通過，再交行政單位執行，即

---

❿ 同❻。

以黨領政的意思。蔣是總裁，雖宣佈下野，不做總統，仍主持中常會，凌駕李宗仁之上，李拿到一個代總統，卻是空頭把戲，無控制全局的權力。

離開中常會，蔣驅車先至中山陵⑪，面孔嚴肅地站在國父陵前，默然無語，已悲從中來。距離一九四六年五月還都，三年不到，江山易手，將何以告慰中山先生在天之靈？四時十分，乘座機離京，臨空後，吩咐座機駕駛長衣復恩繞空一週，向首都作最後一瞥，蒼山含黛，江流嗚咽，「別時容易見時難」，落木愴懷，悲慟難已。

五點二十五分抵達杭州，浙江省主席陳儀迎機，假樓外樓設宴接風，席間陳勸他要「拿得起放得下」，可觸怒了老人破碎的心靈，陳後來在台伏法，固由湯恩伯報密，說陳有異心是其主因，陳口不擇言，已埋下殺機。

當晚，蔣下榻空軍官校的天健北樓，入睡前，告訴經國說：「這樣重的擔子放下來了，心中輕鬆多了！」

如果蔣先生眞做到「個人進退出處，絕不縈懷」的話，抗戰勝利後，急流勇退，蓋世英名，決不致毀於一旦；如此下場，何來的「輕鬆」？倒是經國說了眞話：「我恭聆之下，無限感慨。」

---

⑪「蔣總統秘錄」，第十四冊，頁九二。

桂系拿到一個燙手的番薯，忙於組閣和談，蔣氏父子則徜徉於溪口「山林泉石之間」，等著看南京的戲法。

一月廿八日，適逢農曆除夕，「全家在報本堂(豐鎬房)團聚度歲，飲屠蘇酒，吃辭年飯」，為蔣先生卅六年來第一次「在家度歲」，躬逢其盛的，尚有張群、陳立夫、鄭彥棻等。元旦，「溪口五十里內鄉人，紛紛組織燈會，鑼鼓喧天，龍燈漫舞，向父親致敬祝福」，鄉里濃郁的人情味給蔣氏父子帶來無限慰藉，至少，可把國事暫時拋到一邊。

表面上，蔣先生一介平民，閒雲野鶴。其實，他則隱而未退，溪口取代南京，成為新的政治中心，國民黨的軍政要員，紛紛就道。如：

一月廿九日 「接見黃少谷，決將中央黨部先行遷粵，就現況加以整頓，再圖根本改革。」

一月卅一日 「林蔚文(國防部次長)先生自南京來溪口。」

二月 七 日 「李彌將軍來寓，父親約彼餐叙。李報告陳官莊突圍經過及其沿途的情形。」

二月十七日 閻百川(錫山)到溪口，張道藩、谷正綱同時駕到。

三月 三 日 張治中訪蔣。

三月十九日　湯恩伯到溪口，約見萬耀煌商討中央訓練機構的地點和辦法。
三月廿四日　陳誠自台灣赴溪口。
四月　十　日　周至柔總司令、胡宗南長官到奉化。
四月十二日　居覺生(正)、陳啟天訪問溪口。

從上列緊湊的活動看，蔣先生算是世界上最忙的閒人。李宗仁取得頭銜，但無實權。他下令釋放張學良，就沒有人理睬。行政院長孫科為了報競選敗北的一箭之仇，行政院拒絕自粵遷寧，公開鬧府院分裂。

當初桂系拉蔣下馬，歡喜一陣，他們就沒有想到，蔣先生百足之蟲，死而不僵，包括華盛頓在內，都撲了一個空。

到這樣危難的時候，蔣先生才眞正知道，那些門生寵臣並不可靠，只有自己的兒子可推心置腹，經國的手杖作用，愈益明顯。他雖被任命為台灣省黨部主任委員，並未去就任，終一九四九年，那些風雨飄搖的日子裏，隨侍蔣先生，形影不離。

於是，到溪口去的黨政顯要，毋論送往迎來，連絡派遣，幾乎全由他包辦；重大使命，更非他莫屬。二月初，奉命轉運中央銀行儲存之黃金白銀五十萬盎斯前往台灣、廈門，既要機密，防止南京的阻擋，又要說服主管財經金融當局，使其合作。蔣先生此舉，從歷史的觀點看，防止「資匪」。政治意義上，未嘗不是拖李宗仁的後台，從經濟上，採釜底抽薪的手段。

除了秘密搶運黃金，定海機場的建築，同由經國暗中進行。他說：

「記得父親引退之後，交我辦理的第一件事情，是希望空軍總部，迅把定海機場建築起來。那時，我們不大明白父親的用意，祇能遵照命令去做，父親對這件事顯得非常關心，差不多每星期都要問問，機場的工程已完成到何種程度；後來催得更緊，幾乎三天一催，兩天一催，直到機場全部竣工為止，到了淞滬棄守，才知道湯恩伯的部隊，就是靠了由定海基地起飛的空軍掩護，才能安全地經過舟山撤退到台灣……。」⑫

足證蔣先生對時局的看法比較現實和深遠。意識到渡江只是時間問題，發表陳誠爲台灣省主席，他心中已有了退路。

何(應欽)內閣於三月廿三日登場，人事紛爭，稍有頭緒。一面備戰，一面和談。南京派出張治中爲首的和平代表團北上議和，南京的腹案，原是一廂情願的幻想，要求「立即停止

---

⑫ 同❻。

一切戰鬥行動」，希望隔江而治。

毛澤東是多麼厲害的角色，已經到嘴邊的蘋果怎會放棄！陳兵江左的，是百萬雄師，他誓言非「把解放戰爭進行到底」不可，談判只是策略，瓦解國民黨的統治結構才是他的總目標。

四月初，溪口的注意力全集中在長江的防務上，蔣先生比誰都清楚，能戰始能言和。而南京的和平攻勢，未嘗沒有備戰言和的意思。

七日清晨，下榻豐鎬房的經國收到嘉興、上海同時發出的急電兩封。字數寥寥「……賈亦斌昨晚叛變，總隊長黎天鐸等下落不明……」

自戡建小組組長宋特立於前年八月在武漢「失踪」，這是半年來的第二宗衆叛親離，經國的感受，任何人憑想像，可以作出自己的結論。七日那天的日記，隻字不提，只說了些和戰方面的大事。蔡省三說：經國「曾痛哭流涕的向乃父作檢討」，報告有之，「痛哭流涕」未必，我們只好當「據說」，姑妄聽之。

爲了便於讀者一窺全貌，預幹總隊兵變宜詳作交待。

賈亦斌行伍出身，後考進陸軍大學。一九四六年夏，由彭位仁推荐，受經國賞識，由靑年軍復員管理處組長，而國防部預幹局副局長，而代理局長。

濟南失陷後，國防部預備在長江以南組織新軍。時任次長的林蔚文問計於賈，賈說：幹部可出自青年軍預備幹部，「至少一萬人是不成問題」，這就是預幹總隊的由來。

一九四九年二月，總隊調到嘉興，賈自兼總隊長，任命黎天鐸、林勉新為少將副總隊長，人員四千，設四個大隊。

賈事後承認，「多數人認為國民黨已經沒有希望，各人要自謀出路」，「因此，我對國民黨絕望，決心投向共產黨。」前年十月，和中共地下黨員段伯宇在南京中山陵取得聯繫。

賈：「……你看我們怎麼辦？」
段：「要自己抓武裝才有辦法……」⑬

最初，賈和傘兵總隊第三團團長劉農畯計劃在南京起義，「把在南京的主要軍政人員都抓起來，送到解放區去。」但因部隊調派而未果。

賈積極佈置起義的蛛絲馬跡，溪口方面略有所聞，特派江國棟攜帶大批銀元住在嘉興的一家小旅館裏，暗中調查。三月上旬，賈應召前往奉化，和經國舉行面談，經國絲毫不動聲色，暗中通知南京，把賈的三項職務解除。代局長由徐思賢接任，總隊長黎天鐸升任。

---

⑬ 賈亦斌〈嘉興起義始末〉，「文史資料選輯」第三輯（總廿五輯），上海人民出版社，一九七九年。

賈雖解職，新命僅爲國防部部員，卻無礙於起義行動。四月二日，接到中共地下黨的指示，決定在嘉興舉事，「經莫干山向天目山挺進，與蘇、浙、皖邊區游擊隊聯繫，策應人民解放軍過江。」

預定起義的日子是四月十五日。賈於四日潛至嘉興，六日，爲黎天鐸獲悉，因而日期提前。賈在〈嘉興起義始末〉一文中這樣記著：

「天色垂暮，李凱賓派了十幾名學員持衝鋒槍來接我，到西大營後，操場上這裏一堆，那裏一群，幹部學員們正拿起武器，整裝待發。見了我，紛來握手，氣氛緊張熱烈。我立即和學員們一齊到黎天鐸的辦公室和他談判，學員們和他評理，他不肯行動。到午夜十二時，還是相持不下，我看時間不能容他再拖，就明白告訴他：『我是共產黨叫我來的，你現在有兩條路：一條是把我送到國防部，可以升官發財；第二條是跟著我們走，下令行軍，到莫干山演習，限你考慮五分鐘答覆。』這時學員們有的把刺刀指向他的胸膛，有的把手槍對著他的後背。他見勢頭不對，嚇得魂不附體，嘴唇發抖，對我說：『你是我的老長官，你帶的路不會錯，我聽你的。』這樣，他才拿起筆來，下命令『行軍演習兩天』。」⑭

⑭ 同⑬。

起義部隊抵達烏鎮，國軍兼程趕到，七日深夜，分三路突圍，黎天鐸和潘振球趁形勢混亂逃脫。賈歷盡艱辛，走了七天，剩下幾十人，逃到江西吉安。

從全局看，事變的本身微不足道，即使賈順利將部隊完整地帶到天目山，對國軍的防禦並起不了多麼嚴重的騷擾破壞作用。反正，民心士氣，已聽天由命，無再戰的決心。國軍陣前起義的，從東北的滇軍開始，到徐蚌會戰，層出不窮，亦見怪不怪。然而，預幹總隊是經國的嫡系，含有「勤王」的意義。外界議論：「從蔣家的心窩裏反出來了。」

預幹總隊能起義，住在寧波的綏靖總隊是否還靠得住呢？⑮由於挫敗中所得到的教訓，經國到台灣後，全力發展自己的特務組織，控制軍隊，控制學生，正是前事不忘後事之師的必然發展。「保密防諜」，瘋狂推行，可能犧牲很多無辜的生

---

⑮ 同❽。「……我當下對他說：『你要特別小心，方步舟（劉的副手）一定有問題。』劉先生極力為方辯護，說我多疑。我從他的辦公室出來時，方步舟穿一件長棉袍，頭上戴一個鴨舌帽，低著頭，瞇著眼坐在火盆邊，原來他在外邊偷聽。他是鄂南紅軍的師長，廿六年春不能立足，便投降過來，和劉先生是小同鄉，劉先生對他很佩服，請他當副總隊長。我因為信任老朋友，沒有把這種情形告訴經國和俞濟時兩先生。……我離開漢口不久，他的第三大隊請他去訓話。他快要到達時，發現氣氛有點不對，便躲進一家民房中，聽著方步舟正在叱問『總隊長為什麼還沒有到？我們走吧！』於是拖一個大隊跑了。」

命，但是，他堅信，是鞏固領導中心的必要手段，多少代價，在所不惜。這是後話，此處不贅。

共軍於四月廿一日分三路渡江，國軍宣傳的長江天塹，湯恩伯居然不如三國時代的孫權，一夕間，江南變色，似兒戲一般。

兵荒馬亂中，李宗仁和蔣先生在杭州舉行緊急會談，下列對話，頗堪玩味：

蔣：「對於和談還有什麼打算？」

李：「我準備再派人去北平商談一次。」

蔣：「不用了，不必再談了，過去共產黨因為軍事上沒有部署好，所以才同意和談，現在他們已經渡江，再沒有談判的餘地了。」

會中匆匆決定：

㈠宣告和談破裂；㈡何應欽兼任國防部長，統一指揮陸海空軍。

其實，這兩個巨頭會議，可開可不開，對人心、對大局，無甚補益，南京於二十三日失陷，風雨倉皇，世道滄桑，又豈是浩嘆而已。

和南京失守的同時，太原被陷，內外形勢之絕望，經國內心之沉痛，莫可言狀。緊急措施，仍「決計將妻兒送往台灣暫住，以免後顧之慮」，同日(廿四)與(夏功權處理有關溪口之事務，作永別準備。

中午，蔣先生囑咐說：「把船隻準備好，明天我們要走了。」

臨行前的離情別緒，見其日記：

「上午，隨　父親辭別　先祖母墓，再走上飛鳳山頂，極目四望，溪山無語，雖未流淚，但悲痛之情，難以言宣。本想再到豐鎬房探視一次，而心又有所不忍；又想向鄉間父老辭行，心更有所不忍，蓋看了他們，又無法攜其同走，徒增依依之戀耳。終於不告而別。天氣陰沉，益增傷痛。大好河山，幾至無立錐之地！且溪口為祖宗廬墓所在，今一旦拋別，其沉痛之心情，更非筆墨所能形容於萬一。誰實為之，孰令致之？一息尚存，誓必重回故土。」⑯

經國「重回故土」的誓言，很有些麥克阿瑟離開菲律賓的氣慨，可是，他沒有麥帥的幸福。

---

⑯ 同❻。

由於長江的門戶洞開，共軍在江南平原的開展好比脫韁之馬，任意奔馳。國軍的抵抗能力至此消失殆盡。京滬線上的城市，轉眼間全被「解放」。「這一戰役，共軍進軍的神速，遠在八一三戰役的日軍之上。」一位曾參與淞滬戰役的記者不勝茫然地寫著：「同是當年的將領，碰上了共軍，也會這麼沒有自信心的。」

五月十一日，上海已經聽到了砲聲，共軍的包圍圈越縮越小，淞滬保衛戰的態勢自然形成。事實上，整個江南平原，國軍能夠控制的，也僅有上海這個孤島。

蔣先生對淞滬的重視，是多方面的。有歷史的淵源：上海是他當年的發跡地，國民黨政權一直就靠著東南財富的培養。有現實的利益：上海的戰略物資，軍隊還沒有搶運完。有戰略的考慮：英、美的巨大投資集中在上海，利害相同，可望獲得英、美的軍事干預。所以，蔣先生和經國離開奉化以後，來到上海，且親自佈置淞滬戰役的防務。

上海的防禦工事，遠在徐蚌戰役發生的同時已著手進行，工事摹仿四平街的規模，由鋼筋水泥築成主堡，每一主堡有地道相連，機槍陣地之外，儲有糧草彈藥，由此外伸，是長壕，壕內可以行走吉普車，作通訊傳達之用，壕溝輔以鋼板電網，還有竹籤、鐵蔾。第三道防線是木城，木城起自江灣，到北站、西站、龍華黃浦江邊止，整個上海都圍在裏面，爲了拱護木城，又是大小碉堡和電網，是爲第四道防線。

依陳毅的統計，國軍的工事，依外圍陣地、主陣地和核心陣地，分合有碉堡陣三八〇〇個，半永久性的掩體碉堡一萬多座，這樣規模龐大的現代化防線，是任何輕兵器所無法突破的。

工事的確築得不錯，閻錫山看了陣地，滿有信心地，認爲「至少可以守一年」。經國把它當作「東方的史達林格勒」，希特勒的大軍就是在史達林格勒吃了敗戰，以致一蹶不振。

蔣緯國的裝甲兵也開到了上海加強守軍的防禦力量。蔣先生自己指揮軍事，政工方面的事務交給經國，經國成爲實際上的政治部主任。他說：「成敗在此一舉，我們必須全力來應付危難。」

共軍對上海的進攻大致分兩個階段。五月十五日，攻克羅店、瀏河、月浦、楊行等重要據點，楔入國軍陣地。東路縱隊，攻佔川沙西北的顧家路鎮，續向高橋挺進。十八日，佔領了川沙東北的林家碼頭，這是第一階段，旨在縮小包圍圈，消滅外圍據點。於是湯恩伯告訴經國，浦東方面沒有把握，社會秩序是否紊亂，殊不可知。結論：「祇有盡心力而爲之。」二十三日晚間，湯的預言說中了，浦東的堡壘線全被攻破，二十四日浦東盡失，共軍於周浦以西渡江，直迫市區，西南市郊的陣地，虹橋、徐家匯等同爲共軍掌握。曹聚仁說得很有趣：「共軍幾乎沒有碰到過甚麼堅強的戰鬥，那些碉堡線的防禦也等於零；有幾處，都是國軍送了鑰匙，開了大門進來的，這便是國軍戰史上最精彩的表演。」

上海的最後失陷是五月廿五日晚上，那些耗盡民脂民膏的「馬其諾防線」，遇到共軍，並沒有發生絲毫攔阻作用，共軍堂堂皇皇地進來，如入無人之境，眞正的戰鬥，前後僅十幾天，上海就被解決了。

最諷刺的，五月廿四日，上海還舉行了一次規模空前的祝捷大會，披過紅帶子的戰鬥英雄剛出完鋒頭，第二天竟成了共軍的階下囚。

這一仗打下來，被中共俘虜繳械的武裝部隊共有十三萬人，能夠僥倖撤走的，不足七萬人，其荒謬離奇，迹近神話。

上海攻陷前的幾天，那位湯總司令的指揮部已經搬到長江口的船上去了，上行下效，師長找不到軍長，團長找不到師長，連上船撤退，單位與單位間都是偸偸地先後溜著走的。

經國自己，五月十六日上午九時五十分飛離上海，乾脆把這爛攤子留給湯恩伯去挑！裝得若無其事的，父子乘著江靜輪，在定海普陀三門灣等地縱情山水，尋思退計。心底裏，已在籌劃「打消遁跡遠隱之意」，決計去台灣，繼承鄭成功的遺志去了。

二十二日，經國曾自馬公飛上海，「處理物資疏散事宜」，先因機件故障，迫降嘉義，十時續飛，「至象山附近，接地面通知，江灣機場已有砲彈落地，不能降落，折返嘉義，始知匪軍已攻佔上海市區矣。」

上海既無法成爲蘇軍的「史達林格勒」，國軍儘管尚擁有西南、華南等大片土地，物換星移，今非昔比，想抄抗戰的辦法，再負隅頑抗，絕無可能，除非有奇蹟。

這點蔣先生知道，經國知道。

鄭成功的歷史，或者說明末的悲劇，就這樣在台灣重演了。

第十四章　風雷震盪

國軍的總崩潰，由濟南首開其端；跟著東北淪亡，林彪大軍進關，直迫平津。徐蚌慘敗，蔣先生的嫡系部隊消滅泰半；寄希望於長江天塹，擋共軍新銳，結果還是美夢一場。上海失守，蔣先生有切膚之痛，認爲傷及國際觀瞻，更毋論其經濟地位。盱衡世局，國民黨的覆亡，和明末一樣，無可挽救。退守台灣，藉它孤懸海外獨特的地理位置，還能有喘息圖存的機會。解放軍的進攻態勢，先佔閩、粵，次取西南，始有餘力收拾台、澎。以空間換時間，國軍尚可從容部署，防禦台灣。

台灣以外，與大陸遙遙相對的海南，隔著瓊州海峽❶，憑國軍的海空優勢，一旦兩廣失陷，軍隊後撤，據險固守，至少控制兩個外島，再作對峙。

❶ 海面十五哩，海口至海安。

蔣先生父子，先上海失陷，乘江靜輪到定海，表面上，登普陀遊梅山，狀似閒雲野鶴，內心裏，大海孤舟，「四顧茫然」。亂世敗將，何來寄情風月的雅興？

戰亂離情，且看經國五月十三日的日記摘錄：

「天雨，孝文由台灣來此，父子離亂中相見，倍覺親熱，讀妻信，知勇兒病已痊癒，衷心更喜，誰無兒女之私，要在公私衝突之時，能犧牲個人利益，化私為公耳。後日為妻誕辰，將去電致賀。」❷

端午，父子在高雄要塞渡節，驚魂甫定，心緒難寧，浮現屈原投江故事，「更深國難嚴重之感矣」。究竟經國嘆屈原之難得，抑悔恨蔣先生是襄王，賢士見背，那只有憑讀者的各自想像了。

經國本來是個悲劇型的人物，遭遇逆境，感觸特多。我們從他這一時期的文字記載，幾乎處處觸及其躍然紙上的淒涼心態。

---

❷ 蔣經國〈危急存亡之秋〉，收入《風雨中的寧靜》，頁一九六～一九七。

六月四日　霪雨初晴，精神為之一振，但很快地又感覺到愁苦；連夜多夢，睡眠不安。

六月九日　昨晚夜色澄朗，在住宅前靜坐觀賞。海天無際，白雲蒼狗，變幻無常，遙念故鄉，深感流亡之苦。

依心理分析，帝王英雄和普通老百姓的得失哀樂，本質上無甚區別。悔出帝王家，和亡國君臣的情感意識，事實上也只有國破家亡之際，才表露無遺。假如改以詩歌，李後主、陸秀夫等的悲吟，不就是今人的感嘆嗎？

蔣先生的沉著鎮靜，是另一種典型，臨危不亂，處變不驚，眞的別具英雄氣度，雖然頹喪，並不氣餒，遭逢巨難，而不感傷。變亂中思考生存之道，創傷裏追尋復原契機，他似乎相信，上帝沒有拋棄他的意思。

七月上旬，以中國國民黨總裁身分訪問菲律賓，在碧瑤會晤季里諾總統，官方聲明，商台菲聯盟，菲島蕞爾小國，一切唯華府馬首是瞻。杜魯門已撤手，馬尼拉即使有心支援，亦愛莫能助。蔣先生的構思，一石二鳥，能說動季里諾，季向華府陳情，五角大廈的鷹派則可能向白宮施壓力，將台灣劃入美國西太平洋的防線之內，未來的安全無虞。次及蔣未來的去處，台灣戰敗，他決心不向美國請求政治庇護，菲國或南美，較爲理想，此行有投石問路的作用。

軍事上，土崩瓦解，高級將領，個個找後路，實行逃跑主義，中下級幹部，隨時準備應變，掉轉槍頭。

外交是內政的延長，內政如斯，外交戰線，因而出現敗象。

蔣先生靠外力起家，他總相信，美國在華的利益，和他是分不開的。雖然，美援受阻，那祇是「國務院內親共份子的陰謀作梗」，「只要忍耐持久，終有一天水落石出，虛實大白於天下。」「而不至沉冤莫白。」蔣夫人滯美不歸，就是奉命就地游說，希望把華府的反蔣傾向扭轉過來。

多年來，蔣先生和美國的右翼保守勢力的確拉得很緊，憑藉這個關係，他才能把史迪威將軍鬥倒，令馬歇爾七上廬山，蔣先生很顯了顯威風。但是，時移勢轉，南京政府的腐化無能，已經使得華府開明的外交政策參與者相信，蔣先生是個扶不起的阿斗，基於自身利益的考慮，不得不見風轉舵。

當孫科把內閣搬到廣州，司徒雷登大使拒絕將美使館自京遷穗那幕出現的時候，美國發出的外交訊號已經很明顯了，南京失陷，未行撤館，更多蛛絲馬跡可尋，華府有意另闢蹊徑。六月廿日，蔣得自東京的情報，盟總打算把台灣交聯合國托管，所謂「托管」是一個幌子，四十年代的聯合國，毋非是美國的代名詞，那位成天拿著烟斗帶著太陽鏡的麥克阿瑟，預備自己來管了。

一九四九年八月發表的中美外交文件，俗稱白皮書，破例提前公佈，並加以摘要說明。美國的目的，具有對內對外的雙重作用：對內，向人民交待，美國花了如許力氣，調停中國的內戰，支持南京的蔣政權，導致蔣失敗的原因，是蔣政權太腐化，並非杜魯門政府的過失。對外，昭告世人，美國已厥盡其盟國的責任，美國尊重中國人民的友誼和中國領土主權的獨立，但願中國不要投到蘇聯的陣容裏去，與美國爲敵。假使威脅到亞洲鄰國的安全，美國將不坐視。可是，選擇此一時期預以公佈，未免對蔣的顏面太難看，近乎落井下石。

不過，這長達一〇五四頁的外交文件，對蔣有百害卻也有一利。那就是由此領悟到爲人驅策的悲哀，益增他抓實力保台灣的決心。

蔣的方針大計，不外乎認爲大陸的地盤，雖仍控有西南西北，終將爲共軍控制，李宗仁的政治把戲，到時候就會自動落幕收場。那麼他掌握著台灣，中共一時跨海攻台的計劃辦不到，靠著海龍王的保祐，他儘可重打出政府的旗號來，一則伺機待變，一則和中共頑抗到底。

爲了挽救頹勢，八月六日，蔣又飛韓，與李承晚總統會晤於鎭海，求售他的「東亞反共同盟計劃」，藉以「構成對美國的一個戰略性呼籲」。然而，這個計劃最後無疾而終，僅以公

報談話終場。❸

外交的困局打不開，還是以守土爲要務。七月十四日，由台飛粵，召開中常會，中央政治會議聯席會議，討論閻錫山所提「扭轉時局方案」，籌劃廣州的保衛戰，和李宗仁會晤。停留一週，乘華聯輪前往廈門，「召集閩南各軍師長以上」高級將領開會，討論防衛辦法。

八月下旬，再行赴粵，誠信廣州的保衛戰爲「決定最後成敗的一戰」，「不得不再度前往廣州視察」，事畢，轉飛重慶，約見宋希濂，聽取其對川、鄂、湘邊區軍事報告，召見胡宗南，研討穩定川局辦法。

抵達重慶這天，群衆歡迎之熱情頗出意料，經國記載：

「上午，父親進城，沿途老百姓扶老攜幼，夾道歡呼，在他們的面容表情上，可以看出親切和希望。及至上清寺，民衆更擠得水泄不通。當座車擠過人群時，鼓掌歡呼，經久不絕，給我們莫大的安慰！這正是共匪所說：『人民的眼睛是雪亮的！』國步艱危，而民心不死，亦可喜之現象。」❹

---

❸ 即鎮海會議。
❹ 同❷，頁一二三。

民心「不死」固然是事實，歷史上的文天祥、史可法，均曾以此自勵，抵抗元、清，但是沒有一枝擋住解放軍的力量，單靠空洞的民心，缺少組織，缺少計劃，除了自我安慰，何啻以卵擊石，有什麼用呢？

蔣先生的想法，以四川爲中心的西南，憑天府之富，劍閣之險，是可以和中共週旋一下的。再以八年抗戰的經驗，一般相信，偏安西南，再圖中原，不乏前事之師。所以，蔣抵重慶，西南方面的軍政重心頓時雲集山城。愛將胡宗南、宋希濂亦相約來陵園晤蔣，商討西南防務大計。

胡宋共同的意見，局勢的發展，前途悲觀，「爲了保存實力，靜待時機，必須設法避免部隊被共軍包圍殲滅。在共軍未向西南採取大規模的軍事行動以前，應設法將主力轉移至滇緬邊區。」具體步驟：「㈠先控制西康和川南，作爲逐步向滇緬邊區轉移基地。㈡俟共軍向西南進軍時，應立即將主力轉移至滇西之保山、騰衝、龍陵、芒市一帶，以一部轉至滇南之車里、佛海一帶。」❺

胡、宋決議，必要時，「先解放劉文輝，以控制西康，並以西昌爲第一個根據地。」

蔣先生耐心聽完，卻予否決。他認爲：「㈠展望未來，兩廣勢難保持，在華南丟掉之

❺ 宋希濂將軍面告，時間是一九八二年五月，於舊金山。

後，在大陸上必須保有西南地區，將來才能夠與台灣及沿海島嶼相配合，進行反攻。㈡如果把大陸完全放棄，則「國民政府」在國際上將完全喪失其地位。㈢西南地區形勢險要，物資豐富，尤其是四川，人力物力很充足，必須保持這一地區。㈣劉文輝等人雖不可靠，但由於利害關係，只要他們不在後方搗亂，應設法加以拉攏。結論是：不同意主動退到滇緬去。」❻

蔣先生打的是如意算盤。照胡、宋方案，西南仍逃不掉失敗的下場，但兩軍實力，想可保存。

中共方面，志在必得，前進部署爲：楊勇兵團，由湘趨黔，直插川南；陳錫聯兵團，向湘西進擊，挺進川東；周士弟兵團，由北向川西壓迫。毛澤東的武略思想，不讓蔣負隅頑抗。

我們暫時先丟開四川軍事的發展，將注意力移向雲南昆明。川、滇一氣，唇齒關係，如滇局欠安，妄談防守西南。

雲南的情況，撲朔迷離，盧漢受龍雲的策動，在反共與「起義」間，舉棋不定，蔣先生風聞盧動搖，但堅信可「申之以道義，動之以利害」。抵渝後，立即下令張群，邀盧到重慶會

---

❻ 陳少校《逐鹿川陜康》，香港致誠出版社，一九六七年四月，頁一二九，該書根據「文史資料」所撰，可靠性極高。

唔。

盧漢心裏有鬼，不敢成行，乃派省府委員楊文清和祕書長朱景暄，代表謁蔣請示。蔣堅持必須盧親自赴渝，盧托病留昆，重慶再派俞濟時促駕，幾經商議，始勉爲其難❼。閻錫山主張扣留，張群從中緩頰，盧漢順利回滇。

盧回昆明，的確以行動答覆承諾，解散參議會，大捕親共份子，改組省府，撤除安恩溥的民政廳長及省訓團職務，查封親共書刊、學校，即所謂「九九整肅」，雷厲風行，氣象一新。

九月廿二日，蔣返台途中，順訪昆明，目的給盧漢打氣，堅其心志；經國另持異議，「這是一種極端的冒險，如果父親不顧一切的去了，可能有不可收拾的局面。」他認定盧「狡猾成性，首鼠兩端」。所以，經國先一日抵昆，預作佈置。

「總裁另外有事，恐怕不來了。」經國說。

「啊，總裁不來啦！」盧似不解。❽

---

❼ 趙鼎盛《我所知道的龍雲先生》。趙先生曾任龍雲副官，一九四九年奉龍命由港回昆明，策動盧漢起義，該書未發表，作者持有原稿。

❽ 同❷。

這段對話，是經國於廿一日下午三時至省府訪盧時的紀錄，盧信以爲眞，不疑其它。

第二天正午，蔣先生照預定計劃飛滇，經國告訴盧：

「主席，重慶方面來了電報，總裁已經起飛，十點就到昆明。」

「經國兄，你不是說不來了嗎？」

「嗯！也許是臨時決定的。」

「那末！讓我打電話派兵到機場，爲總裁的安全警戒。」

「用不著了，」經國立即予以阻止，「最安全的方法，就是除你我兩人之外，再沒有別人知道這個消息。」

說著，經國就把盧漢拉上汽車，同去機場。

經國的戰術，是出其不意，不讓對方有調兵遣將對蔣下手的機會。

蔣的座機，果然準時著陸，盧漢站立在坪道上恭迎。

「盧主席，你有沒有預備午餐？」蔣下機後，劈頭即問。

「還沒有預備好。」

「好！好！我們一同到你家去午餐吧。」

蔣先生在盧宅停留四小時，且約見「滇省重要將領，會商保護西南大局」，會議完畢，經國說：「剛才接到廣州的消息，那邊天氣可能發生變化，請父親立即啓程。」

蔣當然意會到兒子的用心，站起身向窗外佯視，將計就計，「好了！我們走吧！」❾經國描述昆明之行，「無異深入虎穴」，他的部屬，特別是王昇，引為經國智勇雙全的範例。

危險的成份固然是存在的，盧漢翻臉，昆明即是一九三六年十二月十二日的西安。蔣氏父子的後半生歷史將因而改寫。龍雲確有電報❿，要盧扣蔣，但盧何以沒有這樣做呢？一係迫於形勢，盧漢的實力，僅八個保安團，決非李彌、余程萬的廿六軍和第八軍的對手。中共南下兵團，尚在湖、粵南進，遠水救不了近火，輕舉妄動，後果堪虞。一係盧的性格使然，徬徨失措，意志不堅。

蔣先生自己，對盧信任有加，拒閻扣盧於先，批駁毛人鳳殺盧之議於後⓫，基於這個道理，蔣繞道昆明返台。由此看出，父子間性格處人態度之差異的地方。

當晚抵廣州，西北消息，陶峙岳倒戈，經國說：「父親至爲痛心。」回台席不暇暖，蔣先生疲於奔命，赴廈解決湯恩伯⓬的任命問題。碰上中秋節，未遑回

❾ 同❷。
❿ 據龍雲四子龍繩文告訴作者，但無其它見諸文字的記載。
⓫ 沈醉〈雲南解放前夕軍統在昆明的特務活動〉，「文史資料」，第二十三輯。
⓬ 李宗仁要撤換湯恩伯的總司令職務。

草山，齊集家人，假華聯輪共渡佳節，飯後離基隆，向廈門進發。

海風吹拂，星月高懸，應是「對海高歌，人生幾何」的良宵，無奈，這樣動人的畫面，那裏來如是灑脫的心情！

蔣先生到廈門，不外乎召集軍官訓話，要求部下冒險犯難等老套，說了等於沒說。離開廈門，巡視馬公，果然，八天後，這個當年以條約通商出過鋒頭的廈門港，爲解放軍垂手而得。

廈門沒有抵抗，金門勢必跟進。退到台、澎，則連當年的鄭成功，亦難望項背。

負責金門防衛責任的，仍然是逃跑將軍湯恩伯，他甚至把指揮部設在輪船上，指揮官的決心如此，焉談其它。

金門守軍，名義上，建制繁多，計有兩個兵團的番號(十二和廿二)，實際人數僅兩萬有餘。連連受挫，敗軍新補、裝備、訓練、戰鬥力，均不足以奮勇拒敵，卻出現奇蹟。

預期中的金門防衛戰於十月廿五日淸晨發生，葉飛兵團屬下的八二師、八四師、八五師的四個團，挾勝利餘威，以木造機帆船配合岸砲支援，分左右中三路向金門強行搶灘登陸。

登陸前，解放軍雖有周密計劃，包括「計算海潮，利用帆船，深夜奇襲，搶攤登陸」等，但驕縱輕敵，高估自己，低估敵人，復缺兩棲登陸經驗，以致出現若干超越原來想像的逆勢。那就是，搶灘過程中，潮高浪大，木造帆船失去控制；戰士們摸黑攜帶武器彈藥，隨波逐流，順利登岸，已體力消耗泰半；敵情欠明，地形生疏，建制混亂，識別不易，無法做全盤有組織之戰鬥。

海島防禦，本具易守難攻之特性，美日軍第二次世界大戰的攻防經驗即是最佳範例。國軍歷次戰役的失敗，受創的全是陸軍，海空軍基本上是完整的，到了背城借一的地步，只有死拚，於是奠定哀兵必勝的心理基礎。

戰爭進行中，國軍的飛機、艦艇、裝甲戰車，反覆衝殺，立體攻擊，解放軍糧盡彈絕，只有投降挨打的份，戰事延續兩晝夜，國軍大捷，計生俘七三四〇人，全殲七千餘人。

共軍戰敗，全軍覆沒。據陳毅的檢討：「就在解放上海那年秋天，爲了給解放台灣打下基礎，黨中央決定首先解放金門，這是台灣的門戶。三野受命擔任這偉大的任務。可是，當時我作爲三野司令員，和饒漱石對如何執行解放金門的任務，發生了分歧意見，一向是失敗主義思想的饒漱石，當時又產生了輕敵思想，這種思想似是矛盾，卻並不矛盾，勝則驕，敗則餒，本質是一樣的，這就是辯證法。饒漱石認爲蔣介石已經完了，祇要我軍一登陸，金門就會不戰而降，派一兩個師進攻金門，就能解決問題。在決策會議上，我和饒的意見不同。我認爲列寧講的『敵人愈到垂死的階段，掙扎愈是猛烈』這句話，對於解放金門戰役仍是適用的。因此，我的意見是蔣介石必定不惜一切犧牲，堅守金門頑抗，我軍必須以全力進攻金門，並且在萬一戰局不利時，作最壞的準備。饒漱石不同意我的意見：遵照黨的紀律，我放棄了我的意見。結果，那次戰役，我軍失敗了，損失了一萬多人。」⑬

二十六日清晨，經國獲訊，專機赴金，奉父命慰勞守軍將士，「俯瞰全島，觸目淒涼」，乘車到湯總部途中，屍橫遍野，「血肉模糊」，他初次看到戰爭的殘酷面，也初次目睹國軍「英勇作戰」的不懈精神。他在日記裏記著「極受感動」，只是，勝利來得太遲了，如果早幾年在東北、華北、蘇、魯發生，國共至少能打個平手，繼續逐鹿中原，那又是另外一番局面了。

接連幾天，台北沈緬在祝捷的歡樂狂潮裏，十一天後，國軍在登步島再度獲勝，頹勢中有此佳音，軍心大振，民心大振，代表著一種新的希望──「得以轉危爲安，轉禍爲福。」

說金門大捷是反共復國的轉捩點，就防禦金馬台澎的意義上，確是事實。一九五八年，中共再作嘗試，兩小時內，落下五萬發砲彈，對峙四十六天，最後，自動放棄。毛澤東才體會到，解放軍的雄師和成吉思汗的騎兵一樣，遇到汪洋海峽，僅有望洋興嘆的份了。

金門雖倖而獲勝，東南的戰事已告收場，局勢的焦點集中西南。擔任西南軍政長官的張群最早倡西南聯防之說，作戰計劃，以重慶爲軸心，胡宗南部擔任左翼，宋希濂部擔任右翼，兩鉗施張，以逸待勞，然後合圍夾擊，痛殲來敵。

十一月十四日，父子兩人，僕僕風塵自台飛渝。當日桂林失守，重慶「已充滿了恐慌驚

---

⑬ 向德〈饒漱石的「罪狀」〉，香港《明報》月刊第一七期，一九六七年五月，頁七七～八〇。

怖和死寂的空氣」，經國歸諸於「貴陽撤退，秀山失守，匪軍已近彭水」之故。

且說宋希濂、胡宗南於八月廿九日，在重慶晤蔣，力諫不從，對作戰前途，更形悲觀，川湘鄂邊區綏靖公署所屬的十四兵團、二十兵團，份子複雜，將士失和。到十一月中旬，陳克非的第六軍被迫向彭水南北線轉進，宋、陳同在彭水西岸，情況極爲狼狽。

十五日，經國越山涉水，抵達江口，與宋、陳會晤，攜來蔣手書兩封，信的末段說：

「凡我總理三民主義之信徒，均應本黃埔革命之精神，同心同德，再接再厲，矢勤矢勇，必信必忠，力行總理遺教，服膺黃埔校訓，上下同心，彼此協力，就在川東戰線上，抱有匪無我，有我無匪之決心，挽狂瀾於既倒，定可計日以待。要為已死之官兵復仇雪恥，要為被難之黎民救命申冤。不消滅奸匪，誓不甘心。不完成建國統一，決不罷休。臨書匆促，不盡一一，特飭長子經國持書前來代達余意，並祝軍祺，中正手啟。」⑭

陳克非對天發誓，向經國保證「一定克盡厥職，做一個不成功便成仁的軍人」。豈料事與願違，鍾彬的十四兵團，稍經交戰，潰不成軍，陳克非的第二軍主力，又被共軍切斷，放棄

⑭　同❻。

白馬山的司令部，倉皇逃命。

宋希濂率部，且戰且走，經白馬場到南川，奔綦江，本擬在高家場附近渡江入宜賓，再事西行，但有變故，在牛喜場渡江，目的地是西昌，十二月十九日，宋和軍長顧葆裕等，在大渡河南岸被補。現宋將軍寓居紐約，緬懷往事，不勝唏噓。

胡宗南的部隊駐川南陝北一帶，計有李文的第五兵團，裴昌會的第七團，李振的第十八兵團，共十二個軍。蔣先生保衛西南的後盾，即胡、宋兩軍的數十萬兵馬，後來全部起義，胡宗南只剩下少數殘餘，帶往西昌。

重慶於十一月三十一日棄守，但自綦江被佔，情況開始大亂，經國追憶：

「午後隨父親巡視重慶市區，沿途車輛擁塞，交通阻梗；憲警皆表現無法維持現狀之神態，一般人民更焦急徬徨，愁容滿面。部隊亦怪象百出，無奇不有，言之痛心！」⓯

廿九日，行政院遷成都，重慶市內秩序更壞，經國記述父子離渝的經過如下：

⓯ 同❷，頁二六四。

「父親乃決心於明晚撤守沿江北岸之指揮部署。午間召開軍事會議，決定新的作戰計劃，對第一軍之後撤準備，亦有詳細指示。但前方已傳匪部在江津上游二十里之處渡江矣。

「前方戰況猛烈，情勢危急，重慶已受包圍。而　父親遲遲不肯離渝，其對革命的責任心與決心，感人之深，實難以筆墨形容。下午十時，林園後面已槍聲大作，我只好向　父親報告實情，希望早離此危險地區。同時羅廣文自前線回來報告，知其軍力已被匪部擊散。而周圍之兵工廠爆炸之聲又四起，連續不絕。此時山洞林園前，汽車擁擠，路不通行，混亂嘈雜，前所未有。故不能再事稽延，乃決定赴機場宿營。途中為車輛阻塞者三次，無法前進。父親不得已，乃下車步行，通過後改乘吉普車前進，午夜始達機場，即登中美號專機夜宿。」⑯

當衣復恩駕駛的中美號專機臨空之際，由江口過江的解放軍距重慶白市驛機場僅十公里，戰時陪都，半小時後失陷。

重慶既失，成都無險可守。四天後，市內秩序失去控制，街頭汽車塞途，槍聲四起。夾江、峨嵋一帶，暴民出現，洗劫商賈，富順之陷，更其荒謬滑稽，解放軍在瀘州途中，僅

---

⑯ 同❷，頁二六五。

「用電話恐嚇富順縣長」，居然一鬨而散，軍政解體。

那確實是一個可痛復可笑的場面，敗軍如山倒，中外皆同，草木皆兵，正是這個意思。十日，成都情況瀕臨絕境。盧漢搖身一變，化友爲敵，給西康省主席劉文輝的密電，要劉會同四川將領扣留蔣先生，俾作「人民政府第一功臣」，侍衛人員發現蔣駐節的中央軍校附近，「有可疑人物行踪」，幸賴軍校學生護衛，安全脫險。「蔣總統秘錄」所記，「在離開軍官學校之際，蔣總統和蔣經國二人曾合唱『三民主義……』的中華民國國歌⑰」。雖戲劇化一點，悲壯淒涼，感人至深。

下午二時，蔣先生自鳳凰山搭機升空，台北時間六點三十分抵松山機場。經國總結，「此次身臨虎穴，比西安事變時尤爲危險」，信哉斯語。

此後，西昌告急，川北劍閣失陷，李彌下落不明，而霑益、曲靖失陷，余程萬失去聯絡，不僅「西南保衛戰已近尾聲」，國民黨從一九二七年起，廿二年的統治，或可說，一個蔣介石的時代，從此結束。

除了台澎，海南國軍控制下的，僅一些無足輕重的島嶼。一九四九年的最後一天，經國的日記這樣寫著：「決定國家生死存亡的一年，就在今夜過去了。」

⑰「蔣總統秘錄」，中譯本，第十四冊，頁九九～一〇〇。

第十五章

台灣——歷史的起點

當西昌失陷的電文，抵達台灣，蔣先生正隱居台中日月潭的涵碧樓。數十年來的慣例，喜歡寄情於名山巨川，冷靜地思考軍國大計。大陸時代，常去浙江的莫干山，江西的廬山，退處海隅，只好以高雄壽山、桃園角板山和日月潭取代。

已是黃昏時刻，潭水如鏡，掩映著似血的殘陽，看蒼茫暮色，興英雄末路，時不我與之嘆。老人悲懷無語，百無聊賴，忽然告訴隨侍的經國：「我們下山散步吧！」❶

經國並不知道怎麼去安慰滿懷創傷的父親，父子倆走了一段山路，蔣先生突興垂釣之念，經國吩咐侍衛安排一隻船，老人孤舟，瞬即潭中盪漾，隨波逐流。稍頃，繩線輕蠕，魚竿低垂，老人意識到，魚兒上鈎了，使勁一拉，魚線綳得更緊，連忙收桿，一條約五尺長的

---

❶ 董顯光著《蔣總統傳》，頁五五四。

大魚❷，無可奈何地躍出水面。

「總統，這樣大的魚，幾十年來我第一次見過❸。」船夫樂不可支地說。

「好！好！」蔣先生頻頻點首，帶有水滴的雙頰，微微露出欣慰的笑靨。

這一年中，喪師失地，受盡奚落，除了「金門大捷」，老人憂鬱彷徨的面龐，有過顏開笑綻的機會，跟著重慶棄守，成都轉進……。惡訊踵至沓來，那來輕鬆的時刻呢？

蔣先生是個很迷信的人，一向聽信風水先生和陰陽術士的話，憑他自己的第六感，他肯定今晚是件好的徵兆❹。否極泰來，爲時已近。

第二天，一九五〇年的元旦，降臨人間；萬象伊始，一元更新，父子倆的心情，異常開朗。做完祈禱，回到現實面，籌思迎接即將來臨的考驗。「退此一步，別無出處」，那早已是人盡皆知的事實。

新華社的廣播，聲色凌厲，重申其渡江前「向全國進軍」的立場，「絕對不能容忍國民黨

---

❷ 照片陳列於台中日月潭。

❸ Brian Crozier, Eric Chou, "The Man Who Lost China" Charles Scribner & sons, N. Y. 1976 P.349. 「On seeing it, the fisherman exclaimed that he had seen no such sight in twenty years. A good omen, thought Chiang Kai - shek.」

❹ 同❸。

反動派把台灣作為最後掙扎的根據地。中國人民解放鬥爭的任務，就是解放全中國，直到解放台灣、海南島和屬於中國的最後一寸土地為止。」時評特別強調：「中國人民包括台灣人民，將絕對不能容忍美國帝國主義對台灣或任何其它中國領土的非法侵佔。」❺

中蘇談判，仍在莫斯科秘密進行，新成立的人民政府，氣勢固盛，仍不脫延安時代的「革命」本色，不僅缺外交知識手腕，更缺外交情報；起碼對美國的政情，一無所知。杜魯門政府，公開或私下地表示，「不予蔣庇護」、「任其自生自滅」。

國府遷都廣州，司徒雷登大使滯留南京，持觀望等待態度，意圖明顯不過，試探外交承認之可能。即使毛宣佈「一邊倒」後，華府的首腦,仍懷希望,幻想中共成為東方的南斯拉夫。

其奈，毛澤東剛愎自用，是搞陰謀整人的能手，卻是外交經濟方面的低能兒。對美國，一味意氣用事，討好蘇聯，置個人好惡於國家利益之上。

周恩來雖是世所公認的外交家，被任命為新中國的外交部長，但他僅是外交政策的執行者，而非最高決策人。

假使毛稍具彈性，看清共產集團以外的形勢，而不過份刺激杜魯門政府，華府極可能於前一年承認中共，外交上斷絕國民政府的生路。

❺〈中國人民一定要解放台灣〉，《新華月報》第一卷第一期，一九四九年十一月十五日。

由於毛的傲慢和偏見，幫助了他的敵人，阻礙他「解放台灣」的願望。

一九四九年的十二月，華府內部數度集會，反覆探討美國的態度，和國民黨政權能否得救的可行性研究。美國這樣做，有其內因：親蔣派和軍方的壓力爲其一，杜魯門政府逃避「失掉台灣」的責任爲其二。

十二月初，有當時高華德之稱的史密斯，和諾蘭參議員，聯袂飛東京，會晤駐紮日本的盟軍統帥麥克阿瑟上將，要求他用軍事行動，挽救即將陷落的台灣。聯合參謀本部的意見，建議杜魯門派遣軍事顧問團，協蔣防守台澎，但不同意派遣三軍，直接佔領❻，新華社所指「不許美國帝國主義對台灣或任何其它中國領土的非法侵佔」，大概即據此而發。

國務院的中國專家們另持異議，他們認爲：「台灣之陷落，人所預期，援助也是枉然。」❼易言之，採袖手政策(Off Hands Policy)。艾奇遜發表白皮書於前，送備忘錄於後(致駐外使領館)，他早已看透杜魯門的心思，等著看蔣的笑話，所以不聞不問。

廿九日，杜魯門在白宮內召開國家安全會議，作最後的集思廣益。會議爲兩派，聯合參謀會議主席布萊德雷，強烈主張派遣軍事顧問駐台，代表美國鷹派的典型意見，認爲台灣是

---

❻ "Formosa: Climax of the China Tragedy", News week, Jan. 16, 1950.

❼ 同❻。

不沉的航空母艦，是美國西太平洋的屏障，失去台灣，菲律賓、日本將受威脅。國務卿艾其遜，予以駁斥，他說，即使美國介入，亦無濟於事；美國的西太平洋防線，有沒有台灣無足輕重，杜魯門作最後的裁決，支持艾其遜的見解，於是塵埃落定❽。

如果近一步了解蔣、杜關係，杜魯門作此決定，純屬意想之中。杜魯門一反他前任羅斯福對蔣的偏愛。來自各方面的報告，指責國民黨政權貪污腐化，已深惡痛絕。派馬歇爾赴華，使命失敗，鎩羽而歸，杜的頹喪可知。兩黨競選，蔣派陳立夫來美，以現金支援杜威。不幸，杜威落選，杜魯門蟬聯，這位密蘇里的老農，向以脾氣倔強著名，輪到他洩憤的機會，他能放過嗎？

第二天，美國的決定，國務院正式通知駐美大使顧維鈞。五天後，杜魯門舉行記者招待會，赤裸裸地，將美國的意見訴之於衆。他說：

「美國此時不想在台灣獲取特別權利或建立軍事基地，她也不利用其武力以干涉台灣現在的局勢。美國並不採取足以涉及中國內戰的途徑。同樣地，美國政府也不供給軍援與軍事顧問於台灣的中國軍隊。」❾

❽　同❻。
❾　同❻。

美國公開拋棄台灣的宣言，傳及世界每一個角落，而受到嚴密控制的台灣報紙雜誌，奉命隻字不提，僅少數人了解到事態發展的嚴重性。政府的用意，怕進一步削弱民心士氣。

美國同時宣佈，自台撤僑。更使蔣先生感到不安的消息，那是華府的蘇俄問題專家們，再度推動美國承認北京的新浪潮。他們的有力說詞，認爲延遲建交，只有利於蘇聯，使毛更靠近史達林，而危害到美國的遠東利益❿。

一九五〇年新年，顧維鈞大使循例到白宮賀年，新聞界揶揄，說「這可能是最後的一次」(This may be the last)。《新聞週刊》評論中國的局勢時，使用最悲觀低沉的語調說：「所有傳達給美國公衆的消息，宛似行動遲緩的珍珠港事件。」「我們接受一次嚴重的慘敗。」⓫

當一切希望趨於破碎之際，宋美齡乃於一月十三日黯然歸國。蔣夫人曾在美受大學教育，和美國朝野保持良好關係，抗戰期間，出席參政兩院聯席會議，發表過動人演說，受到羅斯福總統非凡的禮遇，獲「出色的國民外交家美譽」。可惜，物換星移，人事全非。杜魯門的接待，冷漠鄙夷，打心底裏，認爲蔣、宋是一群「偷盜之徒」⓬。天時、人和兩方面，注定

---

❿ 同❻。

⓫ "CCP Virtually Completed Their Increasing Bloodless Conquest of the Mainland", News week, Dec. 9, 1949, p.27.

⓬ Meril Miller, "Plain Speaking, An Oral Biography of Harry Truman" Berkeley Publishing Corp. N. Y. "They are thieves, every damn one of them."

使命失敗。雖逗留經年，卻知音乏人。

蔣夫人於危難中賦歸，有助於民心的激勵。爲有心開溜的高官富賈，樹一反面榜樣。經國自告奮勇，專程馬尼拉接駕，更含有高度的政治技巧。

中華婦女反共抗俄聯合會，簡稱「婦聯會」，在夫人的推動下，迅速成立，縫征衣、慰征屬等故事，台北各報，紛紛以特寫專欄方式出籠。蔣氏一家，實行總動員，力挽狂瀾。除經國輔佐蔣先生，軍隊政工、特務一把抓，蔣緯國任裝甲兵旅長，蔣方良、石靜宜（緯國的首任夫人）納入「婦聯」工作。

陸續敗退到台灣、海南、金門、舟山、大陳的國軍，人數約六十萬之衆；虛張聲勢有餘，英勇拒敵不足。一項公開的秘密：敗兵殘卒，烏合之衆，未經整補訓練前，難擋強敵。很多單位，徒具虛名，官多於兵，或有官無兵，爲普遍現象。官兵成份，五花八門，職業軍人，混雜著受裹脅農民；野戰師團，零零星星，係臨時由流亡學生、保安團隊拼湊。由江西撤退到金門的十二兵團（司令胡璉）即是衆例之一。這使我們聯想起，劉備敗走新野後的慘狀。

陸軍不可恃，且力量分散，官方宣傳的「海上長城」，無非又是一套空話。三年內戰，如果照中央社宣傳的殲敵人數總和，會超過當時的全國人口，幸而，九十哩的台灣海峽，和尚算完整的海空軍，提供最後的心理憑藉。

《新聞週刊》的估計：周至柔指揮的空軍，兵員八萬五千人，各型飛機四百架，唯缺乏維修的零件，眞正能作戰的僅有半數，汽油儲存量兩個月。桂永淸控制的海軍，官兵三萬五千人，艦艇約爲五十艘，和空軍面臨相同的困難，零件不繼。該刊的軍事評論家指出：實際發揮戰力的海軍攻擊艦艇，不及半數。如果雙方膠著，長期消耗，連這最後的本錢，亦將輸光⑬。

蔣先生對全盤形勢的了解，比誰都淸楚。再希望美國給予援手，爲事實所不許，但仍幻想，第三次世界大戰迫在眉睫，他急需的是時間。由古寧頭戰役得到印證，解放軍擅長陸戰，遇到海洋，就和十三世紀忽必烈大汗的蒙古騎兵一般，遭遇慘敗。再根據太平洋戰爭的經驗，海島易守難攻，如果不能掌握絕對的海空優勢，沒有大量的運輸船隻，掌握沿海氣候、潮汐、交通、地形等情況，貿然發動大規模的兩棲登陸，成算亦小。

時間對毛澤東同樣重要，雙方在競走中，都想擊敗對方。中共的積極準備，預備在是年颱風季開始前，大舉進攻，董顯光著的《蔣總統傳》，有如下記載：

「在是年整個春季，尤其是在海南島淪陷以後，彼等在福建沿海各城市作種種兩棲的與空軍的進攻準備。彼等所準備的空軍，到民國三十九年(一九五〇)，已有飛機四百

---

⑬ 同❻。

架。上海的龍華大機場一度幾為我政府炸毀者，現已藉俄人之助，修復至可供使用。長江以南各地約有三十個空軍基地，包括對日戰爭時美軍所建築的若干基地，亦已恢復至可供運用之程度。在面對台灣之廈門、福州、汕頭及其他港口，大量之登陸艇與種種型式之船舶皆在準備中。因此，在是年五、六月間，台灣亦在防備敵人之進攻，而這種進攻在　蔣總統認為是不可避免的。」⑭

台灣於一九四五年光復，「二二八事變」留下創傷的烙印，內戰的烽火，雖從未直接波及這新近歸回的海島，覆巢之下無完卵，人民的生計，和經濟秩序，仍或多或少地受到株連。他們對「戡亂建國」本沒有甚麼興趣，現在要他們同舟共濟，保衛台灣，號召起來，殊爲不易。青年一代的知識份子，受到中共巧妙的宣傳誘惑，他們內心裏，對「解放台灣」的態度，歡迎遠多於畏懼。

中共對於情報戰的運用，三年內戰中，屢建奇功；當然它不曾放棄「從敵人內部瓦解敵人」的機會。「中共中央軍委總政治部聯絡部」以及「華東局」，分別從各種渠道，向台灣滲透。甚至光復不久，蔡孝乾領導的「台灣省工作委員會」，即於是年十二月設立。蔡以下有負

⑭ 同❶，頁五八一～五八二。

責組織的陳澤民、宣傳的洪幼樵，和武裝工作的張志忠。除陳洪兩位原籍福建、廣東外，餘則土生土長的台灣人，早年參加中共，屬長征幹部⑮。

「台灣省工作委員會」的任務，爲下列五項：㈠蒐集境內軍政情報；㈡向動搖的軍政人員策反；㈢建立地下組織；㈣發展黨組織；㈤秘密政治宣傳。台東偏僻山區，建立武裝根據地，利用山區的天然條件，發展游擊力量。

其次，策反國防部參謀次長吳石中將和另一位陳寶倉中將，設法爭取陸軍陣前起義，搜集防禦佈置等重要軍事情報。間諜網遍佈東南軍政長官公署、保安司令部、空軍部隊。

就全盤形勢而言，台灣祇是個等待爆炸的火藥庫。政治上「內則謠諑紛傳，人心惶惑，其私蓄較豐而意志較薄弱者，紛紛避地海外，或預作最後打算。」⑯加以註腳（Footnote），如曾任台灣省主席的魏道明，寄居巴西；做過東北方面大員的熊式輝，和後來任駐美大使的沈劍虹，滯留香江；曾任第一綏靖區司令的李默庵，避秦南美。

四月底，行政院頒發緊急命令，防止官兵逃亡，規定人民出國探親遊歷，一律禁止，政

⑮ 李資生〈台灣大間諜案破獲始末〉，香港《新聞天地》，一九八三年九月九日。該文作者的眞實姓名夏曉華，原供職保密局。

⑯ 《國軍政工史》下冊，台北，國防部總政治部印行。

府官員因公出國，須行政院審核批准。這項措施，沿用到七十年代，全面開放觀光護照，始予取消。

經濟上，一樣令人憂慮。台灣的面積只三六〇〇〇平方公里，山脈佔去三分之二，可耕地不及三分之一，人口六百萬，承繼日人留下的交通建設、工業基礎，人民生活，尚稱康樂。一下子湧來兩百多萬軍民，人口壓力隨增，經濟情況，早趨下坡，生產失調，通貨膨脹，於今尤烈。這種情勢，得不到改善，將無可避免地重蹈大陸時代的覆轍，改革幣制，穩定金融，乃當務之急。

蔣先生保衛台灣的步驟，益見其老謀深算，處變不驚。對外，穩住青天白日滿地紅國旗的法律地位，爭取與國。毛澤東改國旗國歌的魯莽舉措，使他因禍得福。對內整頓軍隊，改革弊端，改善經濟，肅清「匪諜」。

三月一日，蔣復行視事，重新打出中華民國總統的招牌。法統上，李宗仁赴美就醫，「醫病」爲名，留美其實。他早在新澤西州做起寓公，使總統的位置虛懸。蔣以總裁名義，發號施令，實際執行陸海空軍大元帥的職務，究竟名不正言不順，不符憲法精神。聯合國的席位，由蘇聯帶頭，已醞釀由中共取代，復職出於現實形勢的需要，勢在必行。所謂「順應群情」，固有玩弄政治把戲的成份在，蔣先生的聲望，在島內爬升，並非過甚之詞。

董顯光說：

「蔣總統在考慮復任此不易討好的任務時，深知只有使自由中國的人民重申信念始能免於滅亡，李氏代理時期之動搖猶豫，使政府人員的信心漸漸消失，南方與西南最後之崩潰實為失敗主義與武人意志薄弱之結果。中國現已到達這樣一個時日，惟有意志上的奇蹟始能把它挽救， 蔣總統自知，在國民黨的陣營中，祇有他自己才有推動此一奇蹟之望。

當然， 蔣總統如復職，他所遭遇的困難自多，他如專為自身打算，自仍以引退為宜。復職後如不幸失敗，不是有生命的危險，便是飽受指責， 蔣總統所享受中國的尊榮已達於最高峰，今後所遭遇者或不免有下坡之事；故從個人利益的原則而論，他最好是置身局外，而避免最後奮鬥的艱巨責任。但 蔣總統自非規避責任的人，早已以身許國。他不計自身的安危，也不顧現實的順逆，他毅然接受了國人的最後要求。」⑰

陶希聖所撰〈我們怎麼辦？〉的文章，道出當時的眞實情況，那就是「明知其不能也要爲」。以蔣的倔強性格，不戰至最後的一兵一卒，絕不輕言放棄。董說「祇有他(蔣)自己才有推動此一奇蹟之望」，在那樣危殆的時刻，一個堅強的領袖，的確不可或缺。至於大陸崩潰的責任，一股腦兒推給李宗仁，歸結爲「李氏代理時期的動搖猶豫」。董是用的栽贓手法，爲公

⑰ 同❶，頁五六五。

正客觀的史家所難接受。果如董氏所說，渡江之敗，應由李宗仁負責，那末，東北之失，平津之失，徐州之失，又是誰的責任呢？保衛廣州，保衛重慶，保衛成都，李未插手，蔣一人包辦，難道也是李「動搖猶豫」之罪嗎？

復職以後，蔣先生在一次總理紀念週的集會中，對兩千名黨的中上級幹部，發表了動人的演講詞。演說要點：㈠虛心接受中國大陸失敗的責任。㈡不惜犧牲感情與顏面，徹底改造。㈢他自己將鞠躬盡瘁，爭取最後勝利。董說：「當他演說時，在座聽講之人多有落淚者。」足資採信。

復職後的迫切任務，便是加強安定內部的部署：提名新的行政院長人選，接替倦勤已久的閻錫山；新閣揆為陳誠將軍，時任東南軍政長官轄東南各省。陳歷任軍政要職，如軍政部長、參謀總長、東北行轅主任等，個性耿直，操守廉潔，為國軍將領中之佼佼者。陳的台省主席遺缺，前年十二月由吳國楨遞補；吳出身清華大學，美國普林斯頓的博士，有「民主先生」之稱。為了改變蔣獨裁統治的形象，吳的任命，再恰當沒有；儘管吳和經國不和，這時候的小蔣，尚未具人事支配的力量，何況大敵當前，禦侮第一。至於內鬨的發生，已是韓戰爆發，轉危為安以後的事了。三軍高級人事，同時更易：發表周至柔參謀總長兼空軍總司令，孫立人陸軍總司令，海軍不變，仍由桂永清擔任；蔣經國國防部政治部主任，後改總政治部主任。

蔣先生此項任命，深具劃時代的意義。老將如何應欽、顧祝同等，不復當權，由新生代的周至柔擢升。孫立人非黃埔出身，出掌全體陸軍的兵符，意味著蔣先生大公無私，人才至上，有打破傳統的決心。

政治部主任，交給經國，當時的環境下，衆望所歸。青年軍時代，經國已初試鋒芒，僅限於淺嘗即止，配合政工改造，環顧國民黨的高級軍政幹部中，只有這位共產黨出身的小蔣，能夠勝任。這年，經國四十初度，年齡、體力、經驗，均屬黃金時代；一般相信，只有他能對國軍的再生，賦予活力和希望。

除了政治部的官銜，蔣先生賦予他更重要的兩項使命：負責監督籌劃情報業務，和對大陸游擊活動的指揮派遣。

前年七月，蔣先生在高雄秘密集會，成立包括蔣經國在內的「政治行動委員會」，並以唐縱為召集人，基本任務是：「統一所有情報工作，並使之充實、強化。」[18]

五〇年代，改為「總統府機要室資料組」。實際由經國一手包辦，舉凡一切黨政特務機構，歸其管轄指揮。資料組設副主任，由陳大慶擔任，調張師執行祕書，彭孟緝的保安處，則為直接行動的基幹。政治部第四處主管保防，實際等於奪取了毛人鳳保密局的業務。

---

[18] 孫家琪著《蔣經國竊國內幕》，香港日力出版社，一九六一年十一月。

「保密防諜」的口號，透過各種傳播媒體，普及全島每一個角落。功效亦有目共睹，破獲的中共間諜網，如蔡孝乾案、吳石案、新生報董事長李友邦案，國際間諜如李朋案，居高職的「台糖」、「台電」總經理，亦因「通匪」伏法。

位於台北植物園附近的馬場町，取代過去南京雨花台的地位。據執教東京立教大學的戴國煇說：「我當時在南海路的建國中學唸書，有天我看到一輛卡車，載著七、八位犯人，雙手背綁，口用白衣紮著，大概怕他們聲張，一忽兒，傳來槍聲。我心裏想，他們做了革命的烈士了。」⑲翻開五〇年前半年的《中央日報》，「匪諜××等數犯，昨日槍決伏法」的標題，一週出現好幾次。

以「匪諜」名義，送往青島東路軍人監獄、台東綠島，或用麻袋綑紮，未經司法程序，丟到海裏餵魚的，不計其數。台北的一位化學工程師陳天民，江蘇靖江人，因爲出言不慎，告訴投奔他的鄉親們說：「台灣都快解放了，你們還來這裏幹什麼？」⑳經人檢舉，判刑十五年。陳當然不是「匪諜」，沒有任何證據支持保安司令部軍法處的指控，充其量，不過是對國民黨的統治前途失去信心而已。

---

⑲ 戴國煇教授於一九八三年八月廿八日下午八時，在Oakland的龍騰閣餐館告訴作者。

⑳ 作者熟知的故事。

諾貝爾獎得主李政道的母親張明璋女士，和兒子李崇道（後來曾擔任中興大學校長），因在淡水家中，留宿一位廣西大學時候的同窗，卒以「掩護匪諜」罪，鋃鐺入獄。

受害人童軒蓀的遭遇，提供我們活生生的故事，益證特務們如何荒唐與無知。

一九四九年十一月八日深夜三點多，情治人員猛敲大門，闖進童宅。他們藉戶口檢查爲名，到處翻搜，但一無所得，僅搜去一本翻譯小說《湯姆歷險記》作爲罪證，便將童軒蓀押走。在逮捕童軒蓀之後，情治人員又將他公司的經理、會計及其他職員全抓到刑警總隊。保安司令部出示封條，將公司查封，童家偌大財產，就這樣毀於一旦。

童軒蓀最初被送到刑警總隊，三天內被押往西寧南路保安處。保安處坐落在日據時代的東本願寺，警備司令部最早在那裏設立調查處，偵訊政治犯。提起這「最可怕的黑地方」，童先生餘悸猶存地說：「那裏無需法律程序隨時可以槍斃人。」

童軒蓀在保安處關了三個月，刑求盤問，查不出任何罪證。童太太問說：「沒有罪是不是可以釋放？」他們回說：「進來容易出去難，還要留一段時間做『參考資料』。」

由於查無罪證，情治單位便以「思想左傾，意志不堅」爲名，發交內湖新生營感訓七個月。這樣，童軒蓀又開始了他的另一段「歷險記」。

所謂「思想左傾」，唯一能夠找出的「罪證」便是一本小兒讀物《湯姆歷險記》。童軒蓀大爲不解，問說：「這本書和我有什麼關係？」偵訊人員說：「這上面明明印著馬克吐溫的字樣，那不是馬克思一家嗎？你看這種書就是思想有問題。」這使我想起老友陳映眞（小說家）被捕時，他們要他寫下讀過那些作家的作品，當他寫出「左拉」時，那位偵訊人員目光爲之一亮，瞪大了眼問：「這是誰？這是誰？」映眞忽然明白過來，笑笑說：「啊！左拉是音譯，他是法國作家，並不屬於左派。」㉑

特務所逮捕的，自有不少同情中共的份子，但其中，更多是無辜的人民，或光復初期來台的知識份子。其恐怖程度，不下於毛澤東的肅反運動，甚至尤有過之。當局如是血腥遍野，肆無忌憚的原因：報復主義爲其一，大陸丟了，你們又想腐蝕台灣，把這些人作爲發洩情緒的對象。肅淸主義爲其二，只要行動可疑，經人檢舉，一概列入危險份子，格殺不論。報銷主義爲其三，彭孟緝領導的保安司令部保安處遊查組，以抓人破案爲升官發財的階梯，持著經國的尙方寶劍，只達目的，不擇手段；因而寧可錯殺三千，決不放走一個。彭孟緝後來坐直升機，爬到參謀總長的位置，即種因於此。

五十年代的大屠殺大恐怖，迄今爭論不休。患有恐共症的極右派，認爲經國的鐵腕政

㉑ 成中雄〈李政道母親被捕經過〉，《台灣與世界》第四期，一九八三年九月。作者的眞姓名是陳鼓應教授。童軒蓀先生，老報人，曾任《時報雜誌》創辦人，香港《新聞天地》主編，後退休住在聖地牙哥。

策，為台灣存亡所必需；開明派如省主席吳國楨，則持異議，指責蔣、彭作風，過份殘踏人權，與國民黨倡導的民主自由，名實不符。吳、蔣後來鬧到公開決裂，此處不贅，將在第十七章，詳加論述。

孫立人以陸軍總司令兼任台灣防衛總司令，沿海加建碉堡防禦工事，日以繼夜，不眠不休；防空演習、民衆組訓，次第展開，那首扣人心弦的「保衛大台灣」歌曲㉒，響徹街頭、學校、空中。其中第一節的最後一句：「我們已無處後退，只有勇敢向前！向前！」悲壯激昂，反映軍民心聲。

㉒ 陳紀瀅〈記孫陵〉《傳記文學》第二五二期，一九八三年五月號。「保衛大台灣」歌詞如下：「保衛大台灣！保衛大台灣！保衛民族復興的聖地，保衛人民至上的樂園！萬衆一心，全體動員，節約增產，支援前線！打倒蘇聯強盜，消滅共匪漢奸！我們已經無處後退，只有勇敢向前！向前！波浪滔天，海濤驚險，大海是敵人送死的墳墓，金澎舟山是我們海上的鋼拳！敵人來一千，我們殺一千！敵人來一萬，我們殺一萬！完全徹底乾脆殲滅，決不放鬆奸匪生還！是民族戰士，是愛國男兒，拿起武裝，奔赴前線！殺死共匪，打倒蘇聯！保衛台灣，保衛民族聖地！反攻大陸，光復祖國河山！台胞七百萬，快快總動員！七百萬人一條心，拿起武裝上前線。殺盡共匪保家鄉！打倒蘇聯護國權，海陸空軍聲勢雄壯，勇敢戰鬥！齊步向前！殺盡共匪，打倒蘇聯！保衛反攻戰線！保衛金澎舟山！保衛家鄉，保衛自由！保衛祖國，保衛大台灣！」這首歌，尤其第一節，是三十八、九年國軍撤到台灣後，在街頭、學校與在部隊裏經常聽到的聲音。聲音異常雄壯，每一句都在激勵人們的心弦，歌詞就是五十年代名作家孫陵先生所撰寫的。

前面說過，國軍除了台、澎，尚控制一系列島嶼，僅遠在雷州半島的海南，面積較大，軍事價值較高。假如國軍能同時保持台、瓊，蔣先生未來的聲勢，將因而倍增，其奈，國軍的力量，無法兼顧。

西昌失陷後，海南守將薛岳專程晤蔣，要求主動撤離，蔣予拒絕㉓。蔣先生的苦衷，值得體諒同情，但他的固執，往往導致更大的失敗。不聽魏德邁的建議，東北未保，華北放棄，促成骨牌式的傾倒。

五月十七日清晨，林彪所屬十五兵團的三個軍(四〇、四三、四五)，終於採取攻勢。只六天時間，守軍不支潰退，「海南轉進」。

海南之失，距離重慶陷落，逾時半載。過去一八〇天中，政局漸趨穩定，至少再沒有聽說甚麼喪師失地的消息；枕戈待旦聲中，再傳噩耗，對七百萬台灣軍民的打擊，自不待言。領土收縮，台灣即成爲次一目標。所以，政府當局必須找出令人心服的說詞，經國首次以總政治部主任，出席政府發言人辦公室沈昌煥的茶話會，予以辯護。他說：

「海口對於海南島，在軍事上講起來是個極重要的據點；而整個海南島，在反共抗

㉓〈國軍撤出海南島〉，《中央日報》，一九五〇年五月三日。

俄戰爭中，自然亦有他的價值。毋論那一種戰爭，能夠多一個人，多一枝槍，多一個鄉村或城市，就是多一分力量。反過來說，能夠多消滅敵方一個人，一枝槍，多奪得一個城市和鄉村，就是多增強自己的力量，這是戰爭的定理，所以，我們能守住海南島任何一個地點，都是有價值的。」

「但是戰爭是最現實的，而且一切應以爭取最後勝利為打算。……由目前的形勢看來，自從國軍撤出西昌之後，海口已失去了『跳板』的作用，同時我們反共抗俄的最高策略，就是集中一切力量，鞏固以台灣為主的據點，準備反攻大陸。所以軍事力量的分散，就是戰略的失敗。在過去政府已盡了最大的力量，在海南島佈置必要的防務，所以海口的放棄，就是基於全盤戰略的要求而決定的措施。」[24]

經國列舉了四個中共進犯海南的理由：㈠壓制大陸人民反共情緒；㈡蘇聯用以爲海空基地，準備世界大戰；㈢以海南的鐵砂運蘇聯，製造武器；㈣海南是國軍軍事上的弱點。最後要求大家：「用冷靜的頭腦來判斷千變萬化的形勢，沉著的態度來應付危險萬分的情況，堅強的決心來貫徹反共到底的政策。」[25]

---

[24] 蔣經國〈台灣第一，絕對正確〉，《中央日報》，一九五〇年五月十九日。

[25] 同[24]。

上列意見，只第四點說的眞話。果如他所說，西昌失陷，「海口已失去『跳板』作用」，何以國軍未在西康陷落之後，主動撤退？而拖到林彪大軍進攻，才倉惶出走？

備多力散的道理，人人都懂，國軍無力防守海南，爲公開的秘密；經國偏偏說：「政府盡了最大的力量。」不是騙人嗎？明明國軍且戰且退，黨的《中央日報》卻宣傳「國軍大捷」、「殲匪逾萬」，豈不自我蹧蹋政府的威信？

海南的餘波未定，兩週後，位於東南沿海的舟山，再淪海南的命運。

且看董顯光記述舟山撤退的原因：

「一次代價更高的撤退是在次一月內自動將舟山群島放棄。」

「國軍憑藉舟山群島的海空軍行動，使上海的經濟生活瀕於癱瘓者不止一年矣。此舉延緩了匪黨對於整個長江地區的穩定。匪黨首領們遂決計以消滅舟山的威脅，作為進攻台灣的初步。他們以杭州灣為屏障，結集了大批的帆船與種種船舶，準備對定海作兩棲的進攻。」

「蔣總統前此對海南島所為的決定，此際的舟山問題又呈現於眼前。他應否犧牲台灣所有資源之半以保守舟山群島呢？此舉固可使共匪付出極大的代價，但　蔣總統也知道如果他們願付這樣的代價，那是無法阻止他們的。於是最重要的決定便是在敵人得到

撤退消息以前，趕速把這十五萬的精銳國軍撤離舟山群島。」㉖

同一時間，舟山群島放棄，福建海外的東山島，爲解放軍所佔，好在地方小，無足輕重，不甚受人注意，焦點仍在舟山的放棄。

自舟山撤退，迫於形勢，蔣先生的決定，十分明智：保全十五萬人的實力，遠比平白犧牲要好。但宣傳上，海南的故技重演。五月三日，假舟山「革命幹部學院」，舉行陸軍官兵第一屆代表大會，大會發表宣言，「確認三民主義是救中國救世界的雖一主義，蔣總統是領導中國革命的唯一領袖」，好像是經國代他們擬的原稿，找人唸一唸而已。經國專程前往致詞，特別把戰爭的性質予以歪曲，說「我們的戰爭，是民族的戰爭，不是狹義的內戰」，有「一萬俄兵開到上海幫助共匪製造槍砲」等等。

原來，大會只是撤退的煙幕，石覺司令早於五月七日秘密赴台；週後，撤軍開始，全師回航。

接二連三的挫敗，怎麼向台灣本島的軍民交待呢？前面說過，政府笨拙的宣傳，一再自打耳光，信用掃地。挖空心思，乃於十六日，發表蔣的一篇演講——「軍人魂」，俾轉移視

㉖ 同❶，頁五六二。

線，作迎接挫敗的心理準備。

「軍人魂」的要義非常可笑，重彈革命軍人「不成功便成仁」的老調，聲言蔣先生曾有意和南京共存亡，發誓台灣一旦陷落，決定以身殉國。滿紙低調，正義凜然，第二天，發表廣播演說，道出舟山撤軍眞相。

文告強調，放棄舟山，「爲了集中一切兵力，確保台灣基地」。同時開出「一年準備，二年進攻，三年掃蕩，五年成功」的政治支票。這張支票，因永遠兌不了現，到六十年代，始悄悄失蹤。

蔣夫人親自出動，到基隆勞軍，台灣省黨部發出「告全省黨員同志書」，呼籲「齊一步驟，齊一戰鬥」，中央黨部舉行宣誓式「宣誓效死，確保台灣」。

五月十九日，經國二度登場，但改變技巧，以「覆函批露」的形式，在《中央日報》答「明豐先生」。其中一段，這樣寫著：

「你還提到舟山的撤退，使得抱失敗主義的人，更加傾向於失敗，動搖份子，更加動搖；想靠攏的人更是靠攏，甚至香港想來台灣的人，也會不敢來了！是的，這些都一定是事實。朋友，天下最可憐的，就是這些把不定方向，祇顧現實而沒有理想的人；最可恥的，就是這些拿不定主張為了苟且偷安而出賣靈魂的人，他們將來的結局恐怕將是

> 最可慘的。人各有路，那麼最好還是想一想再走路。天下『一失足而成千古恨』的人很多，時代是最殘酷的，時間是最不留情的，總有一天，我們的戰爭將要勝利的結束，到那時候，一切自然都會水落石出的。總而言之，事在人為，今天的日子雖窮，生活雖苦，環境雖然險惡，人心雖然浮動，但是祇要有志氣有骨氣的人，大家肯咬緊牙關，真正能夠覺悟，並且體會到環境的危險和困難，一心一意來從事於反共抗俄的大業，我相信，不遠的將來，台灣會有新的勝利環境和樂觀現象產生出來。」

結尾時說：「朋友！我們所爭的不是一時的成敗利鈍，我們所爭的是國家千秋萬世的大業。」試問，火已經燒到眉毛，來日安危未卜，誰有心情去談「千秋」、「大業」？失去海南舟山，相等於割斷台、澎的手足，毛澤東的下一步，將是渡海攻台，九十哩的台灣海峽，假使荷蘭人三百年前，抵抗不了鄭成功的海師，國軍憑什麼能「確保」呢？

蔣先生自日本請來軍事將校一批，其中包括前華北派遣軍司令根本博中將在內，蔣親自去澎湖，共商防禦大計。劍拔弩張，計將安出？

國民黨進入它歷史上最危險的時刻。台灣，這最後的堡壘，在本年颱風季節來臨之前，蔣先生日月潭垂釣的好兆，至少此刻尚無影無蹤。

第十六章
蔣主任

海南、舟山撤守，台灣進入戰時狀態。五月廿七日的《中央日報》社論指出：「在這東南亞大戰烽火一天天逼近的今日，我們要加倍警覺共匪聲西擊東的策略。他一面裝腔作勢，壓迫著越南，而一方面向台灣進行軍事冒險，因此我們大聲疾呼，台灣是進入戰時了。」

一般估計，台灣有三個月的危險期。九月開始，進入颱風季，不利征戰，海峽將因而暫時息兵。〈煎熬中的台灣〉❶，處處充滿悲壯的氣氛，由經國主持的政治部發動，各部隊「紛紛歃血連盟，誓死效忠領袖」，甚至效法二次大戰末期日本的「神風隊」故技，發動「反共敢死隊」，把「成功成仁誓爲國死」的情緒，導引至空前的高峰。

黨報以〈發揚「同舟共濟」的眞精神〉爲題，重申：「我們國家實在已到空前未有的危險時

❶ 程滄波〈煎熬中的台灣〉，台北中央日報，一九五〇年五月三十日第三版。

期，每個處在這個孤島上的人也已沒有甚麼可以撤退和逃避的地方，每個人私的利益和整個國家的利益，再也沒有一個時候比現在更加一致。今日國家所追求的目標，就是每個人所追求的目標。」因此，大聲呼籲：「在這個目標下，我們首先要求每人把所有的私的利益完全克服下去。」❷

輿論帶頭，提倡戰時生活。六月初，「戰時生活運動促進會」成立，訂定實踐綱要，宣稱「向奢侈者挑戰，向腐化者開刀」，要求「人人生產，戒除浪費，個人動員，參加戰鬥」❸。

先後處決吳石、陳儀，接著公佈檢肅匪諜條例，強制規定，各機關部隊學校人員必須連保，發現可疑人物要告密檢舉。經國強調爲「無形的戰鬥」，其實，也就是中國古代「保甲連坐」的現代版。

官方努力的次目標，是正面側面地，灌輸台灣必勝的信念。那篇〈論海島攻防戰〉的專論❹，歷舉克里特島、西西里島和諾曼第島登陸的例子，引經據典，史實奏證，至少具相當程度的說服力。有位軍事權威家〈台灣守得住嗎？〉的論文，那就荒謬的可以。他說：「只要

---

❷〈台灣進入戰時了〉，台北《中央日報》，一九五〇年五月廿七日。
❸《中央日報》，一九五〇年六月四日。
❹〈論海島攻防戰〉，《中央日報》，一九五〇年六月十日。

台灣的七五〇萬人對戰爭有共同的認識，共同的覺悟，一致參加戰爭，支持戰事，台灣一定會守得住的。」接著說：「戰鬥力好像一條鐵鍊子，它的大小，由最弱的一環決定的。戰略上打勝仗的秘訣，就是利用我們最強的一環打擊敵人最弱的一環。」❺

最後的結論，自然是條光明的尾巴：「台灣一定會守得住的，只要大家認清自己的責任，拿出決心和勇氣。」

上海失陷前夕，谷正綱尚力竭聲嘶地，保證「共匪無法成功」，其理由：「我們有世界上最好的主義——三民主義，和最偉大的領袖——蔣總裁」，這種教條口號式的說詞，原十分可笑。是圍著「主義、領袖中心論」的陳年老套，了無新意。不幸，台灣的「匪黨理論家」、「三民主義理論家」如任卓宣(葉青)之流，一味抱殘守缺，照本宣科，並拿不出貨眞價實、擲地有聲的說理文章來。

其實，負責宣傳的機構，在黨有中宣部，在軍有政治部，後者由經國總其成，以壓倒優勢，全面控制新聞輿論的走向。本來，他躲在幕後，指揮爲數五萬以上的特工，從事偵查逮捕可疑份子，破例披掛上陣，走到前台，會見記者，發表談話，宣佈案情(「匪諜」)偵破始末。在國民黨的權力結構中，除了行政院長陳誠，就數他最權高勢大。

❺〈台灣守得住嗎？〉，轉載自《中央日報》「中國一週」，一九五〇年五月三十日。

用「山雨欲來風滿樓」來形容一九五〇年的台灣六月，其眞實性無可非議。很多過來人，甚至三十年後，回首前塵，生不寒而慄的感覺。台灣前途，一片漆黑，除了向神祈禱，或許會出現扭轉命運的奇蹟。被稱爲「民族救星」的蔣先生，無非繞著空洞的「成仁」哲學，大做文章。

「戰爭的颱風」沒有如蔣經國的預期，光臨危殆中的台灣。六月廿五日拂曉，卻在朝鮮半島登陸。

那是個星期天，部隊休假，機關停擺，金日成借用日本人的慣技，乘南韓不備，跨過三八度線，發動全線總攻擊。李承晚的守軍，僅有八個師的番號，約九萬人，空軍只有訓練偵察機十餘架，既無戰車、又無戰車防禦砲❻；強敵當前，摧枯拉朽。北軍迅速佔領開城、春川等要地，直到距離漢城僅廿五哩的議政府（當地地名）這一線，方遭南軍第二、七兩個師的有組織的抵抗。

消息傳到台北，蔣先生正用早餐，負責簡報的是經國。所獲情況，零星混亂，直到深夜十點，始接邵毓麟大使首次報告，了解大致的進犯戰況，半小時後，續電抵達。蔣先生望眼

---

❻ 邵毓麟〈漢城撤退前的漫長兩晝夜〉，「使韓回憶錄」之十六，台北《傳記文學》第一九三期，一九七七年六月一日。

欲穿的三次世界大戰，終露眉目，他的初步反應，大致和邵的研判，不謀而合。邵說：

「韓戰對於台灣，更是祇有百利而無一弊。我們面臨的中共軍事威脅，以及友邦美國遺棄我國，與承認匪偽的外交危機，已因韓戰爆發而局勢大變，露出一線轉機。中韓休戚與共，今後韓戰發展如果有利南韓，亦必有利我國，如果韓戰演成美俄世界大戰，不僅南北韓必然統一，我們還可能會由鴨綠江而東北而重返中國大陸。如果韓戰進展不幸而不利南韓，也勢必因此而提高美國及自由國家的警覺，加緊援韓決不致任令國際共黨渡海進攻台灣了。」❼

金日成的突襲，究竟是史達林共產帝國主義全面擴張的預定計劃？抑金日成的個別行動？或金事先獲得中共的默許而發動攻擊？史毛早已作古，金日成有生之年，不會稍露口風，使得任何學術工作者，只好以猜謎的方式，發揮各自的智慧，遽下認爲合理的判斷。

一說，是年夏，毛已放棄攻台的念頭❽；另說，種種徵象已顯示：「共匪可能在是年六月至八月颱風季節之間要來一次的進攻。在台灣隔海相對的大陸上，共匪結集了十五萬人的

---

❼ 同❻，頁一〇三。

❽ Klaus Mehner "peking & moscon" – The New American Library, N. Y. 1963.

一支精銳部隊，準備進攻；而在此一支部隊之後，還有龐大的後備隊。他們還動員了大量的帆船與機帆船，皆集合於若干口岸，其附近船塢亦正加緊建造登陸的船舶。」❾

從常理判斷，董顯光的情報資料，比Klaus Mehner的片面猜測，較合邏輯。作為一個征服者，毛對國土的統一完整，比共產國際運動的利益為重。毛潤之沒有理由甘冒美國干預的危險，先去幫助南北韓的統一，置自己的國土於不顧。但毛是個不按牌理出牌的人，他是否過份高估蘇聯的實力而低估了杜魯門的決心呢？或史、毛談判（一九四九－一九五〇）毛過份聽從史的見解呢？最近伍修權寫的〈中蘇談判〉一文，不幸諱莫如深。我們只好假定：㈠毛並不知情；㈡毛不反對；㈢毛反對無效，史達林一意孤行。

前章說及杜、蔣關係，以及美國的「袖手政策」。假使，韓戰未起，杜魯門、艾奇遜樂得看蔣的笑話，看國民黨政權的最後沉淪。蔣自己更清楚，華府徹底的遺棄他了。金日成揮軍南進，使情勢發生三六〇度的改變。

美國可以無視台灣的存亡，朝鮮半島代表著美、蘇實力的對峙，如果華府向蘇俄的勢力屈服，國內的右派不肯干休，而失去南韓這個緩衝區，日本將受威脅。以麥克阿瑟為首的鷹派，結合五角大廈參謀本部的戰略家們，更其眾口一心，主張以牙還牙。杜魯門的直接反

---

❾ 董顯光《蔣總統傳》，頁五八五。

應，咸認韓戰非單獨事件，爲蘇聯全盤擴張政策的一部份，新中國不幸爲此集團的新進成員。

韓戰爆發的當天，杜魯門由密蘇里家鄉趕返華府，召集國家安全會議。六月廿七日，發表聲明，有關台灣部份，援引如次：

「……鑒於共產黨軍隊的佔領台灣將直接威脅到太平洋區域的安全，並威脅到該區域履行合法而必要之活動的美國部隊，因之，本人已命令美國第七艦隊防止對台灣的任何攻擊，並且本人已請求台灣的中國政府停止對大陸的一切海空活動。」⑩

兩天後，第七艦隊的八艘船艦，包括六艘驅逐艦、兩艘巡洋艦，和一艘運輸艦，進入台灣海峽，並即開始巡弋。旋第七艦隊司令史樞波訪台，但別忘記，在是年六月以前，美國留駐台灣的祇有一位領事階級的代表，最高級的武官，不過是位中校⑪。形勢突變，氣氛迴異，七月底賈納德少將派駐台灣，接踵而來的是麥克阿瑟元帥戲劇性的台灣之行。

⑩《中央日報》，一九五〇年六月廿八日。
⑪同⑨。

史達林或金日成的一念之差，把已經患了癌症的國民黨政權，從病榻上，起死回生。毛澤東呢？眼看國土統一在望，煮熟了的鴨子，居然讓它飛了。中美關係，最後因兵戎相見，冷凍卅一年，所謂「台灣問題」，了無盡期。其最大的受益人，自是台灣軍民。國民黨政權，因勢利導，得以在夾縫中生存迄今。

警報解除，台灣進入一個嶄新的時代。蔣先生個人的聲望，再度為美國新聞界高抬起來，台灣的國際地位，獲得暫時的再生。蔣甚至幻想，乘著歷史的浪潮，借外力重返大陸，收復失土。

政治的焦點，開始轉移到內部的統治結構方面。七月廿六日，蔣先生宣佈醞釀已久的中國國民黨改造方案，和新的中央改造委員人選。聲言，如不徹底改造，將有亡黨危機。

被提名的菁英人物共十六名⓬，過去龐大的組織，由大改小，「中央執行委員會」和「中央監察委員會」撤銷，改以廿五人的中央評議會代替。

改造委員會固出現不少新面孔，頂著地理學家頭銜的張其昀，以黑馬姿態，躍欄而出，擔任秘書長；但眞正的新人，卻是四十歲的蔣經國。

⓬ 陳誠、蔣經國、張道藩、谷正綱、鄭彥棻、陳雪屏、沈昌煥、連震東、袁守謙、張其昀、曾虛白、郭澄、崔書琴、谷鳳翔、胡健中。

如果論黨的資歷，經國趕不上時任台省主席的吳國楨，吳的重要性，不下於經國，但吳僅中央評議會的廿五位成員之一。蔣先生作此安排，已可嗅到人事傾軋的氣味。

二陳兄弟，陳果夫臥病，膺選評議委員，姿態多於實質，眞正的CC巨頭，陳立夫放逐美國紐澤西養雞。

陳立夫最後一次在台灣公衆場合露面的機會，爲出席「中國工程師協會」的年會。蔣先生送他五萬美元的程儀，被迫束裝就道。行前，向蔣夫人辭行，夫人送他一本聖經，並說：「你在政治上負過這麼大的責任，現在一下子冷落下來，會感到很難適應，這裏有本聖經，你帶到美國去唸唸，你會在心靈上得到不少慰藉。」立夫的反應，頗出夫人的意外，指著牆上掛的蔣先生肖像，言語低沉地表示：「夫人，那活的上帝(指蔣像)都不信任我，我還希望得到耶穌的信任嗎？」

非趕走CC的勢力，不能剷除經國當權的阻力，那是父親的意思。經國記住當年南京時代任「政大」教育長受阻的一箭之仇，也非報不可，父子倆心心相印，所見皆同。

經國於一九三八年六月加入國民黨，黨齡十二載，過去佔著團的據點，黨的上層結構，沒有他插手的機會；論勞績，在正常的情況下，決不可能以大躍進的速度，躋進中央決策單位。可是，蔣先生打著改造的旗號，既「改造」便不宜沿用舊規，靠換幾個麻將搭子，新陣容老班底的辦法，來刷新黨政關係。

從國民黨組織功能去了解，國民黨是黨天下，黨權高於政權，政府的一切舉措，唯黨命是從。當年抄襲於蘇聯，和後來的另一拷貝——中共政權，只有程度的差別，而無本質的懸殊。中央改造委員相等於政治局常委的份量，是內閣之上的內閣，或太上內閣。經國要進入組織內層，達到眞正掌權的目的，這無疑是最重要的階梯。

蔣先生作此安排，含有磨練和培植的雙重意義。好在撤退到台灣後，過去錯綜複雜的派系力量，經過大動亂的淘汰清洗，因禍得福，再無所顧慮內部的傾軋與平衡，蔣先生說了算。

當內部的肅淸工作告一段落，經國的注意力暫時轉移到政工方面。政工爲整軍的主體任務，而軍隊又是保權專政的工具，箇中利害，蔣氏父子心照不宣。北伐時期的周恩來，抗戰時期的陳誠⑬，雖都擔任同一職務，但經國的權威，卻超越他的任何前任多多。

政工的重要性，董顯光著《蔣總統傳》的第四十一章，有所說明：

「士兵與軍官之訓練，在政治的意義上尤有其必要。在過去，中國的將領祇要其部下忠於個人，而不使他們知道對其敵人作戰之任何理由。這就是軍閥制度所由產生之

---

⑬ 陳誠曾任政治部長，周恩來副部長。

故。蔣總統卻具有大不相同的觀念，要使官兵早日認識其所從事的政治目標。當然這些目標都是為著人民的福利。蔣總統認為士兵如果不知道為何而戰，那就他們祇是一種募兵，而募兵是不會成為優良的士兵或鬥士的。」⓮

又說：

「中國軍隊中所建立之政治作戰制度，其主要目的在激勵軍隊的高度戰鬥精神。為達此目的，每一軍官或士兵必須充分信仰三民主義，並具有為三民主義而不惜任何犧牲之堅決意志。軍隊精神之完全統一必須確立，最高水準的士氣達到；藉此而使軍隊成為一支革命軍，具有鋼鐵般的戰鬥意志。」⓯

「爲誰而戰」以及「爲何而戰」的主題，大多數的國軍官兵，的確說不出個所以然來。兵員來自農村，毫無疑問，百分之九十以上的士兵是文盲，他們參加軍隊的原因：如非強迫徵召，即是受生活貧困所驅使。和他們大談空洞的三民主義，「主義」究竟是甚麼東西呢？至於

⓮ 同❾，頁六二一。
⓯ 同❾，頁六二二。

「為誰而戰」?是為國民黨?為領袖?「領袖」和一個普通大兵又有甚麼直接間接的關係呢?

中共不然，他們並不講馬克思、恩克斯的大道理，只是強調「農民翻身」、「土地改革」、「階級鬥爭」。戰爭的目的，深入淺出，所以，三年內戰，國軍棄甲曳兵，一敗塗地。

蔣先生要經國去改變這種思想戰的劣勢，曲高和寡，本來就是個吃力不討好的難題，但新制(政工)實施後，對軍隊的福利、紀律，以及戰鬥力的改善，有顯著貢獻，則是人盡皆知的事實。

依照組織法，政治工作的基本任務有五項⑯，加以簡化，則為政治和監察兩種。前者「調查官兵思想行為」，後者「監察官兵思想，檢舉動搖份子」。平素沒有戰爭，它最大的作用是「減少兵變風險」。

夏宗漢先生將此制度比喻為唐代的監軍制。肇始於武后光宅元年，分御史台為左右二台，各負有「監軍旅之責」。討徐敬業之役，殿中侍御史魏之忠監其軍，到肅宗時代，普遍流行，但皆為宦官。

---

⑯ 基本任務：(1)主持軍隊政治教育思想領導，建立精神武裝。(2)籌劃軍中組織，考核官兵思想，防止逃亡反動。(3)監察所屬單位之人事經費，核實人員馬匹。(4)激發官兵戰鬥情緒。(5)推行保密防諜教育，展開官兵保防工作。

但是，監軍制度是有缺點的，夏說：

「由工商管理學的觀點去看，政工監軍制度的弊病在為了減少兵變風險，而分散指揮官事權，因此減低了效率。如果行之過甚，則軍隊雖然忠字當頭，沒有兵變的危險，卻也使指揮系統的效率降低，有礙克敵致勝。指揮官作業之最終目的在求勝，目標是戰場上的敵人；政工監軍之目的在肅反，其目標為軍中內部的不穩份子。為了求勝，優秀的軍事人才比較重要；為了肅反，政治熱情份子比較受重視。而在專與紅之間，兩者往往難以兼顧；為了求勝，要統一力量，各級指揮如臂之於手，手之於指，隨心所意；為了肅反，防止兵變，要集中意志，使帶兵官無法獨行獨斷或成群結黨。」⑰

政工制度，雖由蘇聯紅軍的政委制衍變而來，卻「性相近而習相遠」，和中共比較，更差之遠甚，解放軍以黨領軍，黨指揮軍，政委是黨代表。國軍政工，只是部隊長的政治幕僚長，然而又自成系統，政工是一種專業，設立學校，專職培養，一九五〇年九月，下令王昇

⑰ 夏宗漢〈由蛻變角度去看國府國防新政制草案〉，香港《明報》月刊，一九七八年六月，頁一四～一九。

(政治部第一組副組長)草擬建校計劃⑱,第二年二月,成立建校委員會,選定台北近郊北投的競馬場為政工幹校的校址,並於次年十一月招收新生。

從政工幹部學校組織體系去看,和重慶時代的中央幹校,如一對孿生兄弟;跑馬場改為復興崗,和原來的復興關,也只是一字之差。說得更遠一點,兩個幹校,都脫不了莫斯科孫逸仙「大學」的幽靈。

幹校的訓導方針,開宗明義,「以培養篤信三民主義,服從最高領袖,忠黨愛國,堅決反共抗俄之健全政治工作幹部,使能參與陸海空軍各級部隊……共同完成國民革命第三任務之使命為教育宗旨。」⑲

在這個教學宗旨的基礎上建校,求學當然其次,教育部亦不承認其為合法的大學機構。經國早胸有成竹,幹校學生是他的子弟兵,一旦時機成熟,卸下軍服,進軍黨政各界,即是他掌權的班底。

胡偉克沒有明白他的意思,只做了半年的短命校長,乃由王永樹接替。王昇(先是教育長,後升校長)的造神運動,依次是「偉大領袖」、「青年導師」蔣主任。復興崗儼然是經國的黃

---

⑱《國軍政工史》,頁一五六。
⑲同⑱。

埔。一九七五年，蔣先生去世，經國接班，太子門生，如水銀瀉地，除財經界尚是一片乾淨土外，情治系統、文化娛樂以及黨政新聞界，無不盤據侵呑。

在憲法第一百三十八條明文規定：「全國海陸空軍，須超出個人、地域及黨派關係以外，效忠國家，愛護人民。」因此，國民黨在軍中設立黨部，從事黨務活動，是非法的，和行憲後提出「還軍於國」的理想，大相逕庭。國軍成爲一支不折不扣的黨軍；更具體的說，國軍其名，蔣軍其實。

董顯光說，經國原「不願擔任」總政治部主任一職，「因深知其父令出惟行，祇得勉爲接受。」⑳董先生自命爲虔誠基督敎徒，如此大膽說謊，眞不知道他如何向上帝懺悔，董的潛在用心，恐怕還是爲了下面一段：「在外人方面，頗有誤會政治部之動機者；但如能徹底了解其作用，則誤會當可消除。」

有「誤會」是事實，「消除」則非易。外人乃美國駐台軍事顧問團（MAG）的官員，美軍設新聞官、宗敎官，並無不可告人的秘密，經國將蘇式政工制度、黨務活動，引進三軍，使國軍黨化、私人化（Personalized），那是高鼻子藍眼睛的美國顧問所無法容忍的。

且看哥倫比亞大學《民國人物大辭典》的記載：

---

⑳ 同❾。

「五〇年代初期，國民黨控制台灣，主要以戒嚴法為依據。國防部下的總政治部，一般認為，效率尚高，手段毒辣。政治部在軍方的任何機構，置政工人員，進行控制監視，和蘇聯中共的作法，殊無二致，美軍駐台軍官普遍厭惡。雖然，雙方獲得某些妥協，經國在父親的支持下，我行我素，堅持為事實所必需。」

一九五三年九月，應美國防部之邀，經國赴美考察參觀㉑，不言而喻，華府對這位前共產黨是不怎麼放心的。艾森豪總統特別禮遇，在白宮予以延見，但經國的思想底層，只想到權力的光輝，只想到對敵鬥爭，美國二個月的旅行，對他不可能有任何改變。

國民黨七大召開，經國當選爲中央委員，日益上升的權力，得到肯定。一九五二年十月，中國青年反共救國團宣告成立㉒，蔣先生兼任團長，經國主任。

㉑ 卜少夫〈蔣經國浮雕〉，《新聞天地》，第四八九期，香港一九五七年六月廿九日。卜說：一九五三夏秋之交，亨利魯斯在台北博愛路賓館，與經國長談三小時，魯斯勸告經國去美國「考察一下」，蔣當場答應。

㉒ 青年節，蔣先生發表告全國青年書，決定成立「中國青年反共救國團」，號召全國青年作第三次結合。

救國團的成立，事先未通過立法程序，也不屬政府的任何部會。和教育部的性質類似，但教育部無權過問；所以後來被《自由中國》半月刊譏諷為經國的黑市機構。

成立之前，經國早在復興崗政工幹校內設班儲訓幹部。冠冕堂皇的理由，他說：「青年是可愛的，尤其是軍官學校的結業典禮中，前面一排都是各機關的高級長官，後面的都是年輕而剛畢業的學生，我心裏便感覺到：唯有使後面的青年人站得起來，足以接替前面的人所肩負的革命重擔，才能完成艱鉅的革命大任。今天中國的革命，沒有青年起來，就不能成功，可是青年起來以後，如果沒有組織去團結青年的力量，不能持久，最後還是全歸失敗。」㉓

淺看這段談話，會以為經國一付范仲淹的胸懷，辦救國團是為了要「使後面的青年人站得起來」；亦頗似毛澤東所說：「你們青年人像早上初升的太陽，國家是你們的」，有準備交棒子的意思。

其實，他另有所圖，在第一次台北救國團的宣誓典禮上，他說：「卅八年大陸的失敗，大家只看到軍隊給人家打垮了；雖然這也是事實，但是要注意：除了軍隊，我們的青年也被共匪解除了精神武裝，青年組織也被瓦解。我們感到軍隊的整頓非常重要，這三年以來，我

㉓　李元平《平凡平淡平實的蔣經國先生》，台北中國出版公司，一九七八年五月，頁一八七。

們集中全力在整頓軍隊上，但是我們領悟到三十八年失敗的教訓，更知道要打倒共匪，復興國家，還需要組織青年，團結青年，給他們一種新的教育，灌輸他們新的精神。」㉔

團結青年，爲的是「打倒共匪」，怕青年「被共匪解除武裝」。「解除武裝」的後果，青年的矛頭，就會掉轉方向，向國民黨政權挑戰。

四十年代大陸的崩潰，學生運動對國府的困擾，在某些方面，並不下於軍事的挫敗，國民黨人「一朝被蛇咬，十年怕草繩」的心情，也十分值得同情和理解。不幸它把學生運動與共黨運動混爲一談，誠如李綠所說：「國民黨逃難到台灣來，所做的總檢討，顯然只停留在痛悔自己和共產黨比起來，控制不夠嚴密，手段不夠殘狠的技術層面上，對反省自我本質的工夫，則付之闕如。」㉕

自由派的人，反對「政治部」、「救國團」，老國民黨人，或國民黨中的死硬派，批評得更激烈，雷震即是一個例子，《自由中國》曾以多篇社論，主張撤銷。其中一篇，箭頭似乎瞄準經國。它說：「青年救國團成立迄今，已五載於茲，但這一單位究竟是何種性質，社會上還

㉔ 同㉓，頁一九〇。

㉕ 李綠〈台大學生運動卅年回顧〉，《夏潮論壇》第一卷第九期，台北一九八三年十月。

普遍的感到莫名其妙。」㉖據青年救國團本身的解釋：「救國團是一個具有教育性、群衆性、和戰鬥性的青年組織。」（引自該團刊印的「新團員入團訓練」教材）然另據青年救國團副主任胡軌說：「救國團的組織是教育性的組織，救國團的工作是教育性的工作。」（引自「教育與文化社」編印民國四十五年度《中國教育與文化》）顯又置群衆性和戰鬥性而不提。難怪社會上普遍的說，這是性質不明的組織。其實，青年救國團之幾乎無事不可過問，以至無處不可插足者，也就是由於這一點。換言之，青年救國團正是利用這種方便，許多事情一把抓。不過，若僅從其組織之眞正精神而言，這實在是一個政治性的組織。關於這一點，青年救國團本身也不得不坦白承認：「救國團的名稱是『反共』、『救國』，顧名思義，是一個政治性的組織。」（見前引「教材」，下同）老實說，這個組織的性質，表面上，雖有各種不同的說法，但骨子裏，是以所謂教育性、群衆性、以及戰鬥性爲手段，而以政治性爲目的。很顯然，這是第二個三民主義青年團，是國民黨的預備隊，此可從其團章及有關規定中，所謂信仰三民主義，所謂宣傳三民主義，所謂以三民主義爲中心思想，以致於所謂背叛三民主義是違犯團紀，而獲得具體證明。甚至國民黨內有人說：這不過是國民黨內新興的所謂某一派，利用國民黨的招牌，所公開做的培植私人政治資本的工作而已！

㉖〈青年救國團問題〉，《自由中國》半月刊，一九五八年一月一日。

所謂「國民黨內新興的所謂某一派」，已呼之欲出，那就是「蔣主任」，社論又說：「今天這樣慘局，青年人是沒有甚麼責任的，這責任理該由老一輩的人負擔，尤其是該由老一輩政治上始終身居要津的人負擔。近代中國政治上最可痛心的一點，便是極少數的政治掮客，做著青年販子的勾當。因爲這少數掮客，相信『誰有青年，誰有前途』的說法，一如商人之相信誰有資本，誰可賺錢的道理，於是對於青年人的純眞和熱情，加以充分的利用。結果是盜用若干美麗的名詞和動聽的口號，欺騙青年，愚弄青年，痲醉青年，進而犧牲青年，使自己的權位，建築在青年人的鮮血頭顱上。天下事之可悲與可鄙，寧有過於此者？此所以爲了保存國家元氣，尤其是防止政治掮客的殘酷利用，青年救國團實在沒有存在的必要。假使青年救國團眞是愛護中國青年，根本便該自動撤銷才對。」㉗

國民黨會自動撤銷嗎？救國團這個機構，即使到今天，仍然存在。經國認爲，這是他走向「勝利之路」的橋樑。任何人反對，都是枉費唇舌的刺耳噪音。

㉗ 同㉖。

第十七章　吳國楨事件

因韓戰，蔣先生意外得到一張人壽保險（Life Insurance）。藍欽任命爲駐台公使代辦，台灣的外交地位，因而爬升。軍經援助恢復，往昔阮囊羞澀的日子，一去不復返矣。

中日和約，東京屈服於華盛頓的壓力，在台北完成談判簽字，開日、中關係正常化之先聲。

蔣先生一再呼籲，出兵援韓❶，爲華府所婉拒。他的一套如意算盤，朝鮮危機擴大，國軍在東南沿海開闢第二戰場，那就是他「反攻復國」的機會了。

杜魯門和麥帥的想法不同，他祇要韓戰逐步化，可是，英國的艾登扯著他的後腿，怕把事情鬧大，這樣一來蔣先生火中取栗的計劃，化爲烏有。

---

❶ 蔣先生於一九五〇年七月卅一日，麥帥訪台時，提議台灣出兵三萬三千人援韓。

艾森豪上台，取代仇蔣的杜魯門，蔣先生否極泰來，信心倍增。台灣海峽的中立禁令解除，杜勒斯聲言「中共不過是過眼煙雲」，華府新的戰略設計，將非一味讓步，改持大舉報復政策。

台灣爲遠東「不沉的航空母艦」之說，此起彼和，不可一世，叛將陶希聖把它擴大，說成「世界的重心在遠東，遠東的重心在中國，中國的重心在台灣」。儼然「天朝中心」的老調，把別人的大牙都可笑掉。

四九、五〇年，形勢危殆，蔣先生迫於無奈，祭起民主憲政的大旗，放棄獨裁統治，「司馬昭之心，路人皆知」，他的著眼點，是在要挑他毛病的華府。現在共和黨主政，既反共有志一同，連這個虛僞的門面，都是多餘的了。

實際上，蔣先生畏首畏尾，形勢上的事，他看的並不很淸楚，美台關係，決定於彼此的利害需求，而非台灣實行何種政體。蔣先生如果有膽量，韓戰以後，他應該抓緊機會，立即宣佈解散國民大會，立監兩院，凍結憲法。韓國的李承晚下令釋俘的事，就是他括華府耳光的好例子，美國也祇好默認了事。

不過，蔣先生在某一方面是個強者，遇到乾坤一擲的大事，他那畏首畏尾的懦弱性格，即表現無遺！因此換來「獨裁無膽，民主無量」的譏諷。他的格局，遠遜毛澤東，類似袁世凱，擅長小動作小權術，缺少衝天一擊的大智慧大氣魄。

一九五四年五月，第一屆總統任期屆滿，照憲法規定，應於一個月前選出第二屆總統。所以，元月間，蔣先生下令召集國民代表大會，大張旗鼓地，把當年在南京舉行的政治鬧劇，搬到台北重演。

純照法律辦事，所謂的「民意代表」，任期屆滿，應該鞠躬下台，再行競選。但大陸已淪陷，這件事辦不到，民意代表，早已不代表任何民意。「代表」諸公，在台流亡。其次，法定人數亦不足，很多代表，未克赴台，淪爲中共「勞動改造的對象」。

對政治的解釋，西方人有個說法：「政治者，妥協之謂也」。搬到中國，「妥協」一詞，可圈可點。蔣先生既然一定要當總統，民主的招牌一定要掛❷，辦法多得很，只要偏勞大法官們，照指示辦事，即依法有據。至於人數問題，由內政部下令遞補即可。於是，很多人搖身一變，憑命令「選」爲「國代」，且是終身職，人稱「萬年國代」。

副總統一職，當然，非陳誠莫屬，昔年孫(科)李(宗仁)逐鹿的往事，自不許重演。但蔣先生難免要先謙虛一番，「問何應欽願否競選副總統？」❸這位「西安事變」期間擬取蔣自代的四星將軍，早看中蔣的心思，連忙婉謝，蔣乃順理成章地，向中央委員會推薦陳誠爲副總統候

---

❷「把憲法完整地帶回大陸。」

❸蔣勻田〈行憲與修憲的層疊插曲〉(二)，《中華月報》第七二〇期，一九七五年九月號，頁六二。

選人。陳坐二望一，爲外界公認的蔣氏繼承人。

國民大會，因創制、複決二權，迄未行使，代表諸公，休息六年，「辛苦」一次，依法不能享有薪給，然而，政治既有妥協的特徵，更有分贓的奧妙，這些人原爲無給職，趁此機會，正好勒索一番，票可以照投，但是大家得坐下談談條件。轉瞬間，化無給爲有給，後來升級，以「貸款」「住宅」交換，成爲六年一度的「政治拜拜」。

這年三月，台北一片昇平景象，中山堂恢復了當年南京的熱鬧氣氛。先是投票表決罷免副總統李宗仁，鬧得煞有介事，其實，此舉純屬多餘，緣李氏於一九四九年冬，即移居美國新澤西州，自我放逐，不問政事。蔣爲了報一九四九年「逼宮」的一箭之仇，始出此下策。

李宗仁強弩之末，容易對付，無獨有偶，半路上殺出吳國楨事件，那就喧騰中外。

交待故事之前，先把吳蔣關係作一簡單交代。吳自美學成歸國，受蔣器重，歷任國民政府黨政要職。黨內曾任中宣部副部長，於政府的架構中，先後出任漢口市長、重慶市長、上海市長、台灣省主席。外交方面，擔任外交部次長，爲蔣面前長期得寵的愛將之一。但吳和經國間，則格格不入，形同水火。事件的爆發，即種因於此項潛在內鬥的表面化。

贛南時代、重慶時代，經國和康澤、陳立夫的人馬不斷交鋒，但與吳副部長、吳市長，風牛馬不相及，尚能和平共存。一九四八年八月，經國突奉命赴滬任經濟督導員（詳見本書第十二章：「八一九防線」），侵入吳的勢力範圍，雙方意見分歧，發生正面衝突。吳國楨從經濟的觀點出發，認爲用高壓的政治手段，無法解決經濟問題。吳且赴京，向蔣先生力諫，剖陳利弊。經國不信邪，堅持「一路哭不如一家哭」的信念，只要施鐵腕，全面打擊投機商人，爭取上海市民的通力合作，通貨膨脹，是可以遏止的。他是根據三十年代史達林新經濟政策成功的先例。事實證明，吳國楨，這位普林斯頓訓練出來的政治能手，的確比經國成熟、高明。一九四八年十月，經國落荒而走，非但未虛心接受上海失敗的教訓，卻把這筆帳記到吳的頭上，認爲吳扯後腿，始有那樣的結局。

一九四九年十二月，吳繼陳誠出任台灣省主席❹，兩個冤家，窄路相逢，蔣作此人事安排，頗費周章。台灣是國民政府管轄下的唯一行省，隨蔣赴台的高官如雲，唯吳適人適事。吳自己亦認爲，「鈞座慘受大陸失敗之教訓，已銳意改革，故敢冒死犯險，竭智盡忠，以圖報效。」

斯時，經國羽翼未豐，只有手杖的作用，尙無從過問高階層的人事權，何況「國內分崩離析，國外陰雨密雲」，內鬥爲勢所不許。因此，韓戰爆發前，勉能同舟共濟，保持和諧的局面。

就政府的體制觀察，經國任政治部主任，承參謀總長周至柔之命，職掌三軍政戰工作。

❹〈蔣介石先生年表〉，《傳記文學》一五七期，一九七五年四月，頁一〇〇。

吳爲省政府主席，主管地方行政，井水不犯河水，雙方各司其責，各盡所能，儘可相安無事。但這僅是表象，獨裁主義式的統治，任何公諸於世的法律規章，隨時可以廢棄、踐踏，機關與機關間的運作，並無固定的程序。經國的權力，遠超過其公開的職銜，明的一面，是政治部主任、救國團主任（後來成立），暗地裏，以總統府資料組的名義，操縱台灣的特務系統，特務權凌駕一切行政權，於是吳、蔣衝突，乃成自然演變。

衝突的樞紐，則爲台灣省保安司令部（即今台灣警備總司令部的前身），司令一職，循例由省主席兼，實權操副司令之手。吳國楨一反他前任魏道明時代的習慣，凡事聽令鈕先銘一手包辦，偶而，要過問一下司令部的大事。詎料副司令彭孟緝，早投效到經國麾下，聽其驅使，和經國互通聲氣。自然，就不把他的頭頂上司吳放在眼裏。

假使換一個主席，如俞鴻鈞、嚴家淦之流，持「遇事請示，凡事推事」爲座右銘，經國越權，樂得裝聾作啞，不聞不問，好官我自爲之。那末，何止衝突不會升級，連上海時代的誤會，都可消弭於無形。

吳拒絕妥協，客觀分析可能出諸下列原因：

1. 吳的性格使然。「士可殺而不可辱」，官可以不做，原則要遵守。這本來是傳統中國士大夫一項卓越（Outstanding）的德性，吳能捨唯唯諾諾而表現其氣節，至爲難得。

2. 恃寵而驕。過份高估了蔣先生對他的信任，迨他了解蔣先生「愛權之心，勝於愛國；

愛子之心，勝於愛民」時，已噬臍莫及。

3.缺少團隊精神。吳認爲經國「不學無術」，其所主張及實施之辦法，與「近代民主政治，實屬扞格」，而忽略國府的本質。民土也者，本來就爲裝飾門面的東西。照潘公展的說法，吳「八面玲瓏，十分圓滑」❺，一個「圓滑」的政治人物，當不至於糊塗到以自己的烏紗作孤注一擲，想必經國有欺人過甚之處。

枝枝節節的齟齬，大都爲了金錢之爭。遷台之初，政府除自上海搬去大量黃金白銀，國庫收入，幾等於零。一切中央的開支，唯省府是賴。而省府的經濟來源，無非靠歲收田賦。應付那樣龐大的開支，難免捉襟見肘。

吳身爲主席，自有撙節開支、開拓財源的責任，遇到預算以外的額外要求，如「政治部」「救國團」的請託，往往不客氣地予以婉拒。換一個人當主席，可能反其道而行之，寧願別處節省，對經國網開一面。誠如他告訴雷震時說：「我只是採用消極行動，不發給經費，所以蔣經國恨死我了！」❻公正地說，吳意氣用事的成份很大，否則不至於發展到形同水火的階段。

❺潘公展〈我所見的吳國楨〉，香港《新聞天地》，一九五四年三月廿七日，頁一三～一五。
❻雷震《雷震回憶錄》，香港七十年代月刊出版，一九七八年十二月，頁八三。

類似情況，陳誠當行政院長的時候，也曾發生過❼，引起經國和辭修(陳誠之號)的矛盾。但沒有吳蔣這麼嚴重。

嚴重對抗，導因於台灣火柴公司案，那是一九五〇年的事。某天省府召開資源方面的會議，有人報告，王哲甫(台灣火柴公司總經理)被捕，承辦單位即省保安司令部。會後，吳召見副司令彭孟緝，查明原委。彭說是總統的命令，並陳閱全卷。吳不看則已，閱後，情緒激動，十分氣惱。

台灣火柴公司，總公司原設上海，一九四九年五月，淞滬失陷，董事長吳性栽，選擇大陸。保安司令部，本不是朋友、就是敵人的處事方針，將吳列爲「附匪商人」。吳性栽解放前，從事電影事業，爲了向新政權表態，或爲形勢所迫，攝製(民國四十年)影片一部。顧名思義，影片內容，對國民黨、對蔣先生，諸多詆譭失敬之處。透過情報活動，經國獲悉，遷怒於留台的台灣火柴公司，下令彭孟緝將負責人王哲甫，不分青紅皂白地逮捕下獄。

於法，經國是站不住的，台灣的王哲甫沒有理由去爲上海的吳性栽負任何行爲上的法律責任。而且吳說：

❼ 同❸。

「王雖到香港和吳見過兩次面，不過，在時間上是在影片完成之前。據王的供詞，僅說是業務報告。和吳在上海的行為，並沒有任何牽連。因此，我認為這種隨便入人於罪的辦法不足以服眾。我命令彭孟緝立即釋放，彭要我下手令，我下了一個條子。」

吳的手令，等於廢紙，彭並未遵守。吳說：

「當天下午五點，彭要見我，而且和經國一道來的。當時小蔣的職務是總政治部主任。我這才知道，經國以總統府機要室資料組的名義，控制著台灣的特務系統。經國說，王有罪，不能釋放；我堅持於法無據，場面極為尷尬。最後我問彭：『究竟你做主席兼保安司令，還是我呢？』」❽

處彭的立場，可以對吳違命，吳莫奈他何！和經國站到一邊，不愁將來之升官發財，果然，這位吳眼中「獐頭鼠目」的彭副司令，因功而上將銜副參謀總長、代參謀總長、參謀總長，近乎火箭的速度，在台紅極一時。

---

❽ 丁依〈一個歷史見證人的身影〉，刊香港《南北極》，收入《蔣經國傳》，文藝書屋，頁二六二。

這是吳、蔣當面頂碰的第一次，也是唯一的一次。以當時的情況，除吳以外，不作第二人想，可見吳的氣焰，並不下於經國。

當天傍晚，吳下班不久，主席官邸來了一位不速之客，即總統貼身秘書周宏濤，奉令轉達，抓王是蔣先生的意思。顯然，打出父親這張牌，目的在緩和經國和吳的關係，挽回經國的顏面。吳告訴周，大家都爲蔣先生做事，上級命令無違抗餘地。但王案牽涉到一個是非之爭，是非是原則問題。此刻台灣既風雷震盪，敵人伺機而動，政府標榜民主法治，焉能言行不一。周打圓場：「假使省府怕揹黑鍋，可改由國防部軍法處處理。」吳儘可順水推舟，息爭了事。然而，吳仍未見好就收，堅持己見，寫就私函一封，託周轉呈，圖作最後努力。

當晚，周再度訪吳。周說：「先生(官邸稱蔣爲先生)看你的面子，由死刑改判七年徒刑。」❾吳未獲全勝，亦未全敗。以蔣先生的性格，對這樣一位傲慢的部下，已足夠容忍，但是和經國的嫌隙，亦未因此平息，且進一步擴大，恐怕太子也有幾分「與人鬥其樂無窮」的歐斯底里。

再次事件，發生在台灣第二次縣市長選舉前夕。經國下令全省特務，以戶口檢查之名，一夕間，逮捕三九八人，而其中僅十九名有過輕微違警紀錄，其餘全屬無辜。經吳出面干

❾ 同❽。

預，迅速獲釋。但大逮捕之後有小逮捕。吳回憶說：「有一天，基隆市長謝貫一向我報告，有兩位市議員，午夜失踪。接報後，我向彭孟緝查詢，彭先說不知道，後來推到保安司令部的×處長身上，那處長又說不知詳情，案子是調查局辦的，於是我下令要他在三小時內開釋。開釋後，我要謝市長把兩位台籍議員帶來看我，出於我意料之外的，兩位議員表示，人既恢復自由，倒過來要求我不必追求眞相。原因：怕特務報復。後來說出眞相，其故在未遵黨部指示，投國民黨提名的議長一票遂遭懲罰。」

吳要彭把這位違法亂紀的處長撤職，彭表面敷衍，並未遵辦。吳追問原因：「彭拿出蔣先生的手令，那麼，我還有甚麼話可說？」

吳不得已，於一九五二年二月，向蔣先生進言：「如鈞座厚愛經國兄，則不應使其主持特務，蓋無論其是否仗勢越權，必將成爲人民仇恨的焦點。」❿蔣低頭不語，裝出很爲難的表情，向吳斥責：「別說下去啦！」

蔣先生按既定方針辦事，吳的諍言，自難入耳，「此後鈞座對於經國兄更加信任，不獨任其控制特務及軍隊，且使之操縱黨部並主持青年團。」⓫這個結，還是由吳自己解開。

❿　吳國楨〈上蔣總統書〉，一九五四年六月。
⓫　同❿。

一九五三年一月，共和黨上台，艾森豪入主白宮，吳意識到，是他急流勇退的時候了。三月初，藉口健康欠佳，呈請辭職。蔣故作姿態，批示慰留，給假一個月⑫。但吳去意已堅，「三度請辭」，行政院第二八六次院會，終於官樣文章地「應予照准」，並通過上級交議，任命俞鴻鈞爲新的台灣省主席。

吳歷任中樞要職，必有爲蔣先生賞識的才幹，否則，蔣不會如是縱容，吳也不會那麼傲慢。下面摘引兩個關於吳才具的側案：

「平心而論，吳國楨並不是一個庸才，他確有一套看家本領。他的漂亮的儀態，流利的演說，講得一口很好的外國話，十足一股洋派神氣，以及按時到辦公室（上海人叫「上寫字間」），見了甚麼人都饗以笑容，甚至和當時氣燄很盛的鬧學潮的學生，也表示著一種即使『挨打』也漫不在乎的氣度，的確使當時但觀皮相的一般洋商和上海市民，彷彿都在想大上海何幸而得到如此一位現代化的民主市長。」⑬

---

⑫ ”The K. C. Wu Story Why the Governor of Formosa Broke with Chiang Kai－Shek” The Reporter, Mar. 1954 P.18.

⑬ 同❺。

這段話，出自上海市參議會潘公展議長之口，潘和國府同道，應是可信的肺腑之言。其次是吳任外交部次長時候的僚屬何鳳山的回憶：

吳國楨到外交部上任時(一九四二年)，僅隨身帶了一位秘書，用了幾個星期之後，打發他走了，並且說：「我來做次長，已經是半路出家，破壞了外交部的系統與組織。我不能再從外邊擅帶人進來，加深我的歉疚。」所以幾年下來，他沒有用一個私人，極端尊重外部的良好傳統，年青的新進大多為高考出身，由外交部舉行特種考試派員監督，考取人員所取得的資格與高考資格相等。

吳國楨是清華畢業，留學美國，在國內做事多年，所以英文之外，中文也很不錯，他告訴我說：「刀筆吏俗所謂紹興師爺，在公文的運用上有一種特殊的技巧。」他佩服當時在侍從室工作的陳方(芷汀)，他跟陳某請教過，所以吳氏行文，極重簡潔扼要。我們部中的同事，雖然許多是老公事，有時在重要關頭上認為不當時，他也不客氣的中斥，受他折磨最厲的，要算歐洲司長梁龍(雲松)。

吳氏是一個急性人，講求效能，他的外國名字叫K. C. Wu，中文喊為「開水壺」，一則音同，再則恐怕是形容他說話說得快，好像壺中的開水一樣。他走路健步如飛，許多老太爺們跟不上，視與他同行為畏途。在政治關係上，他與張羣(岳軍)接近，被目為政學系中的一份子。他注意人才選拔，我有時與他同車由上清市到漲秋山莊辦公，在路上除討論案件與問題之外，尚臧否部中的人事。因此，他對於部務的瞭解更加深切，譬之是時部員的外放，並非人事處決定，而乃每一出缺時，由每司提出人選，再經部務會議公決，人事處不過辦理例行手續而已。我是時正督策同仁，剷除積習，努力工作，如果外放機會缺少，則將失去一重要的鞭策工具。所以我一有機會，就與吳氏談司中的工作，又每一人員的學識品格。他是一位有心人，還曉得看點相，有次談到紐約總領事館的情形，我指出領事盧心畬有幹才，處理內外事務均能恰到好處，他是于焌吉總領事的好助手。我不過是隨便談談，並沒有存甚麼心，那知幾個月之後，加拿大的多倫多總領事出缺，部中競求的人很多，他忽然的問我說：「你看派盧心畬怎樣？」我聞之愕然，他繼續說道：「你不是說他很好嗎？打電報問問他的意思如何？」盧某雖因故沒有接受，而吳氏的求才若渴可以想見。[14]

何鳳山現退休舊金山，與吳已幾十年不相往返，自沒有向吳討好的必要。上列例子，把吳的個性爲人，辦事能力，勾劃得一清二楚。

蔣先生器重吳，顯然事出有因。但寵臣與愛子之間，有如魚與熊掌，選擇起來並不容易。派人向吳暗示，祇要願意和經國合作，將以閣揆酬庸。吳堅持「道不同不與爲謀」的原

---

[14] 何鳳山〈何鳳山博士回憶錄〉，美國洛杉磯《國際週報》，一九八三年十一月五日，頁十六。

則，斷然掛冠。

五月廿四日，即卸職後的第四十四天，偕夫人黃卓羣黯然離台。官方公佈的理由，是到愛荷華州格林奈爾母校，接受榮譽法學博士學位，並作六次公開演講。離台當天，松山機場場面熱鬧空前，陳誠夫婦以下五百餘人，爲這位前主席隆重送行。

吳能離台，若非蔣夫人從中協助，在經國的阻撓下，絕無可能。然而，險象環生，諸多插曲。先取得普通護照，第二天，外交部次長時昭瀛旋奉命收回，改發公務護照，吳最小的一個兒子吳修潢，時就讀台北建國中學高二，不准偕行，在台北姨母家中寄居。七十九歲的老父吳經明先生，同時留台。

吳修潢不准偕行，當局如引用兵役法的條例，自於法有據。有氣度的話，未嘗不可法外通情，免得落個「人質」的口實。

吳抵美後，有相當程度地克制，非但沒有半句對國府不滿之詞，且參加紐約中華公所中美聯誼會華美協進社等團體發起的國慶晚宴，宴會致詞「呼籲僑胞和友邦人士支持中國政府的反共鬥爭。」

上列事實證明，吳的轉變，乃在王世杰撤職案發生以後的事。潘公展說：

當去年十二月初王世杰先生免職案發生時，因為案情真相迄未公佈，以致由台灣香港不斷傳來謠言，後來且有牽涉到吳國楨的。我於十二月四日在《華美日報》發表〈政風〉一文，就說政府如果以澄清政風為急務，則對於案情真相宜有一調查報告發佈：「必如是而後廉潔之士有所保障，貪墨之徒有所戒懼。否則徒使問心無愧者橫遭傳說之誣毀，而暮夜苞苴，蠅營狗苟者，轉得逍遙於法外。」更於同月十五日論根絕貪污之道，有「法辦今日瀆職之官，即所以杜翌日醜史之重演。懲治已發之貪污，即所以根絕未來之腐劣」等語。可是王案內情的是非曲直始終未為一般人所知，而謠言也愈來愈離奇。於是《美洲日報》遂於一月十三、十四兩日也根據所聞的傳說，接連發表二篇社論，提出若干疑問。一月廿五日的《民氣日報》也有長篇社論〈勸吳國楨從速回台灣〉。吳氏對《美洲日報》和《民氣日報》，都先後有信去聲明闢謠，而其一月廿七日致《民氣日報》函中，則透露幾句肺腑的話，那便是：「楨之愛國，不敢後人。奸匪未除，大陸未復，楨又何敢從個人一人或一家著想？然而古語有云：『事有可行，有不可行』。又云：『合則留，不合則去』。又云：『忠臣去國，不潔其名』。楨懇請貴報勿逼楨太甚，使楨不得不言所不願言之言也。」⑮

潘公展推斷，是「謠言」「逼出」他原先不願說的話，頗合邏輯。至於「政府徹查，未得要

⑮ 同⑤。

領；自擬闢謠啓事，又遭台報拒絕」的說法，核對事實，也不盡可靠。

吳的啓事，完成於一九五四年一月十五日，抵達台北的日期，大約爲廿日左右，收件人是時任國民黨秘書長的張其昀。廣告內容如次：

「楨遠在國外，忽聞道路謠傳，謂楨苟取巨額外匯，並云前總統府秘書長王世杰之去職與此有關等語，查楨此次來美，曾經由行政院陳院長批准，以私人所有台幣向台灣銀行購買美金五千元作為旅費，此外並未由政府或政府中之任何人員批准撥給分文公款，楨亦未有此項請求，與王氏更從未談過去美費用問題，楨聞此謠傳後，已於一月二日以黨員身分函請張其昀秘書長轉呈總裁請飭政府徹底查明，公佈真相。至楨在美生活，除夏間遵醫囑曾赴美國西部高山地帶休養醫治氣喘外，自十月起即在義利諾州艾凡思頓城公寓旅舍居住，房屋二間另一小廚房，內子執炊，楨自洗碗，以旅費不敷，遂接受各方請求演講，已接受者約二十餘處，每次講費約四百五十美金，一面藉以維持生活，一面亦以國民一份子資格為國宣傳，以演講關係曾赴紐約四次，旅館費用，間由請演講者供給，曾在所謂最華麗之華都飯店演講二次，廣播一次，但從未寓居該處，此間本國僑胞及美國友好均深知悉，勿庸置辯。查楨為國服務廿餘年，平生自愛，未曾貪污，在此國難當頭之際，若尚存心混水摸魚盜取公帑，實將自覺不儕於人類。惟以道路阻隔，深恐以訛傳訛，故特啟事週知，如楨個人有任何劣跡，敬請國人檢舉，政府查辯。」⑯

這樣一則廣告，對當局並無冒犯之處，張其昀身為黨的秘書長，應立即向蔣先生請示，並力陳拒刊或緩刊的利弊得失，殊料，張是官僚，學會官場的太極拳，將啓事交吳父，吳老先生跑遍各報，不得要領。

廣告轉到蔣先生那邊，又認為要「緩下來研究一番」，遲到二月七日，始行見報。我們推測，當局對吳的情緒，一無了解；也可能忽視了吳的打擊力量。吳忍無可忍，再想到留台的兒子吳修潢，放行無期，親情難遏。乃於七日這天，向台發難，首先應MGN台的電視訪問，週後，接見合衆社記者的專訪。

美國的七日，正是台北八日的夜間。台北七日廣告見報的時間，美國六日夜晚，吳國楨的消息，不可能這樣快，換句話說，他知道這個消息，已明日黃花，否則，這場誤會，或許可以避免。

吳之「政見」，共有下列三點：

㈠「除非吾人能在現行政治區內實施民主」，則無法爭取台灣人民及海外僑胞的全力支

---

⑯ 史無前〈吳國楨一聲霹靂〉，香港《新聞天地》，一九五四年三月。

持，更無法爭取自由國家，尤其是美國的同情與支持。

㈡目前的政府過於專權。國民黨的經費，非來自黨員，而靠國庫支出，目的在永恆一黨統治。

㈢政治部完全拷貝蘇聯，若干人士竟認爲——「與共產主義作戰，必須採取共產主義的方法」。⓱

吳的意見，知道內情的人，早見怪不怪，美國公衆，當然聞所未聞，經吳登高一呼，美國的大衆傳播，如獲至寶。報紙如著名的《紐約時報》、《芝加哥論壇報》，雜誌如《展望》、《紐約客》、《時代》、《新聞週刊》等，無不爭相報導。

國外鬧得轟轟烈烈，台灣的報紙，隻字不提。二月二十六日，身爲立法院長的張道藩，始揭竿而起，和吳隔海罵戰。

張氏是出名的政壇丑角，和吳曾在南開中學同學，自稱是「老朋友」，這天的發言，一面孔的春秋大義，且非常情緒化。指吳「反動」、「狂妄」，上海市長任內，臨陣脫逃，反對「耕者有其田」的根本大計等等。週後，張氏餘意未盡，公開招待記者，說吳「非法犯紀」，罪名包括：「擅離職守、拒辦移交、私自濫發鈔票、抛空糧食，並在外匯、貿易、林產等問題的

⓱〈吳國楨、蔣經國、蔣介石〉，原刊香港《南北極》，後收入丁依《蔣經國傳》。

處理上，非法亂紀，專擅操縱，有意包庇貪污，營私舞弊等」，共達十三條之多⑱。

張帶頭「提質詢」，「項莊舞劍志在沛公」，主要向經國表態，所列罪名，也都是秦檜對付岳飛的手段，其中有關「套匯」一條，行政院長陳誠答覆余凌雲委員（立法院第十三次會期第五次會議中）時，已「鄭重聲明」「吳政務委員根本無結匯套匯情事」。足見張道藩落井下石的居心。

另一位和張搭擋的是吳的湖北同鄉陶希聖，陶撰〈兩把刀・殺到底〉一文，刊台北《新生報》，口誅筆伐，「正氣」凜然。

一片謾罵聲中，惟獨《自由中國》的一篇文章，較為心平氣和。

「吳國楨二月七日及十六日指摘政府的話，尚係空空洞洞的詞句，如『不民主』、『過於專權』、以及『若干人士竟認為與共產主義作戰必須採用共產主義的方法』等等。這些原屬空洞的詞句，現在一經張院長的質詢，吳國楨已申言要舉出事實以支持之。果如此，我們倒是歡迎的。但我們要強調一點，即吳氏如要舉出事實，最好是回國來向立法院公開作證，如同一九五一年五月間聯軍統師麥克阿瑟將軍被罷黜後向美國國會作證一樣，正正堂堂地說出政見之爭何在，並確確鑿鑿地指出我們政府有那些不民主的事實，

---

⑱ 台北《中央日報》，一九五四年三月五日。

有那些過於專權的地方，有那些人認為對共產主義作戰必須採用共產主義的方法……。這樣一來，即不說其效果之如何有利於政治民主，就憑這個作證的本身，也可使我國政治向民主前途跨進一大步。我們該還記得，當時麥克阿瑟在其國會作證時所引起的『杜魯門麥大論戰』，是如何顯得民主國家的氣派吧！我們對吳國楨作如此希望，希望其回國作證，正可覘驗吳國楨的政治道德及道德的勇氣。」⑲

可惜作者雖較台灣報紙的文章具有理性，卻昧於世情，滿紙書生之見。吳先生果能堂堂正正地「向立法院公開作證」，他還要遠適異邦嗎？連出錢刊登廣告的自由，如是拖延不決，要最高當局批准，復要求吳有「道德勇氣」，豈非強人所難。

倒是作者批評張道藩的一段，尚不失爲讜言佳句：

「張院長的質詢，其內容是由立法院新聞室發佈，刊載於報章的。其文字當與張院長當時所說的話沒有兩樣。我們細讀這篇文字，又不得不為張院長惋惜。不得不為一個作為民主國家的立法院院長惋惜。為甚麼呢？我想，凡是懂得『民主不僅是指政治制

⑲ 朱啓葆〈吳國楨事件發展中的評議〉，台北《自由中國》，一九五四年三月十六日。該文可能爲朱養民博士所寫，朱現退休美國首都華盛頓。

度，同時也包括生活方式，更重要的還包括心理狀態』的人，讀到張院長這篇質詢詞，一定感覺到一股非民主的氣氛，洋溢在字裏行間。尤其是被張院長使用的『危害國家』、『反動』等字眼，實在有點刺目。就我們所習知的，在民主國家中，對政府的批評、指摘、乃至於攻擊，不僅是常有的事，而且是必有的事。但民主的政府從未以『反動』的帽子，加在批評者、指摘者或攻擊者的頭上，至於人民代表機關的主席，更不會罵他們為『反動』。而且政府並不等於國家。批評政府的言論——也止於言論更說不上是『危害國家』。動不動給人戴上帽子，是共產黨型的政治作風，民主的政治技術，壓根兒沒有這一套。」[20]

當局明知理虧，仍頑抗到底，三月九日，黨報以「吳案應究辦到底」，發表社論，硬指吳所謂「政見不同」，是「陰謀詭計」，意圖使「法律問題轉變為政治問題」。同時重彈外國自由主義污衊台灣「獨裁專制」的老調，說吳與「外國的『粉紅色伙計』攜手」「以自由破壞自由」。

三月十七日，國大第十次大會「一致」通過臨時動議，「建議政府以該員迅即吊銷護照，勒令回國依法處辦，如違即予明令撤職通緝歸案，以維國紀而正官常案」。

[20] 同[19]。

同日，發揮高度行政效率，蔣先生發表「總統命令」，作爲事件的尾聲：

「總統四十三年(一九五四)三月十七日令：據行政院呈：『本院政務委員吳國楨於去年五月藉病請假赴美，託故不歸，自本年二月以來竟連續散播荒誕謠諑，多方詆譭政府，企圖淆亂國際視聽，破壞反共復國大計，擬請予以撤職處分，另據各方報告，該員前在台灣省主席任內，多有違法與瀆職之處，自應一併依法查明究辦，請鑒核明令示遵』等情。查該吳國楨歷任政府高級官吏，負重要職責者二十餘年，乃出國甫及數月，即背叛國家污衊政府，妄圖分化國軍，離間人民與政府及僑胞與祖國之關係，居心叵測，罪跡顯著，應即將所任行政院政務委員一職予以撤免，以振綱紀，至所報該吳國楨前在台灣省政府主席任內違法與瀆職情事，並應依法徹查究辦，此令。」㉑

「政務委員」一職，在吳氏辭省主席時，即堅辭不允，現在「予以撤免，以振綱紀」，完全是黑白倒置，自我下台好辦法。「違法瀆職」更是莫須有，有失風度的政治手法。吳修潢，後來通過藍欽大使緩頰，當局放人。但事件過程中，台北新聞界的一些做法，

㉑ 同⑰。

縱非當局授意，當局未予阻止，卻頗受非議。

故事經過如次：「自從吳國楨發表詆毀政府的言論後，卻使吳修潢深深陷入苦悶之中，同學們的冷嘲熱諷，使得他再也安不下心來研習功課，三天兩次請假；爲了逃避一部份同學的揶揄和白眼，他拿起父親吳國楨的印章向學校要求轉學，雖然經學校當局勸阻了，但是他的苦悶是可以想見的。他已是失去蹦跳的活力，眼鏡下是一雙失神的眸子。問起他對他爸爸最近的言論有何感想時，他帶著些憤怒和難以掩飾的痛苦說：『那是我爸爸的事，我完全不知道，我也不想知道，我只願意唸書，其他甚麼問題我都無興趣。』但是稍稍平靜之後，他又說：『如果爸爸是胡說的，那麼我希望他不要再錯下去了，不能再錯下去了。』吳修潢的性格似乎是比較內向的，在學校除了功課，他對課外的團體活動，一向無多大興趣，而且許多想法也很不健全；他心中所念念不忘的，還是到美國去唸書。他的爸爸臨走時曾對他說：『孩子你不要難過，我們不久就會見面的。』他仍寄予無限的希望，可是由於吳國楨在國外種種卑劣行爲，倒先作了兒子的罪人了。」㉒

罪及妻孥的手法，與海峽彼岸「文革」或「文革」以前時期的做法，又有甚麼區別呢？

整個事件，係由經國而起，吳函所指「若干人士」，尙有保留，等另刊出上總統書，重申

㉒ 劉亞平〈吳國楨國外扯談，難爲了老父幼子〉，香港《新聞天地》，一九五四年三月廿七日。

六項建議，提出特務迫害問題，才對經國正式點名。說太子是台灣「政治進步之一大障礙，主張送入「(美國)大學或研究院讀書……在大陸未恢復以前，不必重返台灣」。同時批評蔣先生「自私之心較愛國之心爲重，且又固步自封，不予任何人以批評建議之機會」。

國民黨要員中，如此批評蔣先生的，除胡漢民、孫科，則數吳氏。但前者言論擴散的影響，僅限於國內，吳國楨直接訴諸於美國公衆之前，等於一顆威力的原子彈，丟到蔣先生父子的後院，發出驚人的震動。

台灣內部的反應，和官方幕後策動的「聲討」、「上書」、「簽名」，表裏懸殊。包括副總統陳誠在內，都覺得經國做的太過火，陳氏一人之下，萬人之上，尙難逃小蔣特務系統的監視，一般人的處境如何，可思過半。吳出此下策，誰曰非經國逼人過甚所致。

胡適之離台返美前的一段話，至爲公允。他說：「前台灣省主席吳國楨批評政府或許對於國家還有點好處。」「假使吳所講的話有一部份是眞實不假，那麼我們就不應該因其係出自吳國楨之口便拒絕加以考慮。……假使那封信討論到幾項根本問題，其所發生的結果竟能使實行改革成爲必需，那豈不是說對於國家倒反有了益處嗎？」㉓語雖委婉，其言中肯，可說代表沉默大衆的心聲。

㉓ 同⑰。

事後，蔣先生一定很後悔，當年「義釋華容道」的差錯，不讓吳出走，吳即不可能藉外國政治的保護，爲所欲爲(指隨意放言批評政府)。蔣絕非婦人之仁的領袖，釋吳出於夫人的勸說和影響，使我們清楚地看出，經國和夫人間的鬥爭，由吳案便趨於表面與白熱化。

經國自始至終，未公開露面，未發一言，很有「此時無聲勝有聲」的微妙。然而，權衡得失，經國依舊是個勝利者。從權力的層面看，「對敵人的仁慈，就是對自己的殘酷」。凡是阻礙經國權力上升的一切力量，都是要剷除的。試看他告訴美國學者艾倫懷丁(Allen Whiting)的一段話，證明他的思想基礎是無法動搖的。

「在亞洲，一黨專政是唯一的統治辦法。政工、特務、青年救國團，共黨攻擊的最厲害，美國的誤會也最深，基本的道理最清楚，我們反共是爲了爭自由，只有如此，才能反共。我們的原則是實行民主，但是共產黨存在一天，我們永遠無法實行我們的理想，那末則永遠沒有民主。」[24]

進一步看艾倫懷丁對他的觀察，有助於我們對吳、蔣之爭的深刻透視。

「他有很多缺點，種因於長期在蘇聯的生活。他不信任任何人，忽視西方思想，反

---

24 Allen Whiting, "A man of mYstery", Saturday Evening Post, Mar. 12, 1955.

對有英、美大學學歷的人，他找自己的同伴，對有真才實學消息靈通之士，不予理睬，政治行動帶蘇式宣傳氣味，缺少健全的策劃。」

吳、蔣出身不同，思想背景不同，有性格的衝突，有見解的差異，把這樣兩個人物，強迫組合，最後的決鬥，無可避免，而吳之失敗爲形勢之決定，亦理所當然。

吳案的餘緒（Aftermath），一爲立法院通過引渡法，一爲經國調職。新職爲國家安全會議副秘書長。暫時離開總政治部的前台，但更上層樓，成爲名符其實的秘密警察首長（Secret Police Chief）。

第十八章　一江、大陳

某一時期的政治口號，恰好反應出當時的政治情勢。在美軍未協防台灣之前，「保衛大台灣」的聲浪舖天蓋地；華府的政策一變，馬上改爲「反攻大陸，收復失土」，幾乎是聲震寰宇。蔣先生一年三次的文告(新年、青年節、雙十國慶)，永遠重申「今年是反攻決定年，明年是反攻勝利年」的濫調。和後來「文革」期間中共所謂的「一片形勢大好，不是小好，而是大好」，有異曲同工之妙。

「反攻」，從現實的觀點看，是一個神話，正如殷海光教授所說：「現在，共黨佔據中國大陸，手握世界第三強大的武裝力量。台灣及其外島需要美國第七艦隊的保護和支援。這證明它自衛尚成問題，怎麼能夠『反攻大陸』？」❶吳國楨的回憶，肯定蔣「自始至終，沒有這個

❶ 殷海光〈給雷震先生的一封公開信〉，《自由中國》第二十二卷第十期，頁三一三。

打算。」❷但「政治神話」、「諾言公債」、「人身神話」，既有利於國民黨集團的統治，它們自樂於充分利用，不允許任何人發出疑問，日子久了，謊話變成眞言。

「反攻」的口號喊得如此動人，要使人採信，必須有具體行動的配合，那怕是行動再微小。

自海南、舟山相繼失落，鄰近大陸邊緣的零星外島，就純軍事的意義，是國府的負數。地理位置與台灣相距太遠，運補不便，軍費開支繁鉅，且分散本土的兵力。蔣先生拒絕放棄的原因，即與上列神話有關。

浙江省的面積，十萬兩千平方公里，下大陳僅七・五平方公里。打開地圖，根本找不到它的正確位置❸，假使國軍眞有進攻天台、臨海的軍事意圖，這個位於台州灣東南海上，距陸地十四浬的島嶼，未始沒有軍事跳板的作用；其奈，蔣先生的原意，僅限於「對大陸沿海海陸滲透突擊」，「展開政治、心理、經濟等攻勢」❹而已。

一九五〇年六月，成立「大陳游擊指揮所」，指揮官由海軍溫台巡防處處長兼任，所屬游

---

❷ 吳國楨先生面告作者。時間：一九七四年十二月於喬治亞洲薩瓦娜吳宅。
❸《中國分省地圖》，上海地圖出版社，一九五七年七月。
❹ 陳振夫〈大陳島往事記述〉，《傳記文學》，二三九～二四〇期，一九八二年四月～五月，頁一〇三～一一〇。

擊隊，五花八門，番號衆多❺。實際上，各顯神通，並無眞正的統一指揮。到五一年九月，「西北王」胡宗南，化名秦東昌，派駐大陳，始納入正規。

胡的使命，爲「秘密策劃向大陸東南沿海發展敵後武力，準備配合國際間局勢的演變，由大陳島發起反政大陸軍事作戰」。集「江浙人民反共游擊總指揮」和「省主席」兩要職於一身。聽起來很顯赫，所轄兵力，不過六個突擊大隊，一個海上突擊總隊（司令夏季屛），人數七千。省府下設軍事處、民政處、經濟處、及溫嶺縣政府；但所能控制的領土，只上下大陳、漁山、一江、披山、南麂等四個離島地區，面積十六平方公里。

胡到大陳，係處在明知不可爲而爲的情況下，自願請纓，帶罪立功。蔣先生「準備配合國際間局勢的演變」的夢，自然和他若干次的舊夢一樣，爲現實所粉碎。胡英雄末路，時不我與，積谷山被佔（五三年五月）將軍已感到很氣餒，復和美方顧問發生防務歧見，大陳軍政體制，因而改組。

大陳防務，由新整編的美援裝備師劉廉一擴充❻。一九五三年八月，經國奉命專程迎胡

❺ 同❹。有王相義的三六縱隊，王祥村的國防部獨七縱隊，程慕頤的三五縱隊，吳澍霖的二八縱隊，呂渭祥的江浙反共救國軍等。

❻ 第六七軍，劉任軍長。

返台。「江浙人民反共游擊總指揮部」，更名為「江浙人民反共救國軍總指揮部」，徒具虛名的省府主席，亦暫由鍾彬代理。

大陳防區，北領漁山、一江，南控披山、南麂，防線綿延達一二〇餘浬，司令部則以陸軍為主體的三軍聯合編組，司令官兼管防區黨、政、軍統一指揮責任。後來擔任台灣司法部調查局局長多年的沈之岳，即任政治部主任的職務❼。

一九五四年九月，下大陳設「行政督察專員公署」，接管全區地方行政，沈之岳奉命兼任，「省政府」結束遷台。經國的勢力，通過沈因而徹底掌握控制。

韓戰停火，解放軍的海空軍得以自此南移，開始對浙海地區施加壓力。毛澤東能讓經國的幾隻「小小蒼蠅」長期「嗡嗡叫」嗎？大陳艦隊，已多次與中共東海航隊的大型艦艇，在三門灣附近發生遭遇。積谷山失陷，中共的岸炮置大陳港西口外海域於其直接控制之下。四月底，在漁山、棻花岐間海面，中共空軍出動投彈攻擊，國軍的海空優勢，發生急遽變化。

五四年五月六日，蔣先生乘峨嵋軍艦，前往親察。不久，爆發鯁門島戰役；解放軍初試啼聲，陸海協調，一舉輕取鯁門、頭門、田岙三島。

解放軍步步進逼，取得上列三島後，迅速於毗鄰一江的頭門島架設岸炮，其射程可涵蓋

❼ 沈為毛人鳳派駐大陳的保密局站長，因派人偷拍奉化照片獻蔣，獲蔣賞識。

一江及大陳以北海面，台州灣海域爲其控制，漁山列島側翼完全暴露在解放軍瞰視下，過去游有餘刃的海上游擊行動，頗遭威脅。

時序十月，解放軍的攻勢倍增，頭門的巨炮，達卅餘門。由寧波樟橋和黃岩、路橋基地起飛的戰機，不時光臨，從事照相偵察。東海艦隊的大型艦艇，同時在石浦港及三門灣一帶海面出沒，向國軍的大陳特遣艦隊（轄太字號、永字號及後勤艦艇）挑釁，劍拔弩張，如箭在弦。

解放軍的主要目標是一江山，蓋取地理之便，國軍守將王生明上校，曾任防衛部副師長，係新近奉調，驍勇善戰，曾膺選爲一九五四年度國軍戰鬥英雄，比起那些「跑將」湯恩伯、李延年、李天霞來，其意志、決心，簡直有天壤之別。不幸，情勢急遽惡化，回天乏術。

十一月一日，解放軍米格十五戰鬥機十餘架次，掩護輕重轟炸機十三架次，首次揚威，向上下大陳島港口設施與停泊炮艇，反覆投彈炸射；陸軍岸炮，分別自頭門、羊嶼、大小鹿島陣地，發射三千五百餘發；大陳防區，進入全面備戰狀態。

解放軍的海軍，亦於鯁門島設指揮所，積極舉行三軍聯合登陸演習。是月五日，國軍某艦，在距頭門島二萬五千餘碼處海面，遭岸炮擊傷；十四日，更嚴重的惡兆光臨。太平軍艦於漁山西南海面執行夜間巡航時，爲敵人的魚雷快艇突襲沉沒。

三年內戰，主戰場爲陸地。一九四九年，解放軍始著手海軍建軍，一九五〇年到一九五四年，是萌芽期，國軍憑有限的艦隻，七海雄風，處於無可抗衡的地步，太平艦沉沒，給予國軍強烈的訊號，既往的海上優勢，已為時間所淘汰。

經國利用這個機會，指示救國團發起一項建艦復仇運動，很多青年，受到激勵，報名從軍。用中共的術語說：「化消極因素為積極因素」，經國反禍為福，取得重大宣傳上的勝利。

但太平艦沉沒，就全局看，只是正式接戰的序曲。年節前，東南沿海，氣候惡劣，東北季風，持續不斷。台灣、大陳間的海上交通運輸，因此受阻。解放軍的首腦中心，認為進攻時機已到，一月十日，各型轟炸機一一五架次，猛烈轟炸運補船團，國軍陸上艦上的高射炮，雖全力發射，終因無空中支援掩護，處於挨打地位，多艘艦艇，中彈負傷。當晚，大陳全區，進入戰鬥戰備，因公留大陳的王司令，連夜趕返一江山嚴陣以待。

十日以後的一星期，解放軍的海空主力，則以搜索毀滅國軍的艦艇為目標。國軍艦隊不支，被迫退至南麂，浙海門戶洞開。

那末，王叔銘指揮的空軍，為什麼不去支援呢？空軍龜縮的原因有二：老式飛機的性能不如米格十五，其一；空中距離太遠，其二。

一月十八日，攻擊開始，戰役經過，請看〈大陳島往事記述〉的追敘：

「共軍於拂曉即開始以機群、艦砲及岸砲，輪番炸射一江島上我軍碉堡、陣地、水際及灘頭防禦設施。一江全島，已全部籠罩在彈幕下，硝煙瀰漫，火光閃爍。至中午，島上我軍陣地、工事、通信，遭受嚴重破壞，各部隊間，已失卻聯絡掌握。午後，共軍以小型登陸舟艇為主體的登陸船團，分由南田至海門一帶港灣駛出，在大型作戰艦艇掩護下，向我一江山海岸搶灘登陸。我忠勇守軍，雖予猛烈阻擊，但共軍藉其人海戰術，冒死攀登上岸。在戰鬥過程中，王生明司令，一直坐鎮指揮所，指揮所屬作戰。最後，王司令在電話中報告劉司令官：『敵軍已迫近到指揮所附近五十公尺處，所有預備隊，都已用上，我正親自指揮逆襲中，我手裏還給自己留著一顆手榴彈……』，話未說完，電話機中傳來『轟』的一聲，通話就此中斷。劉司令官和我們圍在電話機旁的人，都知道王司令已經壯烈殉國，無不熱淚盈眶，悲慟不已！王司令雖已成仁，但一江島我軍，仍在繼續各自浴血奮戰，直到二十日傍晚，槍砲聲始告寂止。一江山在激戰五十三小時後，終陷入共軍之手！」❽

一江山是個彈丸之地，中共必爭，且無畏於艾森豪政府所標榜的「戰爭邊緣」政策，發動三軍，強行奪取，其中頗多奧秘。

---

❽ 同❹。

「中美共同防禦條約」，雖於月前(一九五四年十二月二日)在華盛頓簽定，中華民國的「領土」範圍，僅限於台灣與澎湖(第六條)，大陳及其附近島嶼，並不在「協防」之內。毛緊接著協防條約簽訂不久而用兵，一方面考驗美國的眞實意向，一方面給蔣猛摑一掌，告訴台灣軍民，有這個條約，解放軍還是想打就打，別以爲條約是萬靈符。

大陳島駐有美軍顧問，整個戰鬥過程中，華爾登上校和他的接替人麥克雷登上校，都在現場觀察。中共的情報，當然不會茫然無知，這一仗含有向華盛頓亮一手的意思——解放軍照樣能打三軍協同戰役，請看看北京的實力！

一江失陷，蔣先生頭腦才淸醒過來，即使是「我的朋友杜勒斯」，依舊美國利益至上；蔣先生的計劃再宏遠，只是華府五角大廈的從屬，美方不願意介入援助，與其說是軍事的理由，毋寧說是政治的考慮。幾乎沒有人相信，蔣先生能打回去的神話，站在華盛頓的立場，縱使國軍能確保這些島嶼，除了東方人傳統的面子問題，並無絲毫實質上的意義。美方抓著這個機會，正好逼蔣自大陳撤退。

蔣先生頑固如昔，對美國的勸告，開始嚴拒。但事實擺在眼前，上下大陳，將遭一江同樣命運，一江距大陳一萬一千尺，解放軍的一〇五榴彈砲，射程控制整個上大陳，連飛機都要在下大陳海灣降落，始免擊落的危險。最後，蔣先生只好接受第七艦隊司令蒲立德的建議，同意主動撤兵。

經國於一江失陷不久，來到大陳，他的任務，分兩個階段。「金剛計劃」擬訂前，設法穩定士氣；決定撤退的行動開始，則爲安定民心。

大陳本島的民衆，約一萬四千四百一十六人，沈之岳專員於一月廿六日發佈公告，要求民衆疏散，「以策安全」，且規定「自二月二日止，至各該縣政府登記，以便準備交通工具」。佈告說得非常模糊，益增人心的慌亂；「疏散」的理由，是說「最激烈的戰鬥即將到來」，爲「確保生命」所作的措施。

準備交通工具去那裏呢？據當時在現場目擊的《中央日報》記者劉毅夫說：

「……極少數人因年紀大，身體病，走不了，他們仍在觀望。決定走的人，不敢住在家，都綑好行李搬到小村裏借住。又是亂世人心浮動，大陳這麼多民衆，政府能有這麼多船隻嗎？尤其在此慌亂之時，共匪打來怎麼辦？」❾

劉毅夫說「他（經國）一人的到來，等於增兵十萬，人們嘴裏不說，心都明白，蔣總統

---

❾ 劉毅夫〈大陳列島軍民完整撤退來台補記〉，《傳記文學》，一八九～一九〇期，一九七八年二～三月。

如無把握，不會讓自己的兒子來送死啊！」⑩

和經國同行的，尚有總政治部的美籍顧問楊帝澤中校。第七艦隊幫忙，中共休戰，自談不上危險，但大陳的百姓們，怎知道其中的內幕呢？群衆本來就是盲目的，既談不上政治認識，對中共的恐懼，也都是受宣傳的蠱惑。

所以，經國走到街上，出現劉毅夫所描述的鏡頭，說他是「大陳生命的燈塔」。飯後，蔣主任說：「咱們到街上去忙忙！」

我聽不懂，他笑了說：「這是我們家鄉話，望望就是看看。」

一走出專員公署，門外已站滿了老少民衆，紛紛向蔣主任拉手，一位老婆婆說：「主任啊，你來了我們安心啦，總統老人家好吧？」

另一位九十多歲的老人家，拉著他的孫兒，擠到蔣主任身邊說：「主任帶我們去台灣吧，我們都決定跟蔣總統走，我們不要共匪黨！」

我們再往前走，燈影凄迷中的山路上，人們更多了，突然有人喊：「蔣總統萬歲，蔣主任萬歲！」又有人大聲叫：「蔣主任把我帶到台灣吧！我們東西都綑好了！」

我們往路旁的房子裏看，可不是，家家戶戶都綑好了行李，人們都準備隨時上

⑩ 同❾。

船，他們連床舖都拆了。

看了這種情形，一向剛強的楊帝澤擦著眼睛說：「我眼淚忍不住了。」⓫

但是，國民黨政府的信用早已掃地，「不論日夜，都有民衆守望在蔣先生住地附近，祇要蔣先生一露面，民衆就會大聲向後面傳喊：『蔣先生還在這裏啊！』」說明了對這位「風雨中寧靜」的蔣主任，並沒有什麼信心。

經國和楊帝澤下榻於漁師廟，二月四日，放了空襲警報，晚間，一江火光四射，台灣飛來的空軍，實施夜襲。獨坐山頭，凝視月光下的波濤，沉痛地說：「我們反共復國，是一件大事，爲了百年大計，一時的忍痛，是不能避免的。」⓬

台灣來的船團，杳無音訊！早起盥洗完畢後的第一件事是要同伴劉毅夫「請看看海上有船來嗎？」劉說：「我可知道他心裏實在也很著急」，「我充分了解望洋興嘆的心情了。」⓭

二月五日，經國收到一位憲兵的短柬：「你是我們的朋友，更是我們的導師，我們在那

⓫同❾。
⓬同❾。
⓭同❾。

裏，你就到那裏，那裏危險，你就到那裏。」⓮不錯，是「在淒風苦雨中，與軍民共甘苦，共生死的感嘆心聲」。但除此還有什麼辦法呢？他是總政治部主任，職責所在，又是父親的兒子，人倫責任，只好「吃人家所不能吃的苦」了。

經國本想六日這天，搭機回台北，看看究竟，「怕民衆誤會」而「遲遲未做決定」。這晚，搬離漁師廟，睡在附近的貓兒洞裏，所謂「貓兒洞」，不過是個一公尺寬深的土洞，兩傍各開一個可以睡一個人的橫洞，裏邊鋪著稻草，和衣而睡。條件比他在蘇聯時期石可夫農莊的教堂稍遜，起碼，沒有那樣冷。

六日，佳音天降。「在晚飯前，想不到在這個風雨惱人的夜間，傳來衆所關心的大消息：台北電報到了，大規模撤退大陳民衆的船團，已定後日（八日）到大陳，蔣先生有了安心的笑容！」⓯

七日，陰雨連綿，春寒料峭，經國告訴劉毅夫：「到外邊去望望吧，今天該有船了。」

「夜雨已停，仍是滿天低雲，我跑出漁師廟，上了附近的海邊小山頭，往東一看，

⓮ 同❾。
⓯ 同❾。

嚇，真來了，大概是一艘美國海軍的掃雷艦，也許是聯絡艦，艦身的號碼是一二四號。再往屏風山外邊看去，有更多數不清的戰艦，像鯊魚群似的往大海域湧來。我立刻跑回漁師廟，報告了蔣先生，他祇微笑的點點頭，一句話也沒說。」

「早飯，跟著蔣先生乘吉普車去風山嶺，又看見了下大陳守將彭團長，他陪我們爬上下大陳最高峰鳳尾山，一路上蔣先生隨便同他談些防務事宜。上山之後，才知道美國第七艦隊已像獵人似的在大陳海域散開了獵犬，海上有一眼看不清的兵艦，空中處處都有噴射飛機巡邏，還有一些大蜻蜓似的直升飛機在艦隊上空迴旋警戒。我們可敬的將士們，雖然也知道了撤退計劃，但仍在挖戰壕、修碉堡，詭變無定的戰場上有備才能無患，可是一些庫存待運的彈藥箱，已在往山下搬運。」⓰

整個撤退作業定名爲「金剛計劃」，骨幹爲第七艦隊，負責掩護和大批船隻的派遣，軍民三萬三千七百七十七人，預定八天半內，完成分批撤離，實行「堅壁淸野」的計劃。八日，大陳冠蓋雲集，國防部長俞大維、海軍總司令梁序昭、國防部第三廳副廳長蔣緯國同時到達，經國精神爲之一振。翌晨，登太昭軍艦，駛向北方的漁山，仗第七艦隊的威風，太平艦被擊沉以來，國軍艦隻首次出現。由漁山再去距大陳三十浬的披山，巡視完畢。

⓰ 同❾。

撤離前，經國自太昭艦上帶下一面國旗，舉行升旗儀式。經國強自鎮靜勉勵大家：「不要難過，不要失望，此刻我們要下決心打回來。」然後，他悶悶的領著沈之岳、劉毅夫等，走遍了大陳街道，愴懷不已的到了海邊。

守將劉廉一後來在兵艦起錨前，悽然地說：「甚麼都完了，落一場空！」經國沒有表情。「一江山」戰役，大陳撤退，雖沒有五年前海南、舟山那麼令人震撼，卻因而譜出「反攻無望論」的淒離樂章，誰再相信蔣先生「我帶你們回大陸」的鬼話呢？

國軍被迫自大陳撤退，久已消失的悲憤氣氛，重臨全島。但以蔣夫人爲支柱的華美協進會，由陳香梅出面，假空軍總部大禮堂，舉行島上有史以來首次的服裝表演會，「介紹流行美利堅的H線條洋裝，並將這場展覽會美其名爲『服裝義演』」。出現如此矛盾虛華的社會現象，自然爲衛道之士痛心疾首。義演當晚，由軍人之友社總幹事江海東帶頭，率領同志一批，在仁愛路攔阻赴會的汽車，用行動表示沉重的抗議。

華美協進會來頭如此之大，是晚應邀赴會的有美國大使藍欽等各國使節及夫人，盡是得罪不起的貴賓。江海東太歲頭上動土，經夫人向蔣先生具報，蔣衝冠一怒，下令將江扣押。

江是太子系的人物，當時的份量，不下於王昇、江國棟等人。假使非仰承旨意，他敢去掃夫人的興嗎？所以，經國被牽涉到這個不愉快的插曲中，一般的說法，是經國和夫人鬥法的另一回合（上海打虎，爲孔令侃，揚子公司案是第一次）。

江海東在西寧南路三十六號的保安司令部保安處，名義上受監禁，暗地裏受到彭孟緝的優待。三個月後，恢復自由；那幾乎是人人能夠想像到的結果，是經國打的圓場。換一個人，可能控以匪諜罪，輕則判刑坐牢，重則送命。

爲經國辯護的人，最有力的理由，認爲經國當時不在台灣，完全是少數軍人「一股無處宣洩的怨氣」，因而觸發。是歟？非歟？經國緘默，當事人守口如瓶，和許多其它政治事件一樣，即使百年後，外人亦難探眞相，但國民黨七屆五中全會中，蔣先生提出「勵行戰時生活」的議案，很提供一些明朗的線索——父親間接地站到兒子的這一邊。

總政治部主任任內，經國做了不少値得大書特書的事蹟，包括「克難運動」，迎接韓境「反共義士」赴台等，唯大陳撤退，他身先士卒，做了「人家所不敢做的事」呢！

第十九章

孫立人兵變

失去一江、大陳後，顏面上使蔣先生感到無光，「光復大陸」之說，益見虛無飄渺。實質上，既有「中美協防條約」❶爲庇護，長期偏安之局已定，他老人家也就樂得稱孤道寡，安享天年。

有父親做後盾，經國認眞地推動其權力之旅（The Journey to Power）。大陸時代，形勢比較複

❶ 協防條約在參院通過時，僅兩票反對，但密西根大學的Alexander Deconde教授在《國家》雜誌上撰文提出疑問，題爲「The Entangling Mr. Chiang」，見解精闢，立論深遠，作者列舉，一七七八美國與法國結盟的例子。英國擊敗後，美國獨立，但條約無法立即廢止，一日英、法開戰，美國有可能被拖入戰爭危機。約翰·艾當斯上台，要求解除。法國反對，美國堅持，最後，以放棄實值二四萬的賠償要求，雙方達成協議。這個不愉快的經驗，持續一六九年。到第二次世界大戰後，美國面臨蘇俄強烈挑戰，始放棄此祖宗訂下來的原則。一九七八年，卡特任內宣佈中止，已歷時二十四年。

雜，國民黨內部，黨中有黨，派外有派；欲更上層樓，不知要排除幾許阻力，還未必能如願以償。到了台灣，佔天時、地利、人和之便，呼風喚雨，點石成金。

任總政治部主任，摹仿蘇聯的政工制度，切實掌握軍隊。有了槍桿子，自然，不怕拿不到政權，剩下黨和特務系統，只是時間問題。

在蔣先生的默許下，經國兼程並進，或明或暗，或緩或急，表面從容，實際上，步步爲營，處處紮根。

從江西時代起，經國即已著手建立自己的KGB，但都成不了氣候。那時候，「中央調查統計局」簡稱「中統」，是陳立夫的天下，「軍事委員會調查統計局」，簡稱「軍統」，是戴雨農的禁臠，都直接向蔣先生負責，經國是插不了手的。退到台灣，局面小了，機構緊縮，正好給予小蔣登堂入室的機會❷；何況，陳立夫遠走美國，毛人鳳當家的軍統不復昔日雄風。

經國跨進情報單位的第一步，是從政治行動委員會開始。政行會是於四九年八月二十日，在台北的圓山正式成立，即今「安全局」的大本營。成立之初，僅書記室和石牌訓練班兩個部門。

「委員會」因對外行文不便，旋改爲「總統府機要室資料組」，披著「總統府」那張老虎皮，

---

❷ 孫家琪《蔣經國竊國內幕》，香港自立出版社。

自成爲君臨一切的權威機構，超越任何黨政架構，就像其中一位工作過的同僚所說：

「『政治行動委員會』到了太子先生手中，馬上便不同了，由無名單位改為『總統府機要室資料組』，這個名銜，真是微不足道，然而大家不要以為它僅僅是機要室下面的一個小小單位，而便小看了它，實際上它是一顆包在敗絮裏面的鑽石，雖然沒有關防大印，祇有個木條刻戳，但是就憑這個木戳，有時再加上一顆太子先生的名章，便已所向披靡，沒有那個機關敢不另眼相看！」❸

資料組副主任陳大慶，曾任上海警備司令，因「打虎」和小蔣結爲莫逆之交，執行秘書張師，軍統老人。機構很小，受它監理督導的單位，則無遠弗屆，計黨政軍十八個單位❹。「內調局」（全名：內政部調查局）自陳立夫一九四九年八月赴美「重整道德」❺，CC的勢力日趨式微，但該局盤根錯節，局長數易其人，到沈之岳接掌，季源溥（前局長）升內政部次

❸同❷。
❹同❷，受指揮的機構，列表如本書頁三四三：
❺夏畏秋〈陳立夫舉家重整道德〉，台北《新聞觀察》，一九四九年九月。「陳立夫八月四日晨赴美，陳誠送行。」「世界道德重整會」總部設端士，美國分會設密西根的密金那湖，一九四八，陳曾假該會名義，在美從事遊說活動。

長，經過一番大整肅❻，始由經國徹底掌握。

「保密局」局長毛人鳳，這位江山三毛之一❼，自恃得寵於蔣先生，是「領袖的耳目」，把領袖的兒子就不怎麼放在眼裏了。明爭暗鬥，八方風雨，等到葉翔之繼張炎元接掌「情報局」(後更名)方受囊括。

經國很不喜歡他這位浙江同鄉，可也莫奈他何！毛不僅有蔣先生撐腰，還有夫人做靠山。經國雖以總政治部名義搶去「保密局」的業務，在毛人鳳眼裏，經國是外行，「外行領導內行」，毛怎麼會服氣呢？經國遇到這樣負隅頑抗的特務頭子，類似猛龍鬥惡虎，速勝是不可能的，只有用「滲沙子，挖牆腳」的辦法，長期圖謀。先拉攏和毛失和的鄭介民，次向毛手下的葉翔之招手，從內部去瓦解敵人。

葉翔之，浙江杭州人，原任職空軍政工，一九三九年，經其妻兄李崇詩介紹，加入「軍統局」，綽號「小飛機」❽，喻「鑽得快，爬得高」的意思。一九四九年，任「保密局」第二處長，因部署暗殺楊杰❾，炸毀「譯生」輪船，破獲「吳石案」有功，為蔣先生所器重，但葉貪污

❻ 一位不能透露姓名的調查局高級官員告訴作者。
❼ 三毛為毛人鳳、毛森、毛萬里，均為浙江江山人，戴笠同鄉。
❽ 程一鳴《程一鳴回憶錄》，北京群衆出版社，一九七九年。
❾ 殺楊的兇手為阮九經，曾任情報局總務處長，前年癌症去世。

腐化，品德低落，且爲人桀驁不馴，故與局長毛人鳳辦公室主任潘其武（曾任陽明山管理局長）將相失和，形同水火。毛挖空心思，欲去之而後快，一九五一年，時機難得，葉辦案斂財，爲毛抓到把柄，葉共中飽黃金一七〇餘條，東窗事發。毛人鳳一面扣押葉的副處長侯定邦，一面簽報蔣先生，要求嚴辦葉翔之，處以極刑。

這下，葉翔之慌了手腳，向當時的經國好友王新衡（戴笠時代軍統高級幹部）求援。王帶葉去見經國，小蔣認爲，報復毛的機會來矣，略施拳腳，將毛的簽呈從蔣先生辦公桌上抽下，且調葉到「大陸工作處」任副處長（處長鄭介民）⑩兼中一組副主任。

葉貪贓免死，且因禍得福，搖身一變，爲太子「最親密的戰友」。毛人鳳的感受如何？不難想像。一九五六年十月，毛患肺癌去世，衆口同聲，說是爲經國所氣死；原是穿鑿附會，不屑一顧。

由於葉翔之窩裏反，經國打擊「軍統」的面，愈來愈廣泛，凡戴笠舊部，願投誠效命的，或收容或升官，倚老賣老的頑固派，報復打擊，不稍寬容。那位中國的電訊專家，前戴笠的電訊處長，國防部爆破總隊長魏大銘將軍，即以貪污罪，判罪刑下獄五年。

---

⑩鄭介民與毛人鳳失和，經國調鄭任安全局長，王仲青人事室主任，即專門對付毛，使毛在經費、人事上處處受到控制。

調離總政治部，經國的新職是國防會議副秘書長。這個機構，撲朔迷離，來路欠明；台灣上下，幾乎沒有人知道它的組織職掌如何？究竟在黨政軍機關中屬那一環？建制上，屬行政院抑國防部？經費從何而來？單聽名稱，好像和美國的「國家安全會議」(National Security council)性質類似，但NSC並非政府常設機構，只在有緊急事故時提供總統諮詢，而無實際運作的權力。

蔣先生憑靈感辦事，要設甚麼機構，反正不受立法的牽制，想設就設。國安會議其實由過去的「政治行動委員會」或「總統府資料組」繁衍，是制度化了的太上特務機構，下轄「國家動員局」和「國家安全局」兩個機構；會議本身，設若干組，負責承上啓下，但外強中乾，又像是個空架子。秘書長先是顧祝同，後來周至柔，經國擔任副手。如果，了解蔣先生的一套政治權術，這就是他老人家的火候，經國一輩子從政，擔任無數次副職，正副只是名義，和權力的實質，並無絲毫關係；而經國總是把正副顛倒過來。

吳國楨的妙喻：蔣先生當總統，則爲總統制；蔣任行政院長，則爲責任內閣制。經國繼承衣缽，就這一點，也學得唯妙唯肖，他做副的，即是他當家。溫哈熊將軍透露：經國任國防部副部長期間，外交部的事，都向國防部請示，箇中玄妙可知。

經國坐在國防會議的辦公室，直接指揮的有兩局(「動員」、「安全」)，間接聽命的，除兩局(「情報局」、「調查局」)一總司令部(警備)外，尚有黨政方面其它無數的機構，在其遙控下從事特務統治。蔣先生的意思：「我讓我的兒子主管情治系統，你們誰有異志，小心一點！」

經國接管後，對大陸派遣游擊隊的活動⓫，因前年大陳之失，砍去地利之便，近乎停擺，破壞滲透，惟賴港澳。可是，中共的籬笆紮得那樣緊，敗多成少，益形黔驢技窮，駐外機構，徒具形式。安全局(鄭介民局長)的重點，只好以鞏固內部爲工作重心。第二年，毛人鳳作古，連情報局的障礙都消弭於無形。

內部情況，吳國楨大鬧一陣，很使蔣先生在美國顏面無光。吳畢竟在太平洋的另一邊，於實際政治，已經絕緣。省府主席俞鴻鈞的後任，是比俞更聽話的嚴家淦，經國得心應手，儘可高奏凱歌。

唯一能稱爲政治勢力的，剩下陳誠副總統。陳有野心，又是經國的父執輩，對太子並不輕易就範，以他過去的資歷，現有的功勞聲望，遠非經國所可匹敵。但除非蔣先生突然歸天，陳依憲法規定遞補，經國認輸。陳成功的偶數非常渺小，一爲年齡的懸殊，陳五十七，經國四十五，相差十二歲，時間對陳不利；二爲陳的健康，患嚴重胃疾，早不堪繁劇。相對的，蔣先生精力過人，在生命接力賽中，冠軍在望。

⓫ 初期，大陸的游擊活動由毛森主管，經國令毛交卸，毛抗拒，遭「通緝」，毛乃去琉球，投效CIA，現毛住紐約水牛城，閒來垂釣爲樂。

敵人相繼潰不成軍，只剩下時任參軍長的孫立人將軍；孫如不除，芒刺在背，可能構成蔣政權潛在的威脅。且孫與吳的情況迥異，孫是武將，雖被解除兵權，在總統府坐冷板櫈，過去帶過兵，羽翼尙在。

我們先把焦點對準孫立人，將孫的出身，和蔣的關係，作一交代，再回到事件的本身。

孫立人，原籍安徽舒城，淸華畢業，保送赴美，進入印地安那州的普渡大學，獲工程學士學位，轉入佛琴尼亞軍校(Virginia Military Institute or VMI)，和美國的喬治·馬歇爾元帥(George Marshal)是先後期同學。畢業歸國，入黨務學校任軍訓隊長，後調「陸海空軍總司令部侍衛總隊」副總隊長。宋子文成立「稅務警察總團」，邀孫出任該團「特種兵團團長」。

「八一三」淞滬戰事，孫的稅警第四團參與是役，在溫藻濱⑫中彈負傷，送香港養和醫院醫治。「新稅警總團」在長沙成立，孫重任團長，後調貴州都勻駐防。

一九四〇年十一月，稅警團改編爲新三八師，孫任師長，翌年遠征緬甸。滇緬戰役中，仁安羌解救英軍，打通雷多公路，反攻緬北，被譽爲「東方的隆美爾」，獲英國皇家勛章。

緬北戰爭獲勝，升任新一軍軍長，抗戰勝利後奉調東北，曾任第四綏靖區長官兼長春警備司令。四平、長春之役後，因與東北保安司令杜聿明意見不合，解除兵權，隻身南下。

⑫《孫立人事件眞相》，出版者不詳，胡佛圖書館藏書。

孫離開東北，心情抑鬱，意興闌珊，最不甘心的，是受黃埔系的排擠欺壓，不久調台，任編練司令，負責新兵訓練。大陸淪陷，蔣重整旗鼓，申「明恥教戰」的決心，且爲了爭取美援，確保台澎，打出孫立人這張已冷藏的王牌。一九四九，任命孫爲東南軍政長官公署副長官，兼台灣防衛司令；第二年三月擢升陸軍總司令兼保衛總司令，一九五一年晉升陸軍二級上將。

孫立人的處境，自美學成歸國那天起，的確備嚐嫉妬傾軋之苦。國軍將領中，有留日派、保定和黃埔系，惟留學英、美，形單影隻。假使，不是宋子文成立稅警團，孫立人可能畢生從事軍事訓練，斯人憔悴；沒有和盟軍並肩作戰的機會，孫亦不可能脫穎而出，中外馳名。那位西點軍校出身的溫應星將軍⓭，當了一陣稅警團長，即消聲匿跡，五十年代，參加香港的第三勢力，和蔣先生隔海對抗，就是最好的例子。

孫的學識，卓越超群，這在中國的特殊情況下，變成他的負數(Liability)。蔣在一九四〇年前，不讓孫入野戰軍，帶兵作戰，多半基於現實形勢的考慮。這一點，我們要承認，蔣作

⓭ 西點軍校，位紐約州的West Point，乃美國官辦的陸軍軍官學校，入校要求極爲嚴格，除學科成績優異，尚需美國國會議員的保荐。VMI，設佛琴尼亞洲的勒格辛頓，係私立，故毋須保送，台灣的溫哈熊中將，曾任駐美採購團長，即在該校取得學位。

爲最高領袖，權衡人事的綜合平衡，有其過人之處。

據一位跟過孫多年的老部下說：「孫是個非常優秀的帶兵官，但是位很壞的領袖。」⑭講人際關係，和他的同輩，幾乎沒有人可以合得來。任陸軍總司令期間，每週軍事會報，從來未準時出席，其理由非常可笑：他不願意向周至柔總長敬禮，遲到能避免，因爲「總統已在場。」⑮

孫之傲慢，固有其理由：主要看不起他的一些同僚，認爲他自己鶴立雞群；也可能當時的情勢，特別美國恢復軍事援華後，製造他「非我莫屬」的優越感。誠然，孫有學識，也有戰功，是蔣的愛將，美軍的寵兒；但孫是台灣整體裏的個體，不能與人和衷共處，就會孤立無援，且遭致群體的打擊。〈孫立人在台兵變經過〉一文，有如下生動的描述：

「當陳誠任行政院長、周至柔任參謀總長、王叔銘任空軍總司令、桂永清任海軍總司令時，屢當蔣介石召集會議時，陸軍總司令提出的問題或意見，總是遭到了三票對一票的否決，有時弄得蔣介石亦左右為難。例如空軍與海軍提出，在防衛台灣及反攻大陸

⑭〈孫立人事件眞相〉，出版者不詳，胡佛圖書館藏書。
⑮吳炳鐘上校告訴作者，吳曾任孫英文秘書。

的戰爭中，空軍海軍如何重要，如何優先，須獲得優先裝備，反正是一切優先。又如空軍提出，空軍官兵的待遇要超出陸軍二級，飛行員待遇，要超出陸軍十倍，空軍官兵要新式美觀服裝。海軍提出，海軍是國際兵種，須按國際標準待遇，一般官兵要超陸軍一級，另有航海津貼，要有海軍自己的舞廳、歌廳等。以上諸不平等待遇，二十年後的今天，仍是外甥提燈籠(照舊)。可憐的陸軍，四面是海，可憐的總司令，孤掌難鳴，陸軍提出的許多問題，都遭到海空軍的聯合杯葛、阻礙。有時老孫氣急了，就在會議上向老蔣報告說：海軍、空軍如何好，如何行，那麼請總統將陸海空三軍測驗一下，比一比，看究竟那一軍好。先從我們三軍總司令考起，比文也好、比武也好、比立正稍息也好、比X＋Y也好，由你們海空軍決定好了。像這樣情形，最後還是由老蔣打圓場，至於老孫在老蔣面前請求批准進軍校再受訓一詞，更是家常便飯。由此可見老孫與陳誠、周至柔、王叔銘、桂永清等高級將領間之矛盾多深。」[16]

已四面楚歌，腹背受敵，他卻犯著更致命的錯誤：和小蔣爲敵，以陸軍總司令的地位，抵制經國的政工制度。

一九五〇年十二月，孫立人召開的「新年第一次年終擴大良心會」，「讓許多高級長官來

[16]〈孫立人在台灣兵變經過〉，香港《七十年代》，一九七四年九月，頁十六。

聽取士兵們的良心話。」孫致詞說：「現在社會黑暗，人心不古，不但做事騙人，說話也騙人，所以社會動盪不安，就是彼此不能開誠相見，埋沒了良心之故。」⑰「良心會」的用意，也許不壞，但經國覺得，孫立人撈過界，這本來是該政治部發動的事。經國反擊，推行「慶生會」，孫、蔣較量的火藥味，乃全面擴散。

美軍顧問團長蔡斯，他是帶了支票簽字權的美國大亨，負責台灣的軍援執行，頤指氣使，法力無邊，早為蔣先生和經國所不滿，孫、蔡不謀而合，蔡斯也主張撤消軍中政工制度；經國疑神疑鬼，遷怒到孫的頭上，認為孫假外人以自重。

蔣先生乃於孫的陸軍總司令任期屆滿，連任一次後（一九五四年六月），調桂永清為參謀總長，孫為總統府參軍長，再度打入冷宮。蔣做這樣的決定，客觀的原因，「狡兔死，走狗烹」，以孫作門面的作用消失；主觀的情勢，孫犯衆怒，易導致內部的不合，且憂慮孫為美國所利用，怕禍起蕭牆。

孫的想法，「對於鈞座盡忠效力，不惜貢獻其生命以及一切，冀報萬一」⑱，唯才不得展，志不得伹，參謀總長一職，居然沒有他的份，由黃埔系的桂永清垂手而得，難免氣憤塡

---

⑰ 同⑭。

⑱ 《聯合報》，一九五五年十月廿日。

膺，險走極端。

孫是職業軍人，「爲了自己能獨當一面，獲得領導權，剷除那些貪污無能的官僚」，訴諸槍桿子，原無足爲奇。

《時代週刊》的一篇文章，言簡意賅，發人深省：

> 五五歲的孫立人，能幹、勇敢，是最西方式的軍事領袖。台灣很多政界人士，深為不解，孫將軍何以能屹立那麼久?孫堅信，在現有的領導下，台灣無法倖存，私下談及大陸之失，純由於蔣氏堅持，政府私人化，反共大業和他自己相連在一起……。主張面對現實，放棄反攻希望[19]。

依官方公佈的調查報告，以及其它非官方的資料，「孫立人事件」的經過，大致如次：主犯郭廷亮，三十四歲，原籍雲南，稅警總團幹部教練所學員隊二期畢業，時孫任團長。改新三八師，郭是中尉排長，改新一軍，郭升少校營長，一九四八年六月，駐軍瀋陽，和米店主人白經武結識，經白介紹，與李玉竹女士結婚，白藉機「以匪黨言論煽惑」。瀋陽失陷，郭要

---

[19] "General's mistake" Newsweek, Aug. 29, 1955.

求白協助取得路條，白介紹其兄經文，任呂正操部聯絡科科長，白經文囑郭到台時，須爲中共工作。郭因而順利離開解放區，經天津、上海轉台⑳。

郭到台後，先後任孫部少校營長、陸總搜索組大隊長、步校教官、陸總第五署督訓組。但「郭在四三（一九五四）年八月以前，並無顯著或積極之匪諜活動」。一九五四年九月，某晚七時許，有操北方口音的李×到郭家相訪，李謂：「白先生要你積極進行，不久他會到台灣來。」郭隨即執行所交代之任務，利用與孫多年長官部屬關係，在軍中聯絡少尉級軍官一百零數人，預備於適當時機，發動「兵諫」。

孫交卸陸軍總司令時，曾令陸總督訓組副組長于新民造冊，把各軍師團單位的聯絡人送孫。一九五四年八月和十月，孫曾兩度召見郭廷亮，了解聯絡進展情況。

從犯六人，爲卅七歲的江雲錦，曾任陸軍官校幹部訓練總隊大隊長，「陸總」第五署督訓組副組長。「藉到部隊督訓機會，在每一團中，指定職階較高、學識較優、年資較深之同學爲負責人，與部隊中之各同學聯絡。」田祥鴻，三十歲，四川人，任上尉情報官，受郭指示，「把軍訓班（第四軍官訓練班）同學聯絡起來，結成一股力量」，「向政府提出改革事項」。劉凱英，廿九歲，安徽合肥人，供職某部，任第四軍官訓練班學生聯絡人。還有陳良壎，三十

---

⑳ 九人小組調查報告，見《聯合報》，同⑱。

四歲，福建林森人，孫的隨從參謀，和中校督導官李成亮。

六月初，國軍在台南地區舉行總統親校，孫等選定此時為發難日期。郭廷亮於五月十五日㉑，台北謁孫，向孫報告，××部隊將在五月二十二日至六月二日開始團教練。「此項休息時間為採取行動最佳之時期。」孫本人計劃於五月廿五日左右南下，以×××為指揮所，「將於五月底或六月初有所行動」。

事情發生變化，孫決定於廿八日去南部，但「奉諭」於三十日與蔣先生同坐飛機，郭廷亮則已於廿五日被捕，僅由陳良壎於二十八日乘車南下，沿公路通知各地人馬。

六月六日，南部地區七萬部隊舉行檢閱，來賓有專程自韓抵台的美國第八軍軍長泰勒中將，和蔡斯團長。受檢部隊，規定晨四時半前抵屏東機場受檢位置。預定上午九時半，正式檢閱開始，但延至十一時卅分，始克舉行，檢閱台前，兩度用掃雷器進行反覆檢查㉒。

一說，孫事機不密，已先後有二十餘人，向當局告密，證諸郭廷亮於事發前十二日被捕，情治單位早掌握同謀人的動態；一說，某砲兵連突奉命攜帶彈藥，引起某砲長懷疑，偷偷溜出營房，向政治部主任阮成章報告轉報安全局。於是毛人鳳奉命專機南下，事敗案發。

㉑同⑳。
㉒同⑮。

孫的「同謀」，事發先後分別被捕，僅劉凱英脫逃，且獲孫資助。但國民黨當局仍不動聲色。六日，蔣先生在高雄設宴為泰勒洗塵時，陪客中尚有孫立人在座。此後，六月十五日的黃埔軍官學校成立校慶，和為蔡斯返國舉行的聯合歡宴席上（俞大維主持）再看不到將軍的身影，孫實際上，受到看管偵訊之中。

外電率先報導孫被捕消息，當局卻悶聲不響；到八月三日，也就是說封鎖了兩個月，始公佈孫辭職的消息。

辭職書雖吞吞吐吐，已呼之欲出。孫說：「……近者陸軍部隊發生不肖事件，奉副總統諭示郭廷亮案情，日前黃、傅兩局長奉命交閱江雲錦等供詞資料，職涉有重大之罪嫌，鈞座未即付之法司，仰見格外愛護之恩德，天高地厚，感激涕零。」孫接著說：「伏念弱冠之年，即追隨鈞座，今已兩鬢均斑，無日不在培植之中，感激知遇，應有以上報，乃今日竟發生此種不肖事件，撫衷自省，實深咎愧！擬請賜予免職，聽候查處，倘蒙高厚，始終保全，俾閉門思過，痛悔自新，則不勝感激待命之至！」㉓

那麼，究竟什麼事是陸軍部隊發生的「不肖事件」，使孫「撫衷自省，實深咎愧」呢？當局諱莫如深，貫徹其「民可使由之，不可使知之」的原則，或持「猶抱琵琶半遮面」的無奈心理，

㉓ 同⑱。

以致謠言四起，衆說紛紜，甚至距今廿八年，迄無是耶非耶的公斷。

親台灣的《新聞天地》，在〈孫立人將軍被黜〉一文中，即對案情公佈的方式，坦言指責，認爲「步驟倉卒」、「事前未有整個計劃」，「予人以突兀含混印象。」㉔

八月廿日，蔣先生下令成立調查委員會，委員包括陳誠、王寵惠、許世英、張群、何應欽、吳忠信、王雲五、黃少谷、俞大維，並指定陳誠爲主任委員，案情有密鑼緊鼓的趨勢，調委會成員，除陳誠、何應欽（在日，根本未參與）是軍人，其餘七位，和孫都談不上任何恩怨糾葛，如吳忠信、許世英，德未必昭，年事甚高，王雲五、俞大維兩位，非國民黨員，理論上，「不致受到黨組織的影響」；王寵惠，司法權威，「一定會堅持公正立場」㉕，可以看得出，蔣先生立意要製造出一個客觀、公正的形象。

由於國民黨政府的信譽欠佳，持獨立言論立場的海外刊物，對當局處理孫案的公平性頗「憂心如焚」，試舉《祖國》的社論爲例，該文說：

「這一事件，實為蔣經國氏與孫立人氏衝突鬥爭的結果……就政府處理龔德柏與馬

㉔ 卜少夫〈孫立人將軍被黜〉，香港《新聞天地》，一九五五年八月廿七日，三九三期，頁四。
㉕ 同㉔。

乘風案件經過看來，也使我們憂慮政府當局，是否能做適當的處理。」

社論特別提到吳國楨和任顯群涉嫌匪諜案，儘管「輿論沸騰，人心激憤，其中幾項政治案件，如今依然在『不審不判』之中。」「這次如果對孫立人以及郭廷亮的案件，也照以往的辦法拖成『無聲無息』，或不顧輿論而專行到底，那不但對內要失盡人心，同時將再次降低國際聲望，而使反共復國的大業更加重的蒙上一層愁雲慘霧。」㉖

因此，《祖國》建議，善處此案的三原則，要求政府「認識事態的嚴重，幡然醒悟，改變作風」，「洗雪前衍，以正視聽」。

「一、解除對孫立人的軟禁狀態，使他獲有足以向輿論界公開的自由的發表意見的機會。否則使人只能聽到當權者一面之詞，無從判斷事實真相。從法律觀點和既有的資料來看，郭廷亮是否共諜，尚無充分證據，縱然是共諜，絕不能因為他是孫立人的部屬，竟把孫立人也當『準共諜』來看待；尤其在未能證明孫立人與郭案有犯罪關連之前，不能先以對待罪犯的方式軟禁起來（設非軟禁，則何以不予孫立人以公開發言的機會？）。

㉖〈孫立人案件獻疑〉，香港《祖國》，一九五五年十月卅一日，第一四八期。

二、對郭廷亮等的審判，應該公開，如果礙於實際困難不能公開，也應組織由公正人士所組成的陪審團來參加審判。絕不能在秘密拘禁之後，是否經過合法審判尚不知道，即以共諜罪名將之處決。

三、公開事實真相，是政府公正處理此事而能取信於國內外的首要原則。政府應即出面向輿論界，詳細說明此案發生的原委，發表逮捕三百名軍官的事實真相；並應說明到目前為止，獲有那些具體證據。單就傳聞的資料來說；除了三月(六月之誤)間那次軍事演習時，配發實彈陰謀叛亂一事以外，反對政工制度及硬性規定師長級軍官兩年辭職兩事，顯然並不能證明郭廷亮等即是共諜。」㉗

不可否認，海外的輿論的確使台灣對孫案的處理，既不敢造次，更不敢拖延，九人委員會歷時五十天，完成調查報告。孫將軍接受偵訊時，地點在草山第一賓館，「方式頗似座談。孫「坦白誠懇，在座諸人，有感極泣下者。」㉘

調查報告，長達一萬六千餘言，十月卅一日，正式公佈。但其結果，和一九三七年的張學良案，有異曲同工之妙，總統命令，「以孫立人久歷戎行，曾在對日抗戰期間作戰立功，

㉗同㉖。
㉘同㉔。

且於案發之後，即能一再肫切陳述，自認咎責，深切痛悔，既經令准免去總統府參軍長職務，特准予自新，毋庸另行議處，由國防部隨時察考，以觀後效。」㉙

張學良交軍事委員會管教，孫立人由「國防部隨時察考」，「管教」也好，「察考」也好，詞義有別，結果相同，孫立人送台中軟禁迄今。

孫如眞的圖謀不軌，罪證纍纍，交軍法議處，大公無私，任何人，服與不服，亦將向法律低頭。但蔣先生故意師法前人，交叉運用恩威並施的遊戲，即西方所謂棍子蘿蔔的技巧，先予打擊，再故示寬容，讓受害人感恩不已。蔣「明令」「毋庸議處」的理由，是因爲：㈠孫抗戰期間，作戰有功，㈡坦白陳述，㈢深切痛悔。等於說，孫固有罪，其罪可誅，朕宅心仁厚，不咎既往。

然而，演戲和做假，究難天衣無縫。香港的《祖國》雜誌，即以〈孫立人案件獻疑〉爲社論，提出下列疑問：

一、孫立人身爲陸軍總司令，「部下軍官何止千百」，沒有人可以擔保，其中「一個共諜都沒有？」以此責孫失察，「實在不合情理」。

二、孫立人的去職，既不能以「失察」爲理由，眞正的理由，是說他在「軍中作小組織活

㉙ 同⑱。

動」，但《祖國》作者提出一個疑問：「何以黃埔同學可以聯繫，孫立人所訓練的學生不可以聯繫？何以別的將領可以進行軍官聯誼組織，孫立人則不可以進行？」

三、有聯繫活動，並不表示準備進行「兵諫」，報告書僅根據幾個下級軍官的供證，引人入罪，是無法服人的。

四、關於郭廷亮案件部份，無確鑿證據，僅郭本人的供詞，該刊認爲有下列疑點：

㈠既無證人，又無證物，是怎樣破獲他的間諜活動的？

㈡既無證人證物，郭廷亮怎麼會供認是共諜，自尋死路？

㈢假如郭廷亮是共諜，一定在台灣還有同夥，給他下命令或接受他的命令；對中共方面，也應有通訊聯絡方式；何以他長期孤零零地無聯繫地進行工作？

㈣郭廷亮的證供，是否可能「苦打成招」，經過別人歪曲？[30]

五、調查報告書，字裏行間「用了很多假定的語氣」，這種調查，和「法治的精神」，背道而馳。

不明就裏的讀者，可能會反問：「爲什麼台灣的報紙對孫案的公正性未置一詞？」了然輿論工具控制在官方手裏的特性，那就沒有什麼好驚奇的了。

---

[30] 同[26]。

只拍蒼蠅不打老虎的監察院，煞有其事，成立以曹德宣、陶百川爲首的五人小組，進行調查，可惜該項報告，始終未獲面世，列爲監院密件，「加鎖加封」。甚至，事隔多年，當事人陶百川，要求借閱，均遭擋駕31，箇中蹊蹺，應是本案的關鍵之一。

陶百川坦言，其「結果與其他機關提出的報告，頗有出入」。這「頗有出入」四個字雖然含蓄，卻具畫龍點睛之妙。五人委員，天良出現，給這位民國時代的趙搆寫一長函，爲孫將軍和郭廷亮等「剖明事實」，郭乃由死刑減爲無期徒刑。

郭廷亮判定「匪諜」罪，而倖免一死，台灣無此先例。假釋後，獲准離台赴港，又是例外之例。自然，不是五人小組「剖明事實」的功勞，僅能說，經國有好生之德。郭不幸爲夾縫中人物，不死已屬大幸矣！

用常情判斷，孫有一肚子委屈，現實環境使他無法展佈，憤世嫉俗，以致鋌而走險，那是可能的。然而，孫軍人出身，難道他一點機警都沒有，對台灣的嚴密特務監視，茫無所知，敢輕舉妄動，引火燒身？所以，比較合理的假定，孫和部下的聯繫有之，那是基於長官部下，惺惺相惜的朋友師道之情，不一定就是同謀不軌。

觀全案，郭廷亮成爲孫案主角，孫受郭的牽連，於是成爲「兵運」的來源。即使報告書說

---

31 陶百川《比較監察制度》，台北三民書局，一九七八年，頁五〇二。

的全是事實，中共要吸收郭為地下工作人員，也不能兒戲到僅憑一面之緣，即下達任務！

以「匪嫌」入人於罪的，如後來的柏楊、李荆蓀等，不一而足，早是台灣上下剷除異己份子的故伎。其妙處在於，無人可代為伸冤，無人敢於聞問，訓練有素的特務人員，有「認眞作假」的本領，使用各種技巧，會讓你自己挖井，自己往下跳。郭廷亮的自白，和郭衣洞的自白，本質上又有甚麼區別呢？

甚至，我們可以說，孫的辭職書未必出於孫的自由意志，辦案人員能強迫郭廷亮「供證不諱」，何嘗不可以對孫如法炮製？

中國歷史上出現的冤案，如恆河沙數，歷朝歷代，消滅異己的手段，大同小異。如朱元璋炮製的胡庸案，雍正手裏的年羹堯案，毛澤東親自編織的潘（漢年）楊（帆）案，劉少奇、彭德懷案等，前人的罪名「謀反」，現代名詞「反革命」、「通匪」，反正一而二，二而一，君威莫測。

孫立人是政治的犧牲品，他自己既無申訴的機會，此案將永遠無水落石出的可能，殆能斷言。

至於外間猜測，孫有美國的支持，蔡斯因而事敗調職，則純粹是無稽之談，或別有用心之徒的惡作劇。此際，艾森豪當政，杜勒斯主管外交，大權在握，華府、台北的蜜月期間，美國沒有理由驅蔣擁孫。蔡斯於一九五一年五月奉派赴台，到一九五五，剛好任期屆滿，必須他調，而他這年高壽六十，依法需告老退休，有無孫案，買棹還鄉，勢在必行。再看，台北歡送禮節之隆重，《中央日報》刊出社論話別，其隆情厚誼，像是不歡而散嗎？

孫立人受貶，彭孟緝上竄，由中將銜升二級上將，以黃埔六期的小老弟，繼病故的桂永清為參謀總長，充分顯示著經國的勢力更見抬頭，情治系統出來的人物，掌握台灣的軍事大權㉜。

孫案爆發前後，總政治部發動「效忠總統運動」，且借重清洪幫歃血為盟的辦法，把個人崇拜推到一個新的高峰，可以解釋為對孫案的迴響和補救，統治上層的虛弱與恐慌暴露無遺。

㉜ 蔣經國曾著《勝利之路》，新中國出版社出版。

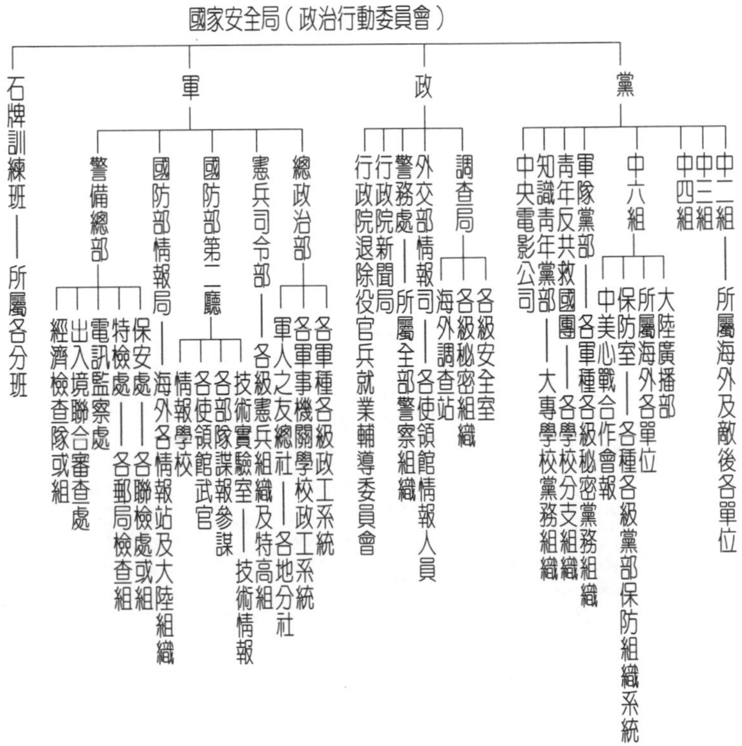
國家安全局（政治行動委員會）
石牌訓練班—所屬各分班
軍
警備總部
保安處—各聯檢處或組
特檢處—各郵局檢查組
電訊監察處
出入境聯合審查處
經濟檢查隊或組
國防部情報局—海外各情報站及大陸組織
國防部第二廳
技術實驗室—技術情報
各部隊諜報參謀
各使領館武官
情報學校
憲兵司令部—各級憲兵組織及特高組
總政治部
各軍種各級政工系統
各軍事機關學校政工系統
軍人之友總社—各地分社
政
調查局
各級安全室
各級秘密組織
海外調查站
外交部情報司—各使領館情報人員
警務處—所屬全部警察組織
行政院新聞局
行政院退除役官兵就業輔導委員會
黨
中二組—所屬海外及敵後各單位
中三組
中四組
中六組
大陸廣播部
所屬海外各單位
保防室—各種各級黨部保防組織系統
中美心戰合作會報
軍隊黨部—各軍種各級秘密黨務組織
青年反共救國團—各學校分支組織
知識青年黨部—大專學校黨務組織
中央電影公司

（見本章註❹）

第二十章　五二四事件

一九五七年五月上旬，美軍協防司令部發佈新聞：美國的飛彈部隊(屠牛士)進駐台灣。就海峽彼岸的軍事態勢以觀，北京沒有以武力「解放」台灣的新情況出現；中國共產黨忙於反右鬥爭，瘋狂地推行人民公社，集體化運動。華府此舉，純粹是武力炫耀，而無實質上的意義。因爲，要嚇阻，應基於對手的意圖，對方根本無此意圖，「嚇」的甚麼？「阻」的甚麼？

經國換班，由總政治部而國家安全會議，名份不同，權力如舊。過去六年中，大小挫折，如波浪似地，間歇衝刺。吳國楨、孫立人案，疾風驟雨，勢不可當，畢竟有驚無險。唯一耿耿於懷的，還是友邦對他的猜忌和疑慮；美國新聞界甚至以「台灣的神秘人物」稱之，或稱其爲「台灣的恐怖人物」。

美國設法了解他，前年邀請經國赴美訪問，待之以上賓之禮，透過各種巧妙的安排，使他看看美式民主，和美國的經濟力量；期以潛移默化的方式，用美式「思想改造」的技巧，讓經國物換星移，革面洗心。但頑固的經國，他的意識形態已進入免疫期。他是莫斯科和蔣先生共同訓練出來的綜合體，腦子裏只有托洛斯基、史達林，並裝不下華盛頓、傑佛遜這些人。

蔣先生夢想三次世界大戰不成，退而求其次，寄希望於華盛頓，本共同反共的前提，幫他「光復大陸」、「打倒朱毛匪幫」。華府的當政者，是現實主義者，比蔣先生又清醒得多。反共保台可以，冒大戰危險，助蔣復國則免談。杜勒斯設計的「剃刀邊緣」政策（Brinkmanship）和「圍堵政策」（Containment），基本上是一種防禦性的戰略構思。雙方立場，如是懸殊，乃勾心鬥角，別具懷抱；而客觀形勢，國府的存亡，又唯華府的庇護是賴，團結鬥爭，微妙之至。

蔣先生比經國經歷的風浪多多，他對華盛頓當局的凌人盛氣，誠然不滿，現實情況，只允許他「寓理帥氣」，他愛讀的「曾文正公全集」恐怕以此受益最多。經國的火候就差得多，雖是基督徒，可並不會活學活用《聖經》的道理。

經國對美國在台灣的勢力，一直忐忑不安，吳、孫固然必須從台灣的統治階層中拔除，爲了害怕「精神污染」，下令三軍官員，禁止和美國軍事顧問接近，益見其驚恐（Paranoia）的程度。

想給山姆大叔一點顏色看看，稍舒胸中積鬱，是他的潛意識，其中含有強烈的民族情緒。如果硬按上甚麼主義的話，那就是「愛國主義」。可是，這位既是朋友的敵人，對付起來並不容易呢！稍微失愼，冒覆巢之險，任令忍氣吞聲，於心不甘，做到輕重得宜，簡直比走鋼索還難。

一九五七年的三月，劉自然遭美軍雷諾槍殺，經國靈機一動，認爲是他報復華府的時機來矣！這就是我們熟悉的「五二四事件」。迄今，尚無具體的證據——也許永遠沒有——可以肯定經國是案件發展的主謀；根據各種合理的假定，經國卻無法逃避置所事內的嫌疑。

「五二四事件」又稱「雷諾槍殺劉自然案」，導因於美軍上士雷諾，於該年三月廿日午夜十一時，在其陽明山❶住宅門前，將服務於革命實踐研究院❷的劉自然，開槍擊斃。兩個月後，美軍軍事法庭，經三天半的審訊，以「罪嫌不足」，宣判被告雷諾無罪；廿四日，台北發生史無前例的反美暴動，美國駐華大使館的文物桌椅，爲暴民砸毀。

劉自然在自己的國土上，爲駐台美軍槍殺，是一件嚴重的刑事案件，更是一件含有軍人政治意義的外交案件。照台灣當局的慣常處事作風，第一是控制新聞，由警總或中央黨部第四組，以電話通知禁止刊載，避免家醜外揚，影響兩國關係。第二，和美方交涉，給予劉自然遺孀適當金錢補償，附帶條件是，守密到底。第三，請美國軍方將雷諾調離台灣，並予適

---

❶陽明山中正路一段六巷B1。
❷官方從未暴露劉的眞實身分。

當懲處。那末，大事化小，小事化無，皆大歡喜，圓滿收場。

不料，有關機關非僅未予阻止，且採放任態度，英文《中國郵報》（China Post）率先報導，《聯合報》「台北人語」欄於三月廿三日跟進。但這份全島銷路第一的報紙，雖以社會新聞起家，且擅用誇張的手法吸引讀者。這篇特寫，當算平實保守；大事揭載，卻是軍事法庭審判期間的事。

《聯合報》的文章，語焉不詳，僅說「劉為身高六英尺的彪形大漢，家貧，賴服務機關的微薄薪水維持生活，遺一妻（廿九歲）一子（一歲四個月）。」至於機關名稱、劉的職別、教育程度、籍貫，和雷諾有些什麼交往？雙方有無不法勾當等，竟隻字不提。倒是香港出版的《新聞天地》，事後有所透露：

「據認識劉自然的友人說：『劉自然與雷諾也是朋友，絕非不識。』而且劉曾替雷轉手賣過東西。因此，就有一項可能，雷諾經常將美軍PX物品拿出，托劉轉售，劉知美軍軍律，如將PX物品轉售牟利者立被遣送返國。劉曾以此吃過雷諾，雷諾『被吃』，乃萌殺機，這件事可能性很大，不知為何未經中美雙方查出？」❸

❸ 羅柏特〈戲劇式的軍事審判〉，香港《新聞天地》第四八五期，一九五七年六月一日，四～五頁。

台北的新聞記者們，顯然未遵守其職業守則，也可能有難言之隱，對劉自然的身世，故意保留。其次，民族自尊，或民族主義的本位，牽涉到顏面問題，不便如實道來。果眞記者如實報導，公正的民衆，通過思考，會認爲雷諾混蛋，劉自然該死，不至過份情感用事。顯然，官方袖手，民間起鬨，有意無意間，要把事情擴大，使美國在處理雷諾案的司法程序中，無轉圜餘地。

《新聞天地》報導雷諾殺人的原委，雖無具體事實，是一種推測；但是一般能接受的推理：雙方如非有重大糾紛，雷諾當不會輕易掏槍殺人。陽明山警察所具報，派員前往現場調查，警方以雷諾爲現行犯，即擬扣留帶走，爲美方憲兵所阻，理由是駐台美軍享有外交豁免權。翌日(三月廿一日)，中方外事警官要求美憲兵同往現場勘查，爲美方拒絕；迄月底，雙方始成立「專案小組」，共同調查劉自然被殺眞相❹。

用台灣刑警慣用的偵訊辦法，一場狠打，配以灌洋油、坐老虎櫈等中國文化精華，再頑強的雷諾，也得如實招來；如果，再交國防部軍法局審理，保證一審終結，雷諾的刑期，非死即終身監禁。但是，雷諾享有外交人員待遇，享有租界時代的帝國主義在華特權，是台灣心甘情願請美國防衛台灣的代價，是一個願打一個願挨的結果。

---

❹ 同❹。

雷諾有他自己的故事。他說，當晚劉窺看他太太沐浴，最初並無殺人意圖，只想扣留送警。發現劉手持木棍，向他高舉，有襲擊的模樣，喝止無效，扣動扳機開槍。他說：出事前，正關上門燈，聽見太太叫他，回頭一看，有隻蜘蛛從浴室內爬出來，以爲是雷太太怕蜘蛛，還叫她不要慌。但太太卻說，有人偸看她淋浴，因此回卧室拿起手槍，裝幾發子彈，從後門出去，直至隔壁B2門前，在黑暗中，誤以爲劉持木棍爲鋼管，劉且著制服，以爲劉要傷害他。驚恐中，射出第一顆子彈，劉中彈，向階梯逃去，摔倒竹林邊，看不到劉的臉孔，只見兩腿露在地面上。回屋叫太太打電話，通知憲兵，再到室外，見劉側身屈膝走來，躭心劉有槍，乃再發一槍，擊中要害。總之，雷諾說是爲了「自衛」❺。

這樣不合情理、不符常識的供詞，當然，沒有一絲眞相；後來，在法庭上重說一遍而已，和雷諾扶著《聖經》時所宣誓的「一切全是事實，全部的事實」(Nothing but truth, the whole truth)背道而馳，不僅欺矇法官，更欺矇上帝。台北報紙的評論稱爲「好萊塢劇作家式的靈感」，可說既諷刺又眞切。

根據中國刑事專家從現場勘查而得的結論，其中疑點甚多，且分誌如左：

第一點：雷諾所說向死者劉自然舉擊之第一槍，是雷諾太太在浴室內淋浴時，發現有人

---

❺《聯合報》，台北，五月廿三日。

在窗外窺視，雷諾即攜槍自後門出來，走到隔鄰前面轉角處，操中國話向死者說「等一等」，死者聞言後，手持棍向雷諾走來，雷諾爲了自衛發射第一槍，死者即倒地。根據雷諾之所說及現場的位置，不無疑問，按一般常理的判斷，如有人在窗外窺視他人洗浴，被人發覺問話，焉能不逃去，若逃一定向發覺人相反的方向逃，還會持木棍向發覺人攻擊，確實難信。同時雷諾站的位置下面，即有六十燭的電燈光，浴室亦有燈光外洩，證明該處燈光很亮，雷諾爲何說看不清楚。

第二點：雷諾說向死者放射之第二槍是要進內告訴太太，打電話給MP時，發現死者用手按腹圖逃，乃開第二槍，死者中槍後即向暗處逃去，雷諾說發射第二槍之位置與劉中槍之位置的中間距離約十四、五英尺，但是經法醫檢驗死者槍口處有火藥，直徑約一英寸，根據專家及書籍上的說明，槍傷口處如有火藥，發槍的距離應在十六英寸以內，那麼雷諾發射之第二槍的距離在十四、五英尺之距離，死者槍傷口處何來火藥？

第三點：兩聲槍響是連續發射？還是中間有距離？據雷諾說是中間有間隔的，但有陽明山某單位電話總機值勤的人員說：曾連續聽到兩聲槍響，另有一位憲兵亦聽到，如以上的證據是對的，此兩槍的間隔時間不無疑問？

第四點：死者劉自然屍體發現之地點，是本案最大的疑問？根據現場之勘查，死者身中第二槍之地點，與屍體的距離如用直線測量有五十七公尺半，如死者沿著道路逃至伏屍地點的距離約近一百公尺，試問身中兩槍的人爲何會負傷逃至如此之遠！同時死者由中槍處至伏屍處，途中要經過崎嶇不平的路及一條小河溝，再走下有斜坡的路，這是不可思議的事情。

第五點：死者伏屍在地上的形狀，是頭部朝雷諾住宅的方向，根據地形來判斷，死者伏屍的地點是一個斜坡，假使一個受傷的人用雙手按腹彎腰由上坡衝向下坡時，在支持不住伏在地上時，其屍體的頭部一定與前者形狀相反。

第六點：案發後，所勘查之現場，死者中第一槍處、第二槍處，以至死者伏屍地點所經過之道路上，均未查驗出血跡，試問一個受槍傷的人經過幾個移動的現場，如何沒有血跡？

第七點：雷諾所說死者所持木棍走過來，爲了自衛開槍射擊，所謂死者手持這根木棍，係認爲是死者所持之武器，但是這根木棍是在現場竹林中間地點尋出來的，是一根有手拇指粗細的櫻花樹枝，一根樹枝，並不對雷諾的生命構成威脅。❻

我們站在被告雷諾的立場，爲了卸罪，編織一套有利於自己的說詞，爲理所當然。

警方無能爲力，法院奈何雷諾不得，只剩下外交交涉一途。由外交部長詩人葉公超出面，向美國駐華使館表示中方態度，其中有口頭，有書面，前後達三次之多。照會的原則是：㈠該案未解決前，雷諾不得離境，㈡在台公開審判，㈢審判應求公平，並迅速宣判。

❻《聯合報》，台北，五月廿四日。

藍欽大使鄭重表示，一切照辦，軍援顧問團長鮑文將軍給劉遺孀奧特華女士的覆信中，亦保證「絕對會有一個公平的審判」❼。美軍駐台協防司令部於五月廿日，組織軍事法庭，進行法律程序。

開庭前三日，美方與行政院新聞局聯繫，邀請台北各報記者列席旁聽，並採訪審判過程。但雙方爲了席次的分配，發生歧見，美方僅准中國記者三人前往採訪審訊過程，而外國駐台記者，人人獲得邀約。台北各報站在地主國的立場，紛紛不平，認爲美方歧視中國同業，不尊重本地報紙的職業尊嚴；尤其，劉案如此轟動敏感，限制中國記者採訪，即是一個無法令人接受的事實。最後，由新聞局力爭，美方讓步❽。

美方這樣做，顯然是一種無意的疏忽。平常他們根本很少和中國記者打交道，缺乏這方面的經驗，何況美人辦事，向有大而化之的毛病，因而種下禍根。台灣記者於審訊過程中，抓著小辮子，其特意的誇張挑撥，未始不是使事件擴大以致不可收拾的間接因素。

軍事審判於二十日上午九時，假美軍教堂開庭，由法官菲爾德上校主持，循美國司法程序，先徵詢原被告對陪審員的意見後，庭訊開始。陪審員共爲十二人，其中四人請求迴避，

❼ 劉奧特華〈我向社會哭訴〉，《聯合報》，五月廿四日。
❽ 同❸。

所以，實際出席陪審的僅八人（四名校官、四名軍士）。首由檢查官泰波特上尉簡述案情，列舉被告雷諾軍士的罪行、證據及證人名單、兇器包括左輪一枝，和被告指稱劉用以攻擊的小樹枝一根，除當庭呈驗，並由陪審員一一過目。證人姚李妹——雷諾的女傭，應召出席作證，當日審至中午，休憩後，下午繼續。

五月廿一日上午八時十分，法官偕全體陪審員赴陽明山雷諾住所，作現場勘察。下午邀聯勤總部軍醫署長楊文達少將和衛材庫庫長孫傳忠上校爲雷諾作證，司法術語，稱爲「人格證明」（Character Testify），以被告一貫的爲人、品性，提供陪審員作參考。兩位中國軍官經過宣誓，坦言和雷諾天天碰面，經驗中證明雷諾並非壞人，證詞對雷諾有利。

爲什麼找到楊、孫二位呢？雷諾擔任醫藥補給職務，他們和雷諾常有業務來往。

廿二日，進入高潮，英語稱 Cross Examination，即對質之意，官司的成敗、是非，在此一舉。被告如能延聘到舌燦蓮花的辯護律師（Trial Lawyer）反覆質詢，黑白混淆，有罪可以無罪，重刑可以輕判。這樣的例子，在美國多如牛毛，連行刺雷根總統的兇手，都能以「精神失常」判決無罪；美國司法之兒戲，可想而知。然而，熟悉戒嚴法和大清律例的中國人，怎麼能理解呢？答辯過程，就中國人的感受，雷諾怎麼可能無罪呢？據在場記者的記錄是這樣的：

第三日（五月廿二日）上午八時半開庭，這一節是此劇最高潮，雷諾被檢查官盤詰得數度支吾其詞，並且前後供詞矛盾，因雷諾最初供稱劉自然係以木棍又說烟桿，但此日又改稱「那支木棍看來似鐵條」，檢查官並詢雷諾何以不先發槍警告，為何射其要害？兇手並當庭表演殺人時之不同姿勢，檢查官泰波特上尉並詢兇手去年在住處是否毆打過一個郵差？兇手承認是事實，檢查官再問「那郵差是中國人嗎？」兇手答：「不，他不是中國人，是個台灣人！」此語一出，在場之中國人大感遺憾，旁座之美國人亦相顧愕然。

「這一庭最精彩部份是被告辯護律師史蒂爾上尉著重詢問被告學歷、經歷、從軍經過、戰績，使兇手搬出若干獎狀、獎章，並發表其輝煌戰績之報告，他是一位勇將，在韓戰期間，由釜山打到鴨綠江以南三十英哩處，陪審員像聽一段英勇的戰爭故事。檢查官繼問出兇殺案發生時的室外燈光問題，於是兇手乃又從容置答，庭諭當晚九時赴陽明山勘查燈光。」[9]

廿三日，上午九時開庭，十點十分，辯論終結，法官宣讀案情綜述後，要求陪審員用良心投票，不受輿論影響，作出自己獨立的判斷。十一點正，法庭的門予以封閉，全體陪審員進入密室從事裁決投票。

---

9 同3。

依據美國軍事法規定，經軍事法庭宣判無罪後，檢查官不得提請上訴，判決須三分之二以上的多數決定，因四人迴避，三分之二，即六人以上，可投票定案。

十二點五十五分，陪審員經過一小時四十分的磋商決議，獲得結論，菲爾德上校宣佈開庭，旋即宣稱：「本案被告雷諾被控任意殺人，經本法庭陪審團審訊調查結果，投票表決，宣判無罪。」

在法庭旁聽的美軍人員及眷屬對判決立即報以熱烈掌聲；坐在第三排長椅上的劉妻奧特華，「則泣不成聲，幾至暈厥。」

美國的法律程序，承襲大英帝國，假定被告無辜，而由檢方搜集證據，使被告無所遁形，最後定讞。法官扮演的角色，僅在審訊過程中，負責兩造律師訊問證人時，不逾越法律的軌道，好比一個會議討論表決的主席，但非會議決策的最後主宰；陪審員作出仲裁，法官依法判罪，憑其主觀好惡，在特定的刑期內，有所伸縮。因此，本案的關鍵，乃繫於陪審員的選擇，要問陪審員中有無少數民族在內？陪審員有無強烈的種族主義者？台灣當局在本案開庭前，應延聘在美國執業的律師（ABA會員）參與全部作業，那位雷諾就不可能如此輕易過關。

中國方面，不此之圖，僅從外交途徑、輿論攻勢上下手。合理的解釋，包括在美國唸高中大學的葉公超在內，對美國的法律知識，了解得極其有限，也可能出於疏忽的因素。

純依中國人的心理處境、價值系統、原始情感、歷史文化，「殺人者死」，是一種千年不變的定論；至於「自衛殺人」，聞所未聞。進而英美法律的作業方式、內容，和中國的六法全書、審案程序，有甚麼差異，誠如殷海光教授所說，沒有人願意作「無色彩的思考」(Colorless thinking)⑩。憑直覺的刺激，主觀的反應，美軍法庭說雷諾無罪，台灣的一千六百萬中國人，就認爲是「一齣戲」，「審判過程有失公平。」

最足以代表中國知識份子心聲的，是下面一段話：「捨去一切條約法律條文不談，殺人者無罪，這是每一個中國人所不能忍受的，我國法律與英、美法律誠有不同之處，但立法觀點不致是鼓勵殺人者無罪。」⑪

這位記者先生的說法，顯然沒有通過理性的思考，沒有研究對方的法律精神，是人云亦云的情緒主義者。西方法律，固不鼓勵殺人(全世界沒有這種法律)，殺人者死，在死刑免除以前，和中國的殊無二致。但致人死地，比較慎重，其中涉及人權思想，即使一切證據齊全，亦必須經過法定程序(Due Process of Law)，曠時費日，所費不貲。中國幾千年的封建統治，實行政、法分開的制度，也都是在民國以後，幕後更有黨組織操縱控制。美國這種三權分立的司

⑩ 殷海光，〈雷諾事件底檢討與建議〉(上、下)，台北《自由中國》第十八卷十二～十三期，一九五七年六月十七～廿四日。

⑪ 同③。

法精神，中國的老百姓怎麼會懂呢？即使懂，也接受不了，因爲，濃烈的民族感情，早掩蓋了他們清醒的大腦。

「法律事件用法律解決，本來是很單純的，然而，人間的事常常沒有這樣的單純」，「一旦落入政治情況和心理因素相當複雜而微妙的亞洲地區，判決底結果怎樣，會誘發這些因素而衍生嚴重的後果。」⓬那就是，靜態的因素受到刺激，發展爲動態的因素。

仇外心理，自鴉片戰爭後，即潛藏在中國人的意識裏，而且隨時會與民族意識相混合，只是被壓抑而已。美國保護台灣，免於中共的攫奪，這份雪中送炭的恩惠(不錯，美國有其自私的目的)，台灣軍民並不抹殺美國人的貢獻，但部份美國人的表現，令中國人既羨且妒，由妒生恨，同是事實。殷海光指出下面兩點：

「一、恩主姿態。若干美國人對中國人有意無意流露一副恩主姿態。在言談應對之間似乎比照出兩個不同的高下階層；中國人是受恩者，位於低一等的階層。這一種若有意若無意的劃分，若隱若現的界線，捉之無物，感之則令人有動於衷，慨乎梗塞於心。此情此境，最易勾起中國人的自卑感；而對比地越發覺得這些美國人驕傲。可巧美國人

⓬ 同❿。

的個子又高又大，更易把他們的盛氣凌人的氣慨襯托出來，發揚光大。

二、生活方式之不同。美國是一個富甲天下的國家。美國人底生活觀念又與中國人底生活觀念有很遠的距離。此時此地，受過高等教育的中國青年大都感到結婚匪易，苦悶沉沉。而美兵到處，當地女子垂手可得。中國年輕人看在眼裏，豈有開心之理？中國當上校的軍官不見得有適合的住宅。而美軍一來，即使是一名上士，也可租賃高尚住宅。至於僕歐，家庭用具，出入交通工具，在在高人一等。這不算美國人的錯。但是，在台灣，中國人佔絕大多數，美國人佔絕對少數。這種實際生活的比照，真是『萬綠叢中一點紅』，看來特別頂眼。窮人對富人總是難免在潛意識中發生妒嫉念頭的。這種妒嫉念頭，平時沉澱到意識深處，一有機會，那有不趁機發作之理？」⑬

其實，對美國人普遍不滿的心理狀態，並非台灣一地為然。《醜惡的美國人》一書的作者曾作無情揭發。但這種情況的產生，冰凍三尺，非一日之寒；排外主義，加上「一個力量足夠的因素，使其飽和」，即會爆發。官方居然沒有覺察到，且火上加油；起決定性作用的，尤其是官方控制下的台北輿論。

審訊過程中，銷數最大的聯合報除以巨大篇幅描叙全部情況，甚至，預作評論，那篇

⑬　同⑩。

〈沉默的關注〉一文，陳咄咄逼人之勢。文章說：

「我們相信每一個中國人對於此案，都在加以『沉默的關注』，大家在等待一個考驗：中國雖是接受美國援助的國家，但中國人生命的價值與美國人的生命價值是否「同值」，美國在經援軍援之外，能否進一步以其公正的法律，赢得盟邦的人心？」⓮

而作者卻又自打嘴巴的說：「審訊期間，未便遽加評斷。」第二天，以「第六點計劃」爲題，再發議論，譏諷美國「援外是第五點，任意殺受援國家的人民是第六點」⓯。

五月二十四日，該報幾乎以二分之一的篇幅，頭版頭條的顯著地位，加上聳人聽聞的社論——〈抗議美軍蔑視人權〉，挑撥全島人民憤慨激怒的情緒，一場狂飆，因而觸發。客觀地說，官方有意無意地，是事件的始作俑者，採取消極態度，任令事態發展。正如蔣先生事後責備沈昌煥（外交部次長）所說的：「爲什麼不把審判地點弄到台灣以外的地方去？」⓰

⓮〈沉默的關注〉，《聯合報》，五月廿一日。

⓯〈第六點計劃〉，《聯合報》，五月廿二日。

⓰此係唐棣先生告訴作者，時唐任中央黨部四組總幹事，參與國民黨中央若干機密，現退休美國西海岸。

序幕拉開，正戲於宣判後的二十四小時，在台北市鄭州路的美國大使館前演出。根據目擊者的記錄，經過情形是這樣的：

五月二十四日清晨台北地區，發出防空演習的空襲警報，一般人習以爲常，沒有當它是一回事，這天恰巧是星期五，因爲非十三日，並不符合洋迷信。上午十點一刻，劉自然的未亡人揹著一塊中英文書寫的雙語招牌，走到大使館門前，表示對雷諾宣判無罪的抗議。英文是The killer – Reynolds is innocent ? Protest against U.S. Court martial's unfair, unjust decision !（殺人犯雷諾無罪嗎？抗議美國軍事法庭不公平的判決）。中文分行，第一行是「殺人者無罪」五個大字，第二行「我控訴！我抗議！」⓱

使館官員據報，派人出來請劉妻奧特華到使館內面談，爲她拒絕。十點四十分，大批警察到場，負責官員有台北市警察局長劉國憲、督察長宣善嶼、台灣省警務處外事科長張漢光等。據說，係應美方的要求。

警察和劉的遺孀，曾有如下的對話：

⓱ 魏大剛〈我親眼看見台北群眾憤怒行動一幕〉，香港《新聞天地》第四八五期，一九五七年六月一日。

警：希望妳到使館裏同他們當面談談！

劉：我不進去，門外是中國的領土，我有權在這裏站，我不踏入他們的範圍！

警：妳可以把妳的抗議向我們外交部報告，外交部會替妳處理。

劉：外交部代表國家，應該有所表示，這只是我個人的抗議，不必透過外交部。

警：劉太太的悲哀，我們都很了解和同情。

劉：不僅是我個人的悲哀，而是全中國人的悲哀。⑱

台灣屬戒嚴時期，任何抗議、遊行、示威，爲法律所不許。奇怪地，劉太太受到特別的優待。警察局長劉國憲親到現場，問她一句：「妳是不是想製造事件？」她說：「我丈夫被人白白打死，難道連在自己領土上作一個無言的抗議都不行嗎？」局長大人居然格外開恩，悻悻然而去。

究竟劉國憲局長是天良發現，出諸惻隱之心，抑奉命不干預？迄今是個解不開的謎。

正午時刻，圍著看熱鬧的群衆越聚越多，據《聯合報》記者的估計，約二〇〇人左右。中廣公司記者王大空⑲、洪縉曾，抵達現場，要求劉奧特華爲「全國同胞講講她心中的話」。對

---

⑱《聯合報》，五月二十五日。

⑲ 王大空事後曾爲治安單位扣留偵訊，但不久獲釋。

著麥克風，她失聲大哭，一字一淚地說：「我今天在這兒，不光是爲我無辜的丈夫作無……無言……的抗議，我是爲……爲中國人……抗議。除非，美國人給我們……中……國人一個滿意……滿意的答覆，我是不會離開這兒的。」[20]十分鐘後，上述談話錄音，在空中播出。

現場一位台籍婦人，觸景生情，和劉奧特華一道涕淚橫流，激起群衆更大的同情，全場氣氛，凝重而悽惋。突然有人大喊：「雷諾已經坐飛機走了！」群衆的憤怒情緒，再無法抑制了，等於一根洋火丟在炸藥上，開始爆炸燃燒。

一點十分，僅少數人試著翻越使館西側的圍牆；十分鐘後，群衆麇集逾千，開始石子攻擊，一點四十分，數百人衝進使館，翻箱倒櫃，任意搗毀砸爛汽車、玻璃、桌椅，儼然庚子年義和團事件的重演。暴民們甚至將星條旗扯下，換上青天白日滿地紅的國旗，群衆高呼「中華民國萬歲」的口號，予以迴響。

使館四周的牆頭上，站滿人群，且「每打毀一件甚麼東西，外面便有人叫好；於是打的人愈來愈勇敢，索性連百葉窗和冷氣機也亂砸。」[21]

三點十五分，台灣省警務處長樂幹到場；不用說，情治單位人馬密切注視情勢的發展，

---

[20] 同[18]。

[21] 同[17]。

爲數甚爲可觀。奇怪地，他們只作壁上觀，並無意使用其平素的權威。

就在這個時候，成功中學的學生約五十人，著整齊制服，佩救國團臂章，由軍訓教官帶隊，到達使館院內，高舉標語旗子，大呼口號，爲暴民助陣㉒。成功中學校長是潘振球，經國的高足，沒有上級指示，他敢公然派學生來鬧事打美國大使館嗎？而且，事後免受懲罰，豈非出奇的偶然！

憤怒的群衆數度縱火，幸爲停在使館門外的救火車所撲滅。四點廿分，在地下室發現有躲藏的使館官員，施以拳腳，爲警方保護脫離。美聯社的記者慕沙差點受到圍毆，幸賴在場的中國記者幫他打圓場，始有驚無險。

五點正，官方看到情勢有發展到失去控制的危險，樂幹宣佈戒嚴，並用水龍頭沖擊人群，暫時獲得安靜。但一小時後，使館再度被圍，七點四十分，暴民衝過警察封鎖線，再度進入使館內室，作徹底的破壞。其中，且有人持器具將使館的保險櫃打開，取走大批秘密檔案文件。當然，那就遠非一般老百姓的傑作了。

群衆一面圍攻大使館，一面進軍設在中山堂前的美國新聞處，和設在台糖大樓內的美軍協防司令部。及晚，乾脆一不做二不休，打起美國新聞處對面的台北市警察局來。魏大剛有

㉒ 同⑱。

如下的記叙：

「晚七時正，台灣衛戍部正式宣佈戒嚴，一批批武裝部隊開到協防司令部門前和新聞處門前，這時不知什麼人說警局逮捕了人，於是有人衝進警局。最初警局用好話勸阻包圍的人們，請他們讓開些，並請派代表進來看看有沒有人被逮捕。但包圍者堅決不肯退卻，不久有人在警局車房放火燒車，同時一群學生衝進了二樓，於是槍聲響了，演成一幕混戰場面，結果是有十個騷動份子受傷，一個死亡，警察方面，也有五、六人受傷。」[23]

事情演變到圍攻台北警察局的階段，警局內門窗辦公桌椅，遭到無情搗毀，瓦斯、槍、催淚彈同時並用，警察民衆，互有傷亡；這給當局發出強有力的訊號：㈠仇外情緒轉嫁到警察身上，暴動的性質，發生變化。㈡除非立即獲得控制，國民黨的統治基礎，將因而動搖。有關方面乃緊急下令各廣播電台，停止一切對劉自然同情的文稿的播送與報導，改以嚴肅的語氣，呼籲群衆，保持冷靜。

㉓ 同⑰。

蔣先生得到事態嚴重的報告，大爲震怒，下令撤除衛戍司令黃珍吾、憲兵司令劉煒，以及警務處長樂幹的職務。同時調動武裝部隊，進駐台北市區，執行戒嚴宵禁，以期鎮壓群衆，維持秩序。深夜十一點，情勢始受控制。

出事當天，藍欽大使在香港渡假，聞訊於五點四十分趕回台北，即驅車到博愛路的外交部，訪問葉公超部長，面提嚴重抗議，並由葉陪同，巡視已滿目瘡痍的劫後使館。

當局的一時孟浪，致死一人❷❹，傷三八人。美國使館和台北市警局被毀的財物，官方雖未公佈統計數字，當在美金五萬之間。第二天，俞鴻鈞內閣總辭，爲他代罪的除黃(珍吾)劉(煒)樂(幹)等人，《聯合報》的記者林振霆，迄今猶囚綠島。

五月廿六日，蔣先生接見藍欽，表示陪禮道歉，事情於是告一段落。但華府的善後，就夠董顯光大使辛苦的了。

華府官方的反應，先是「驚愕」，包括拿人手軟的游說團要角諾蘭、勃里奇、周以德等在內，接著有裁減顧問團人數之議。

民間的反應，那就沒有官員們理性了。《記者》("The RePorter")雜誌的一篇社論，寫得文情並茂，足資反映當時的美國民情。部份摘錄如下：

---

❷❹ 死者吳麥濤，卅九歲，廣東人，台北氣象所工友。

「蔣說『五二四』事件是群衆自然的反映。蔣經國說：『少數人情緒衝動，對劉自然案判決不滿而已。』易言之，那是種莫名因素中的無以言狀的情緒，使得暴民們有系統地，將一個友邦使館的傢俱、汽車、密碼機，和公文件搗毀，而這個國家，正是台灣唯一的支持者，且不提污辱我們國旗那回事了。

「就這個方式的情緒爆發，『五二四』事件，實乃精心策劃。一連好幾天，國民政府控制的報紙，即圍著軍法審判的事，大事煽動。暴民領袖帶著工具去開啟使館的保密箱，明顯地計算到，有充裕的時間，完成任務。

「如一位有經驗的觀察家說：『沒有人幕後指使，中國人不會瘋狂地為一個死者大張旗鼓，中國的人命太不值錢了，這是中國人的性格。』那麼是誰，或者那個政治團體發動這樣的進攻呢？目下是個謎，但很明白的，那是個有力人士。赫斯特報系和約翰·歐唐諾(John O'Donnel)是主張台灣為遠東堡壘的死硬派，已經宣佈，那是共黨地下人員的傑出表演，如果，紅色間諜如是橫行，我們遠東的堡壘還安全嗎？

「據其它方面的消息，這個策劃人是國民黨內的極端派(Extreme Persuasion)。我們要問，當暴民們侵佔美國使館之際，蔣和他的繼承人在幹什麼？除了負責台灣的特務工作，經國還掌握著青年救國團；何況，他自己在蘇聯受了十二年的訓練。

「在台灣，美國還有甚麼可依靠呢？父子靠不住；我們拿錢裝備的陸海空軍，不願意站到我們這一邊，更免談拿我們七億七千萬經政援助的民衆了；他們僅看著星條旗平白被扯下。」[25]

《國家》雜誌批評得更露骨。社論說：

「我們並不奇怪，台灣先說『五二四』是共黨煽動的結果，且很快會找到證據；很快又改變語氣，說是自然的，不幸的驟然憤怒(Flare－up)。

「很明顯，這是有組織的，如果不是蔣(介石)，我們決難想像，這種海盜式的行為，會危害到他自己的戰利品，那末再無別的因素了，除非蔣的助手們希望台灣解放，通過不流血政變，讓蔣乘美國軍艦逃到夏威夷去和他的好友雷德福等會合。

「華盛頓應該知道我們自一九四九年以來所遵循的外交政策，已經破產了。果真總統先生如傳說中那麼憤怒，美國外交政策，還不從中國游說團手裏解放出來嗎？」[26]

愛德蒙·克勞勃(O.Edmond Clubb)，曾駐華十八年的外交官，以「夢幻的破落」爲題，予以抨

---

[25] "An Emotional Upset", The RePorter, June 13, 1957.

[26] "The Hayride is over", The Nation, June 8, 1957.

擊。他說：

我們要求賠償，那不是從我們自己的口袋掏出來的嗎？我們應該檢討我們的「台灣政策了」。下列難題，勢必被迫找到答案：

㈠利用國民黨對付共産黨的策略，是否已到嚴重的關頭？

㈡失去中國，難道我們又受到「失去台灣」的威脅嗎？

㈢我們的對台政策又遭到挫折嗎？

克勞勃又說：

自我欺騙，是我們對台政策一貫的支柱，那種方法，已經失靈。因為，我們終於不再受騙。現在，我們能把問題看得非常清楚。如何解決台灣的將來，和調整我們和中國的關係，將是我們當前的課題。現在我們了解，甚至我們的盟友並不接受我們的教條，我們將被迫在台灣問題上，和日本、印度、英國持相同的看法。最近台北發生的事強調一個冷酷的事實：我們在台灣的特殊地位，已為時無多。㉗

㉗ O.Edmond Clubb, "The Dream Dissolves," the Nation, June 8, 1957.

美國的輿論走向，客觀地說，是一邊倒地，是大國沙文主義式的苛刻指責；他們只知道盛氣凌人，片面強調美國的法律尊嚴，而疏忽了「中國人底反應」。唯獨殷海光教授〈雷諾事件的檢討與建議〉一文，哲理與事實兼顧，公正與客觀並重。下面一段話，最發人深省：

近若干年來，許多有覺醒的中國人對美國一直寄予嚮往之情。他們把美國看作自由、民主、公平、正義之象徵。這些中國人把美國估計得很高。他們熱心地期待美國領導。雷案發生之初，大家本乎這些信念，沉默地期待公正的裁判。大家都認為「美國人不會不公正的」。萬想不到裁判的結果竟是殺人者無罪。多麼令人失望！等到不滿之情釀成騷亂事件以後，他們所看得見的只是森嚴的外交面孔。對於雷案之曲直，反而擱置一旁，亦若無足輕重。這使他們發生疑問：美國底公平在那裏？「天下烏鴉一般黑」。美國還不是靠錢勢壓人？

雷案判決結果如此，照中國人看來是一個錯。現在美國官方又拿因雷案而引起的外交局面抹煞了原有的問題。這在中國一般人看來是錯上加錯。

可是，在美國一般人看來，你們中國人「以怨報德」。我們美國人對你們這樣好，你們僅僅因著雷案沒有依照你們的法律觀念判決，你們就翻臉不認朋友，搗毀我們底大使館，撕毀我們底國旗，毆打我們底人。我們美國在國外駐軍達二十三國之多，假若每一

個國家像自由中國這樣，那怎麼得了？㉘

台灣的辯解，聲言「自發自動」。經國在事件前後，則從未露面。艾森豪總統的聲明，說「不似一無組織的行動」，可慌了蔣先生的手腳。據熟悉內幕的人說，蔣先生肝火大動，經國因而受到杖責。用常理推斷，很可能是事實，在苦無證據的情況下，又只好姑妄聽之。

很多人爲經國辯解，那位想做吳鳳第二的丁中江就這麼說著：

> 對於這種難找證據的疑案，我以為從常識上加以判斷，不管蔣經國個人心理上有沒有存在著「不喜歡美國」的因素，但他決不會愚蠢的來製造這麼一個事件，一個兒子無論為了甚麼政治目的，決不至會做些替父親找很大麻煩，讓父親向人道歉賠不是的事，除非是一個「糊塗蟲」！

經國當然不是個「糊塗蟲」，丁中江承認，爲了「軍中政工」，「構成他(蔣)和美國不愉快

㉘ 同⑩。

的主要因素。」[29]

卜少夫把他比喻爲「希臘神話中的勇士阿齊里士」，「承受四面八方射來的冷箭和熱箭」。說「經國目前處境之惡劣，並不下於大陸撤退前夕」[30]。

至於何事「惡劣」，少夫做了自我回答，他說是「美國人士天眞地誤解」。六月九日，香港新聞文化界應邀訪台[31]，是台灣展開輿論攻勢，糾正雷案不良影響的政府行爲。美國方面，除了賠款、賠償，則無能爲力。但是經國因而連續六年，隱藏在幕後，好像被人遺忘了似的，他的行跡暫時從報章雜誌上消失，拒絕記者訪問報導，很少出現公開場合。官職是「行政院國軍退除役官兵輔導委員會主任委員」，負責領導榮民修築全長三四八公里的橫貫公路(主線加支線)，經常奔走於東部的崇山峻嶺中，做開路英雄。

經國計算著，只有藉飛逝的歲月，沖淡友邦對他的「誤解」，以沉默是金，消弭外間的「蜚言」。反正，美國人是健忘的，艾森豪政府快下台了，時間在經國這一邊，耐心等待，定

---

[29] 丁中江〈風風雨雨蔣經國〉，香港《新聞天地》第四八九期，一九五七年六月廿八日。

[30] 卜少夫〈我所知道的蔣經國〉，香港《新聞天地》第四八八期，一九五七年六月廿二日。

[31] 訪台成員包括徐訏(故)、陸海安(眞報社長，已故)、劉捷(新生晚報總編輯，已故)、徐速(作家，已故)、張六師(軍事評論家，已故)、黃震遐(亞洲出版社總編輯，已故)、馬彬(作家，已故)、李秋生、司馬璐、薛斯人等。

有雲開日出、勝利在望的一天。

輔導會的工作，首創於五六年四月，經國先是副主任委員代理主任委員，翌年六月眞除。曾有人建議：「你何必花這麼多時間做這種吃力不討好的工作？」他回答道：「我們要討誰的好？今天我們一切工作服務，難道說都是爲了討好？」

這位仁兄碰了一鼻子灰的原因，可以說，是其政治敏感性不夠，不了解經國的處境和心思。倒是經國自己說出來了：輔導會的工作，是「政治工作」。

又是美軍顧問團的建議，國軍士兵的年齡普遍偏高，被中共諷刺爲「鬍子兵」，與眞相大致符合。爲了提高戰力，華盛頓掏腰包，強迫蔣先生實施國軍汰舊換新計劃，以充員兵代替大陸抵台的職業士兵。

這個問題，處理起來頗爲棘手，主要是這批人長年置身軍伍，一則離鄉背景，孤苦無依，一則出操上課，謀生乏術。假如無適當安置，將會產生社會問題，進而影響軍心士氣。

經國勇敢地負起這個責任，自比「第三兵團」。除了「政治」，且有「良心」和「道義」的責任。他說：「我們同是生長在這苦難的時代裏，多難的國家中，大家休戚與共，息息相關，對榮民是以感情、道義去服務，不是講恩賜。」㉜

㉜ 李元平《平凡平淡平實的蔣經國先生》，台北中國出版公司，一九七八年五月。

基隆一位上年紀的榮民，曾老淚縱橫地告訴經國：「你在江西當專員，我已開始當兵。」九十歲的沈治平，雙眼失明，要求經國：「能不能找個好醫生讓我雙目復明。」年輕軍官王國英，兩腿被砲彈炸斷，經國去宜蘭榮家訪問，他說：「對不起，我沒腿，站不起來。」㉝

我們要承認，輔導榮民的工作，在當時台灣的官僚體系中，沒有人能順利執行此一複雜多端的龐大計劃，因爲，無人具備經國的權威。

輔導辦法，大致爲：年輕而有志求學的，輔導就學；有工作能力的輔導就業；需要休養的使之休養；病苦的使之就醫。輔導會創辦了醫院、榮民之家、農場和工廠。

輔導會的成績，如果予以客觀評分，列爲乙上。一九六二年十二月，他對立法院的工作報告中，就很坦白地說：「今天一般榮民的生活還是很苦，許多地方還不如理想；榮民的許多困難，還沒有爲他們解決。」有不少「榮民還在流浪街頭」。更有靠神父施粥而果腹的榮民。

開闢橫貫公路，爲經國擔任八載輔導會主委期間最明顯的政績。就經濟績效而言，這條路穿山越嶺，披荆斬棘，耗巨資不算，因施工而喪失生命的榮民，即達百人以上。花這麼大的力氣，殊無必要。但就事實言，榮民們有氣力，有膽量，卻無特殊的技能，沒有比這個計

㉝ 同㉓。

劃更能吸收那樣龐大的勞工數量。

開山的工作，胼手胝足，沒有機器，靠雙手萬能，沒有補給，靠肩負手提，爲的是「偏高」的工資，約合美金一元兩角的血汗收入。三年十個月，全線通車，經國默默地完成一件大事，不能說非「五二四事件」的副產品，非他餐風露宿、有志竟成的巨大貢獻。

經國的思想裏，原帶有強烈社會主義的本質，在台灣這一階段，過去沒有插足地方政務的機會，由輔導會而大展身手，也可以說，是他自蘇聯歸國以來，最有始有終、將理想付諸實現的社會事業，時間愈遠，或許更能看得出他的功績里程。

他在自己的「守信簿」上寫著：「等待我們去盡力的事仍舊很多。」

第二十一章

雷震·自由中國

每六年一次的政治季候風，又在寶島吹拂，七十四歲的蔣先生，面臨睿智、勇敢的抉擇——是退居幕後抑修憲連任呢？

憲法規定，總統任期六年，連選得連任一次。南京時代的張君勱等擬定憲章時，預想到一個沒有限期的總統，等於王朝世襲的民國版，所以，嚴格加以限制。

蔣先生的眞實意圖，很難從他發出的訊息(Signal)中得到明確肯定的答案。因爲，那些演詞的措詞太模稜兩可了；即使他最親信的幕僚，猜起來也頗費周章。

一會兒他說，憲法不能修改，他要把它完整地帶回大陸，一會兒，他又說：「我要帶你們打回大陸去！」

假使不修憲，他又怎麼當選連任呢？不連任，又怎麼「打回大陸」？

後來，大家才明白，他反對修改憲法，並不反對增加臨時條款，就像曹聚仁教授所說，

「在大房子旁邊，加了小房子。」爲了光復大陸，實勉爲其「難」。和很多政客一樣，他擅玩魔術，他喜歡愚弄人民大衆的智慧。繞個大圈子，最後由黨內善體君意的現代紹興師爺們，運用大法官會議，作成解釋決議，以現在在台的國民代表人數爲計算標準，修改臨時條款，但不「條憲」。這樣，蔣不僅可連任，且可做終身總統。

國民黨這一荒謬的舉措，島內當然沒有人反對。所有的輿論工具，悉由政府把持操縱。反對就是「破壞領導中心」，「共匪同路人」，有帶紅帽子坐牢的機會，甚麼人敢冒此不韙！廿世紀的台灣，倒車開到紀元前三七七年衛頽的時代。

假使從本質上去透視國民黨的本質，那就不奇怪了。殷海光說：

國民黨是怎樣能統治台灣呢？因為一伙比較大膽狡猾的人集攏起來，用自命合法的方式，掌握著社會資源，為私利而統治著台灣。而且，實際上是打著「國策」的幌子，以「偉大領袖」的意志，把人民當作自己胡作非為的工具，理由是：「領袖是人民意志的旗手」。❶

❶ 殷海光〈剖析國民黨〉，中譯，《南北極》月刊，一九七五年二月，第五六～五七期，頁二～一五。

用一句話作總結：「國民黨是打著自由民主幌子的次級極權主義政權（a substratal totalitarian regime）。」

文化層面上，有人把台灣比喻爲文化沙漠，沙漠裏偶然也有綠洲，淸泉甘冽，棕櫚婆娑；那就是先打著胡適招牌、後改由雷震任發行人的《自由中國》半月刊。

在當時的情況下，是一種畸形的發展。緣《自由中國》創刊於五〇年代初期，台灣正處於風雨飄搖之際，任何救亡圖存的努力，在所歡迎。時移勢易，國民黨人變了質，反過來，認爲雜誌變了質，可是《自由中國》的後台硬，已成養虎貽患的尷尬局面。

對蔣先生是否該連任的問題，發出鏗鏘有力的反對聲音。該刊從政治觀點和法律觀點方面，邀集學者專家，著文諍諫。如曹德宣的〈擁護蔣總統繼續領導而不贊同連任〉，傅正的〈護憲乎？毀憲乎？〉，楊金虎的〈豈容御用大法官濫用解釋權！〉，雷震的〈敬向國大代表同仁說幾句話〉和左舜生的〈我們對毀憲策動者的警告〉。

蔣先生的顏面，已覺得大失光彩，而該刊於蔣先生當選後，再撰社論〈蔣總統如何向歷史交代？〉一文，窮追不捨，餘音繚繞；當局的震怒，可想而知。蔣先生當年爲一句話，能將《申報》的史量才❷加以毒手，未立即逮捕雷震，已極盡寬容之能事。

雷震如果有自知之明，急流勇退，可能免卻他後來的災難。但勝利往往使人失去理智，頭腦發熱。另有一個可能，高估了美國官員對台灣的影響力，而低估了蔣先生的決心。雷震竟和一些熱心新黨運動的分歧派，插手地方選舉，揭發國民黨違法選舉的黑幕等等，如㈠兌票換票；㈡埋伏票；㈢代領投票；㈣故意製作廢票；㈤故意唱錯票；㈥威脅投票等。

這下，衝突升級，由理論層面跨到行動層面，國民黨感到嚴重不安。使國民黨當局感到更不安的是，雷震結合國民黨內的自由主義份子，民青兩黨菁英，以及大批台灣籍的非國民黨人士組織的「地方自治研究會」，擴大爲「在野黨及無黨派人士本屆地方選舉檢討會」，檢討選舉、批評時政，進一步將組織新黨，向執政的國民黨公開挑戰。❸

國民黨和共產黨雖同是極權主義，一黨獨攬大權，手法各有不同。毛澤東堂而皇之地，說是一黨專政，國民黨卻偏掛羊頭賣狗肉，打著民主政治的招牌，不牽涉到統治權力，儘可寬容大度，一旦動搖到根本，那就勢不兩立。

❷ 史量才在南京晤蔣，蔣要《申報》停止攻擊南京政府，史不允，且說：「你有槍桿子，我有筆桿子！」蔣不悅，下令戴笠，殺史於滬杭公路上。

❸ 司馬桑敦〈雷震與《自由中國半月刊》〉，《明報》第六十期，一九七〇年十二月，香港，頁六二～六九。

組黨以外，《自由中國》撰寫社論〈台灣人與大陸人〉，觸到國民黨人的要害，由「二二八」事變引起的省籍鴻溝傷痕，一向是敏感到談不得的問題，雷震卻說：「人與人不會成為仇敵，除非由於政治上的錯誤，」又說：「一些迷誤於政治權力的人們發現大陸人和台灣人在政治改革運動上攜手合作，起了恐懼心，故意危言聳聽，說台灣人的勢力抬頭，內地人將受歧視等等。」❹

國民黨一面發動自己控制的輿論工具進行反擊，一面製造謠言，硬說中共駐港的工作人員暗中支持台灣的新黨活動等等。同時透過美國駐華大使莊萊德，向國務院緩頰，俾一旦採取行動時，減少美國官方的壓力和衝擊，奉命執行此項任務的，即經國指揮下的情治系統——台灣警備總司令部。

大前提上，父子倆為維護自己的權力統治，利害相同，觀點一致。縱使，蔣先生不下命令，經國亦必去之為快。白雅燦的案子❺就是最好的說明。雷震的情況，比白要嚴重千百倍，他為能視若無睹！從個人恩怨出發，吳國楨、孫立人是他奪權的障礙，雷的《自由中國》

❹ 同❸。
❺ 一九七五年選舉前夕，白雅燦散發傳單，要求蔣經國公佈私人財產等，遭判無期徒刑，現羈獄中。

是他愚民政策的絆腳石，允許這個雜誌的存在，很多神話、謊言，就有被拆穿的危機。

雷、蔣衝突，據雷自己說，肇始於五十年代初期，且完全來自誤會。試看下面一個故事：

「我於民國三十九年（一九五〇）十月第一次去香港時，這些黨派人士並未提到國民黨要『黨化軍隊』一事，大概國民黨改造委員會此時尚未定案也。迨民國四十年元月二十八日我和洪蘭友同去香港慰問各黨派及民主人士時，青年黨左舜生和李璜等一見我們，就大罵國民黨首領蔣中正和蔣經國（此時陳立夫已被逐至海外了）不該違反現行憲法的規定，在所有軍隊裏，以及持有槍桿子的憲兵和警察裏設立國民黨支部之事，和過去的軍閥與大陸時代國民黨一樣，採用蘇俄的『以黨治國』，不想依照現行憲法，實行民主政治，建設民主國家，這完全是家天下的政治，終有一天要失敗的。我和洪蘭友無法撒謊來解釋此事，只有任其任意咒罵，因為他們罵的是事實，他們都是青年黨領袖，參加過制憲國民大會這一幕。

「我們回台後，國民黨在改造委員會曾邀我們吃便飯，改造委員出席者有胡健中、張其昀、崔書琴、蕭自誠等，工作同志有唐縱等，飯後他們詳詢香港各方人士之意見，我們盡情報告，謂其中黨派人士最不滿意者，為國民黨違反憲法在所有軍隊中設立國民黨分部，民主人士最討厭者為不思建設民主政治，還是個人獨裁，真是自取滅亡。各位改造委員要我用書面將今天所講的向改造委員會報告，我因去港月餘，個人和《自由中國》半月刊積壓之事太多，這種報告必須親手撰寫，實在沒有工夫，故我一再說：『現有黨部的速記，可供參考。』不料改造委員堅持要我寫，尤其是胡健中，我只有勉為其難，親筆寫了六條，包括反對黨化軍隊在內，親自送改造委員會。不料是年三月二十九日上午九時前，我去參加台北市大直圓山忠烈祠祭祀的時候，改造委員蔣大少爺經國一見我就聲勢洶洶，扳著臉對我說：『你們為什麼反對在軍隊中設立黨部之事，這是反動份子，是共產黨同路人之所為。』說畢不待我解釋，蔣經國就走進忠烈祠去了，裏面已吹號，我也跟著進去行禮如儀。蔣經國這一種少年氣盛的態度，簡直目中無人，和當年袁世凱大兒子袁克定的驕傲，只有過之而無不及也。據說當年袁克定去某地閱兵時，閱兵典禮處只派一名軍官來迎接，袁克定以為大不恭，即掉頭而返，連閱兵典禮也不參加了。蔣經國這一天氣得我發昏至第十三章，回家後倒床即睡，連午飯也未吃。我們報告書上，明明說是香港各黨派和民主人士的意見，我為使者應照實報告，總不能『報喜不報憂』吧？」❻

大陸之敗，蔣先生認爲政治工作不如「共匪」，恢復政工在軍隊中的地位，被認爲是對抗

❻ 雷震《雷震回憶錄》，香港七十年代，一九七八年十二月出版，頁三七八～三七九。

敵人的一道靈符，所以，誰反對黨進入軍隊，誰就是「反動份子」、「共匪同路人」，這原是最簡單的二分法，是國民黨人的思想原型（Prototype）。

雷震反對軍隊黨化，反對青年救國團，反對特務統治，嚴格地說，基於良知信念的成分遠超過個人的好惡，《自由中國》的宗旨第一條就說得明明白白：「我們要向全國國民宣傳自由與民主的眞實價値，並要督促政府（各級政府）切實改革政治經濟，努力建立自由民主的社會。」第四條更明確地指出：「我們的最後目標是要使整個中華民國成爲自由的中國。」❼

不過國民黨內的保守派，他們雖同意《自由中國》這些宗旨，作爲櫥飾，作爲光耀奪目的霓虹燈，而不願意表裏一致。因爲「台灣現政權的本質，只是中國大陸舊政權的延續」❽。舵手的人格和國民黨的性格，受環境改變的驅策，有所修改調整，其態度和政治取向，依然故我。

過完短暫的蜜月期，《自由中國》變成當權派的眼中釘，爲了〈政府不可誘民入罪〉一文（第四卷十一期，一九五一年六月），彭孟緝向蔣先生哭訴，指責該文「破壞了台灣的金融管制」。遭彭的特務報復不算，險些捉進官裏。

---

❼同❻，頁二八～二九。

❽同❶。

在「祝壽專號」以前，經國按兵不動，合理的研判，雷震雖然討厭，不合當局的口味，揭發李基光等敲詐勒索，畢竟無傷大雅；箭頭射到蔣先生頭上，近乎膽大包天。於是，以周國光名義（台灣的梁效），發出特字第九九號的「特種指示」，實施反擊行動。

「祝壽專號」本響應蔣的號召，「婉謝祝壽，以六事咨詢於國人，均盼海內外同胞，直率抒陳所見，俾政府洞察輿情，集納衆議。」《自由中國》在歌頌之餘，說幾句眞話，並無損於蔣的威望和權力。胡適那篇〈述艾森豪總統的兩個故事給蔣總統祝壽〉，奉勸他老人家努力做一個無智而能「御衆智」、無能無爲而能「乘衆勢」的元首，更談不上對蔣先生有何不敬。

然而，經國慌了，蔣先生既是神，神怎麼能受凡人批評呢？

蓋著極機密印記的特種指示，共列九條，大意是：

㈠《自由中國》企圖不良，顛倒是非，混淆視聽，有不當的政治野心。
㈡明確它是思想上的敵人。
㈢《自由中國》的言論，與吳國楨的「濫調」，如出一轍，是共匪的「統戰陰謀」。
㈣記住大陸失敗的歷史教訓，對於「敵人的思想，思想的敵人」，誓不兩立。
㈤要求黨內和軍中刊物，針鋒相對，予以駁斥批判。
㈥動員力量，策動反擊，以口頭宣傳，耳語運動，讀者投書等方式，使「人們在心理上，產生一種極惡劣的印象，由不相信他們的濫調，進而反對他們的濫調」。

(七)暫時不攻擊刊物及個人，只攻擊「毒素思想」。❾

一九五七年一月，長達六十一頁的「向毒素思想總攻擊」的小冊子，在軍中發行。

細讀全文，除了被國民黨奉為暮鼓晨鐘的陳腔濫調，了無新意。其觀點的幼稚，邏輯引證的牽強，一眼可以認定，是王昇之流的手筆。何以國民黨人如此驚惶失措？其道理非常明顯。《自由中國》的言論，像把利刃，直穿心臟。經國一向扮演孝子忠臣的雙重角色，「英明領袖」、「人類救星」的神化形象，豈容雷震等人任意破壞。在經國看來，這是「勤王」、「衛道」之戰，「對敵人的寬恕，就是對自己的殘忍」。

文章霸氣十足，強調國共鬥爭是「思想對思想的戰爭」，但又把人的大腦禁錮為一種固定的程式，信共產主義當然不許，個人自由民主不許，違背領袖的意旨不許，也就是說，任何人的思維活動，僅限於欽定的範圍。

---

❾ 同❻，頁一〇九～一一一。

官方定下十項準則⑩，細看內容，拉雜零亂，大都是模稜兩可、似是而非的十條框框。實行起來，除了忠貞的黨員，任何人將難免帶帽子、挨棒子的危險。

文章說，思想戰場，「始終有激烈的戰鬥」。胡適〈向政府爭取言論自由〉一文，和吳國楨「公然叛國」，是兩個重大戰役。妄指胡「破壞團結」，搞「分化」陰謀，「爲共匪特務打前鋒」。吳使用「共匪」的策略，「挖心臟，鑽空隙」，離間「領袖與幹部的關係」，「政工人員與部隊長的關係」，「救國團與教育界的關係」，「情報人員與民衆的關係」。

旋又自我吹噓地說：「檢討以上兩個戰役，使我們認識思想戰取勝的條件就是以思想對思想，誰的理由充足，誰的理論正確，誰能獲得大多數人的同情，就是誰的最後勝利。」

作者認爲，凡主張「言論自由」、「軍隊國家化」、「自由教育」，批評「總統個人」的，一概「荒謬絕倫」，是「共匪的幫兇」，目的：「毀損國民黨的聲譽」，「打擊政府的威信」，「便利共匪間諜活動」，「造成友邦惡劣印象，減少援助。」

---

⑩ 同❻。十項準則是：(1)不違反三民主義。(2)不違反反共抗俄國策。(3)不違反國家民族利益。(4)不違反　領袖意旨。(5)不爲共產主義幫兇，及對匪俄種種政治陰謀寄予同情。(6)不帶有蔑視國家，及崇拜個人自由主義色彩。(7)不自我鄙棄民族文化傳統。(8)不曲解政策，或故作驚人之論，以聳動聽聞，煽惑群衆。(9)不散播悲觀頹廢思想，助長失敗主義，壓低軍民同仇敵愾情緒。(10)不妨礙國內外團結。

散播毒素思想的有那些人呢？他們是「長居國外的所謂知名學者」，在野黨份子，「所謂自由主義者」，「失意的官僚政客」，「好出風頭的所謂政論家」，「不滿現實人士」，「盲從附和份子」⓫。

然後，逐條批判，我們不妨以奇文共賞的態度，讀讀下列兩段節錄的宏論：

「『取消軍隊中的國民黨黨部』。這是抗戰勝利時共匪的言論，並不像出自某刊物編者之口，因為某刊物編者是反共的，或者是非共的，他不能說共匪要說的話，但現在他竟然做出了；況且所持的理由，亦同共匪一樣，就是軍隊應該是國家的，不能為一黨私有，現在國民黨在軍隊中設立黨部，應該取消，將軍隊歸還國家。

「上述準共匪的理論似是而非。第一、不明瞭國民革命的歷史。因為國民革命是由中國國民黨領導的，中華民國亦是中國國民黨一手建立的。有中國國民黨就有中華民國，沒有中國國民黨就沒有中華民國。現在台灣的中華民國政府，沒有中國國民黨領導支持，大家能想像嗎？所以國與黨，黨與國兩者是不可分的。第二、反對軍中有黨的最大理由，是憲法規定『全國陸海空軍須超出個人、地域及黨派關係以外』。憲法如此規定是不錯的。但他忘記了憲法另一重要規定，即憲法第一條規定：『中華民國基於三民主

⓫ 同❻，頁一二四～一二六。

義，為民有民治民享之民主共和國』。憲法第一條是開宗明義，為全憲法綱領，亦就是中華民國的立國精神。中國國民黨是信仰三民主義的，現在在軍中設立黨部，以三民主義來教育全國陸海空軍官兵與憲法規定中華民國立國精神是符合的。第三、軍中設立黨部，是革命事實需要。總裁檢討這次大陸戡亂失敗，認為基本的原因，就是黨部脫離了軍隊。」

「……總裁的話實在太沉痛了，我們黨員應該知所悔悟，如果有人『還要跟著共匪和他的尾巴來唱舊調，還要反對軍隊設立黨部，這樣下去，不僅是要毀滅自己革命的黨國，而且連整個的民族文化和五千年的歷史，都要從此一筆勾銷，世世子孫，永為俄寇的奴隸，而無自由翻身的日子』。第四、反對軍中設立黨部還有一個理由，就是民主國家軍隊裏沒有政黨活動，像美國軍隊裏就沒有共和黨或民主黨設立的黨部。答覆這一個問題是簡單的。因為一個國家軍隊組織的如何形成，以及思想和武力的如何結合，是不可能完全與各國相同的。一個軍隊有一個軍隊的傳統精神，一個軍隊有一個軍隊的歷史背景，一個軍隊有一個軍隊的對敵客觀條件及其戰鬥需要。為澄清此一觀念，總裁曾有特別訓示，他說：『我們政工和黨務，依美國軍隊的傳統來說，是不易了解的，但是照我們國軍的傳統，確是非此不可的。大家更應知道，我們國軍裏的官兵百分之七十以上，都是有黨籍的黨員，你看軍隊組成份子，有這樣絕大多數黨員的成份，如你禁止他黨員組織和活動的話，那就等於是共匪朱毛在民國卅五、六年時代，要求我們撤銷政工和黨員活動一樣辦法。這無異於要求我們軍隊全部卸除武裝，你看行不行呢？』這樣，大家就知道我國軍隊的一切是不能與美國，以及其他民主國家軍隊相提並論的，其理由即在此。」⑫

就胡適「祝壽專題」的文章，該文反駁說：

「某刊物批評總裁個人，陰謀毒辣！因為國民革命歷史證明，領袖與群衆為決定革命事業成敗的基本條件。廣大的革命群衆如果一心一德，堅決服從大智、大仁、大勇的革命領袖的領導，則革命事業必獲進展與成功，反之，必然遭遇到重大挫折與失敗。陰狠毒辣的反革命集團，對此深深了解，所以他們破壞革命事業的一貫策略，就是：攻擊革命領袖，分化群衆對領袖的信仰。俄帝共匪在民國三十七、八年間，利用各種人士(如『民主同盟』及無黨無派份子)各種方式，集中共產國際所有宣傳力量，誣衊譭謗我們的總裁，煽惑軍民，分化群衆，結果總裁被迫引退總統職位，國家失去元首，三軍失去統帥，革命失去領導，演出大陸淪陷一幕的悲劇。我們全體軍民經過這次革命失敗的慘痛教訓，深深地知道領袖的重要，同時亦了解共匪陰謀的毒辣，於是重新團結在領袖的周

⑫ 同❻，頁一二五～一三六。

圍，要求領袖復視總統職事。這時正是革命最黑暗時期——軍事潰敗，外援斷絕，人心危疑震撼，革命歷史不絕如縷的嚴重關頭。領袖為了革命責任的驅駛，毅然決然順應全國軍民的要求，繼續領導革命，人心士氣為之一振。從三十九年到現在，七年以來，自由中國全體軍民在領袖堅強正確領導之下，一德一心，克服困難，努力邁進，已把國軍改造成世界第一流的作戰部隊，把台灣建設為三民主義的模範省，因而受到友邦人士的敬重，大陸同胞的嚮往。今後全國軍民只要虔誠信仰領袖，服從領袖，繼續奮鬥下去，一定獲得勝利和成功。可是共匪則決不允許我們這麼做，一定要重施故技，攻擊革命領袖，分化群衆的力量，這一點我們看得非常清楚。最近某刊物藉替領袖祝壽機會，對領袖施以種種惡毒批評和攻擊，其用意顯然可見，而其幕後是否有匪諜指使亦難揣測。但我們必須提高警覺，注視其陰謀的發展。」

結論指鹿爲馬，和中共「和平解放台灣」的攻勢，混爲一談。頗有雷震《自由中國》已和毛澤東互通聲氣，要把蔣家的天下瓦解崩潰，這篇「特種指示」，不僅火藥氣特濃，更是滿紙「狼來了」的歇斯底里。

說理說不過《自由中國》，只好採取「說理」以外的辦法，先是騷擾，用特務力量，壓迫承印該刊的印刷所拒絕買賣，雷震嘆他的苦經時說：

「《自由中國》半月刊的稿子一旦送到印刷所時，各方面的特務就川流不息的跑到印刷所索取已經排好的稿子，拿回去審查後而來找麻煩，他們就可以大邀其功。這些特務本是不學無術，而又帶著『有色眼鏡』——成見——來看稿子，據說有警備總部的特務，有憲兵司令部和首都警察局的特務，印刷廠因不勝其煩，所以不願續印了。還有，特務老爺竟敢命令印刷廠不要給《自由中國》半月刊印刷。後來在台北長沙街的精華印刷館係立法委員陳紀瀅介紹的，說他印刷好，排印錯字少，中央研究院的東西都是在那裏印的。我就移到精華印書館，並訂有合同，由陳紀瀅作證人。不料後來陳紀瀅撤回『證人』，且叫精華印書館不要再印了，以免麻煩。這件事陳紀瀅不夠朋友，不僅不來幫忙，反來扯腿。關於印刷所的事情，我們在十年功夫裏，竟換了七個廠，還說了不少的好話。」⑬

其次，以挖牆脚、臥底的慣技，製造雷震的困擾。《自由中國》第二十卷第二期——一九五九年出版——登了兩則讀者投書。它們是〈軍人也贊成反對黨〉和〈革命軍人爲何要以「狗」自居？〉，署名的爲陳懷琪。

《自由中國》的編輯部處理這樣敏感性的讀者投書，顯然沒有認眞調查核實作者的眞僞，

---

⑬ 同❻，頁一〇一～一〇二。

防範經國的惡作劇，「無處不是戰場，無時不是戰鬥」的點面戰術。出刊不久，陳懷琪即寫就萬餘字的長函，要求雷震「來函照刊」。《自由中國》於兩期後，雖予更正，陳不滿意，乃在黨報《中央日報》，官報《新生報》，軍報《青年戰士報》和《聯合報》，以廣告方式，全函揭載。

陳懷琪僅一收入菲薄的軍人，他那來的錢，支付巨額廣告費呢？誰在幕後指使插手，已不言而喻。跟著陳向台北地方法院提出自訴，責雷犯「僞造文書」、「誹謗」、和「有利於叛徒之宣傳」等三項罪名。在此同時，警總下達公函，謂該投書有「匪諜」嫌疑。《自由中國》發表的反駁聲明，除《聯合報》和眞正獨立的《公論報》照登以外，黨報隻字不刊。

陳懷琪其人的背景來歷，官方諱莫如深，僅日本《讀賣新聞》的記者若萊正義略知一二：

「陳懷琪一切講話，完全依照寫好的稿子照唸，不敢多講一字，由於要控告《自由中國》半月刊，故暫遷來台北居住（福州街的陸軍服務社）。」

「這次廣告費一定花了不少錢？」若萊問。

「為自己名譽計而不得不如此，且係借貸而來。」

一九五九年二月二日，雷震接獲台北地方法院檢察官的傳票，規定於次日下午一時應訊。庭訊經過，有雷的自述可供參考：

「三月三日下午一時二十五分，我到台北地方法院檢察庭應訊，殊不料有一百多位學生已在法院檢察庭門口等候。因為檢察庭不能旁聽，他們等我出來後始散去。還有一位青年人，一定要送我一百元台幣，幫助訟費，青年人之有正義感，由此可見一斑。此外，除《自由中國》社職員外，還有《自立晚報》社長李玉階和青年黨領袖夏濤聲，詩人周棄子諸先生。李、夏二人還攜帶機關圖章來，必要時給我作保之用，但檢察庭未要交保。檢察官為謝俊峰，廣東人，習法律。另有一位書記官，文筆則不通。我進入檢察庭後，檢查官對我說：『雷先生，我對你很敬仰。』又搬張椅子給我坐。檢察官告訴我說：『陳懷琪控告你三個罪：『偽造文書、誹謗名譽』和『觸犯懲治叛亂條列第七條：有利於叛徒之宣傳』。旋由檢察官開始問話，我除口頭答覆外，並將陳懷琪投書貼在一個本子上送交檢察官。最後檢察官囑我補個書狀。我於四時二十分退出。在庭外等候的學生和新聞記者圍攏來問我許多話，我說：『現已進入司法程序，不願作進一步的說明，謝謝各位關心！』」

胡適先生很焦急，曾打幾個電話來。是日下午六時模樣，我去南港中央研究院。胡適倒杯酒給我喝，說給我壓驚。他盛稱我之出席法庭受訊，是最文明的。」⓮

⓮ 同❻，頁六八。

二十天後，雷再度應訊，雷說：

「三月廿三日，地方法院檢察處又送來一張傳票，囑我於三月二十五日出庭應訊。我屆時出庭，又看到陳懷琪和他的訓育主任陸伯琨。陸告我『偽造文書』來誹謗他。檢察官問我何以要登出這件投書？我答覆說：『我反對國民黨在所有軍隊中，包括憲兵警察等持有武力的機關裏設立國民黨黨部，那是違反現行憲法第一百三十八條和第一百三十九條的基本國策的。』檢察官又問我對軍中政治教育意見如何？我說：『在軍隊中宣傳憲法，我是贊成的，而宣傳任何黨派的黨義我是反對的。』檢察官又問我參加過黨派沒有？我答說：『民國五年五月七日國恥紀念日在東京加入國民黨的。回國後做過國民黨南京特別市黨部常務委員，我是民國二十四年，國民黨第五次全國代表大會選出的中央監察委員，第六屆連任。國民黨總裁來台後，擅自取銷了第六屆中央委員，而另設「改造委員」，我是改造委員會下面設計委員會的設計委員。由於主持《自由中國》半月刊而批評了國民黨及其政府，民國四十三年由於登了一篇〈搶救教育危機〉而被國民黨總裁開除國民黨黨籍，現在是一個無黨派的人了。』」⓯

⓯ 同❻，頁六九。

當局的眞實用意，十分模糊，可能是一種嚇阻，給雷震一個明確的警告，「你再胡來，我們就不客氣了！」也可能藉此試探一下國外輿論反應，特別是美國的官方態度。

出乎國民黨人意料之外的，黨內的開明派如成舍我、胡秋原等，並不以當局的手段做法爲然，認爲這場官司打下去，國民黨和政府「一定名譽掃地」。原任發行人的胡適，也挺身而出，撰〈容忍與自由〉一文，委婉地向蔣氏父子檔表態，因此，當局暫時鳴金收兵，訟案告一段落。

當局的「寬大」，原希望雷震有所警惕，其奈，雷頑強固執的個性和追求信念的精神，只同意停火而不停戰；且挑戰性愈來愈強，相對地國民黨的敵性也愈升愈高。一九六〇年九月四日，終在事非得已的情況下，下令逮捕雷震。

其實，政府明知「在今日國際形勢下必發生於我不利之反響」⑯，蔣先生於拘雷之外，有很多途徑足資選擇，如查禁《自由中國》、強迫改組等，可是，當局「經過長期愼重考慮」的結果，寧可採取前者的原因：打擊萌芽中的新黨，乃成爲捕雷的主體目標。

四日上午九時，雷震和該刊主編傅正、經理馬之驌、會計劉子英同時自住宅帶走，送進西寧南路三十六號的保安處「黑牢」內，「先用疲勞訊問，繼則威脅利誘」，強迫劉子英承認是

---

⑯ 同❻，頁一六〇。

中共派遣的間諜，且雷預知全部內情，俾造成雷震「明知爲匪諜而不告密檢舉」(「戡亂時期檢肅匪諜條例」第九條)的罪名。

經國用過相同的方法對付情敵任顯群，比康熙皇帝單靠文字獄整人，技巧上的確大跨一步，也容易判十年徒刑。另一方面，單從《自由中國》所刊過的文章中，「斷章取義，東拼西湊，張冠李戴，和改頭換面」，羅織雷的罪名，究難昭信於世人。

特務機構先派洪國式和雷同間，擬由洪誣雷爲「匪諜」。詎料，雷說：「洪國式不但不肯誣陷我，反而同情我，要我說話當心。」

洪國式這著棋失敗了，改向劉子英下手。雷說：

「因為劉子英是我擔保入台的，抵台時又住在《自由中國》社裏面，而我又一再給他介紹工作。如果劉子英能夠自認是匪諜而又告訴了我，那就可以課我以叛國之罪，在『莫須有』的表面上，總比較好看一點。至於這樣做法，是否喪盡了良心和傷害天理，那就完全不顧了。這就是共產黨的『為目的而不擇手段』的做法。過去許多王朝時代就不必說了，為了家天下和個人統治起見，清末的那位慈禧固是如此，民國的袁世凱亦復如是。

「劉子英在受不住威脅利誘的情形下，就『自認是匪諜，而且告訴了雷震。』被迫繕寫『自白書』而六易其稿，始得警備總部當局和國民黨中央黨部主持『雷案』的人，大為滿意，其條件則是警備總部，當然就是國民黨及其政府豢養劉子英的一生和其大陸的家屬。」⑰

逮捕雷震，舉手之勞；防悠悠之口，可就不簡單了。九月五日，警總政治部主任王超凡舉行記者招待會，一口咬定雷「涉嫌叛亂」，但事實如何，搪塞以對。又說：警總係根據「懲治叛亂條例」第十條採取行動。第十條規定，在戒嚴區域內，不論犯本條例之罪者爲軍人，抑爲非軍人，概由軍事機關審判。

王超凡同時以書面文件公開指責《自由中國》的言論文字涉嫌叛亂；國民黨中央黨部，不甘落後，亦以言論摘要配合。

司馬桑敦在其〈雷震與《自由中國》半月刊〉一文中，摘要歸納如次：

㈠倡導反攻無望。引用《自由中國》第七卷第七期的「反攻大陸問題」中文例：「而馬上就要回大陸這一假想，又是頗為渺茫。一個國家的一切做法都是建立在這樣一個渺茫

⑰ 同⑥，頁二九四～二九五。

的假想之上，這是太不穩健了。一群人在這樣一個渺茫的假想之上活動，那裏會生死以之、全力以赴？」文件作者認為這種說法影響民心士氣，莫此為甚。

㈡主張美國干涉我國內政。引用《自由中國》第十八卷第六期社論〈中國人看美國的遠東政策〉中說：「假若美國今後改換一個方式，把這種經濟援助的重心，不專放在各國的政府，一面也放在各國的人民，或嚴格規定凡接受美援者，必須遵守國內言論自由、保障人權、一切案件公開審判、經濟政策符合平民大眾利益，及司法獨立為前提條件，那我們相信東南亞各國沒有一國的人民會反對這種干涉。」

又引用《自由中國》第廿二卷第十二期社論〈歡迎艾森豪總統訪華〉文：「試想，如果由上而下的改革竟被事實證明為無法走通之路，則中國將面臨怎樣一個可怕選擇，流血？政變？還是讓絕望來銷蝕人民的反共意志？」文件作者認為這篇社論，將「流血」「政變」來激動艾森豪總統干涉我內政。

㈢煽動軍人憤恨政府。文例引自《自由中國》第十七卷第四期社論〈我們的軍事〉內有：「但軍人生活的困難，內心的苦悶，實已相當的嚴重」，「這種現象，還不夠嚴重嗎？任其發展下去，我們軍事將成一個甚麼樣子，真可以使你想起來發抖！」文例又引《自由中國》第二十卷第二期讀者投書〈革命軍人為何要以「狗」自居？〉等文，認為《自由中國》用意在煽動軍人情緒，為其企圖顛覆政府重要對象之一。

㈣為共匪作統戰宣傳。引用《自由中國》第十九卷第八期社論〈認清當前局勢展開新運動〉，內有「於是乎台灣一天一天地走向孤立的道路。這種統治的結果，使整個政治機能愈來愈僵固，政治的格局愈來愈狹小」，又有：「我們茲舉幾項最急辦的事項如下……①取消一黨專政；②取消黨化軍隊；③取消浪費青年生命，製造個人勢力的青年反共救國團；④取消黨化教育。」文件作者認為這些文字均證該誌煽動海內外人民，顛覆政府、另組政府或投向其他政權之陰謀。

㈤挑撥本省人與大陸來台同胞間感情。引用《自由中國》第廿三卷第二期社論〈台灣人與大陸人〉，內有「司法成了政治乃至政黨的工具。除司法以外，警察與稅吏是各行各業的人經常接觸的，他們當中的橫行霸道，更為一般人民所最感頭痛，無怪乎這三個部門在省議員的質詢中稱之為『台灣三害』」，「可是在若干台灣人的心目中，統治台灣的是大陸人」。

又引用《自由中國》第十九卷第七期社論〈台灣人對陳內閣的期望〉，內有：「在中央各院部會中竟沒有一個台灣人，這是不是能夠使台灣人相信我們已經恢復了國家主人翁的地位呢？」

文件作者認為這是該刊挑撥台灣人不應受大陸人的統治。

㈥鼓勵人民反抗政府流血革命。引用《自由中國》第廿二卷第十期社論〈反共不是黑暗統治的護符〉，內有：「自古至今，統治者太專橫、太霸道、太自私，以致叫人忍無可忍的時候，大家就要冒著生命的危險來反抗的。」

又引用同期另一篇社論〈我們為什麼迫切需要一個強有力的反對黨〉，內有：「國民黨如果執迷不悟、自私自利，那末只有等待再革命吧！再流血吧！」文件作者認為自南韓與土耳其政變後，《自由中國》一再為文鼓動人民效法韓土政變，掀起流血革命，以圖顛覆政府⑱。

證明經國在下令拘捕雷震之前，早做好一切周詳的作業。簡言之，發動輿論，使用特務手段，發揮軍法制裁的力量，而且，有不達目的誓不休的決心與氣魄。

雷震被捕的消息，不脛而走，熟悉台灣情況的觀察家認爲是意想中事，但外國報紙仍驚奇不已，聖路易城的《郵訊報》發表社論說：

「叛亂的定義是『意圖叛亂卻因缺乏公開的行動而無法達到之行為』。顯然的，在中華民國反對蔣總統就是叛亂（震按：一般人說，這和大陸上反對毛澤東就是叛亂一樣）。雷先生的《自由中國》雜誌，據說曾刊載過那些討厭的看法。例如，蔣總統的政府太弱，無法光復大陸；黨化蔣總統的軍隊；美國應該監督其對台灣美援的處置，以保障人權。這些意見

⑱ 同❸，頁六二～六九。

聽來都不像叛亂，美國政治人物在總統競選中要說比這些更壞得多的事物。」[19]

其餘如《紐約時報》、《基督教箴言報》、《時代週刊》、「合衆社」等，無不先後著文大加撻伐。

美國參院外交委員會主席傅爾布萊德氣憤不已，也公開評蔣，他說：「也許他（雷震）是一個惡棍，但看樣子，卻像是清算反對黨。」[20]

九月十三日，蔣先生親自出馬，向訪台的美國西海岸記者訪問團解釋捕雷的原因，「係該刊所登的文章，對『共匪』有利」。他相信「已有匪諜在該刊幕後作活動」等等，最後，蔣先生故意賣關子：「我不願作進一步的評論，因爲這件案子尙在偵察中。」[21]

官方一口咬定，雷案是法律事件，其實誰都知道那是政治事件，它的用心，是在逃避世人指責。青年黨籍的監察委員陳翰珍即持此說：「雷案根本不是法律問題，完全是因雷震組織中國民主黨的政治問題。」[22]

---

[19] 同[6]，頁三二。
[20] 同[6]，頁三五。
[21] 同[6]，頁九～十。
[22] 同[6]，頁一九三。

法律問題也好，政治問題也好，蔣已一意孤行，只好蠻幹到底。

軍事法庭發揮高度的工作效率，於廿七日公佈起訴書，起訴內容一無新穎之處，主要說，劉子英接受傅學文的派遣，策反雷震，爲匪宣傳，雷知情不報，另一名馬之驌，曾參加南下工作團，經警總偵訊，由雷保外候審。

起訴書發表的前三天，《自由中國》的編委及主要撰稿人殷海光、夏道平、和宋文明三人共同發表聲明，表示願對該刊的文章，自負文責，但當局的對象是雷震，故未予理會。

兩星期後(十月八日)，軍法處走完過場，便匆匆結案，以「煽動叛亂罪」判雷震有期徒刑十年，剝奪公權七年：劉子英陪葬，有期徒刑十二年，剝奪公權八年，馬之驌有期徒刑五年，傅正因撰文「攻訐政府，論調激烈」，交感化教育三年。

國民黨一場史無前例的文字獄，在天人共憤的情形下，急遽落幕。

雷震下獄，蔣先生父子爲之釋然，再無需擔心島內的反對聲浪，剛剛要出土的新黨，亦因此寒流霜雪而摧殘。但國外正義的怒潮，卻奔騰狂捲。

加州大學教授斯卡拉賓諾發表在《紐約時報》的文章說：

「……雷震的罪名，經失敗主義直到顛覆政府，但是他的真正罪名，非常簡單，他打算領導一個對抗國民黨的真正反對黨。

「……最近盛傳……蔣經國正在握權。統治秘密警察的蔣經國，不是美國的朋友，在台灣住的人，最怕的就是他。

「國民黨有理由畏懼像中國民主黨有生氣的新黨派，此點毫不足異，甚至擁護國民黨的人士如胡適，及第三勢力如張君勱，目前也很恐懼，或在私下批評。自由中國在那裏呢？它自然不在大陸上，但也沒有在台灣。」[23]

傑姆斯·H·泰勒牧師這樣反問著：

「起訴書中『該劉子英圖報猶恐不及，斷無任意攀誣(雷震)之理』。這說法是錯誤的。隨便看一看歷史上記載的就非常多，有的人們甚至捏詞出賣朋友。基於這段錯誤的說法，雷震被假定「明知劉子英係匪幫派來使其自己為共黨工作的匪諜」。我並不是說雷震並不知道此事，我也不是說他已經知道此事。我祇要問：劉子英說他告訴雷震說他是被共產黨派來工作的說法(雷震對此點已予否認)，是否就足以構成他確已知道的事實呢？」[24]

[23] 同[6]，頁三七。
[24] 同[6]，頁四〇～四一。

美國輿論的抨擊，是站在美國利益的立場，評雷論蔣，國民黨所受到的羞辱，不下於吳國楨事件，或五二四事件。但香港報紙以純自己人的身分，同樣冷峻責罵，署名參斧的一位先生，在《星島日報》這樣說：

「天禍中國！六十年風水『返轉頭』，庚子年來了，又要像六十年前一年，禍亂迭見。當年是清朝的末代，措施每多倒逆，戊戌政變，捕殺六君子等，都是末代王朝的衰象。現在正要號召『中興』，豈可重蹈六十年前的覆轍？但是，不祥的事，接二連三地來，拘捕政治活動者，閉塞言論，一如當年，怎不叫人不寒而慄？『中興』之象未見，反而出現末代衰風，拘捕政治活動者，拘捕出版人，大興文字獄；可怖之事，孰過於此？庚子是一個可怖的歲序，過了不祥之年，應化戾氣為祥和，否則徒嗟年頭不對，於大局何補？」[25]

《德臣西報》(China Mail)的社論，用詞遣字，近乎淋漓盡致。香港《工商日報》曾予轉載：

㉕ 同❻，頁五五。

「全球人士都想知道雷震將來的命運。現在事情似乎明顯得很：蔣氏統治台灣一天，可以預料得到的，不幸的雷震，將會像一個反蔣人物張學良一樣，不能希望可以獲得寬大待遇，張學良遭非正式的監禁，幾乎已有二十五年，國民黨如容許這些措置，應該抹去自己的愚拙飾詞，不要把所據的中國小塊土地冠以『自由』兩字了。」㉖

雷震發監執行，胡適等四十人曾聯名請求「特赦」，蔣先生演雙簧，交國防部簽註。「簽註」的結果，不問可知。一九六八年聯合國人權保障委員會致函國府，要求赦免雷三分之一的刑期，蔣先生置之不理，到一九七〇年九月出獄，雷在新店軍人監獄，整整坐了十年牢，一天不少。

刑滿出獄，需要交保，堪稱中國司法史上的笑話。寫自勵詩，致《時與潮》停刊一年。雷案發生不久，殷海光先生受迫害，含恨而終，柏楊下獄，李敖判刑，台灣眞的安靜了，剩下只有喊「蔣總統萬歲」的聲音了。

㉖ 同❻，頁五二～五三。

第二十二章

副部長、部長

進入六十年代，台灣承繼前十年的安定，雖進取不足，在安定中求發展，卻綽有餘裕。

政治上，發生幾件大事，大致上，喜多於憂。

艾森豪臨去秋波，趁旅日之便，順道訪台。蔣、艾南京時代，有過一面之緣。不過，此一時也，彼一時也。美國總統屈駕，對蔣先生和他的自由中國的聲望，如同火箭升空，光耀環宇。

也有些細微的挫折，無非「小小蒼蠅嗡嗡叫」，並無傷大雅。

雷震判刑下獄，海內外憤怒激烈的輿論，比想像中更來勢洶洶，可謂繼吳國楨、孫立人、「五二四事件」以來，最震撼的政治風波。

法國總統戴高樂不顧華盛頓的反對，斷然和北京建交❶，使國府在西歐的外交防線出現

---

❶ 建交日期一九六四年一月廿七日。

嚴重的缺口。

湖口事件❷，有驚無險。但反映出，少數軍隊將領對現狀的不安與不滿，非單純的「違紀案」那麼單純。

當局的因應，不外乎強化控制手段。五中全會後，舉行「黨員總登記」，「反攻授旗式」，內容、形式，早已陳舊不堪，難期振衰起弊的作用，可是，觀衆再無反應，戲還是要演。

經國個人，晉升爲二級上將❸，關於升階這件事，各方看法十分分歧。很多戰功卓著的將領發出不平之鳴。「太子憑什麼升上將，他有戰功嗎？」同情者認爲，彭孟緝之流，由保安副司令而代參謀總長，以直昇機升空的速度向上爬，經國難道不該升上將嗎？

這一期間，經國的職務是國家安全會議副秘書長，其餘的如行政院政務委員、國軍退除役官兵輔導會主任委員、黨的中央常委等等，與軍方根本沾不上邊，國家安全會議究竟是甚

❷ 卜少夫〈鶯歌事件之啓示〉，香港《新聞天地》，一九六四年二月廿二日，裝甲兵代理司令趙之華，在湖口裝甲兵基地，煽動起義，官方從未公佈詳情。卜少夫稱爲「鶯歌事件」，諒係傳聞失實。卜又說：「從二月初起，台北的外國通訊社曾發出兩三次關於裝甲兵團的一位軍官煽動『叛變』的電訊，綜合所有電訊，我看不出是一件有計劃的事件，比較具體的一些報導是：一個軍官召集數個單位的司令官開會，會中他激昂地痛罵政府中某些官員，接納『兩個中國』，要大家跟隨他去驅逐這些人。一位政工人員在場以槍制服了，此案被捕者約三十人左右……」

❸ 一九六〇年晉升爲陸軍二級上將，日期不詳。

麼性質？屬於國防部的建制？抑總統府直屬的機構？亦如五十年代初總統府那個資料室那樣，妾身未明。

國家安全會議副秘書長既無硬性規定要軍人出任，他的幾位後任如黃少谷、沈昌煥等，甚至是道地文人。蔣先生此舉，除非有意安排經國出任參謀總長，晉階的本身，殊少積極意義；和蘇聯布里茲涅夫蘇維埃主席任內，升爲陸軍元帥一樣滑稽。唯一的合理解釋，爲太子未來做國防部副部長❹鋪路。

輔導會的擔子，經國挑起來駕輕就熟。一來，他自己勤奮，腳踏實地苦幹實幹，一來有美援作後盾，無資金匱乏之虞。輔導會開山築路，實業大興。數年間，又是一片他自己的新天地。

敵人方面，大陸經濟稍見復甦，無外患，無內憂，正是安定民生、經濟建國的黃金時期。毛澤東主席念念不忘他那個偉大的烏托邦主義，盲目推行「人民公社」、「大躍進」、「三面紅旗」運動。如是開倒車的結果，民族生機受到無情的摧殘，哀鴻遍野，生靈塗炭。大陸時期國民黨人敗壞的聲譽，藉機得到扭轉。

❹ 國防部副部長，由特任或上將擔任，見夏宗漢〈由蛻變的角度去看國府國防部改制草案〉，香港《明報》月刊一五〇期，一九七八年六月，頁一四。

有人揶揄毛澤東說：「凡是蔣介石先生最困難的時候，老毛就挺身而出，拔刀相助。」這固然是歷史的諷喻，但卻是歷史的事實。

敵我形勢，相互消長，頗使蔣先生生「觀釁而動」的決心。

一九六二年五月，突下令徵收「國防臨時特別捐」，配置行動，北投的政工幹校臨時開設戰地政務班，爲未來收復地區的黨政幹部從事培訓工作。

國民黨八屆五中全會中，通過「光復大陸指導綱領」，公開倡言，「爲反攻復國開路，貫徹革命任務。」

寧靜的寶島無復寧靜，好像「反攻聖戰」已迫在眉捷，蔣先生不斷接見外國記者，重申「我可獨立反攻，蘇俄不會干預」，「國軍一旦開始反攻，三五年內底定全國」等信念。

北京宣佈：國軍游擊隊九批，計一七二人，曾先後在大陸沿海海豐、惠陽、惠來、台山等地登陸遭到擒獲，證實台灣蠢蠢欲動，並非只說不練的宣傳攻勢。

大陸出現經濟困難，中、蘇關係惡化，誠然，有利於國軍採取行動的時機。單靠台灣一島的力量，想旋轉乾坤，蔣先生儘可舌燦蓮花，畢竟曲高和寡。

解放軍可以放手讓國軍在閩粵沿海登陸，受地形限制，機械化部隊根本無法在這一邊的山區施展。遇到優勢兵力的圍殲，國軍頓成甕中之鼈，東山之役的故事，即會重演。

國軍總兵力，號稱六十萬，如傾巢而出，台灣空虛，分兵出擊，寡不敵衆。退一步說，送一個野戰兵團，約十至十五萬人，強行搶灘登陸，暫且不提海軍支援，那來如許規模的渡海工具？登上去，後勤補給又怎麼辦？後繼部隊，如何運補？

蔣先生寄希望於「大陸同胞揭竿而起」，這是一廂情願。曹聚仁說：

「在大陸的中國人民，從心底期望中共政權能夠鞏固下去，他們體會到他們的幸福是和中共共存的，他們不願意再看到一次內戰或對外的戰爭。沒有人再提起蔣介石，也沒有人想到他；會想到蔣介石的人，事實上已經不存在了。」❺

毛先生的聲望縱然有跌落的趨勢，在絕大多數人心目中，依舊是「紅太陽」，困難只是暫時的，想「揭竿而起」的那一批，早在「肅反」運動中，蕩然無存。

蔣先生的一言一行，北京方面冷眼旁觀，可是並不重視。倒是，華盛頓的年輕總統沉不住氣了。這年（一九六二）八月，甘迺迪提出警告，他說：「國軍如對大陸採取軍事行動，那等於自殺。」台灣此舉，將違背「中美協防條約」❻。

❺ 曹聚仁《採訪新記》，香港創墾出版社，一九五六年一月，頁二五四。
❻ 《紐約時報》當時的記載。

台北出版的英文《中國日報》(China News)，毫不隱諱地予以揭載，官方或半官方的中文報紙，奉命一字不提。

自韓戰以後，美國先中立台灣海峽，杜勒斯簽的協防條約，比杜魯門的中立化雖有進步，華府卻是個現實主義者，奉行決不輕易陷入中國內戰泥淖的原則。國軍的任何行動，悉在美軍協防司令部的監視下，它們的殺手鐧是，從汽油、零件、到彈藥補給，最多僅有兩至三個月的貯藏量。國軍輕啓戰端，甘迺迪指爲「自殺」，一語雙關，自非過甚其詞。

迫於形勢，一場虛張聲勢的「反攻聖戰」，繼停止徵收國防捐，而悄然收場。

甘迺迪不僅反對國軍輕舉妄動，甚至有意和中共改善關係。遠東助理國務卿休斯門(Roger Hilsman)倡「圍堵而不孤立」之說，羅斯福的遺孀艾蓮諾以美國聯大代表團成員的身分，建議中共代表中國，進入聯大。上列政治汽球，台灣的反應，難堪其次，生時移勢易的驚恐。

一九六三年九月，蔣上將以行政院政務委員身分，奉命訪美，官方的理由爲「會談中、美共同關切的問題」。背後的文章，那就只好盡在不言中了。

十年前，經國以總政治部主任訪問過美國，從心底裏，他對美國沒有好感，「五二四事件」稍舒積鬱，但也使他自己愈得不到美方的諒解，被迫韜光養晦，六載於茲。

喜不喜歡美國，是個人的情緒，任令情緒左右自己的意志，會阻礙事業的發展。因此，踏上征程，勢所必需。

時機上，「五二四」的記憶，一般美國人已經淡忘，正可藉此重拾舊歡。陳誠副總統的健康，日益惡化，經國爲了接班，尋求美方的認識、諒解，有未雨綢繆的意義。

華府和台北間，再沒有共和黨時代水乳交融的關係。未來的發展，蔣先生感到憂心忡忡，他自己聲言，光復大陸前，決不出國，這項外交任務，只好由經國擔任。

美國方面，了解台灣的政局正在加速新陳代謝的步伐，蔣先生是年七十七歲，身體再好，終究風燭殘年，欽定繼承人陳誠，不久於人世。所以，美方同樣有需要對這位台灣未來的掌舵人，有個熟悉、面對面了解、評估的機會。

經國此行，採取低姿勢，美方亦避免過事聲張，雙方會談內容，沒有公報，沒有共同聲明，原則上，皆大歡喜。

但蔣先生早訂下走下一步棋的腹案，經國甫卸行裝，政治行情高漲。

蔣先生召開九全會議，作爲內閣改組的序曲，接著行政院改組，提名財長嚴家淦，繼陳辭修組閣。

陳患十二指腸潰瘍，歷有年矣。一九四八由東北回南京，轉滬療養，住虹橋醫院，施行胃部手術，發現肝臟中度硬化。一九六三，肝疾復發，養病高雄大貝湖，健康每況愈下，召開內閣會議，均扶病出席。

生理狀況，辭修先生早不堪繁劇，精神上，更其煩燥，貴爲副總統兼行政院長，坐二望一，但實權和名義，相距甚遠，好比爲夾心三明治。上焉者，處處要請示蔣先生，下焉者，要向經國低頭。

陳軍人本質，一向發號施令，且以果斷聞名，處此尷尬境遇，內心之苦，蓋可想及，因而影響病情。開完一中全會，向蔣先生堅辭院長兼職，蔣先生批示「辭職緩議」，給假一月，暫予靜養，經陳再三堅辭，蔣先生「勉強」接受。

經過這段過門，陳去嚴來，新聞界喻爲「黑馬」，事實誠是事實，可惜，很多人忽略了蔣先生的心思。

台灣土地面積雖小，出將入相的人才，說得上濟濟一堂。蔣先生慧眼獨鍾，一個唯唯諾諾的嚴靜波，不可否認，有私字的成份。

嚴家淦，江蘇蘇州人，上海聖約翰大學畢業，一九〇五年生，比經國大五歲。下面是《聯合報》寫的經歷簡介：

「民國二十七年，也就是中國對日抗戰的第二年，他擔任福建省建設廳長，從事地方建設，在艱困中舉辦小型水力發電，興建道路。民國二十八年調任福建省財政廳長，首創田賦征實制度，曾經中央嘉勉，並推行於全國各省，對於支持戰時軍糧民食，有很大的貢獻。

「他在福建省擔任財政廳長職務五年之久，至民國三十四年初，當中樞新設戰時生產局成立後，就調他到重慶擔任該局採辦處長，辦理美國租借法案及中英、中加兩借款案物質事宜，曾兩度赴印度洽運重要物質。

「民國三十四年，抗日戰爭勝利後，奉派代表經濟部及戰時生產局，首先飛往南京，在何應欽將軍下，協助辦理受降接收事宜，歷時月餘，在台灣省光復前夕，即民國三十四年十二月二十四日到達台北，接任台灣省長官公署交通處長，兼交通部特派員，民國三十五年調任台灣省長官公署財政處長，兼台灣銀行董事長，策劃建立台灣省財政金融制度。至民國三十六年台灣省政府成立，任省府委員兼財政廳長，主持台幣改革，對於穩定物價，獲得特殊績效。

「民國三十九年初任經濟部長，兼美援運用委員會副主任委員。同年三月改任財政部長，開始推行現代預算制度，釐定財政金融政策，整理各項財稅法規，收效甚宏。

「民國四十四年，他繼俞鴻鈞先生任台灣省政府主席兼省保安司令，並兼行政院經濟安定委員會主任委員，及行政院國軍退除役官兵就業輔導委員會主任委員。

「嚴先生平素對人謙和，治事嚴謹，生活樸素，他常勉勵部屬，當某一件事發生爭執時，心裏要記得八個字『退一步想，易地而處』。他認為不能希望每個人的性情、思想、意見完全相同，每個人都有個性，我們毋寧要發展這種個性，以達成多面特殊的成就。但因各個人意見不同，相處在一起時，難免發生爭執，如果人人能『退一步想，易地而處』，那麼無論什麼事都可以化干戈為玉帛，化戾氣為祥和了。

「他並要求部屬最好能『公爾忘私』或是『先公後私』。他認為凡是能遵守『先公後私』、『易地而處』這兩句話的人，一定是愉快的人，也一定能做愉快的事，對個人、對國家，一定有所貢獻。」❼

細讀這一段經歷，靜波先生「功在黨國」，做人方面，則「治事嚴謹，生活樸素」，達到完人的標準。

我們體諒新聞人員的苦衷，跟風爲環境所逼，所以，聽不到反對的聲音。和官方宣傳正相反，嚴的才具、建樹，連勉強及格都很困難。充其量他只是個循規蹈矩的政客，無條件服從的YESMAN，張群、魏道明型的大官僚。做台省主席期間，一般耳熟能詳的批評說他是「好人，不是好官；好國民，不是好公僕」。

有段關於他拘謹不負責任的故事，經雜誌揭載，曾傳誦一時：

❼《聯合報》第二版，台北，一九六六年十二月十一日。

「去年西班牙戈耶畫展舉行前，中央暨省級有關機關均撥助少許經費，外交部更竭力襄助，因戈耶畫展係中西文化協會主辦，正當中西二國邦交積極開展之際，為促進中西文化交流，襄助玉成，自屬義不容辭。中西文化負責籌備戈耶畫展之范君，曾書就呈文，透過私人關係往謁嚴主席，請撥款(只是二、兩千元之事)襄助。

「主席滿口『好的，好的』，然後在呈文上批示：『交教育、財政兩廳核議』。公文旅行多日，經教育、財政兩廳核議的結果：『似可照准，惟因經費短絀，如何之處，呈請鈞裁』。上行下效的推回主席辦公室，范君再謁主席，又是滿口『好的，好的』，並再批交該兩廳二度議核。這麼一件芝麻綠豆大的事，尚且遲遲不決，其施政大端可想而知。有人認為這是嚴氏過去多年來所養成的拘謹習慣，雖榮膺主席，但此一習慣，卻無法改變。」❽

這個故事的精義，在於說明嚴家淦遇事推事的本領，和張岳軍的名言「原則同意，技術研究」，半斤八兩，蔣先生口口聲聲要革除官僚政治，他偏偏喜歡這類官僚，原因無它，爲自己的利益服務。

黨內資歷，除是「忠誠的國民黨員」，七大始當選爲中央評議委員，九大臨時抱佛腳升爲

❽ 羅伯特〈嚴家淦主台十四個月〉，香港《新聞天地》，一九五五年九月三日。

中央常委，其難服衆，顯而易見。

憲法規定，行政院長人選，由總統提名，咨請立法院同意，如果立法院諸公稍露不滿，一九四九年居正組閣受阻的先例，照樣歷史重演，幸嚴挨家逐戶，登門作揖，兼國民黨中央發動組織機器，強迫支持，立法院這一關，輕舟強渡，順利抵岸。

蔣先生爲什麼看中這位「新人」呢？說穿了，見怪不怪。我們認爲的嚴的缺點，正是嚴的優點，嚴沒有野心，沒有班底，庸庸碌碌，是漢獻帝型，也是林森型。天時、地利、人和，使嚴因緣際會，扶搖直上。

嚴靜波新閣一登場，次一步內閣局部改組。各部會人事，依例提請國民黨中常會通過，所謂「通過」，並非靠投票決定，如黨章所規定的「少數服從多數」。總裁交議的事，人人贊成，常會的功能，有民主之名，而無民主之實。

繞了這麼大的圈子，目的爲經國的上升，找個陪襯而已。嚴家淦接到指示，提名太子爲國防部副部長，做數學家俞大維的副手。

新聞報導，經國事先一無所知，那天他在合歡山休憩。但和他一道的，卻又是他的前任，國防部副部長梁序昭上將❾，益見假戲眞做之不易天衣無縫。

---

❾〈蔣經國任國防部副部長〉，香港《新聞天地》，第八四〇期，一九六四年三月廿一日，頁十九。

俞大維九年前出掌國防，彈道專家最大的長處：㈠不過問內部人事，因此和任何一位參謀總長和睦相處。㈡他是眞正的文人，符合憲法精神，除了跑美國爭取軍援，即是去金門，慰問駐軍將士。

派經國去國防部擔任俞的副手，我們可以看出蔣先生愛護兒子的苦心孤詣，以小蔣的能力、經歷，他無須屈居他這位親家的名份之下。其次，經國本身是政務委員，政務委員爲不管部部長，和俞在內閣中的份量完全等同。派甲委員擔任乙委員的副手，體制不合，除非先免經國政務委員的兼職。

蔣、毛二位，很多共同點之一，是不肯尊重法制的精神，唯我獨尊，爲所欲爲。經國呢？一踏進台灣五角大廈的門檻，先把政見訴說一番❿，似乎，也沒有把他的上司放在眼裏。

走完過場，經國扶正，那是第二年一月的事。一月十三日，總統明令：

「行政院政務委員國防部部長俞大維，政務委員教育部部長黃季陸，政務委員經濟

---

❿〈新夢、新人、新情勢〉，香港《新聞天地》，一九六五年一月廿三日，該文說：「在他年前出任國防部副部長以來，就以節約建軍爲號召……」，頁七。

部部長楊繼曾請辭職，均應予照准。此令。

行政院政務委員兼國防部副部長蔣經國，另有任用，應予免職。此令。

特任俞大維為行政院政務委員。此令。

特任蔣經國為國防部部長，閻振興為教育部部長，李國鼎為經濟部部長，均并為行政院政務委員。此令。」

內閣改組的曲折，參閱《聯合報》的一篇特寫，字裏行間，趣味橫生。

「國防部長俞大維的計劃，也不是一朝一夕的事。這位做了十年國防部長的彈道專家，最近決心掛冠的原因，是由於他所患的糖尿病，影響了他的健康，同時右耳也聾得比過去厲害，因此他決定向嚴院長保薦他的副手蔣經國先生。嚴院長雖然懇切的予以慰留，但他的去意甚堅，他向嚴院長表示：他在國防部已經整整十年，也該換一位比他年紀輕一些的人，來接替一下，他告訴嚴靜波說：他的親家蔣經國將軍（按：俞大維的公子爲蔣經國的女婿）比他能幹得多，他並且說：他推薦蔣經國將軍，並不是由於他們是兒女親家，而是因為國防部需要蔣經國這樣能幹的人。最後嚴家淦乃接受了俞大維的辭呈，但有一個條件，那就是請俞繼續留在內閣中，擔任政務委員。

「俞大維與這次請辭，並推薦他的副手繼任他的職務的消息，經晚報發表後，外間的反應，至為良好，人們相信，能幹而且負責的蔣經國將軍，由於十幾年來他與三軍的歷史淵源及其卓越貢獻，包括他先後在國防部總政治部、退除役官兵輔導會，以及國防部副部長任內的輝煌成就，現在主持國防部，實是最理想的人選。」⑪

俞大維告訴記者的一段話，有眞有假，似眞似假，如果純爲了健康，他掛冠的「決心」早該下了，把一位知名的彈道專家放在國防部長的位置上，且一放「十年」，糟蹋人才，莫過於斯，除非，蔣先生早有打算，作爲經國上升的過渡。

俞大維是個聰明人，蔣先生的心意，怎瞞得了他，樂得順水推舟，嚴家淦虛僞地「懇切慰留」，慰留失敗，以政務委員作附帶條件。只能說，是戲！戲！西方人永遠也弄不懂的東方政治哲學。

事實上，內舉不避親，像美國這樣的民主國家，約翰·甘迺迪任命乃弟爲司法部長，他就沒有什麼顧忌。阿根廷的貝隆，任命貝隆夫人爲副總統，菲律賓的馬可仕，派太太做大馬尼拉市長，從未躲躲藏藏，蔣先生奉行漸進主義(Incrementalism)兼受封建傳統的束縛，才這麼瞻前顧後，進退失據。

⑪ 于衡〈行政院改組前後〉，台北《聯合報》，一九六四年六月十四日。

外間反應「良好」，應是誠摯之詞，一方面人心求變，一方面相信，只有經國出來，眞能做點事。

六〇年代中期，過去台灣一潭死水的局面，的確在變，且變的速率，有日益加快的趨勢。

經國出任部長的第二個月，陳誠副總統去世⓬。

陳的人望，僅次於蔣，大陸淪亡前，畀以保台重任，出任台灣省主席。實施三七五減租，使耕者有其田，整飭吏治，安定最後根據地，是他前期的功績，兩度組閣，爲台灣的經濟繁榮紮基，是他後期的貢獻。

憲法規定，如果總統病故，副總統依法繼承，出現下列情況，經國的政治前程，肯定將是另外一番景象。

1.蔣先生不幸於五十年代去世，陳誠繼任，經國能否順利從陳氏手中接過去，那就連上帝都無法預知的變化。

2.陳氏一八九八年出生，去世時不過六十八歲，假如他的健康狀況允許他益壽延年，活到八三歲，蔣先生歸天時，他堂堂正正地坐上總統總裁的寶座，輪到經國承繼，小蔣已七十

⓬ 陳誠於一九六五年三月五日，肝癌病故。

衰翁，英雄遲暮。

3. 陳誠健康如常，蔣先生固可把他自副總統的寶座上拉下去，以嚴代蔣，但內部團結，將出現巨大裂痕。

天奪其志，陳一死讓賢，經國穩步接班，無以名之，時也運也。

陳臥病期間，蔣先生兩度探視，他的心情，悲喜交集。老戰友遽而亡故，悲悼出自內心；爲兒子的事業打算，阻力自動消失，莫非人助天助？

經國僅發表一簡短的談話，他說：「陳副總統逝世，在國家和黨來說，是無可補償的重大損失。在我個人來說，尤其是失去追隨了近卅年的導師。」⓭

有人認爲，這是經國的鱷魚眼淚，主要來自外間多年的傳說。

「你大概也聽到外面說我和經國衝突的謠言，這完全是匪諜在挑撥離間，散佈謠言。稍有常識的人，都能分辨絕無可能。從當前處境及奮鬥目標來說，團結就是力量，靜則安定台灣，動則反攻大陸，都需要集中舉國意志，團結一切力量。從總統愛護提攜培植我來說，我一定要做一個最忠實的幹部，感恩圖報，鞠躬盡瘁；在總統領導之下，

⓭台北《聯合報》，一九六五年二月六日。

完成復國大業，凡有損這神聖任務的，絕對不容許其發生。從經國個人的才具與努力來說，這十幾年，他的辛勤建樹，值得誇耀，無論軍中政治工作，無論退除役官兵輔導工作，無論青年運動，他都做得有聲有色，清清楚楚擺在大家眼前，我祇有儘量幫助他，使他有更多的機會，也是使他負更重的責任，讓他發揮更大的才能，俾國家得到最高最大的利益。我和他還有什麼可爭可奪的。

敵人最怕我們團結，一定要千方百計來製造我們內部糾紛，希望我們內部衝突、摩擦、矛盾、鬥爭，我和經國都負著相當責任，故共匪也集中目標於此，不斷地散佈我們二人間不協調的謠言。你回到香港去，如遇到此種談論，可以說明此乃子虛烏有。」⓮

政治家的否認與承認，往往認不得眞的，我們祇能姑妄聽之。外間傳說，活龍活現，固找不到史料引證，陳氏雖去世，經國還活著，很多回憶錄之類的旁證，恐怕短期間無法出籠，因此，我們僅能引用中國官場的一句老話，「事出有因，查無實據」來泰然處之。

陳、蔣有衝突，毋容諱言。衝突的內涵，可能是性格的、思想的、政策的。他們本來代表兩個不同的派別，不同的對立力量(Force)，各人都有旺盛的意志，強烈的事業心。

⓮ 卜少夫〈敬悼一位誠實的政治家〉，香港《新聞天地》，一九六五年三月廿七日，第八九三期，頁八。

陳歷史悠久，資歷雄厚，爲蔣肱股之臣，經國後起之秀，爲蔣氏哲嗣，年齡相差十二歲，很多看法上產生「代溝」，本無足爲奇。

蔣先生在兩者之間平衡，有時候，比較偏向愛子，使槓桿的另一端上揚，以私滅公，人之常情。

經國派特務機關監視副總統兼行政院長，未免過份濫用特權。陳還以顏色，在政治部要求的經費方面，予以剋扣，稍失長者風度。

陳的權力超過經國，一方面感到嫉妒，因此杯葛謠言，相互交攻，譬如說陳某次邀胡適、梅貽琦、蔣夢麟、王世杰四人，相偕南下中壢、台中，參觀農復會的建設成就，馬上傳播出「商山四皓」的謠言⑮，播弄是非，附會構陷。

胡、梅諸位，是隱士，也負重望，但台灣的政局裏，誰是擅政的呂后呢？蔣在世一天，陳誠能有林彪的膽量嗎？

經國手下如王昇、江國棟之流，興風作浪，無事生非，擴大對立面，自合情合理。

⑮ 同⑭。「商山四皓」是秦末漢初避亂於陝西商縣南山的四位隱士：東園公、綺里季、夏黃公、用里先生。漢高祖死後，呂后擅政，以其嗣惠帝爲傀儡，「四皓」支持正統，力斥外戚，是當時政治的幕後人物。這四位老人因負有衆望與影響力，以對抗「諸呂」。簡言之，是支持劉邦繼承人的社會賢達。

坐上國防部長的位子，經國已徹底掌握台灣的軍權。根據「國防組織法」，軍令、軍政系統的管轄權向由參謀總長和國防部長分享，這一制度仿效美國，其用心在文人領軍⑯。可是，甚麼制度到了中國，就像淮南的橘子到了淮北一樣，大變其質。俞大維做國防部長、參謀總長，權傾一時，現在經國出任，參謀總長等於部長的幕僚。

體制上，國防部長文職，如由軍人出任，必須辦軍職停役的手續，查遍資料，沒有經國卸任軍職的手續，換句話說，他仍舊是陸軍二級上將。

一九六五年九月，經國三度訪美。這次，係接受美國國防部長麥納瑪拉的邀請。

「這次蔣部長訪美，究竟與美國政府談了些什麼主要問題，新聞上未見有半點透露，從蔣部長與麥納瑪拉部長的聯合聲明上，也找不出什麼兩人會談的實質內容，所有這次蔣部長與美政府的磋商內容，都被高度的保持機密，在美國的報紙上，連臆測性的文章也不多見，只有蔣部長在單獨接見華盛頓郵報記者訪問時，作了一些屬於背景性的談話。」⑰

---

⑯ 同❹。

⑰ 徐柏勳〈蔣經國訪美成就〉，香港《新聞天地》，一九六五年十月十六日，第九二二期，頁七。

這段評論性的報導，說了等於沒有說，事實上，也沒有什麼機密可言。訪美是台灣的主動，公共關係(Public Relation)的性質遠勝其它。

經國所負的使命，大致是一九六三年的翻版。唯一不同之處是，那次官居政務委員，現任國防部長，而美國的總統則由甘迺迪換了詹森。中共爆破了第一顆原子彈，海峽兩岸的均勢，出現逆轉。

第二年三月，台北進入每六年一次的政治季節，第四任總統選舉，因陳誠去世，需要產生新的形式的繼承人。

這幕戲，比嚴家淦組閣熱鬧多多。

向例，國民黨中常會先行開鑼，確定人事政策。下一步國大啓幕，選舉正副總統。

爲了確保領導中心，總統候選人是誰，不問可知。至於誰是副手，稍具頭腦的人，押嚴家淦的注，十拿九穩。但既是演戲，必須演得情節逼眞。

三月六日，蔣先生告訴出席三中全會的黨員：黨盡一切可能提拔新進，中興以人才爲第一，然後又懇切期望黨中央另行考慮總統候選人的人選，讓他專心負責黨務和軍事。

投票前夕，招待全體國代的餐會中復稱：

「我本來希望國民黨同志不要提名我為候選人，因為才德兼備、對國家人民有貢獻的老同志很多。但是，最後大家仍然推我，我感到很惶恐。我今年已經八十歲，再連一任，還不能反攻，怎對得起國家？此次國民大會，乃是反攻前的最後一次會議，我們必須把握時局發展的樞鈕，俾完成歷史的使命。此外，我本來希望民、青兩黨亦能提出總統副總統候選人，可是他們很客氣。一黨提名，未始不是一種缺憾。」⑱

提拔「新進」，自然要排除元老級的張群、孫科、何應欽等人，專心「黨務和軍事」，向毛澤東看齊，退居第二線。國代餐會中的一席話，根本是違心之論。

但蔣私下又向張群表示：希望張做副總統候選人，有名的老狐狸張群趕快推說年事已高，建議選七十歲以下的人爲宜。

「中央社」扮演道具的角色，發張、孫、何、嚴等四張照片備用，煞有介事。

蔣先生的錦囊，其實早被人識透了，只是報紙的報導，故弄玄虛，抄在下面，供讀者共賞此今世奇觀：

由蔣總裁提名在三中全會投票通過的國民黨籍第四任副總統候選人嚴家淦，昨天下

---

⑱ 商岳衡〈嚴靜波險勝輔弼之選〉，香港《新聞天地》，一九六五年四月二日，頁七。

午六時在復興崗舉行的記者招待會上，答覆本報記者詢問：他什麼時候才知道他將被提名為副總統候選人時說：在蔣總裁正式宣佈提名之前，他本人毫無所悉。以崇法務實，處事週詳著稱的嚴家淦所說的話，是可信的。因為在昨天下午三時以前，三中全會連選票都還沒有準備。當大會開會前，蔣總裁臨時邀約張秘書長岳軍及中央常務委員，徵詢提名意見後，才決定提名嚴家淦先生。

嚴家淦被提名以後，蔣主席曾說了兩句意義深長的話，他說：「嚴家淦同志的長處，正是我的短處，我的長處，也正是嚴家淦同志的短處。」這是頗富有哲學意義的話。

投票開始後，嚴家淦自己投了一張空白票，因為他自己未進入圈選處，即直接向票箱中投入。另外有一張是廢票，因此他的得票率應是七十三分之七十二。

中央委員以七十二票之多數票選出嚴家淦為副總統候選人，顯示了黨的真正團結，和黨的力量，這是一個可喜的現象。

另外黨內的元老所顯示的風度，也是令人欣慰的，特別是張岳軍先生，在開票後他很尊重副總統候選人嚴家淦，在晚間聚餐時，他已經把第二個位子讓給嚴家淦。這種尊重制度和職位的風度，固然是岳軍先生的泱泱大度，也是中國政壇上最需要的風度。

嚴家淦被提名為副總統候選人，國人頗有清新之感。人們更敬佩　蔣總統之「大公無私，用人唯才」和「提拔新人」。因為人們知道嚴家淦在政治上，不屬於任何派系。他初到台灣時，僅是省府的交通處長，十多年來，由於他的卓越表現，乃由處長、廳長、部長、主席、而行政院長，這種情形，在過去政壇上，是很少見的。[19]

《聯合報》的社論，把提名結果說成「反攻復國最後勝利的奠基」，下面是段更有趣的妙文：

「由上述以論，這次蔣總統的提名嚴家淦先生為副總統候選人，我們更可以深深體會到其用心的深長，謀國的忠藎。因為這充分顯示了唯才唯德、不次擢拔的廓然大公精神，打破傳統，栽培下一代的為國擇人的態度。我們深信，由於這次　蔣總統之俯順輿情，候選連任總統，睿智抉擇，提名嚴家淦先生候選副總統，以及國民黨三中全會一致擁戴　總統連任，熱烈通過副總統候選人提名，則本月國民大會正式選出　蔣公為總統、嚴家淦先生為副總統之日，也將是未來歷史家寫下此乃中華民國獲致反攻復國最後勝利奠基之時。」[20]

---

[19]《聯合報》，一九六六年三月十三日。

[20] 同[19]。

提名枯燥乏味，國大投票選舉，小有高潮。

「國代」來勢洶洶，一派主張積極爭取四大民權中的創制、複決兩權，與立法院分庭抗禮，一派希望改設「常設機構」，供代表們經常活動，變無給職為「有給職」㉑，總而言之，是為了爭權和爭錢。

選舉主席團，已鬧得不可開交，趣聞處處。一位民社黨的代表暗發起簽署，要代表們推舉經國競選副總統，被「有關方面勸止」㉒。

嚴家淦列席國民大會，作施政報告，卻又缺席質詢與建議。立委魏惜言在立院提出質詢，問他根據憲法何章何條？列席國大備詢。

不少代表獅子大開口，要嚴院長(行政院長)答應福利條件，否則傳出空氣，將出現「難產」。

投票日，共發出選票一四一七張，收回一四一六張。過半數當選，嚴得七八二票，可疑票佔六三四票，引起廢票標準的爭辯。致國代翟宗濤和「政治和尚」于斌，大吵一場。

㉑〈國代行情看漲嗎?〉，香港《新聞天地》，一九六六年一月廿九日。

㉒吳屏箴〈國代會場無限風光〉，香港《新聞天地》，一九六六年。

于斌：廢票認定標準第四項規定，不圈在候選人姓氏上端，致不能確定被選舉人者，及第五項記入其他文字或符號者，才算是廢票。因此，劃兩個圈的或三個圈的，不算『其他符號』，而且候選人只有一人，並不至於無法確定被選舉人。所以，多打圈的，應該算有效票。

翟宗濤：怎麼可以這樣解釋？依常規就是劃一個圈，其他的都算廢票，你這種認定法算那一國的？

于斌：怎麼不能說？這好像打作文成績，劃一個圈可以，劃兩個圈三個圈更好嘛！多劃圈表示更支持。而且，我參加過各種會議，有的國家投票贊成就是打×，為什麼不行？

翟宗濤：講話要於法有據，一定要讓嚴家淦光榮的當選，該投第二次票就投第二次票！

于斌反駁：什麼於法無據？要依法的話，只有監察員可以決定，我不過和別人私下研究，你有你的意見，我有我的看法，我不跟你吵！㉓

嚴得票數不如國大連署的人數，且一黨提名，別無對手，出現險勝鏡頭，無以名之，黨

㉓ 吳屏箴〈求用新人、苛求新人〉，香港《新聞天地》，一九六六年四月二日。

內有反對派。名義上，反對嚴家淦，項莊舞劍，志在沛公，箭頭其實是對著蔣先生的。

嚴家淦副總統兼行政院長，換湯不換藥，蔣先生行年八十，他隨時可應中山先生之召，經國繼承的佈局，全部就緒。

經國雖然是內閣閣員之一，他的時代，悄悄地來臨，院長先生，不過廟堂裏的神像，歷史的齒輪，向後轉到二世紀，嚴家淦原來是劉協㉔再生。

「政治，有時很嚴肅很殘酷，有時也很滑稽很幽默，好像一場精采的卡通，使人忍俊不住。」㉕你說不是嗎？

㉔漢獻帝的本名。

㉕柏楊《中國人史綱》上冊，台北星光出版社，頁三六〇。

第二十三章　蔣經國時代

七十年代，台灣上空，陰雲四起，一股自美洲大陸吹送去的寒流，凝聚不散。

中華民國最忠誠的盟友——美國，外交動向上有異動的趨勢，尼克森總統於就職演說（一九六九年一月二十日）中暗示，將與北京修好，同月二十七日的記者招待會中，希望恢復華沙會談。

另一個使台北感到不安的事實是，第一三五次與一三六次會談間，相隔僅一個月，國務卿羅吉斯說，將來會談的地點，可能改在美國境內或北京舉行。

跟著，尼克森政府採取一連串的行動，向中國示好。計有：

1. 國務院於一九六九年七月二十一日宣佈，六類美國人可以觀光身分訪問中國大陸，從海外歸來的美國公民可以帶回價值一百美元的中國大陸製品。

2. 國務院於一九六九年十二月十九日宣佈，美國公司可以與中共進行非戰略性商品的交易，早先所定的限制美國公民攜回中國大陸商品價值的規定加以廢止。

3.國務院於一九六九年十二月二十五日承認，美國第七艦隊艦艇在台灣海峽的巡邏已由定期改爲不定期。

4.白宮於同一天宣佈，美國反對提供一中隊F—4D型飛機給中華民國。

5.美國國會參衆兩院，分別於一九七〇年一月二十六日與二十八日投票通過，在軍事援外法案中，將原供台灣購買前述一中隊F—4D飛機用的五千四百五十萬美元經費予以刪除❶。

這些不平凡的跡象，台北當局愈來愈感到疑惑和不安，甚至憂慮。剛做行政院副院長的經國，乃奉父命，在「邀請」的名義下，五訪美國。

此行任命，共爲下列各項：

一、台灣急於想知道，美國在華沙會談中，它將作何種讓步。所謂擬議中的「和平共存協定」，究係何指？

二、要求美國重申，支持中華民國在聯大包括安全理事會的席位。

三、假如北京再次攻打福建外海的金門、馬祖，尼克森是否信守艾森豪任內，參院通過

❶ 沈劍虹《使美八年紀要》，台北聯經出版事業公司，頁六。

的決議，提供援助？

四、向美國提出對台獨份子的關切，和更新軍事裝備問題。❷

華盛頓雖向經國發出邀請函，也以隆重的禮節接待。誠如沈劍虹大使所說，這可能「是尼克森向他在中華民國的友人」一種「道別」的方式。

四月二十二日，經國和季辛吉舉行第一次單獨密談。事後沈劍虹問他季氏是否帶給他任何重要訊息，「他只笑笑，未發一言」。尼、蔣正式會晤，「尼克森很有禮貌的傾聽，但是未作任何承諾。」❸

五月十一日，羅吉斯致函參院外委會主席傅爾布萊德，表示國務院「對廢除台灣決議案與其它三項決議案的建議案沒有明確的意見」。

美國外交的態勢，已非常清楚地表明，要改變歷史了。

四月二十四日早晨，邀約台北各報駐美記者，同進早餐。餐點是特製的壽桃壽糕，藉以慶祝他六十歲華誕。席間，愷切致詞，強調「國家的處境雖然很困難，反共復國的前途，還

---

❷同❶。

❸同❸。

是充滿希望與光明」❹。

九點散會，即驅車華府近郊的安德魯(Andrew)空軍基地，飛往紐約，繼續他的官式訪問日程。

十二點十五分，在布拉薩大酒店前發生殂擊謀殺事件。這天是星期五，幸而還不是十三日，據一位現場目擊記者的報導，是這樣的：

「蔣副院長是於十二時十分離開下榻的庇爾旅社，在警車開道下，坐一輛專為迎賓的『林蒙生』長形黑色轎車，駛往布拉薩酒店。庇爾旅社坐落在酒店的左前方，僅具兩條街之遙，副院長原擬步行前往布拉薩酒店出席美東工商協會(Far East – America Council of Commerce & Industry)的餐會，雖然有人告以有搗亂份子在布拉薩酒店示威，副院長本人毫不介意。

「中午的曼哈頓鬧區，交通十分擁擠，只是兩條街之距離，在警車鳴笛開道下，也走了約五分鐘。記者的採訪車緊隨在車列中的第四輛位置，當十二時十五分抵達布拉薩門前時，即見約有二十五名學生(台獨聯盟)站在對街手持標語向副院長坐車狂喊亂叫，這個時候，也有不少紐約市民圍在四週觀看。

❹ 作者應邀在場。

「布拉薩酒店正門，有八級有紅色地毯的台階，蔣經國車抵門前，即由國務院自華盛頓派遣隨同前來紐約的兩名安全官左右護從，以及紐約市警察局的兩名便衣警探殿後，步上台階，正當副院長走完台階將要進入正門之際，突有兩名『台獨份子』自正門兩側的大理石石柱後迅速閃出，分由兩旁衝過警衛，圖謀不軌，隨在副院長後面的便衣警探之一亨利·蘇尼茲(Henry Suarez)一把將自左邊竄至的黃文雄抓住，但一眼又瞥見黃文雄手中握有手槍，遂立刻向另一便衣警探詹姆士·沙德叫道：『注意，吉美，這小子手上有槍。』」

「說時遲，那時快，蓄意行兇的暴徒黃文雄已舉起手槍，瞄向蔣副院長身後，而蔣副院長此時正由守衛推動扇形轉動門向內走去，該暴徒幾乎是前腳跟後腳的向內跟進，正在千鈞一髮之際，兩名警探也已迅速撲到，詹姆士·沙德首先自腋下以擒拿手法擒向暴徒黃文雄引機待發的右腕，使槍聲起處，子彈遂偏高射出，由於暴徒正在轉動門的兩扇玻璃摺門之間，子彈乃穿門而入，嵌入旅社內樓大餐館的牆上木壁中，副院長化險為夷，未遭暴徒所逞。待該暴徒掙扎著還想衝進旅社發射第二槍時，另一警探蘇尼茲已用腳將轉動門頂死，使暴徒夾在門摺縫裏動彈不得，另兩名警衛遂會同沙德將兇徒繳械制服。

「另一個涉嫌夥同行兇的暴徒蔡成竹(鄭自才之誤)，在此同時亦被兩名警衛人員以擒拿法壓倒在地。該兇手曾向警衛揮拳拒捕，記者見警衛毫不容情地以警棍向其頭部猛

擊，致該兇徒血流如注，一副眼鏡被打碎落地，警衛將其制伏後，更將其頭部壓在路旁的石板上，直至警車將其載走。」❺

經國訪美的過程，在美國新聞記者眼中，算不到一件大事，倒是尼、蔣會談當天，拉菲亞公園內「台灣獨立聯盟」發動的抗議示威，稍受注意。遇刺不遂，反而變成全美電視、報紙最熱門的新聞。

消息傳到台北，當地時間是午夜零點卅分，蔣先生早已就寢，他的反應，報刊略不登。老人聞訊驚喜交集，應是合理的推測。

兩名兇手（台獨聯盟稱爲義士）均來自台灣。卅二歲的黃文雄，就讀紐約康乃爾大學，和他同年的親戚鄭自才，業建築師。

他們的動機，非常明確，藉暴力手段殺害蔣經國。沒有小蔣的台灣，立即面臨繼承人的危機，國民黨政權即使能倖存一時，動亂不安，勢所難免。因爲，蔣先生是年八四歲，失去愛子，將無法承受那樣突如其來的沉重打擊，培養新接班人，時不我與。

「台獨」把這天稱爲「四·二四事件」。經國雖有驚無險，大難不死，事後追憶，餘悸猶

---

❺ 楊鎭〈蔣經國遇刺目擊記〉，香港《新聞天地》，一九七〇年五月九日。

存，如不幸成爲安藤利吉第二，將不僅是個人的悲劇、蔣氏家族的悲劇，可能也是國民黨的悲劇。

經國是基督徒，也許他歸結爲主的保祐，佛家則爲因果之說。不管是那種情況，險則險矣，何況，黃鄭二位，稍爲沉著冷靜一點，他能逃此大劫嗎？

出事當時，經國臨危不亂，事後，表示「不足介意」，希望地主國從寬發落，是否出於他的內心？其從容不迫的氣度，和「雖千萬人吾往矣」的領袖氣質，至少甚獲各方讚許。

尼克森變臉，經國已悶悶不樂，東部自由派的報紙，發言倨傲，外加盛氣凌人。《明星報》的一篇社論，就非常揶揄地奚落這位遠東的盟友。它說：

> 「但是國民黨的統治，假使有效的話，依舊是外來的，幾乎和日本人五十年的佔領，同出一轍。以國民代表大會為例，一四四六名代表中，台灣人祇佔卅二席，儘管政府努力把省籍人士引進地方政府，內地官員仍有效控制上層結構。所有提高台灣民族主義的嘗試，悉遭無情的撲滅，主其事者，即是蔣介石的兒子——蔣經國，那個加過冕的前秘密警察頭子。

所以，蔣經國成為可能與「台灣獨立聯盟」有關的暗殺對象，毫不足奇，這個機構，很多台籍旅美人士，暗中予以支持。

> 尼克森政府所能做的，已經做了：包括道歉，增加安全措施，和不停地檢討美國的對華政策。」❻

表面上，美國政府不支持「台獨」，可是彭明敏在調查局嚴密監視下，神秘失踪，到瑞典、斯德哥爾摩打個轉，即前來密西根。報章雜誌因不受政府的控制，有時候又巧合地一鼻孔出氣。這類文章，相信經國看不到，否則，比尼克森的告別方式，更爲難堪。

跑完全程，途經東京，經國於五月一日，重歸故土。

抵達台北的時間，上午十一時，國際機場出現萬人以上的歡迎場面，新聞報導說是「數年來全國各界歡迎出國歸來之政府首長最熱烈的一次」，誠非虛言❼。

「熱烈」的原因，與他遇刺有關，舉島上下，感到經國安危，和他們切身利益的緊密聯繫，正如蔣先生一九三六年，由西安回到南京那次一樣受人愛戴，政府當局爲了表示內部團結，促進民衆的愛戴，正好利用此一時機，向劫後榮歸的未來領袖轉達擁護之忱。《聯合報》說：「這是歷史上一種新力量的勃興，一位新政治家的崛起。」至少部份反映出，台北當時的

---

❻ "Washington Star", April 25, 1970.

❼ 《聯合報》，一九七〇年五月三日。

人心。

紐約槍聲，如果說有甚麼正面意義，則莫過於把經國的時代向前大力猛跨一步。新時代看不到光明。無風無雨的好景，終成歷史的追憶。代之而起的政治口號，爲「莊敬自強」、「處變不驚」，雖被很多人引爲笑柄，但「變」字是未來十年的歷史重流，蔣先生「以不變應萬變」的辦法，再無法適應了。

一九七〇年十月，加拿大承認北京，和台北斷交。跟著，聯大席次發生動搖。美國過去曾連續十年，使用延期戰術，即當此問題提出時，使其不能在大會中認眞地討論，獲得成功。後來，改爲「重要問題」，再維持十年。可是，隨著北京外交成就的進展，這一設計已不復有效。

一九七一年八月，美國以「雙重會籍」的新戰略，期保持台灣在聯大的代表權，同時又宣佈支持中華人民共和國入會的行動。十一月，僵持了二十二年之久的中國代表權問題順利解決。台北的困窘、惶恐、徬徨，以及憤怒，可想而知。但也同時給國民黨高層的樂觀派、保守派當頭棒喝，讓他們從夢幻中醒過來，天下沒有不散的筵席，「放棄幻想，面對現實」。

就在被逐出聯大的幾個星期內，除了國際貨幣基金和世界銀行的會籍以外，台灣實際上已從聯合國所有有關或附屬機構退出。數月間，二十幾個國家與北京建立外交關係，中華民國的駐外大使，紛紛下旗歸國，外交部被諷刺爲「絕交部」❽。

再一步使台北更難堪、更寢食難安的大事，是尼克森翌年二月的中國之行，那個「改變世界」的一週。美國再三保證，華府與台北間的關係，沒有任何情況會因尼克森訪問北京而改變；美國也不尋求台北與北京「和平解決」的方案。但尼周(恩來)發表的上海公報，台北卻認爲「是一件極不尋常的文件」。特別是提及四次的「關係正常化」這個名詞，和「中華人民共和國政府是中國的唯一合法政府」的外交官文書用語。

九月，北京和日本建立外交關係，台灣在遠東區最重要的對象據點再度失落。

外交上的頹勢，和一九四八——四九，大陸淪陷前的軍事形勢，幾乎完全相類似。唯一的區別，非戰之罪。老實說，蔣先生的外交成就，當年敗而不亂，敗中求存，能維持二十年之久，已是空前奇蹟。

好在，外交是內政的延長，外腐並不足以致命，只要沒有內潰，仍可「我自巍然不動」。

轉眼，第四屆總統任期屆滿，台北勢必把六年前的舊劇本搬出來重演一次，老演員，舊劇情，自然沒有什麼新奇的感官上的刺激。勉強算得上新場景，一是大會通過動員戡亂時期臨時條款修定案；一是提名經國出任行政院長。送立法院的咨文說：

---

❽ 江南〈放棄幻想，面對現實〉，《台灣日報》，一九七〇年。

行政院院長嚴家淦，懇請辭職，已勉循所請，予以照准。茲擬以蔣經國繼任行政院院長。蔣員堅忍剛毅，有守有為，歷任軍政要職，於政治、軍事、財經各項設施，多所建樹，其於行政院副院長任內，襄助院長處理院務，貢獻良多，以之任為行政院院長，必能勝任愉快。爰依憲法第五十五條第一項之規定，提請　貴院同意，以便任命。此咨

立法院

總統　蔣中正

六天後，立法院以三八一票的最高票，行使同意權。平常出席院會的委員，維持半數（一百人左右），這天到了四〇八，「幾位身體不太好以及年事太高的委員」，都「一早到了立法院」。旅港四位委員，特地從香港飛到台北。

各方對經國期望之殷，由陶百川先生的一段話略窺端倪：

「蔣經國先生在此時此地出任行政院長，可說是受命於『危急存亡之秋』（乃引出師表），不僅要安內攘外，簡直需旋乾轉坤。任務的艱巨，恐非一般人所能想像。但如果真能加強廉能之治，恢弘志士之氣，則國基永固，四海歸心，他日以仁擊暴，得道多

助，國事固大可為也。」❾

說得具體一點，是經過突來的「大地震」後，台灣上下普遍的覺醒，寄望於經國，新人新政，救亡圖存。

新閣不僅陣容新，氣象新，活力也新，平均年齡六一．八歲。人事調整，亦非過去那種打麻將扳莊的作風，彼此輪流，而是徹底換班。非但改中央，亦改基層。

五月三日《聯合報》的一篇社論，作了詳盡的說明：

第一是如我們所期望的，這次的人事調整，幅度較大，而同時及於台灣省政府及台北市政府，有力的象徵了我們所說的「新階段的行政院」的意義。

第二是進一步起用與徵召了本省籍俊彥，擔任國家重要政務。如副院長、內政部長、交通部長、台灣省主席、台北市政府，都是當前國家行政的重要據點。現概由本省籍人士出任，固是恢宏地方志士之氣，共赴國難之道；亦有力的顯示了台灣復興基地的時代意義。正所謂地不分南北，人不分畛域的號召。而台灣省政府由省籍人士首任主

---

❾ 同❼，一九七二年五月廿八日，〈廉能之治與志士之氣〉。

席，尤可激發本省同胞為桑梓服務，提供貢獻。

第三是新閣人事的安排，或則見其新人的延攬，或則表示人才的新掘發，或則是人與事的新配合，又或則是對專家學者的重視；一開始便有一新觀感，一新氣象的功效。

第四是新閣人士不少為由地方出任中央要職者，如高玉樹、林金生、李登輝、張豐緒氏，都是政府拔擢長才的行動。尤其張豐緒氏由一縣之長而躍任特別市市長，更見政府破格起用人才的至意，也反映了蔣院長求新求行的決心與魄力。⑩

經國做副院長的時候，和戴笠做軍統局副局長一樣，實際上當家做主的就是他。嚴家淦雖是個供奉的神像，畢竟要供著，不宜過份喧賓奪主。何況，蔣先生只是半退休狀態。「香蕉案」⑪大快人心，外貿會主委、中央銀行總裁徐柏園，因而丟官。事件發生，尚在副院長任內，他自己不愛錢，也最恨官員愛錢，就任院長，是放手大幹的時機。所以，在他提出的「十大革新」號召中，廉能政治，高佔榜首，且先從他的令親王正誼著手。

王曾任行政院人事行政局局長兼中央公務人員購置住宅輔助委員會主委。因涉嫌士林外

⑩ 同❼，一九七二年五月三日。

⑪ 香蕉案主角是高雄青果社理事主席吳振瑞，於該社廿週年紀念時，大送眞金果盤，打擊對象徐柏園。

雙溪中央社區工程舞弊案，貪污美金十三萬七千五百元，經國下令沈之岳收押偵辦，經過三次庭訊，判處無期徒刑。⓬

如果，蔣先生繼續當權，刑及王太夫人的親屬，辦得到嗎？

海關副稅務司兼稽查主任白慶國，貪污受賄，判處死刑。

高雄市長楊金虎貪污，被判五年，楊妻加倍，刑期十載。

革除貪污的同時，禁止兼職，各部會首長及政務委員，紛紛辭去公私機關兼職，絕無情面可言。

經濟方面的事務，經國原是外行。陳誠去世之前，沒有他插手的機會，但是發展經濟爲台灣未來唯一的生路，外交雖頻遭挫敗，假使繼續保持高水準的經濟成長，人民安居樂業，則無慮分歧份子的挑戰，和北京的統戰攻勢。

他的經濟思想，散見其言論，從中可理解其經濟決策的基線，侯立朝曾予以歸納，茲節錄如次：

1. 自由制度——他說：「我們的經濟社會，是架構在自由經濟制度的基礎之上。我

⓬ 伍三思〈王正覺失足千古恨〉，香港《新聞天地》，一九七三年五月廿六日。

們尊重人民意願，保障合法權益，維護自由貿易，在謀致經濟繁榮的各項努力中，政府與民間，同為主體，同作貢獻。……」

2.統合平衡——他說：「我們策進經濟建設的策略路線，注重於：農業與工業的均衡發展；公營事業與私人企業的合理分工，大型企業與中小型企業的同時併進，資本形成與資源供應的適當分配與運用。……」

3.平等公開——他說：「政府的財經措施，不能僅從增加經濟成長率高低來評斷其得失，也要從其措施是否足以擴大或縮短貧富的差距來衡量。所以我國政府今後財經政策一定要以促進所得能有較平均的分配為目標。」又說：「今後中央政府總預算案，除國防、外交兩部門外，悉交立法院公開審查。」⑬

簡言之，以自由經濟爲手段，均富爲目的，帶著強烈社會主義的色彩，全部實現，當然不容易，做到八成，已非常出色。

體現上列經濟思想的具體步驟，犖犖大者，如下列方案：一九七二年九月，宣佈「加速台灣農村建設的新措施」，撥款五千萬美元，作爲加強農村建設之用。主要工業快速成長，農村勞力外流，農業呈衰退現象，任令發展，將影響全局。翌年十月，宣佈九大工業建設計

⑬ 侯立朝〈台灣經濟的穩定與成長〉，香港《新聞天地》，一九七四年五月十一日。

劃，它們是：南北高速公路、台中港、北迴鐵路、蘇澳港、石油化學工業建設、高雄大煉鋼廠、高雄大造船廠、鐵路電氣化、和桃園國際機場。⑭

九項工業設施，投資總額爲六十四億美元，籌措如此龐大的資金，即非易事，但經國說：「就經濟發展的理論與史實看來，任何一個國家，如果本身沒有重工業和基本建設的基礎，經濟發展一定會受到影響和滯礙。」「所以，我們在未來五年中間，要爲經濟建設奠定一個重工業和基本建設的基礎。」

事實證明，沒有當年的遠見和魄力，後期經濟的起飛，和工業產品結構的升級，那就是緣木求魚。

經國的一項信念，「如果我們勤勤懇懇地爲老百姓做事，我們是不會完蛋的。」所以，一面從事經濟建設，一面降低國防預算，從百分之八十的最高點降到百分之四八·九（一九七四年）。

一九六五年，美援終止，而外貿年年高漲。一九七二年，出口增百分之四八，進口增百分之四七，總數六十億美元，兩年後的貿易額，升至一四二億美元，國民平均收入，由一九七二年的三七〇美元，增至七〇〇美元（一九七四），在亞洲僅次於日本、香港與新加坡。

外銷產品，過去以香蕉、鳳梨等農產品爲大宗，改以工業產品取代，工人工資，獲得提

---

⑭〈蔣院長行政工作口頭報告〉，《中央日報》第三版，一九七三年十一月廿九日。

高，機器設備，更新換代，由勞工密集，漸變爲資本密集。

七十年代的經濟順境，最重要的是，增強了經國經濟發展的信心。江西時代雖然雄心勃勃，嘗試過各種建設計劃，究竟限於天時、地利、人和三個條件，欲求大成，那是根本不可能的。

一九七四年，因中東石油危機，出現世界性的經濟蕭條，台灣經濟深受衝擊，經國劍及履及，及時定下「當前經濟措施方案」，經濟成長固降爲零成長，受傷害的程度，亦降到最低。

我們試看《紐約時報》記者竇奠安的評述：

> 「台灣的經濟行情——一直到七四年世界經濟因高油價而出現蕭條為止，平均年成長率為百分之十——已經減緩蔣院長應付國際地位低降和北京威脅的難題。這個海島發現到，即使沒有外交承認，仍然能從事商業往來和維持非官方的關係，生活水準的高漲，人民感激。油價提升，出口減少，使得一九七四年的經濟成長降到零蛋，但是，台灣的因應能力，比別的國家強得多了，失業人口，並不很高。本地人對經濟狀況，略呈不滿，較大陸居民的預期，則進步多多。」⑮

---

⑮ Tillman Durdin, " Chiang - Kuo's Taiwan " Pacific Communidy, Oct. 1975.

經國掌舵，經濟上可得滿分，殆無疑問。於民主憲政的推行、人權的保障，言論自由的開放，則差強人意，某些方面勉強及格，某些方面欲進又退，出現開倒車的現象。

茲以《大學雜誌》的出現，爲分水嶺。

如陳鼓應教授所說，「國民黨在台灣的政治體制基本上是南京時代的延續，『政治流動性極低，國民黨的整體性格更趨保守』⑯」，因唯我獨尊，它成了「司令之神」，和「福禍之緣」，凡任何人底言論、行動不合乎它底「路線」，隨時可以大禍臨頭。

一九六八年三月四日，寫雜文出名的柏楊（郭衣洞）爲調查局逮捕。導火線微不足道，只爲了金氏出版社的一幅漫畫——〈大力水手〉。

〈大力水手〉原刊《中華日報》，該報副刊由柏楊妻子艾玫主編，按理這位作家不應該負連帶責任。但是，原稿上找到柏楊的手跡，於是用引證法加以株連，以「侮辱元首」罪，捉進官裏，進而擴大，再送上一頂「推行匪方文化統戰工作」的緊箍帽。

柏楊百口莫辯，軍事檢察官引用觸犯懲治叛亂條例的第二條第一項、第八條、第十條，和軍事審判法第一五〇條，提起公訴，判處徒刑十年，送綠島執行。

孫觀漢博士的一段評語，讀者不妨參考：

---

⑯ 陳鼓應〈七十年代以來台灣新生一代的改革運動〉，香港《中報》月刊，一九八二年四月。

幾乎在柏楊判刑入獄的同時，警備總部開始軟禁另一位作家李敖，一禁禁了一年兩個月。最後，以「涉嫌叛亂」罪，押到保安處，交軍法審判，先判十年，又改判八年，這位深通史學的硬漢，「在庭上一直一言不發」，法官問他爲什麼不說話，他說：「耶穌受審時，他也沒有說話。」⑰

憑心而論，李敖的文字再潑辣、再兇狠，除了《文星》封殺以前的那篇〈我們對「國法黨限」的嚴正表示〉的社論，對國民黨略有不敬，槍口瞄準的也不過四組的謝然之。李敖下筆很審愼，他的自制工夫，超過雷震和殷海光，分寸掌握得很好。

而且，自《文星》被禁後，他再沒有發表文章的園地，他早是一個繳了械的勇士，靠收買天母美軍的舊電器過日子⑱，對這樣才氣縱橫的「跛腳鴨」，何必一定要使其變成獵物呢？

比柏楊、李敖案發較早幾年的是殷海光案。殷先生是個堅決的反共份子。但「他的反共思想，係從自由、眞理、人道主義出發」⑲，而非「爲一黨或一個政權的現實得失出發」。由此項分歧，激怒當局。

---

⑰ 孫觀漢編《柏楊及其冤獄》，香港文藝書屋，頁廿七。

⑱ 《李敖千秋評論》①，台北四季出版公司，一九八一年九月，頁一三三。

⑲ 黃展驥〈中國知識份子的悲劇〉，香港《明報》月刊二卷六期，一九六七年六月。

先逼殷先生辭台大教職，強迫接受教育部的聘書，派警總官員投送。一九六六年九月，土地銀行董事長蕭錚約殷去參加為奧國經濟學者海耶克(F.H.Hayek)的座談會，受「便衣人員」的阻止，殷問：「這是誰的意思？」對方說：「政府的意思。」

繼「封口」、「封筆」、「封耳」之後，實行禁書和經濟制裁，殷著《中國文化的展望》，甫經出版，當局一紙命令，以「淆亂視聽，影響民心士氣」為理由，查禁沒收。

一九六七年，殷先生患嚴重胃癌，加上經濟困難，美國某著名大學伸出援手，聘他來美從事研究工作，當局拒發出境許可⑳。

以上只是比較為人熟知的三個例子，沒有確切證據支持外界的指責，這些罪過，全有經國的份，但經國控制著台灣的情治單位，他手裏操著生殺大權是客觀的事實。即使他一無所知，很多罪惡假他的名義而行之，揹黑鍋的仍然是他。

從思想的根源上，研究當局胡來的成因：這種病態的產生，一來是封建的餘毒，一來是黨化思想的病菌蔓延擴散的結果，殷海光先生〈政治神經衰弱症〉一文說：

「不僅如此，共黨是我們的敵人。在『共黨意象』背後，遂隱藏著『敵人意象(enemy im-

⑳〈政治神經衰弱症〉，台北《自由中國》，一九五八年六月廿日。

age)』。於是，『共黨意象』一經擴大，『敵人意象』也隨之擴大。在這種心理狀態下，若干標尚反共者就把他們視作敵人的人看作共黨或其同路人：同樣認為罪大惡極，同樣視為眼中之釘，一概當在剷除之列。這樣一來，他們滿眼都是敵人。滿眼都是敵人者，覺得天下之人對己沒有絲毫善意，人人可疑，事事可慮，因此其內心常在高度緊張狀態之中。內心常在高度緊張狀態之中的人，情緒無法維持平衡。情緒無法維持平衡的人，對人對事也就無法產生健康的判斷。從不健康的判斷出發來對人對事，又常覺人人不可靠，事事不順眼。這麼一來，就成為一個惡性循環。惡性循環一經形成，便成為一條牢結不解的鐵鍊子。這條鐵鍊子把這樣的人士死死套在裏面，讓他們在裏面兜圈子，像走不出迷津(maze)的老鼠一樣，無論怎樣都不能從這自造的心理死結中自由解放出來。」

一位文學家感慨系之的說：

「海峽兩岸的政權，非常奇怪，對任何一件影射到它的好事，充耳不聞。未必是影射到它的壞事，必定非向自己身上套，穿鑿附會，驚恐萬分。」

情治黨工人員的低能、不學無術，和上級推行的過份保護主義，相互結合，連續了達五分之一個世紀。台灣關心國是的知識份子，要不噤若寒蟬，要不備嘗迫害之苦。

這樣的局面，在沒有外力的衝擊下，誠然可以好惡我自為之，進入七十年代，「由於國際局勢的激蕩，經濟社會結構的變遷，及知識青年的大量湧現」，過去的頑固保守，再無法適應新時代的新形勢，因此，當局因應出現保釣運動發展成的「自由化運動」，進而「政治改革運動」。

運動產生的背景，據陳鼓應的分析：

「經濟發展固然給台灣社會帶來了很大的繁榮，同時也產生了許多意想不到的政治問題——有受民主政治教育的新生代知識份子紛起要求較多的民主與合理的改革。加之國民黨政權本身的歷史包袱，因循苟且地拖到七十年代。它的『合法』統治地位因著國際身分的變動，而面臨重大的危機。一九七一年十月，它在聯合國的中國代表權席位為中共的北京政府所取代。從此以後，世界各國紛紛轉移他們的外交承認。

「在內政方面，三十多年來一直維持著大陸時代的中央政府體系，『中央民意代表』繼續連任形同終身職，他們早已喪失了反應新的社會情況的功能了。因此，它作為民意機關的代表性以及由之而產生的政府合法性也越來越引起懷疑並受到挑戰。

「一九七一年發生釣魚台事件，是為觸發青年變革要求的契機，也為新生代向元老派挑戰的成熟時機。

「台灣東北方的一系列小島，在歷史上一直屬於中國的領土，並且台灣的漁民一直使用著它們。但是由於在那兒發現為石油地帶，因此日本竟宣稱要加以佔有並屬於他們所有。七〇年底美國歸還琉球時答應將釣魚台列嶼轉交日本，由是激起海外留學生和島內大學生風起雲湧的保土運動。

「面對日本欲佔據釣魚台的舉動，國府缺乏具體的對應行動，並對知識青年的愛國運動給予諸多的牽掛。因而這一保土愛國運動遂由對外反抗侵略轉而對內革除弊政。

「當保釣運動的方向由外向內移動時，在校園內，學生運動發展為：自由化運動與社會服務運動。在社會上，則由各大學校友為主(包括大學裏的青年教師、歸國的留學生及新興青年商人等成員)，以《大學雜誌》為發言台，推動著政治改革運動。」㉑

自雷震判刑，《自由中國》停刊，將近十年時間，台灣的言論界進入冬眠期，《文星月刊》甚至是非政論性的刊物，亦遭封殺。但以楊國樞爲首的新生代，突破現況，重登言論廣場，他們毫不畏懼地表達意見，「呼籲國府權力機構的調整與革新，要求重新改選『中央民意代表』」。

一九七一年十月，雜誌的主要成員張俊宏、陳鼓應、許信良、丘宏達、楊國樞等十五位

㉑ 同⑯。

知識份子，聯名發表「國是諍言」，對當前政治提出共同主張。

接著是「國是九論」，同期陳鼓應發表〈開放學生運動〉一文，台大舉行「中央民意代表」應否全面改選的盛大辯論，聽衆踴躍，校內校外，風起雲湧。

當局一反常態，非僅沒有壓制，且予鼓勵支持，一九七〇年十月經國派秘書長張寶樹，通過張紹文的引介，邀請陳鼓應、王曉波等舉行座談，彼此溝通，相互交流。經國自己以救國團主任身分，紛紛召見青年學者和學生領袖，聽取他們對國是的意見，提倡「青年要多講話，青年要關心國事」等號召。

用中共的術語說，這是台灣知識界的「鳴放時期」，也有些捷克在亞力山大·竇恰克主政實行自由化時期的活潑開放，或稱爲「台灣之春」。

熱烈討論的主題爲：㈠爭取參與權。㈡要求言論開放。㈢抨擊輿論壟斷。㈣呼籲解除戒嚴令。㈤呼籲人權保障等等。

其中若干點，觸及國民黨的要害，過去不許提，不敢提，國民黨的容忍、開明，的確超出無數人的意外。

那麼，爲什麼會出現這樣一個早春呢？認眞觀察，那是經過巧妙設計的高招，即「政治藝術」之謂。

經國能繼承父親的權力，而不能繼承父親的聲望。國外容易，多跑幾次東京、漢城、曼谷，多亮相，知名度就逐漸高升。在國內，要懾服人心，特別是知識界，就要靠處事作風，政策效果，他的形象，一面是官方蓄意製造的「青年導師」，一面是民間自然形成的原型——「恐怖人物」。

改變此一形象的辦法，是利用台灣面臨的危機時刻，有限度的開放言論，知識界能有宣洩情緒的機會，它就不可能過分積怨於政府，而找其它發洩的途徑。

國民黨內的元老派不盡服膺經國的領導，他正好利用青年一代求變的心理趨向，向元老派攤牌奪權，排除阻力。

利用這機會，爲國民黨僵化老化的官僚層吸入新血。李鍾桂、施啓揚、關中等，因而搖身一變，扶搖直上。

經國憑這幾下惠而不費的措施，馬上聲名大振，觀感一新，他被海外一位學人稱爲「偉大的政治家」，並說「蔣經國先生爲台灣的政治領導帶來了一個嶄新明亮的新象徵」。

這位先生還舉了兩個實例：

「二、三年前殷海光先生遺孀能出境來美定居，便得之於經國先生之親自批准。殷夫人訪美第一站，來西雅圖舍下，親口道及此事，我們也很感激。以後殷海光嫡傳弟子之一，曾任台大哲學系講師而是台籍青年的英銳之劉福增先生，也得蔣氏特准，而能排

除猜忌，得遂留學深造的宿願！」㉒

中央研究院院士許倬雲先生甚至對沈之岳發出「肯定的贊美」，留下「難忘」的「極深印象」㉓。

「台大哲學系師生事件」，或「民族主義」座談會，當局能從寬處理，未始不是改變觀感的做法。

然而，早春三月，不管多麼喜人，終經不起西伯利亞橫掃的寒流。

〈一個小市民的心聲〉在黨報《中央日報》刊出（一九七二年四月），強烈意味著當局開始收了，該文藉批駁陳鼓應對學生運動的論點，抵制革新思潮。當局爲了擴大這種意識流，「前後印行六十萬冊，廣泛分發到軍中、學校及公營機構，令中學生寫報告」。

由「小市民心聲」引起的一場論戰，當局更是不安，連原任職中央黨部的張俊宏亦被解職。政治氣壓低迷，初期的改革運動，暫告一段落。

總的來說，這一段時期的蔣經國時代，有正有負，負大於正。

㉒ 謝文〈從海外遙望：蔣經國在台灣象徵什麼？〉，台北《大學雜誌》，一九七三年七月。
㉓ 同㉒。

第二十四章　繼位

經國就任行政院長的第二個月，蔣先生因感冒引起肺炎，即遷入榮民總醫院。這一住，住了一年四個月。

一九七二年春天三月，老人動過攝護腺手術，後轉爲慢性攝護腺炎的宿疾。陽明山一次意外的車禍，蔣總統的健康，從此一蹶不振，一九七四年十二月，感染流行性感冒，再度發生肺炎：「並且由於治療慢性攝護腺炎而長期使用抗生素藥劑，以致細菌抵抗藥性增加，治療頗爲費事。」第二年元月，發生心肌缺氧症，經急救轉危爲安。

病情毫無起色，據醫療小組的報告指出：

「腹部不適，同時小便量減少。醫療小組認為　蔣公心臟功能欠佳，因之血液循環不暢，體內組織可能有積水現象；於是授以少量之利尿劑，此使　蔣公排出五百西西之

小便。下午四時許，小睡片刻。」❶

四月五日，下午八時一刻，病情惡化。醫生發現老人「脈搏又突然轉慢，當立即施行心臟按摩及人工呼吸，並注射藥物等急救，一、二分鐘後，心臟跳動及呼吸即恢復正常；但四、五分鐘後，心臟又停止跳動，於是再施行心臟按摩、人工呼吸及藥物急救，但此次效果不佳，心臟雖尚時跳時停，呼吸終未恢復，須賴電擊以中止不正常心律，脈搏、血壓已不能測出。

「至十一時三十分許，　蔣公雙目瞳孔已行放大，急救工作仍繼續施行，曾數次注入心臟刺激劑，最後乃應用電極直接刺入心肌，刺激心臟，但回天乏術。」❷

十一時五十分，這位主宰中國之命運達五十年的「軍事政治家」(Soldier Statesman)與世長辭，享年八十九歲。

臨去前，台北上空雷電交加，傾盆大雨，經國稱爲「風雲異色，天地同哀」。民間傳說：蔣總統應天主之召歸天，那就和說他是烏龜精一樣荒謬無稽。

❶「蔣總統秘錄」，譯本，十四冊，頁二〇二。
❷同❶。

蔣夫人和經國一直在病榻邊照料，以至泣別。

遺囑於週前先行準備，要義如下：

> 「……務望一致精誠團結，服膺本黨與政府領導，奉主義為無形之總理，以復國為共同之目標，而中正之精神自必與我同志、同胞長相左右。實踐三民主義，光復大陸國土，復興民族文化，堅守民主陣容，為余畢生之志事……」❸

若眞依憲法行事，蔣公應於一九七二年，醫生鑑定他短期間無法處理公務時，宣佈辭職，或由副總統代理。但是，蔣公非僅沒有這樣做，連他的病情，都屬於高度機密。從他的心理去捉摸，有生之年「非達成國民革命之責任，絕不中止！」即革命無退休論也。其次，希望兒子有更多的時間，從容接班。

新聞局唯一關於蔣公健康的公報，是老人家歸天兩小時以後的「醫療報告」，死亡改用「崩殂」，更是不折不扣歷代皇朝處理帝王的筆法。

四月六日起，中華民國國喪期間，歷時一月。

---

❸《總統蔣公哀思實錄》，台北中央日報，一九七五年五月。

國民黨中常會召開臨時會議，作成兩項「重大決議」❹。

其一，嚴家淦副總統，根據憲法第四九條的規定，繼任蔣公遺缺。

其二，經國以從政主官同志身分，向中常會提出辭呈：「經國不孝，侍奉無狀，遂致總裁心疾猝發，遽爾崩殂，五內摧裂，已不復能治理政事，伏懇中央委員會衿念此孤臣孽子之微衷，准予解除行政院一切職務，是所至禱。」中常會責以「效死勿去」，「銜哀受命，墨絰從事。」

中常會這兩項「決議」，十分荒唐，嚴家淦宣誓就任，法有明文，無需常會多此一舉。經國因父喪辭職，應向新任總統提出，因行政院長非黨內職務，如辭國民黨中常委，那又當別論。阮大仁就法理觀點，提出疑問：

「況且即使黨決定予以慰留，其仍須向新任總統提出辭職。黨的慰留只是表示黨支持其留任，並不表示新任總統亦予慰留。雖然嚴家淦總統身為中常委，在常會中亦表示希望蔣經國留任，但是嚴家淦總統與嚴家淦中常委的身分不同，雖然同是一人，兩種身分的法定地位不同，嚴家淦中常委在黨內的意見不能取代嚴家淦總統在憲法上應有的權

---

❹ 同❸，頁二六～二七。

力。」❺

阮進一步指出：

「三、國民黨籍的其他閣員沒有與蔣經國行動一致，一起向黨內提出辭職，此示內閣無總辭之意。況且院長留任，並不表示內閣不可能局部改組。因此全體閣員都應該向嚴家淦總統（不是嚴家淦中常委）辭職。

「四、蔣經國提出辭呈時，國民黨中常會決定慰留時，蔣中正已死，嚴家淦尚未就任，國府並無總統，無人可以慰留行政院長，而行政院長也無從提出辭職。

「雖然在憲法上並無明文規定行政院長在原任總統死亡時，應向新任總統辭職，蔣經國未向嚴家淦辭職不算違憲。但由以上四點去看，蔣經國在嚴家淦未就任前，一人因父喪而向黨辭職，充分顯示其不欲向新總統提辭呈，內閣亦不欲辭職。我不願去猜測其動機，在國喪期間能快刀斬亂麻地安定政局可能是必須的，但我要指出來，若是強有力

---

❺ 阮大仁〈台灣內部的幾件大事及台局動向〉，香港《明報》月刊一一五期，一九七五年七月，頁四〇～四一。

者如蔣中正任新總統，則斷無這種和稀泥式的內閣留任辦法。」❻

喪葬事畢，國民黨全體中央委員於四月廿八日召開會議，修改黨章，推舉蔣經國擔任主席。總裁名義，爲了藉申哀敬，予以保留，因此，國民黨黨史上，自孫中山以後，黨魁的稱呼，三易其名。

修改黨章，只開中全會而不開全國代表大會，固省卻不少麻煩，卻爲國民黨的組織法所不容。阮大仁批評說：

「為什麼國民黨不能召開全國代表大會來修改黨章，而要以中央委員會全會越權修改？固然召開全代會比較費時，但是黨權名義上定於一尊並不是燃眉之急。我不認為其他的中常委們會利用這空檔奪蔣經國的黨權，名義上的集體領導，不但合於黨章，而且對歷史也好交代。我更不認為蔣經國急急於要名至實歸，或以此來平衡嚴家淦總統的權力，嚴蔣的合作是愉快而成功的。」❼

❻ 同❺。
❼ 同❻。

據阮的推測，是「有人要擁立建功」，至於「衆多黨的元老與評議員們」何以「閉口不言」，他就沒有答案了。

總而言之，這些小插曲，在當權派的眼裏，無非書生之見，他們急於要「鞏固領導中心」，法律或規則，屬技術小節。

蔣公之死，剛好和西貢淪陷巧合，氣氛極爲悲慟，很多人會產生聯想，認爲美國可以放棄阮文紹和他的越南土地，同樣地，也會放棄台灣。一個沒有蔣先生的台灣，前途將極爲黯淡。

福特總統對蔣去逝後的冷淡反應，只擬派農業部長勃茲去台北弔喪，更憑添台北悲觀頹喪的陰影。

「東南亞國協」成員的菲律賓、泰國、和北京建交，在在使經國面臨一個新的艱難局面，憂心忡忡。

一度趨於沉寂的島內言論，乘機而起，那就是只出了五期、但影響深遠的《台灣政論》。該刊自認是「民間輿論的發言台」，希望繼《自由中國》、《大學雜誌》，「在批判官僚制度的行徑上，在閉鎖的環境中所造成的諸種不合理現象，發揮『掃除髒亂』的功能。」❽

❽ 陳鼓應《台灣新生代的改革運動》(上、中、下)，香港《中報》月刊，一九八二年六、七、八月。

「台政」的成員，大部份是台灣省籍人士，觀念上持有較強的地方主義色彩。所以，文章取向，置於省籍政治機會和權力分配的不平衡上，抨擊國民黨，要求改造國會，公平選舉。此時此地，對這些文章的尖銳和破壞性，極敏感，但並未立即採取封殺行動，處於觀望階段。

王拓論《水滸傳》那篇文章，特別是「評宋江的領導路線」，御用文人指爲「與匪唱和」，其實與北京的「批水滸」，風牛馬不相及。可是，相當程度上，批評到國民黨的統治結構。

第五期，言論升級，恰巧是台灣選舉期間，其中五篇文章，衝破禁忌。那是姚嘉文的〈憲法國策不可以批評嗎？〉，郭雨新的〈被遺忘的社會——人道主義所不能容忍的軍眷村問題〉，陳鼓應的〈早日解除戒嚴〉與〈讀「蔣院長說」〉，均屬說不得的問題。而邱垂亮的〈兩種心向〉，更「情節嚴重」。

文章報導鋼琴家傅聰的談話，傅說：「……大陸淪陷前的國民黨專制腐敗，太多的國民黨員騎在人民頭上只想當皇帝。現在，國民黨在台灣，恐怕還有不少黨員緊緊抓住孔子的皇帝思想，爭權奪利。……」和另一位柳教授的談話：「……中國大陸再也沒有以前百萬人餓死的大飢荒和乞丐滿街破爛畸形的社會狀態，大陸人民現在普遍比以前生活得好。大陸社會普遍比以前平等，再也沒有富商巨豪和剝削廣大農民的大惡霸大地主，都是事實，沒有否認的必要。……他認爲台灣是一個貧富最不均的社會。他舉出漁民和鹽民的窮苦來證明他的論點，……他認爲國民黨半個世紀以來的政權完全依賴少數的特權階級和嚴酷的獨裁統治。……對魏鏞、沈君山、丘宏達等人的『革新保台』，他認爲純粹是國民黨統治階級的愚民政策，目的是在延長他們的專制統治，……對『台獨運動』，他認爲對台灣的政治革新的人民生活的改善根本無助，只會延長美國帝國主義在亞洲和台灣的侵略。他相信台灣人民要想『當家作主』只有兩條路可走。第一是在台灣本土人民武裝起義推翻國民黨的獨裁政權，第二是台灣人民團結起來奮鬥爭取早日和祖國和平統一。」❾

這些話在台灣公開發表，當局一口咬定是爲匪張目，犯了「煽動他人觸犯內亂罪」，《台政》被封，邱垂亮禁止入境。

國民黨人接受當年《自由中國》的教訓，對言論的控制，再不敢掉以輕心。《大學雜誌》時代，基於政權的需要，略事開放，已一天星斗，稍有疏忽，後果可虞。於是當局重現鐵腕，迅速後轉。

一九七六年二月，宣判白雅燦無期徒刑。白在選舉前，散發傳單，提出廿九項問題，其中最闖紅燈的是，要求蔣經國公佈財產。

蔣其實沒有財產，他自己從不貪污，他如有雅量，大可一笑置之，但當權派認爲領袖最

---

❾ 同❽。

神聖，蹤到元首的事，此例不可開。以「政治煽動罪」逮捕。

五月，逮捕台籍著名人士顏明聖、楊金海，控以「意圖以非法之方法顚覆政府」的罪名，分別判處十二年及無期徒刑。眞正的原因，是他們和另一黨外知名人物郭雨新計劃召開「國是會議」。

七月，逮捕黃華，黃是《台灣政論》總編輯，也是「從事顚覆叛亂計劃」，判刑十年。其餘尙有陳明忠事件，牽連二、三十人，黃妮娜被捕判刑。

政治上，一片蕭索，僅剩下「沉默的大衆」。

經濟上，繼續繁榮，保持快速成長，民衆歸心。

但是，和經國過去所標示的經濟理想，相去越來越遠，深爲知識份子所不滿，經濟發展中的畸型，大致如下：

1.是附庸的初級加工經濟體系。認爲企業集團缺少獨立性，生產的計劃和利益完全依賴外資股東的意向爲準，對於任何資本的再投資，完全是採商業掠奪的心理，他們只求短期性的商業投資，而很少做計劃性的工業長期投資。

2.財富過分集中到少數財團手上。財團壟斷土地投機買賣，且享有貸款、逃稅、製造呆帳等特權。

3.「國民平均所得」是假象，帶有欺騙性。

諸如經濟犯罪，資產外逃、商業投機、財團政治等等，毫無疑問，爲很多經濟學者，以及關心民瘼的知識份子所不滿。然而一個盡善盡美的經濟政策，又到那裏去找呢？

政治言論受到箝制，改向文學發展，一九七七年八月產生鄉土文學之爭，論戰的聲勢範圍，甚至超過〈一個小市民的心聲〉的規模。

陳鼓應分析，「鄉土文學」的來源，是民族自信心和中國意識的覺醒，兩個相結合的產物。而此種「民族自信」，又產生自台灣輕工業成長的基礎。

作家們「在民族思潮與關心現實的引導下」，擺脫過去書齋式的作品，深入基層，關心民瘼，寫農民、漁民、妓女、小生意人、工人的生活境遇和工作面貌，此類作品統稱「鄉土文學」或「工農文學」。

它的特點是，寫實的，進步的，反抗的，假使不戴有色眼鏡，當局似無拉警報的恐慌。可是，黨官們神經過敏，竟指「工農兵文藝，台灣已經有人在提倡了」！《中央日報》總主筆彭歌率先攻擊，於一九七七年八月，撰〈不談人性，何有文學〉，發表在《中央日報》，點名批評尉天驄、王拓、陳映眞等人，硬說：「鄉土文學有變成表達仇恨、憎惡等意識的工具危機。」且濫用「階級理論」，亂舞手中三節棍。

後來，發展成圍剿，加入詩人余光中。《中華雜誌》的胡秋原也挺身而出，站到被剿的一邊。激辯的重心，由文學的功能，「擴延到資本主義經濟體制的推行所造成的諸種社會問題。」

這件論戰的本身，殊無意義，但反映出當權派和既得利益者亂戴帽子、亂打棒子的卑鄙伎倆，以及做賊心虛的歇斯底里症。

「鄉土文學」休兵不久，眞正使經國膽戰心驚的事件發生了——「中壢事件」。

有關「中壢事件」起因的分析，衆說紛紜，惟以夏宗漢先生的見解最言簡意賅：「因爲缺乏強而有力的反對黨，所以國民黨不會遭受到有組織的挑戰；但是也因爲反對力量缺少組織，所以會造成衆情激憤，不可控制的中壢暴動。而群情之所以激憤，比以往之更不能容忍國民黨辦理選舉的偏私方式，主因在選民已今非昔比，其主流是屬於新生代的青年們。」

夏宗漢認爲：「選民已經因量高而漸漸產生質變。配合了經濟起飛、生活改善、都市人口遽增、九年國教、工業取代農業等因素，新生代本身具備了歐美國家群衆對民主的熱情。而在外交挫敗、內部代溝日趨嚴重之時，新生代群衆把政治上要求改革的熱情灌注於選舉之中。」但國民黨領導階層非但忽視這一新形勢，銳意革新，加速開導，且頑強抗拒，蠻幹到底。

事件發生在一九七七年十一月十九日。原是國民黨籍的許信良，因國民黨拒絕提名他爲桃園縣長候選人，宣佈脫黨。他的對手歐憲瑜，曾任司法行政部調查局職員，歐的經歷，顯然在人民心目中會產生負面的影響。

國民黨方面，爲了面子問題，勢在必得，輔選單位，使盡各種非法手段，包括舞弊、警察干涉監察員等。許信良當仁不讓，採用麥高文的手法，發動千名青年義務助選員，組織選民。

兩股勢力，相互加壓，終於爆炸。

十二月十八日晚間，傳出支持歐憲瑜的流氓以暴力向許信良競選隊伍尋釁的消息，情勢已達沸點。

出事當天十點半，兩位老人進入二一三號投票所投票。

負責監選的主任走近圈票處說：「你們怎麼用印章蓋啊？不懂怎麼投，爲甚麼不問人？」

「這裏又沒有人，要問鬼咧！」

范姜新林(監選主任)手伸過去：「這個可以投，這個也可以投，還有這個也可以投……。」⑩

這位監選員明顯的是在作弊，被許信良的人馬抓住，送往警局，類似的案件，亦在它處發現。於是，人心忿忿不平，人潮鼎沸，警察局成爲廟會場所。

群衆包圍警局的消息不脛而走，警方只好請林正杰幫忙驅散群衆。林大聲喊著：「請大

---

⑩ 林正杰、張富忠合著《選舉萬歲》，美國台灣言論社，頁二四二。

家散開，這裏的事，我們用法律解決！」

群眾的回報卻是一片噓聲和叫喊聲：

「法律有什麼用？」

「法院是他們開的，法律是他們的！」

「沒法啦！到處在作票！」⓫

政府的威信，法律的尊嚴，證明在群眾心目中，蕩然無存，冰凍三尺，非一日之寒。國民黨選舉舞弊的事例，實在不勝枚舉，把人心喪盡了。四點左右，群眾再難耐心頭怒火，開始攻擊中壢分局大樓的玻璃，歡呼聲、吶喊聲，鬧成一團。

警局外面的封鎖線，發生警民衝突，且越來越激烈。警察抵不住人群的衝擊，退到圍牆裏層，警車因而爲人群佔有，敲敲打打，視作玩具。

五點過後，保警總隊的鎮暴大卡車開往出事地點，大約在離分局三十公尺處，被群眾團團圍住，不久四輪朝天。

天黑以後，所有在場的警車，全都翻倒。七時左右，分局樓下辦公室的器物全被搗毀，增援來的保安警察開瓦斯槍了，此時群眾已達萬人，中央大學的學生江文國，中槍死亡。

⓫ 同⓾，頁二五四。

這個場面，和「劉自然事件」，群衆打美國大使館的熱烈火燥，有過之而無不及。

夜晚十點稍過，載滿全副武裝軍人的軍車自龍岡方向開往出事地點，群衆向兵士喊話：

「老百姓的事，軍人不要管！」

「選舉不公平，你們知道嗎？」⑫

十一點半以後，中壢警局爲群衆點火焚毀。

許信良共得票二十二萬張，他的對手十三萬張，許爲了避嫌，群衆騷動時，前往台北。

很明顯地，國民黨咎由自取。假使開票當晚，新聞機構如能及時公佈選情，警局化爲灰燼的結局，即可避免，但電視台奉命予以封鎖。

國民黨軍警在整個事件演進的過程中，奉命不開槍鎮壓，是經國的高明處，否則，流的血，會超過一九七六年的北京天安門事件（悼念周恩來而起），內部省籍間的和平相處，將不可能，進一步元氣大傷影響到安定團結。

二七年來，國府最大的炫耀是政治安定。緊鄰的南韓，學生遊行示威，南越爲僧侶所困擾，疲於奔命，經濟發達如日本，不時工人罷工，學生罷課。唯獨台灣，歸功於戒嚴法，和嚴密的特務統治，「西線無戰事」，國泰民安。「中壢事件」驟然觸發，國民黨的上層慌了手

---

⑫ 同⑩，頁二七七。

腳，其中不免有些保守的元老派責怪經國，認爲這是七十年代推行革新運動的後遺症，他們認爲，假使蔣先生還健在，這個「二二八事件」的重演，決不可能。

國民黨的統治向以三種力量——軍隊、黨、特務——爲支柱。但特務們面對汪洋大海的人民群衆時，一無作爲，借重軍隊，軍隊中士兵的組成份子，台籍佔百分之八十以上，要他們鎮壓自己的同胞，寧可抗命，不願開槍，強烈反映軍隊只能對外不能對內。在此特殊的情形下，軍隊失去作爲專政工具的功能。

受許信良當選的鼓勵，全省地方勢力普遍上升，一股新的參政熱潮蔚爲風氣，由縣市長到縣議會，很多新生代的人物投身問鼎，造成一九七八年的選戰高潮，黨外聲勢，凌駕執政黨之上。

「中壢事件」肇因於提名制度有偏差，黨工幹部，祇圖私利，私而害公，選舉過程中，利用各種嚴苛的條文法規，和非法手段，壓制黨外候選人，所以闖下大禍。國民黨在沉痛教訓之餘，不得不採取措施，挽回頹勢，因而，奠定未來比較公平選戰的基礎。

限於法規，不准組黨，但黨外人士仍舊以政團形式出現，如「黨外總部」。彼此溝通、聯合，擬訂戰略戰術，並同時對當前的政治、經濟體制，加以深入探討、抨擊。

一般認爲是國民黨內的開明派李煥，調離組織工作會主任一職，改由保守的王任遠出任；王曾任司法部長，參與七五年中央民意代表增補選的決策領導者之一，得以從容說明國民黨內部的人事組織，因「中壢事件」，作了新的調整部署。

「中壢事件」發生不久，第六屆總統副總統選舉期近。

前面五屆，鑼鼓打得再熱鬧，劇情單調，觀衆未進劇場，早知情節發展，即使南京那一次，除了孫科、李宗仁那場副總統肉搏戰，打得眞槍眞刀，熱鬧非凡，台上死拚，台下鼓掌外，總統一職，選而不競，走個過場罷了。

嚴家淦，過渡人物，他當總統，沒有人意外，下台也沒有人意外。反正，中華民國的憲法，不倫不類，既是總統制，也是責任內閣制，好像撲克牌上的老K那樣上下一體，經國做行政院長，自然是內閣制，總統是蘇州的紅漆馬桶。等經國扶正，內閣無權，恢復總統制。

第六屆總統選舉，嚴家淦鞠躬下台，早成定局，經國出任中華民國第六任總統，爲大勢所必然。剩下的是，如何把這齣戲演得更緊湊，更有戲劇效果。

海內外通電擁護，自不在話下。黨內提名那天，經國故意迴避，避到金門。妙的是，向全體中央委員竭力推薦經國出任總統候選人的，正是嚴家淦總統。

經國接受提名後，提名謝東閔爲副總統候選人。謝先生出任台灣省主席，過去做過省議會副議長、議長，雖然是台籍，在大陸的時間甚久，且是位好好先生，由謝擔任副總統，對外，改變觀瞻，杜絕海外台獨份子攻擊國民黨專政的口實，對內，國民黨政權正走革新之路，逐漸將統治權移交台籍人士，削弱新生代奪權的號召。

台灣台灣化，蔣先生在世，匪夷所思。高玉樹出任台北市長，爲情勢所迫，是難得的例外，但省主席一職，到陳大慶爲止，均係大陸籍的軍政人員，亦是公職選舉所以只到鄉鎮縣市長爲止的主要理由。

經國組閣，派謝東閔出任省主席，張豐緒任台北市長，是一大突破。現在，再邁大步，充分顯示小蔣的彈性：攘外先安內的辦法。

行政院長，任命孫運璿，副院長邱創煥，同是大陸、台灣，一正、一副。萬一，經國任內病故，謝東閔接任總統，不過是另一位嚴家淦，實權操在孫運璿手裏。

國民大會諸公，過去一直躭心，經國接棒，可能順從民意，廢除這些已老化的中央民意代表，作戲劇性的政治革新。因遵從四個堅持（「中華民國憲法所制定的國體絕不改變」爲其一），一切如前，他們自樂意投桃報李，在毫無留難的情況下，投經國一票，使他獲高票當選。

環顧現狀，經國接班，爲大勢所趨，全島上下，幾乎無人俱備和較量權力的條件，這是人治社會的通病，非台灣一地爲然。

一九七八年五月二十日，蔣經國先生終成爲中華民國憲法上的第三位總統。距離一九三八年，他初次從政，整整四十年，亦如孫中山遺囑所說：「余致力國民革命，凡四十年」那麼漫長。

據曹聚仁說，若干年前，經國給一位朋友的親筆信上，曾有「共圖大業」一語，那時候，曹教授爲之不解。保住蔣先生的江山，在台灣大放異彩，局面雖小，畢竟還是大業已成。

假使，圈子沒有縮那麼小，蔣先生一九四九年後，仍坐鎮南京，以中國幅員之大，政情之複雜，不僅經國大業可能僅止於主席(省)、部長，蔣先生是否能做終身總統，卻很難說呢！

然而，大器晚成，未免太晚，幾乎從他當副部長那天起，過去隆中高臥的日子，一去不復還矣。就職總統那天，各國道賀的使節，少到不足二十人，且都是無足輕重的中南美小國，場面實在非常淒涼。

台北希望卡特政府能派位特使，爲這位總統打打氣。美國究竟是國府最重要的支柱，白宮裝糊塗，已使台灣感到很難堪，不知是有心，還是無意，國家安全顧問布里辛斯基竟於台北盛典當天飛往北京，一葉知秋，夫復何言！

在北京，布里辛斯基保證，「卡特總統決心和你們一起克服達成完成關係正常化路上的殘餘障礙。」那已是明顯不過的徵象，台北和華盛頓的外交關係，日暮途窮，連諸葛亮再世都無法挽回了。經國自華府接獲的報告，彷彿若無其事，總覺得是危言聳聽。

靠做翻譯起家的沈劍虹大使就樂觀得很，根據一位記者的報導，錯誤估計了形式。

「美國方面並未認眞的以這三個條件，作爲中共所提與美國建交的三條件的「反建議」。中共的三個條件是——美國和中華民國斷交、廢除中美共同防禦條約、從台灣撤走所有的美軍人員及設施。相反的，美國所提出的條件只是卡特通知中共的一種方式，後者不必眞正作任何讓步，只要靜坐等候，美國自然會接受他們的條件。」⓭

另外一個他持以樂觀的理由，是「國會」將「出面制衡」，特別是七月廿五日參院以九四——〇票，通過的「杜爾——史東修正案」。該案表明：「在任何擬議政策改變將影響到中美共同防禦條約效力的持續時，國會有事先獲得咨商之權。」

該案規定：

一、鑒於東南亞持續安全穩定關係到美國的重大戰略利益；

二、鑒於美國及中華民國在一九五四年訂定的中美共同防禦條約下已有廿四年的聯盟關係；

三、鑒於中華民國在這廿四年中，忠實及持續的履行該條約的職責及義務；

四、鑒於國會有責任在美國簽署條約時，給予勸告及同意。⓮

⓭ 沈劍虹《使美八年記要》，台北聯經出版公司，頁一九七。

⓮ 同⓭，頁一九九。

這位大使先生顯然對美國國會的運作、法律程序，一知半解。殊不知，這個兩院（衆院後來也通過了）的修正案，對總統並沒有拘束力。

伍區考克一直秘密地和鄧小平舉行建交談判，沈劍虹非但沒有聽到半點風聲，且在此際應高華德參議員之約，離開崗位，到美國西南部的「太陽帶」阿里桑那州鳳凰城，帶著太太，去享受陽光的溫煦和高爾夫球去了。

沈劍虹這樣逍遙，據他承認，是根據下列理由，「認爲此舉似少可能」：

一、當時美國國會期中選舉才過不久，卡特政府需要時間來處理美俄第二階段限制戰略武器談判。一般認為，這畢竟是一項較為優先的問題。

二、由於國際安全援助法的修正案已生效，卡特在廢除中美共同防禦條約之前，似乎不可能不與國會領袖磋商，而如果這種磋商一開始，我們即會聽到風聲。

三、當時以色列和埃及之間的大衛營和談陷於僵局，美國國務卿范錫正忙著在國外奔波，至少在一九七九年年初之前，他沒有多少時間參加討論中國問題。

四、當時美國國會因為將屆耶誕及新年假期而休會，大多數參衆議員都已離開華府，除非發生「全國性緊急狀況」，卡特不致破壞少數主要國會議員的假期，把他們召回華府磋商——而和中共「關係正常化」問題研究不能視為「全國性緊急情況」。

五、卡特不是說過他是二度誕生的基督徒嗎？他對這位接近耶誕的「人世和平及萬

民親善」期間，畢竟應該給予若干尊重吧！⓯

一九七一年，台灣「退」出聯大，沈劍虹在康涅狄克州一家旅館高枕無憂，可以說是無獨有偶。

大局惡轉，作爲駐在國的大使，縱無能爲力，一年花幾百萬美元的游說費，如此耳目昏花，則是異數。

最感到難堪的，自推經國總統事先一無消息，在毫無心理準備的情況下，晴天霹靂。十二月十五日，台北時間已近午夜，美國駐華大使奉命有緊急事故，會見蔣總統。時鐘指向二時卅分，蔣早在夢鄉，但事非得已，宋楚瑜秘書，焉敢怠慢，前往官邸，把經國請起來，經國穿著睡衣，兩眼惺忪，聽完安克志的報告，當場表示強烈抗議。

總統聞訊後的表情，我們可以用常識推斷，遲早要發生的事，終於來臨，他感到驚措，憤怒不已，可能再未就寢，五個小時後，召開中常會的緊急會議，下令三軍戒備，準備人心的安撫。十點正，發表聲明一紙，茲摘其部份，抄錄如次：

⓯ 同⓭，頁二〇〇。

數年來美國政府曾一再重申其對中華民國維持外交關係，並信守條約承諾之保證，而今竟背信毀約，此後自將難以取信於任何自由國家。

現美國對藉恐怖鎮壓以維持其存在之共匪偽政權畀以外交承認，實有悖於其宣稱維護人權加強民主力量以抵抗極權專制之宗旨。此舉無異剝奪中國大陸上億萬被共匪奴役之民眾早日重獲自由之希望。無論自任何角度而言，美國此一行動不啻為人類自由及民主制度之一大挫折，且必深為世界各地愛好自由民主的人民所譴責。⓰

無論國際情勢如何發展，中華民國以一主權國家，當秉承光榮之傳統，團結海內外軍民同胞，繼續致力於社會、經濟及政治等各方面之改進，忠於國家目標，及所負之國際責任，吾人對國家前途具有充份之信心。

先總統蔣公於遺訓中諄諄昭示我全國同胞莊敬自強，以完成復國建國之大業。中華民國政府及人民有決心亦有信心，盡其在我，與其他各民主國家之人民共同努力，以對抗共產暴政及其侵略政策，今後自當更加沈著鎮定，積極努力，並呼籲全國同胞與政府通力合作，一心一德，團結奮鬥，共渡此一難關。中華民國無論在任何情況下，絕不與共匪偽政權談判，絕不與共產主義妥協，亦絕不放棄光復大陸拯救同胞之神聖使命，此項立場絕不變更。⓱

⓰ 同⓭，頁二一二～二一三。
⓱ 同⓭，頁二一三。

官方此一聲明，一石二鳥。一面指責美國背信，一面重申過去的「三不」立場：「絕不與共匪偽政權談判，絕不與共產主義妥協，亦絕不放棄光復大陸拯救同胞之神聖使命。」一台北把美國此舉形容為「最沉重的打擊」。稍微回顧一下歷史，自四九—五〇，杜魯門政府已將台灣的國府一筆勾銷，沒有韓戰發生，中華民國早成為歷史上的名詞。將近三十年，國府一直在華盛頓的扶植下保住聯大代表團，和世界大多數的國家維持外交關係，現在美國抽腿，五〇年代的徬徨迷惘，再度降臨。

民間，在官方輿論的操縱下，一直認為美國是台灣最忠實的盟友，如是一百八十度的突變，觀念上、情緒上，一時自無法適應，仇美反美的氣氛，因而達到頂點。

其實，自上海公報發表後，歷時七載，一九七一年，美軍留台的人數尚有萬人，美軍早逐步撤除，第七艦隊奉命停止巡弋，官方如能夠放棄報喜不報憂的愚民政策，斷交的衝擊力必能降到極低。

而從事實理論出發，美國連續廿五年的軍經援助，早仁至義盡。國與國間，沒有永久的朋友，沒有永久的敵人，為了美國自己的利益，和北京建交，和信義並扯不上關係。但是，當副國務卿克里斯多福抵達台北談判雙方未來關係時，民眾在官方的慫恿下，仍出示粗野行為，忘卻「君子絕交不出惡言」的中國古訓。

絕交使台北產生危險意識，儘管協防條約還有一年的效力，國府憂慮未來的地位，美國斷交，其它小國跟進，台北將陷於孤立地位，其次，沒有外交關係後的台灣，是否會進一步影響到商業來往?事後證明，情況發展比想像中要好。然而在當時，這種考慮並非是多餘。

禍不單行，繼外交形勢的惡化，島內的民主運動更令當局坐臥不安，黨外人士乘中壢事件之餘威，組成聯合陣線，很多知識份子如陳鼓應、王拓、姚嘉文、呂秀蓮、陳婉眞、黃煌雄等，亦跳出空談的範圍，投身實際政治，成群結隊的大專學生參加助陣，激起空前的政治熱潮。

其熱烈情況，有陳鼓應自己的記載爲證：

選期接近時，黨外候選人紛紛舉辦「民主餐會」，全島積極份子會聚一堂，抨擊時政，氣氛熱烈非凡。黨外進一步成立「助選團」以互相支援，總幹事是施明德(現以無期徒刑囚禁監獄中)。同時黨外候選人第一次提出「共同政見」，除了要求解除戒嚴令之外，還要求改選中央民意代表、軍隊國家化、司法獨立化、廢除違警罰法、禁止非法逮捕與刑制，此外要求廢除對大企業、大資本家的保護政策、實施農業保險、制定勞動基準法及防止環境污染法等等。這些政見，有的是屬於基本政策性的問題，有的則是枝節性的問題。

選舉期間，傳單攻勢十分凌厲，其中較有代表性的是：楊青矗的一份傳單上，提出工有、工治、工享的主張。「工有」是指「分紅入股，工者有其廠」，「工治」是指「勞資平等，革新工會組織」，「工享」是指「提高工資，分享經濟成果」。王拓的一份傳單上說：「今天我們的社會財富主要是由廣大的農民、勞工、漁民、一切受僱的人，和中小商人、中小企業者以及所有中下級軍公教人員所共同創造出來的。但是，這龐大的社會財富大部份卻由極少數的資本家和決策層的官僚集團所壟斷！……這樣的社會怎麼能算是一個公平、合理的社會？」黃順興散發一份《還我民權》的小冊子，裏面逐條列舉事實，說明憲法所賦予人民的各種權利，均被國民黨政府所「蓄意剝奪」。其中另有一節，提出向來都沒有人敢提的質問：「一九五四年，當時在台灣的蔣介石先生就向當時的美國國務卿杜勒斯說過：『我知道的，我要反攻大陸是不可能的了！』各位，這份密錄是美國國務院在一九七八年六月公開出來的，當時世界各大報紙都刊登過，只有我們這邊的報紙一個字都沒有提，不但如此，國民黨當局對於如此關係重大的問題既不反駁，也不解釋，……各位，國民黨早在廿四年前就知道反攻無望，卻一直藉著『反攻』的需要做理由，用施行『戒嚴法』的手段來剝奪我們應享有的民權！」此外，陳鼓應、陳婉真的「告中國國民黨宣言」，轟動一時。它抨擊三十年來國民黨「雖獨攬政權於不墜」，但「反攻迄無寸展，與國喪失殆盡，自辱國格陷孤島」，以至有違民族主義；「動員戡亂又戒嚴，憲政橫遭擱置，民主徒託空言」，以至有違民權主義；「政權與財閥相結，富商位尊，農工受賤，貧富懸殊」，以至背離民生主義。「三民」之中，「民族不立，民權不彰，民生不均」，可見國民黨黨魂「失之久矣」！事實上，這份宣言並不如揭露的言論來得尖銳，但未料它卻引起國民黨當局的震怒。」⑱

假使，卡特建交的聲明稍延時日，選舉照常進行，國民黨的慘敗，自不待言。幸而斷交挽回了國府的面子，蔣經國總統「化消極因素爲積極因素」，乘此危難之際，下令暫停。「暫停」是一種權宜措施，也可以說，是情非得已的辦法，黨外人士，如果懂得收歛，以安定團結爲重，那末，余登發被捕，和以後的「高雄事件」應可避免。

國府的原則，不危及生存，能容忍則容忍，一旦，向它的統治權力挑戰，就會感情用事。雷震的《自由中國》，是人盡皆知的例子。

其奈，黃信介、王拓、姚嘉文、施明德等激進份子，有勇無謀，誠如新聞局出的一本小冊子所說：「高估了自己，低估了政府。」

事件的經過，綜合如下：

政府禁止組黨，但不禁止出刊物雜誌。利用這個漏洞，《美麗島雜誌》一方面以言論爭取

---

⑱ 同❽。

讀者，一方面以刊物名義舉辦集會，並在全省設立十餘處辦事處，作爲黨的變相機構。

一九七九年十二月十日，《美麗島雜誌》向國府情治單位申請登記一個爲數達三萬人的集會遊行，理由是慶祝「國際人權日」。根據戒嚴條例，五人以上的集會即需警局批准。這樣大規模的集會，且打著人權的旗號，當局一定批駁。

以黃信介爲首的雜誌方面，表示無法屈服，准也好，不准也好，將照常舉行。至此，雙方接近攤牌階段，國府研商對策，雜誌方面發動強烈宣傳攻勢。

十日下午五時，高雄市扶輪公園四周的民生二路、中山一路、五福三路、中華三路及小巷，軍憲警林立，開始交通管制，禁止車輛入內。

六時許，中山一路《美麗島雜誌》高雄服務處已有五、六百人聚集，雜誌社的工作人員的宣傳車不停地廣播，並聲稱集會照常舉行。

六時五分，黃信介抵達高雄車站，據官方說，一位姓常的司令曾與黃會晤，希望大會地點限於《美麗島雜誌》高雄服務處門前，「但不得於會後持火把、木棍或易燃化學物品遊行，以免滋擾事件發生。」

常司令並說：「只要參加大會的人不蓄意鬧事，治安人員除了在場維持秩序，將儘量不予干涉。」

此說，如果是事實，官方的態度可圈可點，確實是大讓步。而黃亦滿口承諾，訂下君子協定。

六時五十分，《美麗島》的宣傳車出動，沿中山路開往大港埔圓環，因高聲播音，看熱鬧的民衆尾隨，且越聚越多。最後，達三千人左右。

七時正，大會開始，發表演說、唱歌，並呼口號「打倒特務統治」，「反對國民黨專政」等。稍後，黃信介與姚嘉文登上宣傳車，致詞演講。

八時十分，姚和施明德走進中山路派出所，要求四周的治安部隊撤離，俾大會能順利進行，南區警備司令部張副司令則認爲黃信介未遵守諾言，雙方談判破裂。

群衆的情緒，本來不易控制，受到刺激，更易發生反應。八點四十五分，遊行開始，人數約四—五十名。均持火把，另有數十人持木棍鐵棒，由三輛宣傳車爲首開道，向中正四路行進。

憲兵奉命阻止，遊行隊伍即以火把攻擊。官方的宣傳說，執勤憲兵奉命「被打不還手，被罵不還口」。

九時左右，遊行隊伍抵達雜誌服務處對面的大益飯店，和保警發生衝突。據說，「數十名暴徒這時猛力擲出石頭與磚塊，然後舉棍見到保警就打。保警以盾牌抵擋攻擊，保住了上身，腳部即挨棒擊；護住了下半身，頭、手又挨到無情的棒打，他們因此節節後退。」

十時廿分，憲兵開始鎭壓，施放催淚彈，人群逐漸驅散，但仍有數十人繼續投擲石頭、火把、酒瓶。

凌晨二時三十分，雙方撤離，恢復平靜。

官方的說法，先暴後鎮，黨外人士的指責，是先鎮後暴，這個是非，局外人不易弄得清楚。

比較中庸的判斷，國民黨有備無患，張網捉魚，盡力搜集證據，準備算總帳。黨外人士，走火入魔，認為利用群衆的力量，逐漸升級，終有使國府就範的一天。

官方事後出了一本小冊子，一面之詞，理所當然，但仍不無可信的觀點與分析，如：

「第二、他們自己擁有的群衆支持有所錯估。自從大前年底選舉以來，部分無黨籍人士即陶醉於擁有大量群衆的幻想。這種幻想，主要源於演講台前的大量聽衆。他們未能分別出聽衆、投票者和追隨者的不同，他們也未曾體會到大多數民衆對現有生活方式的珍惜，與對暴力破壞的厭惡。他們把臨時駐足的聽衆，當作了自己的追隨者。他們常說：『國民黨有組織而無群衆，黨外有群衆而無組織』，可見其誤解之深。」

很多人對國府不滿，那是無庸置疑的事實。可是不滿與起而革命間，有很大的距離。台灣在國府的統治下，享受經濟繁榮的果實，生活富足，安居樂業，誰肯跟自己過不去呢？

黃信介等以「中壢事件」爲例，誤以爲國府未逮捕許信良，自然也不敢逮捕他們黃、姚等人，犯了估計的錯誤。

三天後的凌晨，當局下令全面逮捕出席高雄人權會的人士，共捕一五二人，後陸續釋放次要份子。軍法審判的結果，施明德無期徒刑，黃信介判十四年，張俊宏、姚嘉文、林義雄、陳菊、呂秀蓮、林弘宣各十二年。

被陳鼓應稱爲「高雄之冬」的「美麗島事件」，就國民黨言，是應付內外危機不得不爾的鎮壓行動。如果國府再讓步，星火燎原，這一群衆運動，將蔓延擴大到使國民黨政權覆亡的地步，不如及時撲滅，透過司法程序，將爲首份子判處重刑，俾收殺雞儆猴之效。

一月三日，蔣經國總統在國民黨的一項會議中，作出下列指示：

「高雄暴力案件的發生非常不幸，這是一樁法律案件，對於涉嫌份子自應依法秉公處理，尤其對於首、從應明確區分，毋枉毋縱。」

「在高雄的暴力案件發生後，政府一定依法處理，今後，不會影響我們推動民主法治的既定政策及決心。民主法治之路，是我們一定要走的路。」

經國先生這段話，不論是否出於他的內心，抑受環境所迫發出來的呼應，他對民主法治的肯定與認同，比蔣先生在世時，已顯示出巨大的進展。

隨著經濟體制的升級轉型，文化關係的蛻變演進，未來台灣政局將更快速地進入全面革新、多元體系的關鍵時刻。那末，現在的步伐，必須加快，報禁、黨禁應該放棄，戒嚴法亦應順從民意，予以解除。

中山先生畢生奔走革命，志未酬身先死，蔣先生虛應故事，空留笑柄，經國總統，如能切實推行三民主義的理想，爲中國的民主前景樹立楷模，那末，未來中國民主運動史上的傑出功臣，捨他其誰？

第二十五章　漸隱

本書截稿前夕，國民大會正式選出蔣經國爲國府第七屆總統，得票一〇一二票，較六年前的一一八四票，短少一七二票，扣除十張廢票，等於說國大的人數，過去六年中，亡故一六〇餘人。法統的延續，愈來愈難，決非危言聳聽之詞。

經國由被提名而最高票當選，得票率達百分之九十九以上，雖說明「衆望所歸」，未嘗不是「台灣民主政治」的絕大諷刺，一黨專政下的必然結果。

縱使經國有意謙讓，誰能挑得起這付沉重的擔子？而能成爲台灣繼續安定繁榮的中流砥柱，實非易事。因此，「鞏固領導中心」這句老口號，仍不失其現實意義。

二中全會舉行前，一度曾有經國是否退居第二線的懸疑，和甚麼人膺選副職的臆測。主要現年七十四歲的蔣總統受長期糖尿病的困擾，健康欠佳，可能不堪繁劇。

一度傳說，孫運璿將受青睞，但爲蔣身體狀況的好轉予以否定。另一傳說，孫將被提名爲副總統，事實上，蔣雖有心，礙難照辦，副總統必須爲台籍，乃大勢所趨。

台籍政要中，以謝東閔、邱創煥、林洋港、李登輝呼聲最高。如果，謝年事稍輕，蟬聯爲理所當然，謝自己亦頗雄心勃勃，勝利在望，然終於落選。林洋港、邱創煥的能力，行政經驗，稍勝李登輝，特別是林，頭腦敏捷，處事果斷，原是接班的最佳人選，不幸名落孫山。

經國作此抉擇，一與其個性有關，一爲台灣未來政局發展的方向所決定。李登輝出身技術官僚，且自美康乃爾大學取得高級學位，容易取得華盛頓的好感。其次，李具嚴家淦的長處，唯唯諾諾，便於蔣過世後，集體領導和新權力架構的推行。

李獲八七三票當選，較當年嚴家淦更順利過關，或多或少地反映出，國代們曲承現實，接受經國台灣「台灣化」的不變方針。

未來六年，經國任重道遠，一連串的迫切問題均需非凡的勇氣智慧去籌謀應付，諸如國會重組，調整地方自治，開放黨禁、報禁、取消戒嚴法，以及政治制度化等等。國民黨內的元老相繼凋謝，固有助經國邁步前進的動力，但他自己的身體，同樣來日無多，更有急迫之感。

上屆總統任內，如果我們爲他開一成績單，應是經濟A＋，政治B。過去六年，台灣經歷了戰後世界最大的經濟蕭條。開發中國家如墨西哥、巴西等，個個掙扎垂危，面臨崩潰邊緣，唯有台灣輕舟強渡。一旦回升，銳不可當，去年的雙邊貿易達四百億美元，打破台灣外貿的歷史巔峰，這一點上，經國與有榮焉。

正因爲生活安定，經濟繁榮，國民黨始能在去年年終增補選中央級民意代表中，贏得壓倒性的勝利(得票率超過百分之七十)。

經濟飛躍，連帶推動政治方面的開明與進步，若干舉措，從西方民主的角度，微不足道，從台灣一貫嚴苛的極權統治以觀之，代表著大幅度的改革，譬如：

——以放逐代替監禁。國民黨對付離心份子的一貫手法，是奉送一頂紅帽子，由「內調局」或「警總」羅織一些自白式的罪狀，交軍法審判，判處十至十五年的徒刑，送新店或綠島入獄、感化。雷震、柏楊、李敖等，即是人盡皆知的近例。但高雄事件後已一改常態，故陳鼓應、許信良、陳婉眞之輩獲流放的機會，不能說非中國政治史上一大突破。

——釋放繫獄卅年的政治犯。這些人失去自由逾卅五載，個個七十衰翁，身心疲憊，無論從法律精神、人道觀點，早該開釋。現在讓他們重見天日，家人團聚，經國恢宏的氣度和寬恕的雅量，我們自當予以擊節稱賞。

——放寬出入境限制。國民黨多年使用的殺手鐧，是限制一切他不喜歡的人行動自由，出入境管理處掌握詳細的黑名單，凡有幸金榜題名，一律剝奪其憲法規定的遷移和旅行的權利。這條法令，初訂於陳誠任東南軍政長官的時代。情治單位承繼發揚，拒不摒棄，完全是一種「整人為快樂之本」的心態，殷海光教授已患癌症，當局仍嚴拒出境。經國掌權，略予放寬，所以殷海光夫人、柏楊、陳映眞、楊逵……等，才相繼展翅，遨遊海外。

——言論尺度放寬。當年台北《經濟日報》為了登載記者阮大方所撰關於琉球問題的四篇特寫，蔣先生一怒，下令停刊，經羿川人王惕吾挽黃少谷等多方緩頰，始予寬免。經國當政，無復前朝的嚴厲，《台灣日報》無理取鬧，不過下令強迫收買而已。

雜誌書籍，查禁停刊的事，雖不絕如縷，「警總」濫用權力，藐視法律的事例，不勝枚舉，但言論的尺度，和過去的確有天壤之別，否則李敖的「千秋評論」，今天「給宋長志上一課」，明天「給秦孝儀上一課」，早為當局查禁矣！

——較公平地辦理選舉。歷年公職選舉，因國民黨黨工幹部許多不名譽的做法，一直民怨沸騰，穢聲四起，政府的威信，固大為跌落，黨外的攻擊，亦達於頂點。「中壢事件」後，益見改善，這種進步的傾向，半歸功於黨外人士的爭取促進，半得力於國民黨人的知過能改的工作作風。

——向極端份子開刀。前總政治部主任王昇，四十年追隨經國，受寵信之專，環顧左右，不作第二人想，他自己亦儼然以接班人自許，公開場合，表示「『共匪』最痛恨的是經國總統和我」，可見其狂妄之一斑。

王昇利用劉少康小組的名義，結黨營私，專橫拔扈，成為國民黨的「中央文革小組」，經國因病，未予覺察，了解實情後，一紙命令，將其剷除。

王昇削權，且流放南美，說明經國的魄力和當機立斷的決心。因王去，內部得以和諧團結，經國的聲望更是猛升數倍；從政治的角度觀察，經國不願在他身後出現全斗煥式的強人政治。未來道路，正是今天的延伸，或許更寬廣、更平直。

我們了解國民黨政權的本質，和經國的政治哲學基礎，一個蔣經國的時代，和他父親的時代，本質相同，手段方法大相逕庭，那怕上面所舉的小事，蔣先生在世，絕難想像。進步再小，總是進步。

一個人的思想與他所成長的環境、後天的訓練，是分不開的，經國先是狂熱的馬列主義信徒，後來蛻變爲國民黨黨員，主義的內容迥異，統治方法卻有很多共同點。如獨裁政治，一黨專政……等等，蔣先生口頭遵從民主憲政，形式門面上的事也盡力而爲，內心裏、行動上所表現的對民主自由的認知以及信念，其實交的是白卷。

經國呢？和蔣先生一脈相承，如果說有所區別，也不過五十與百步之差。

他自己並不諱言這一點，詳見其與美國記者的談話。他對美式民主私下頗不以爲然。無論外面如何批評，他仍是堅持他自己的思想模式，諸如五十年代的「以思想對思想，以組織對組織」的觀念和行動。「政治部」、「救國團」、「特務機構」是他三個寵兒，所招引的批評責難也最多，和吳國楨、孫立人的衝突，即以此爲導火線。究竟這些組織是否爲反共必需的手段？在當時爭論不已，即使到今天，仍無衆所一致的定論。唯一能爭取別人同情之處，是病急投醫求生存的手段。其次，是傳統思想——「以子之矛，攻子之盾」的國粹後遺。

承認與否，在別人眼裏，經國是位獨裁者，那本從蘇聯攜回的筆記簿一直使他受用不盡，但是，大家當同意，他是位「聰明的政治家」（哈里曼語），一位有良心的獨裁者（Dictator with heart），倒行逆施的事，雅不爲也。他隨時在關心國計民生，兢兢業業。

蘇聯學回來的東西並非一無可取。以接近群衆而言，不僅別的國民黨官員辦不到，即使處處打著「人民」招牌的蘇共，早成歷史的陳跡。

他比國府中的任何人懂得走群衆運動的道理，一九四八年，上海經濟管制，他的確作了一次大膽地嘗試，「大上海青年服務總隊」的成立，他寄予極大的希望，也唯有在他的推動下才能組織起來。後來，雖然失敗，乃大勢所趨，非戰之罪也。

關於他平易的故事，可以編著成書，一九五五年，一位記者曾寫下他自己的經歷。

馬丁代表「美國新聞與世界報導」常駐中國。江西時代和經國初識，到台灣，再次相逢。他這樣寫著：「他幾乎沒有半點我們在亞洲所常見的權力象徵或排場，他自己開車，不用保鑣。他叫他的司機『馬林可夫』，因爲，很像那個俄國人的故事。有一次，他的車子沿海濱公路疾駛，遇到幾位候車的軍官。經國把他們帶回台北，每人收廿元台幣的車資。其中，居然

沒有人知道他是誰。」❶

一九五五年十一月，馬丁和他相處四天，最後一天，經國請他吃飯，除了譯員在場，再沒有人，吃完自己付帳，和普通的客人一樣，來去自如。

做了行政院長以後，經國的足跡遍及台灣全島，而且不時出現。看起來，他好像典型的美國政客想競選甚麼?心血來潮，到田邊和農夫話家常，到鄉下的攤子上，叫一碗麵裏腹充飢，報紙的吹捧，不在話下。這類故事，舉不勝舉。

親民的動機，隨各人不同的觀點，會做出種種不同的結論來，惡意的批評，說他搞愚民運動。善意的讚揚，說他親民愛民，求治心切。

照我們局外人看，經國願意和老百姓多接近，總難說是件壞事，既可開闢官民溝通意見的渠道，復可遏阻下級官員貪贓枉法之風。再說，江西時代經國做專員的時候，已經建立此一風氣，今天不過昨天的延續而已，並非突然心血來潮。

群眾運動，得自蘇聯，他的辯才無礙，未嘗不是「孫大」的培訓之功。卜少夫說：「他是很好的演說家，富煽動力，主要的在聲調與措辭中滲透著濃厚的感情，所以他的講話很能操

---

❶ Robert Martin, U. S. News & World Report, Dec. 2, 1955.

縱聽衆的喜怒哀樂。」❷

一九五三—一九五四年，作者是他的弟子，平均每週至少有一次聽他訓話的機會，我們的感覺，和卜的觀察，不謀而合，蔣先生語無倫次，經國口若懸河，父子兩人，差別眞大。

經國對人熱情親切，只是他冷酷的外型，容易製造別人的錯覺，這裏有個故事。

當時我下榻圓山招待所，一天下午，我在草地上散步，王新衡兄陪他來看我，這是我第一次與他晤面。

當我們坐在草地上閒談時，他遠遠看見薛伯陵將軍從屋子裏面出來踏下石級，預備上汽車外出，便連忙迎上去，替他開車門，薛一見到了他，就打算不出去了，邀他裏面坐，他大概是說不耽擱薛的約會，改天再來拜訪罷。薛仍按照原定計劃外出，他恭敬地送薛上了車，關好車門，直直地佇立著，直等薛車出了大門，才回頭走向我們。

他那種誠篤謙遜視薛為父輩之恭敬態度，給我一個很深的印象。

金門之行，這位《新聞天地》的負責人，提供另一個切身的經驗。

---

❷ 卜少夫〈蔣經國浮雕〉，香港《新聞天地》，一九五七年六月二十九日，頁八。

我們又去了金門，陪伴我們去的是蔣經國。這也是我個人與他六次接觸中的一次。

清晨八時廿分模樣，空軍運輸機沿著台灣西海岸飛，窗外是藍天與海水，他看著我們大家在試穿緊急救生衣，也幫助說明如何將救生衣充氣，如何抛發黃色藥粉。他對來往離島之間（他來往離島次數遠超過國防部長俞大維，不過他的行動報紙上從未刊載而已），以及各離島的軍事佈置等太熟悉了，一路上他在做我們的嚮導。

飛機飛到與金門之間最短距離時，低降到距離海面僅五百呎高度，筆直飛渡海峽。

此次金門之行，足足有七小時在一起，我發覺他說話動作，對任何人——包括對我們這個小團體，對司令官，對士兵，對在金門前線受訓的學生，對飛機駕駛員，都流露著一種親切自然純樸的味道，任何人似乎不感到面對著的是總統之子，他不令人不安、囁嚅、緊張。我做了廿年以上的記者，政治把戲，政治表情，看得不算少，做作得再出色，也瞞不過我這雙閱盡滄桑的眼的。蔣經國待人接物就那麼自然，具有使人易於親近的魅力，如果是做戲，真是做得太出神入化了。

回航中，他大概很累了，也許當晚還有別的需要他耗費精力的工作，他在機艙尾部，拉了幾隻降落傘拚在一起，倒身便睡下。

他在我們衆人之前，在放在地上的降落傘上面呼呼入睡。

飛機在夕陽下似乎也很倦乏的慢吞吞飛向台北。

我頗欣賞這位躺在眼前的人，他並未顧忌這樣似乎失去尊嚴（同機尚有他的部屬，以及第

一次謀面的我們訪問團中的好多位），也不覺得這是失禮，態度任意自如，習慣純熟。❸

對長輩的謙恭，對師友的尊敬，在他身上，處處找到中國傳統舊禮教的光輝，這一點，應歸功於蔣先生庭訓的貢獻。

和親屬相處，或朋友間的來往，一般認爲，北極熊的影響，對他的性格產生不少負面的作用，如多疑多變、反覆無常等等。

艾倫懷丁教授就這樣批評說：

「他從不信任別人，別人也不信任他」。「他的同僚們說：『他太需要朋友了』。他不算是個現代人，他需要教育和吸收新知，在他周圍是個小集團，但包圍這位『王子』的人們常在改變。很少有人和他永遠接近。」

艾倫分析，形成經國這種性格的原因：

❸ 同❷。

「他個人的遭遇經歷，幾十年的鬥爭，在蘇聯和中國發生的混亂爭奪，形成他今天的思想和行為。」❹

到一九七二年，他做行政院長以前，他的幹部圈圈的確非常狹窄。江西時代，以留俄同學爲主，南京、台灣時代，以青幹班、中央幹校的學生爲核心，這些人的共同特色，對他忠誠，想法比較一致，排他性強。缺點：他們所受的教育，和他們的知識領域都非常狹窄。才氣縱橫，性格飄逸如葉公超之流的人物，是很不易在經國周圍出現。

很多和他極親密的戰友，曇花一現，消聲匿跡，如：

他蘇聯時代的同學高理文，一九三七年，陪他在奉化唸過書（業師徐道鄰），上海經濟管制，擔任主任秘書。到台灣後，棲身中央信託局，弄個顧問閒差，長此退而不休。

做過空軍官校校長的胡偉克將軍，五〇年代初期，官拜總政治部少將副主任，一度政工幹校校長，半年功夫，爲王永樹取代。這位曾經風雲一時的空軍將領，風度、氣質均屬上乘，但深受經國忌嫉。摘去紗帽後，一蹶不振。十年前，抑鬱而終。

曾任軍統局處長，也是莫斯科回來的王新衡，以朋友身分做他的入幕之賓，爲時甚久。

---

❹ Allen Whiting "Mystery an of Formosa", Saturday Evening Post, March 12, 1955.

六十年代後期，不知何故至受到奚落。

不過，和衣復恩比起來，上述諸人，就幸運得多。衣復恩忘了「侍君如侍虎」的道理，經國一怒，換來五載鐵窗生活的代價。對待部屬，蔣先生那種溫情主義，他極不以爲然。

唯一和他保持永恆友誼的，是不久前去世的魏景蒙，魏和他的關係，非常微妙：朋友、客卿、部下兼而有之。一九七五年四月五日，蔣先生歸天，魏可能是少數中的少數接到官邸通知的一位。魏在漢城，有人問他，究竟和副院長是甚麼樣的關係？魏說：「我是經國先生的大茶壺，隨時聽其差遣。」❺

近年，經國的「智多星」數元老重臣黃少谷，大小事問計於這位年過八十的司法院長，不時屈駕黃府，移樽就教。黃老成持重，忠心耿耿，故深爲經國器重。

蔣先生時代的老人，經國上台，紛紛失勢，難怪那位當過聯勤總司令的黃仁霖，感慨系之，引用歷史先例「前皇親信的老臣，永難爲後之來者所容忍」以自慰。

經國接班，提出「大有爲政府」，起用「青年才俊」，和他既往幾十年的用人傳統，初度告別。吸收了不少技術官僚，如李國鼎、陶聲洋、孫運璿、蔣彥士、李登輝等；政治新血如錢復、關中、魏鏞、魏萼、宋楚瑜、王唯農、周應龍等，積極推動黨政方面的新陳代謝，加速

---

❺ 司馬桑敦生前告訴筆者，他是在漢城聽魏說的。

知識化、專業化的官僚體系。這項努力，與他近幾年的成就，相輔相成，是分不開的。

蔣先生在世，個人崇拜運動，發展至巔峰，和海岸另一邊的毛潤之，相互競賽，各有千秋。經國帶頭領導，不遺餘力，他自己上台，部屬躍躍欲試，尤以王昇最賣力，冠以「三平」四家的桂冠，惡劣一如當年林彪之捧毛。但是經國自己，卻不以爲然，一九七八年五月二十日就總統職，當日下午，召見主管宣傳的負責人，指示下列三點：

> 第一、今後不希望再有「蔣經國時代」這一類名詞出現在報紙雜誌之上。他認為今天是一個民主時代，不應再有個人英雄主義的色彩，如果真有「時代」的話，只有群衆的時代，而沒有個人的時代。
>
> 第二、今後不希望稱呼他為「領袖」。他認為國民黨只有兩位領袖，一是孫中山先生，一是已故的蔣介石總裁。除了他們兩人之外，沒有人可以再被稱為領袖，他個人只是一個普通的黨員，一個普通的國民，只願以黨員與國民的身分，與全體同志及全國同胞一起，共同奮鬥。
>
> 第三、今後不希望有「萬歲」的口號出現。他認為只有國家民族的萬歲，只有三民主義及國民黨的萬歲，沒有個人的萬歲。❻

---

❻《星島日報》，一九七八年五月卅日。

假使沒有這道命令，「萬歲」、「語錄」馬上就會鋪天蓋地而來，和大陸的「文革」、蔣先生生前，還有何區別！

這些，我們都歸類爲經國的進步面，與他父親時代，劃出了明顯的界限。

一般說，他是他父親的孝子。如果，你讀過他的〈守父靈一月記〉，任何人都會得到這個印象，而事實也確是如此。蔣先生在世，凡事秉承老人的意志，從不逾越，父親去世，照遺囑辦事，奉爲圭臬。

背上揹著父親遺留下來的大包袱，以致縮手縮腳，很多可以輕而易舉扭轉國民黨形象的事，卻可爲而不爲，譬如：

「西安事變」的主角張學良將軍，蔣先生食言，從一九三七年軟禁到現在，幾逾半個世紀。張已八十老翁，釋放後任由其鵬程萬里，會對國府甚至台局有何影響？但其正面意義，和對歷史的交代，那就無法估量。

經國有膽識，盡可昭告天下，或悄悄然送他到美國或去大陸，父親的過失，兒子去補救過來，何等光明磊落！

一度同意李敖出境，等到辦護照的階段，突然出爾反爾，收回成命。當局的顧慮，諒係怕縱虎歸山，躭憂李在國外與當局爲敵。可是，被禁足的李敖，他在台灣所能發揮的破壞作用，會低於國外嗎？

共產黨人有句話：「我們這個黨就是靠人家罵出來的，誰要罵就罵吧！」說的固是事實，在他的管轄下面又另當別論。可是反過來說，靠罵，罵不垮國民黨政權的，何不大方，乾脆大方到底。人各有志，要走請便。

一九七五年，北京釋俘，經國如果有雅量，應全部接納，歡迎赴台，予以優厚安置，俾向海內外表示一種負責的態度，和對人性尊嚴的重視，而不該以「共匪統戰」爲藉口，拒人於千里之外。

過去患難與共的舊袍澤，沒有功勞有苦勞，不幸兵敗被執，究非投降起義可比，他們願意來歸，表示人心不死，威武不屈。反目以待，於情、於理、於法都說不過去，引此爲鑑，誰敢再爲國府效勞呢？

留大陸的前國民黨軍政人員的子弟，當局一律禁止出境，純粹是一種小氣的報復主義；反觀海峽彼岸，反共如卜少夫，乃弟無名氏，申請赴港，他們並未故意刁難，相形之下，論胸襟氣度，蔣經國比鄧小平，實差之遠甚。

北京提議「三通」，認眞實行起來，對中共不一定有利，台北盡可通過愼密設計，作出有利反應，願意回去團聚的，自由出境，赴大陸旅遊，提供方便；書報電影，相互交流。這樣做，對當年追隨國民黨到台灣的軍民，誠誠懇懇，坦白交代。宅心忠厚，大公無私，國際觀瞻上，台灣重視人道主義，處事通情達理，形象自然大變。

國府說：「這下正中了中共統戰的陰謀」。「統戰」又何懼之有？台灣今天大有條件，和中共你來我往，改畏戰爲迎戰，化弱勢爲強勢，敵人就不會這麼輕估你了。無奈，此種駝鳥式的心態，在台灣中上層幹部裏特別普遍，始終處處退縮，無法抬頭挺胸，正視現實。

蔣先生去世以來，黨內頑固的舊臣元老先後被逐出黨決策階層，經國正可爲所欲爲，發揮意志毅力，寫下他生命史上最後的一章。論處境，他較昔年同窗鄧小平更得心應手。

然而，受格局、才具的限制，石破天驚，殊少可能，小恩小惠，無補時艱。

一位歷史學教授，期望國民黨轉變爲國會政黨，他說：「此時，國民黨大勝之際，開放黨禁，國民黨當可站在與日本的自民黨一樣的地位。如此，國家的政治情勢不致因爲開放黨禁而受損；反之，有了若干新政黨，分別代表台灣多元化社會的各種成份，兩極化的現象可轉變爲多角的制衡。」

進一步分析，他說：「政治力量的兩極化將最後形成爲直接的衝突。高雄事件的餘痛至今未癒合，台灣經不起再有一次衝突。」❼

這位中央研究院院士的高見，其要義是開放黨禁，結束國民黨一黨專政的局面，亦即謝

---

❼ 許倬雲文，一九八四年元月，洛杉磯《國際日報》引用。

善元教授若干年前所主張的「循政黨政治常軌」，改變「台灣現存的政黨政治實況」。

一九七四年，經國行政院長任內，即曾信誓旦旦，「內政方面，力行民主憲政」。又說，「要循政黨政治常軌，來策進國家民主憲政。」轉瞬十年，經國的話究竟實現了多少，有目共睹。如仍以「非常時期」爲藉口，反對開放「報禁」、「黨禁」，怎不令人懷疑他的眞意所在？有生之年，則民主難期，憲政難期！

北京的和談攻勢，只要台灣和大陸分離的現狀存在一天，中共當然不會放棄此項努力。蔣經國總統不予理睬，亦在吾人預料之中，和的關鍵，在權力之爭，其餘都屬次要。

可預見的將來，美國不可能放手台灣，北京不可能用兵，對峙如舊，但仍將是不和、不戰的局面，雙方在經濟和其它領域中，繼續其和平競賽。經國如能繼續領先（我們沒有理由相信他會落後），那末，千秋功過，無疑的，他將得到歷史的肯定，他的繼續執政，則是台灣人之福，亦中國之福。

後記

經歷若干陣痛，蔣傳終於平安降世。

全書一至十五章，大致和一九七五年的版本相同。兩相對照，當會發現我用過很大的工夫，添進很多新的資料重新寫過，如「教育長」和「戡建大隊」兩章，舊書裏根本找不到。盛岳著的《孫逸仙大學和中國革命》，一九七一年甫行出版，我埋首疾書時，尚聞此未聞。蔡省三、曹雲霞夫婦著的《贛南懷舊錄》和《蔣經國系史話》，紛紛於七十年代後期出版，比蔣傳舊版問世遲了五年。

杭州文史資料出版的《蔣介石先生一八八七～一九二七》爲了解經國先生家世最重要和最有價值的史料。幸從香港《鏡報月刊》中獲得一些片段，糾正了過去許多錯誤的傳統，但尋覓原書的努力，卻並不順利，中國方面，連上空的星斗，尚視爲機密，文史資料，不許出門，又何足爲奇！

經國的俄文名字尼古拉，和英法聯軍時候沙皇的駐華大使Nikolai Ignatiev同名，當然，那是一種巧合，據蘇聯人說，尼古拉這個名字，非常通俗，但在竇奠安(Tillmun Durdin)的文章發表之前，則一無所知。

資料收集，本來不易，嚴謹的作者，鑽進檔案室，故紙堆裏，經年累月，皓首窮經，如吳晗的《朱元璋傳》、羅勃麥西(Robert K. Mussie)的《尼古拉斯和亞力山大》(Nicholas aud Alexundeu)，所閱讀過的書籍，引用的參考資料，如非窮數載之功，潛心鑽研，出產的成果決難如此紮實。

很慚愧，處我過去和現在的環境下，力不從心，也許，久遠的將來，亦難如願。

我曾經想去蘇聯，從第三國際的檔案中，爲本書一些史實上的疑點，尋搜確切的答案，眞正負責任的史學作者，亦該如斯，但只是想想而已，一來，蘇聯當局不可能那樣慷慨，二來，我也沒有那種財力。

從十五章開始，是經國到台灣的一段。凡是五十歲左右的讀者，對書中所敘述的故事人物，大都熟悉，因此，有親切感。可是，距離太近，著筆反而不易。

一、很多史料，因經國尙健在尙當權，參與的當事人，明哲保身，不願招攬是非，或有利害關係，多半持觀望態度，暫時按兵不動，如一位當年參與孫立人戎幕的×××，提到孫將軍被黜事件，馬上效金人三緘其口，可靠的信史，得來不易。

二、和上列情況相反，小道消息特多，而且，人言言殊，言之鑿鑿。冒然引用，違背作者的初衷，棄而不顧，讀者失望。

舉例如毛人鳳去世這件小事，我引用《程一鳴的回憶》，說他因病病故，但Y君和毛公子相識，指係打麻將時，摸清一色，過份興奮而心臟停止跳動，經過再查證，X將軍在毛死前，曾往病榻前探視，Y君的說法，只好推翻。

好幾個高手，指陳十五章後，有鬆散現象，我自己有同感，如「孫立人兵變」一章，除以官方發表的九人小組的報告作基礎，檢查事件眞僞，再無可靠的第一手資料。巧婦難爲無米之炊，我連巧婦的手藝也沒有，那就難上加難。

我讀研究院時，雖受過治學和治史的訓練，這方面的興趣是我多年不變的嗜好，但我的職業，並不允許好整以暇，僅能在工餘，進圖書館，記卡片，尋資料，再作消化整理。

有時候邊寫邊登，邊進圖書館，邊搜索枯腸，爲下一章預作準備，這種苦況，是拿到基金會支助的學者專家們，所無法想像的。

有人問我，「你見過經國先生嗎？」「你和他認識嗎？」寫傳記，能和當事人有接觸的機會，自然再好沒有，學生時代，我平均一週看到他兩次，聽他演講，不計其數，和他交談，那是一九七〇年，在白萊爾賓館的早餐席上，寒暄幾句漠不相干的話而已，所以，回答第二個問題，他並不認識我。

本書寫作，全憑資料，用我自己的觀點，加以闡釋剖析，儘量做到客觀冷靜，但是，絕對的客觀是不可能的，因各人的觀點不同，角度不同，同樣的事件，往往有不同的看法，不同的立論。

寫蔣先生的書，除董顯光的《蔣總統傳》，中外作家不同的著述，即有九本之多，寫經國的，除此一本，別無他冊（指嚴肅的傳記而言）。按理，行政院新聞局有責任爲他出一本官方的傳記，是宋楚瑜不熱心？還是奉指示，蔣總統不作個人宣傳？迄今，是個無法揭曉的謎。官方出的《蔣經國傳》難免宣傳意味太重，我還是希望在不久的將來，它能面世。

《論壇報》連載本書期間，備盡困擾，很多無謂的謠傳誤會，圍繞著它大作題目，現在該書完成出版，希望一切隨之澄清，水落石出。

下列好友，特此致謝，沒有他（她）們的鼓勵支持，本書之寫作，將不會如此順利，他（她）們是加州大學的陳治平，史丹福大學胡佛研究所的張富美博士，陳鼓應、戴國煇、謝善元教授和何明修博士。

本書所引史料的錯誤，歡迎讀者來函指敎，俾可再版時予以更正。

過去半年，我的岳母余育英女士一再從旁鼓勵督促，內人崔蓉芝爲我改正錯字，提供修改意見，她扮演著一位最認眞的讀者（critical reader），所以，她們的心血，特此一記。

國家圖書館出版品預行編目資料

蔣經國傳：江南版／江南作.
--二版.--台北市：前衛，2017.01
552面；15×21公分

ISBN 978-957-801-811-2(平裝)

1. 蔣經國 2.臺灣傳記

005.33 105025512

蔣經國傳（江南版）

作　　者　江南（劉宜良）
責任編輯　鐘玉芳
封面設計　蘇品銓
出 版 者　前衛出版社
10468 台北市中山區農安街153號4F之3
Tel：02-25865708　Fax：02-25863758
郵撥帳號：05625551
e-mail：a4791@ms15.hinet.net
http://www.avanguard.com.tw
出版總監　林文欽
法律顧問　陽光百合律師事務所
總 經 銷　紅螞蟻圖書有限公司
11494 台北市內湖區舊宗路二段121巷19號
Tel：02-27953656　Fax：02-27954100
出版日期　1997年1月初版一刷
2017年1月二版一刷
2022年3月二版四刷

定　　價　新台幣490元

Printed in Taiwan　ISBN 978-957-801-811-2